Internet, *Fake News* e Responsabilidade Civil das Redes Sociais

Internet, *Fake News* e Responsabilidade Civil das Redes Sociais

2022

Fernando Henrique de Oliveira Biolcati

INTERNET, *FAKE NEWS* E RESPONSABILIDADE CIVIL DAS REDES SOCIAIS
© Almedina, 2022
AUTOR: Fernando Henrique de Oliveira Biolcati

DIRETOR ALMEDINA BRASIL: Rodrigo Mentz
EDITORA JURÍDICA: Manuella Santos de Castro
EDITOR DE DESENVOLVIMENTO: Aurélio Cesar Nogueira
ASSISTENTES EDITORIAIS: Isabela Leite e Larissa Nogueira
ESTAGIÁRIA DE PRODUÇÃO: Laura Roberti

DIAGRAMAÇÃO: Almedina
DESIGN DE CAPA: Roberta Bassanetto

ISBN: 9786556275932
Agosto, 2022

Dados Internacionais de Catalogação na Publicação (CIP)
(Câmara Brasileira do Livro, SP, Brasil)

Biolcati, Fernando Henrique de Oliveira
Internet, fake news e responsabilidade civil das redes sociais / Fernando
Henrique de Oliveira Biolcati. -- São Paulo, SP : Almedina, 2022.

Bibliografia.
ISBN 978-65-5627-593-2

1. Direito à informação 2. Direito civil 3. Internet (Rede de computadores) - Leis e
legislação - Brasil 4. Liberdade de expressão 5. Meios de comunicação 6. Notícias jornalísticas
7. Regulação - Brasil 8. Responsabilidade civil -
Brasil I. Título.

22-111579	CDU-347.51:121.1(81)

Índices para catálogo sistemático:

1. Fake News : Regulação : Direito civil
347.51:121.1(81)

Eliete Marques da Silva - Bibliotecária - CRB-8/9380

Este livro segue as regras do novo Acordo Ortográfico da Língua Portuguesa (1990).

Todos os direitos reservados. Nenhuma parte deste livro, protegido por copyright, pode ser reproduzida, armazenada ou transmitida de alguma forma ou por algum meio, seja eletrônico ou mecânico, inclusive fotocópia, gravação ou qualquer sistema de armazenagem de informações, sem a permissão expressa e por escrito da editora.

EDITORA: Almedina Brasil
Rua José Maria Lisboa, 860, Conj.131 e 132, Jardim Paulista | 01423-001 São Paulo | Brasil
www.almedina.com.br

A Isabel, cuja passagem breve
me fez conhecer o amor infinito.

A Martim, oceano de amor e felicidade,
após a tormenta.

A Patrícia, fortaleza e farol.

AGRADECIMENTOS

Diante do momento difícil por que passamos na vida pessoal, à minha família, avós, irmãos, cunhados, sobrinhos, tios, primos, e aos nossos amigos, por todo o apoio dado, o que contribuiu indiretamente para a conclusão do trabalho.

Aos meus pais, Jacira e Waldman, por toda a força e incentivo desde o início da minha graduação no Largo São Francisco, que me possibilitaram chegar até aqui.

Aos meus sogros, Céu e Alexandre, pelo acolhimento familiar e auxílio no primeiro momento de nosso momento mais difícil.

Ao meu amigo Guilherme Zilio, que, além do suporte emocional mais próximo, ajudou-me com questões jurídicas.

À Patrícia, que me incentivou desde o início e deu todas as condições, materiais e afetivas, para que eu pudesse realizar a pesquisa e elaborar o trabalho, além de revisá-lo e dar sugestões valiosas, com seu aguçado senso crítico.

Aos meus amigos Filipe Hermanson, pela revisão e crítica da parte voltada ao Direito Constitucional; Horival Marques, pela troca inicial de ideias sobre o doutorado; Guilherme Bedin, que sempre me lembrava dos prazos da pós-graduação e me ajudava com as questões formais; Guilherme Fernandes, pelo incentivo a trilhar o caminho que culminou na tese esposada; e Dario Durigan, antagonista nas ideias, que me possibilitou um olhar diferente sobre as questões tratadas e melhor ponderação sobre elas.

Ao meu orientador, Fernando Campos Scaff, por ter me concedido mais uma oportunidade acadêmica, tecendo críticas oportunas e dando ideias valiosas sempre com apuro e bom humor.

Aos professores Claudio Luiz Bueno de Godoy, Otavio Luiz Rodrigues Junior, Rodrigo Xavier Leonardo, Hamid Charaf Bdine Júnior e Fábio Floriano Melo Martins, pelas considerações e críticas precisas e bastante úteis efetuadas na banca de doutorado e que muito serviram à reflexão e aperfeiçoamento das ideias desenvolvidas no presente trabalho.

PREFÁCIO

O modo de lidar com a divulgação de informações falsas é algo especialmente complexo e envolve uma série de questões que devem ser vistas com grande cuidado.

Com efeito, uma notícia sobre determinado fato inverídico pode ser propagada de forma inocente, sem que se tenha conhecimento de que ela não corresponde a algo real. Pode ocorrer, por outro lado, que aquilo que se entendeu verdadeiro se mostre, no futuro, falso ou errôneo, havendo de se admitir que também ocorra justamente o contrário.

Poderá, ademais, haver uma intenção maliciosa na propagação de uma informação errada, ou mesmo, de uma outra que se mostre verdadeira, mas que, por outras razões, mesmo assim não deva ser divulgada.

Nesse sentido, ocorre-me lembrar a intrigante lição atribuída ao Papa João XXIII: "a mentira, nunca. A verdade, nem sempre".

Também há de se reconhecer que, com boas ou más intenções, determinadas notícias que se mostrem falsas poderão causar danos irreparáveis, sendo que a eventual compensação financeira não bastará para repor a situação assim causada ao *status quo ante*.

Se isso é verdade – e me parece que é, em variadas situações –, poder-se-ia estabelecer alguma forma de providência antecipada, visando que uma notícia que se entenda falsa não seja sequer divulgada, ou seja, mediante a aplicação de uma efetiva censura prévia?

Admitindo-se essa possibilidade, isso não daria ensejo a uma restrição às liberdades individuais, uma limitação injustificada às opiniões pessoais que não sejam, propriamente, notícias?

Parecem-me ser essas questões inquietantes e que se mostram cada vez mais importantes, considerando como as notícias, verdadeiras e falsas, encontraram meios de difusão extensos, rápidos e múltiplos, com os avanços tecnológicos trazidos com a internet, com os aparelhos portáteis de acesso a ela e com as chamadas "redes sociais".

Existindo o fenômeno, cabe à doutrina estudá-lo, de forma a criar fundamentos sólidos para que o legislador procure estabelecer regras adequadas para tratar das relações jurídicas daí oriundas, as quais deverão ser interpretadas e aplicadas de modo adequado pelos juízes.

Sim, o juiz é o intérprete da lei. Deve aplicar a lei ao caso, mas isso não se faz de modo automático. Demanda domínio do tema, o correto modo de abordagem das questões e uma formação sólida, com a adequada compreensão dos conceitos jurídicos fundamentais, de forma que o direito seja aplicado corretamente, resolvendo do modo esperado os conflitos de interesses das pessoas.

A obra que tenho o privilégio de prefaciar é de autoria de alguém que reúne os predicados que procurei enunciar acima: veio de um estudioso sério e de um juiz que exerce a sua elevada missão com a dignidade esperada.

Na verdade, tive a oportunidade de acompanhar o trajeto até aqui desenvolvido por Fernando Henrique de Oliveira Biolcati, desde recém-formado na nossa Faculdade de Direito do Largo São Francisco, passando pelo seu anterior mestrado e chegando ao seu doutorado, quando apresentou o seu trabalho **Internet, fake news e responsabilidade civil das redes sociais.**

Trata-se este de um estudo profundo, abrangendo temas de enorme importância que foram abordados a partir de uma pesquisa séria e de reflexões maduras.

Além disso, tem este trabalho o grande mérito de enfrentar problemas cujas boas soluções ainda não vieram, de forma suficiente, por parte da nossa jurisprudência.

Nesse sentido, as lições contidas neste livro, feitas também com a fundamental análise de como este assunto vem sendo enfrentado pelos ordenamentos jurídicos de outros países, poderão auxiliar, de forma determinante, que o julgamento de disputas que tratem das notícias falsas, das opiniões pessoais, da liberdade individual e das consequências daí advindas possa ser feito com a formulação, finalmente, de soluções minimamente aceitáveis, inclusive e em especial por parte dos nossos tribunais superiores.

Entendo, como já mencionei, que Fernando Henrique de Oliveira Biolcati tem, como poucos teriam, as qualidades pessoais para produzir este texto, o que fez como estudioso sério e juiz exemplar que é.

Sendo assim, poderá comprovar o leitor que esta obra exprime, em cada uma das suas páginas, tais qualidades.

Arcadas da São Francisco, 4 de junho de 2022.

Fernando Campos Scaff
Professor Titular da Faculdade de Direito da Universidade de São Paulo

SUMÁRIO

Introdução 17

1. A Internet e a sua regulação 27
  1.1.Internet 27
  1.2. Dos primórdios da Internet à atualidade 28
    1.2.1. A origem da Internet e seu desenvolvimento 28
    1.2.2. Percurso da Internet no Brasil 34
    1.2.3. Estados Unidos e seu papel fundamental na estruturação da Internet . . 35
    1.2.4. A consolidação da Internet e a abertura colaborativa 36
    1.2.5. A apropriação empresarial da Internet e a sua conformação atual 38
  1.3. Desenvolvimento da regulação da Internet. 41

2. Direitos da personalidade e a liberdade de expressão 49
  2.1. Direitos da personalidade 49
    2.1.1. Percurso histórico 49
    2.1.2. Direitos da personalidade e direitos fundamentais: diferenças no âmbito de incidência 52
    2.1.3. Fundamentos, conteúdo e características dos direitos da personalidade . . 61
    2.1.4. Direito geral da personalidade e direitos da personalidade parcelares. . 70
    2.1.5. Liberdade de expressão e de informação como direitos da personalidade. 78
  2.2. Liberdade de expressão 81
    2.2.1. Desenvolvimento e enfoque geral da liberdade de expressão 81
    2.2.2. Liberdade de expressão e de informação 83
    2.2.3. Fundamentos da liberdade de expressão 84

2.2.4. Republicanismo cívico e maior intervenção estatal na liberdade de expressão. 86

2.2.5. Liberalismo individual e o livre mercado de ideias. 90

2.2.6. A atual jurisprudência da Suprema Corte dos Estados Unidos sobre a liberdade de expressão 97

2.2.7. Panorama geral da liberdade de expressão em outros países 101

    2.2.7.1. França 101

    2.2.7.2. Itália 104

    2.2.7.3. Espanha 106

    2.2.7.4. Portugal 109

    2.2.7.5. Alemanha 111

    2.2.7.6. União Europeia 113

    2.2.7.7. Canadá 118

    2.2.7.8. Conclusão parcial 119

2.2.8. Liberdade de expressão no ordenamento jurídico brasileiro: a jurisprudência do Supremo Tribunal Federal. 120

2.2.9. "Fake news", controles prévios e liberdade de expressão 139

3. Redes sociais e "Fake News" 147

3.1. Redes sociais 147

3.2. Dados, metadados e "surveillance" 151

3.3. O fenômeno da desinformação e das "fake news" 161

3.4. Conceito de "fake news" 178

3.5. A disseminação das "fake news" nas redes sociais e a necessidade de controle prévio. 189

4. Responsabilidade Civil dos provedores de redes sociais 199

4.1. Os tipos gerais de regulação normativa da responsabilidade dos provedores de aplicações por conteúdos gerados por seus usuários 199

    4.1.1. Esclarecimentos iniciais 199

    4.1.2. As principais vertentes gerais de responsabilidade dos provedores de aplicação 200

4.2. Regulação normativa da responsabilidade dos provedores no direito comparado. 203

    4.2.1. Ordenamentos jurídicos sem regulação específica 203

    4.2.2. A regulamentação geral da União Europeia. 206

    4.2.3. Direito francês 215

    4.2.4. Direito italiano 223

    4.2.5. A regulação portuguesa. 226

SUMÁRIO

4.2.6. Direito no Reino Unido: o atual "Defamation Act" 229
4.2.7. Especificidades do Direito alemão: o NetzDG.. 234
4.2.8. O modelo jurídico dos Estados Unidos. 243
4.3. Panorama atual da responsabilidade dos provedores de aplicações
no Direito brasileiro 257
4.4. Os danos (concretos ou possíveis) relacionados às "fake news". . . . 270
4.4.1. Danos individuais e coletivos. 270
4.4.2. Danos morais coletivos 272
4.4.3. Danos sociais 277
4.5. A adequada interpretação do artigo 19, do Marco Civil
da Internet 281
4.5.1. A atividade dos provedores de redes sociais e a indução de riscos
especiais no atual contexto de personalização e incentivo ao
compartilhamento em massa 281
4.5.2. Notificação extrajudicial, ausência de análise de conteúdos
manifestamente ilícitos, remoção indevida e abuso de direito. 290
4.5.3. Limitação do alcance do artigo 19, do Marco Civil da Internet
a partir da sua adequação à Constituição Federal e compatibilização
com dispositivos do próprio Marco Civil e de outras leis ordinárias 294

Conclusão 303

Referências 311

INTRODUÇÃO

A Internet foi criada na década de 1960 com fins militares e desenvolvida com o apoio da comunidade acadêmica e dos entusiastas de novas tecnologias. Sua captura empresarial ocorreu apenas mais recentemente, a partir da década de 1980, quando começou a ser utilizada em larga escala.

É fenômeno inevitável desse desenvolvimento a amplitude de utilização da Internet nas relações sociais contemporâneas, em que cada usuário conectado à rede se afigura como veiculador independente de conteúdos gerados por si próprio ou por terceiros.

As informações e ideias emitidas pelos indivíduos, em qualquer lugar do planeta, têm alto potencial de atingir todos os demais usuários de modo veloz, quase instantâneo. É possível a cada pessoa conectada à rede saber as opiniões pessoais e sobre quaisquer assuntos, desde os singelos e cotidianos até os mais complexos e gerais. O afluxo de dados diário na rede é gigantesco.

A Internet, sem dúvida, permite, em uma primeira abordagem, a extensão dos espaços comunicativos e de discussão, fenômeno que, em tese, possibilitaria o aprofundamento dos processos democráticos, numa perspectiva ampla de participação ativa das pessoas nas formulações dos rumos da sociedade em que inseridas.

Nesse campo ideal, cada indivíduo é um ser pensante no exercício pleno de sua liberdade de pensamento e expressão, destinatário de múltiplas informações com diferentes matizes, que possibilitariam a formação de sua convicção sólida, com base nos diversos dados recebidos.

Diante dessas características, aliadas a certo idealismo dos seus desenvolvedores e usuários iniciais, é que se sustentava, nos primórdios, entendimento majoritário de que a Internet deveria estar isenta de regulação estatal, ao representar ambiente de liberdade máxima, apenas submetida aos códigos de conduta estabelecidos pelos utilizadores.

Contudo, a cada vez mais dominante exploração empresarial da Internet e o consequente alargamento de sua utilização para os mais diversos fins acabaram por acarretar o surgimento paulatino de problemas econômicos e sociais, alguns de natureza grave.

Ilustrativo desse fenômeno é o surgimento das redes sociais e o seu alcance global, com bilhões de usuários totalmente livres para produzirem e disseminarem conteúdos sobre todos os assuntos possíveis. Tal realidade ocasiona um movimento de atomização dos centros de produção de informação e de massificação que acaba por enfraquecer os meios tradicionais de mídia e os respectivos mecanismos de filtragem de relevância e acurácia nessa tarefa de produção informativa. Possibilita-se o espraiamento de conteúdos ilegais dos mais diversos matizes, como discursos de ódio, perseguição, "fake news", dentre outros.

Revela-se, assim, a necessidade de regulação da Internet, atraindo a atenção dos Estados, sob os protestos opositivos de certos setores com o principal argumento de necessidade de proteção da liberdade de expressão e sua colocação em perigo nas tentativas de regulamentação empreendidas.

A liberdade de expressão possui caráter essencial nas sociedades democráticas. No Brasil, é garantida constitucionalmente como direito fundamental e, por se referenciar imediatamente às pessoas nas suas relações com os demais membros da sociedade, configura-se como direito da personalidade no âmbito privado.

O exercício da liberdade de expressão, sob a vertente da transmissão de informações e dados fáticos, excluído o direito à crítica que envolve inerente apreciação subjetiva do emissor, legitima-se no procedimento, caracterizado pela adoção das cautelas necessárias para apuração da veracidade de seu conteúdo, e que somente após o juízo positivo houve a respectiva emissão[1].

---

[1] BARROSO, Luís Roberto Barroso. "Colisão entre liberdade de expressão e direitos da personalidade: critérios de ponderação. Interpretação constitucionalmente adequada do

INTRODUÇÃO

Expressiva corrente defende a menor intervenção jurídica possível, com base no argumento de que a livre circulação das ideias em espécie de mercado permite o prevalecimento da verdade[2], ou possibilita a criação de uma cultura de responsabilidade principalmente por parte dos provedores de aplicações[3], a quem interessaria a manutenção da credibilidade da rede.

Mesmo reconhecendo certa importância a esse conceito de mercado de ideias, relevante, em seu nascedouro, para proteger a emissão das manifestações de pensamento minoritárias[4], as premissas que embasam tal posicionamento, na prática, não se confirmam de modo integral, na medida em que nenhum mercado, inclusive os econômicos, pode funcionar sem regras claras, porque sua função é atender a demandas individuais[5], sendo necessário balanceá-las reciprocamente e com os interesses coletivos.

código civil e da lei de imprensa". *In: Revista de direito administrativo*, Rio de Janeiro, v. 235, pp. 1-36, 2004. p. 23.

[2] Voto dissidente do proferido pelo juiz Oliver Wendell Holmes no célebre julgamento pela Suprema Corte do caso "Abrams v. United States", no ano de 1919. ESTADOS UNIDOS. Supreme Court. "Abrams v. United States, 250 U.S. 616", julgado em 10 de novembro de 1919. Disponível em https://supreme.justia.com/cases/federal/us/250/616/. Acesso em 13 de janeiro de 2021.

[3] "Moreover, augmenting liability for fake news is not likely to be effective. Platforms face a daunting task in policing the flood of information posted to their servers each day, and a sizable judgment can be fatal to a site.100 Most authors are judgment-proof—unable to pay damages in any meaningful amount—and may be difficult to identify or be beyond the reach of U.S. courts. Overall, there is a consensus in the United States that the Internet information ecosystem is best served by limiting liability, not increasing it". VERSTRAETE, Mark.; BAMBAUER, Derek. e., BAMBAUER, Jane R. "Identifying and Countering Fake News". *In: Arizona legal studies discussion paper nº 17-15*, Tucson, pp. 1-34, aug. 2017. Disponível em http://dx.doi.org/10.2139/ssrn.3007971. Acesso em 7 de outubro de 2017. p. 22.

[4] "Ainda que se admita certo otimismo exagerado ou mesmo ingenuidade na crença de que a verdade triunfará como resultado de uma livre discussão de ideias, há uma indiscutível relevância nesse fundamento, pois é evidente que a descoberta da verdade se torna muito menos provável num ambiente em que inexiste a plena liberdade de expressão. A supressão de qualquer ideia pode significar a supressão daquela que, submetida ao debate público, prevaleceria". BRANDÃO, Tom Alexandre. "Rir e fazer rir: uma abordagem jurídica dos limites do humor". Tese (doutorado em Direito pela Faculdade de Direito da Universidade de São Paulo). São Paulo, 2016. 237p. p. 93.

[5] JOO, Thomas W. "The worst test of truth: the 'marketplace of ideas' as faulty metaphor". *In: Tulane Law Review*, New Orleans, v. 89, nº 2, 2014, pp. 383-433. Disponível em https://heinonline.org/HOL/LandingPage?handle=hein.journals/tulr89&div=17&id=&page=. Acesso em 13 de setembro de 2017. p. 389.

INTERNET, *FAKE NEWS* E RESPONSABILIDADE CIVIL DAS REDES SOCIAIS

Como qualquer outro direito, a liberdade de expressão deve estar submetida a limitações no seu exercício, destinadas ao enfrentamento de problemas que possam ocasionar o seu próprio enfraquecimento, bem como prejuízos a outros interesses de igual hierarquia constitucional e legal, sendo inapropriada a sua consideração atual pela doutrina majoritária e jurisprudência dominante como um direito quase absoluto, sob o argumento de proteção preferencial.

Aliás, por essa suposta posição preferencial, em conjunto a um movimento de defesa da incidência direta dos direitos fundamentais às relações privadas, a vedação à censura prévia, cuja função precípua é evitar qualquer controle de mérito da manifestação do pensamento pelo Estado executivo, acaba por ser arguida, de forma indevida, como incidente de maneira indiscriminada em relação às atividades jurisdicionais e nos vínculos entre particulares. Nega-se a função constitucionalmente atribuída aos órgãos judiciais de resolução dos conflitos com a utilização dos meios apropriados e o caráter fundamental também da livre iniciativa, cuja regulação se dá, de forma imediata, pelas normas infraconstitucionais de direito privado, justificando-se a incidência dos direitos fundamentais da Constituição apenas nos casos em que aquelas sejam com essa incompatíveis ou insuficientes no trato das questões em debate.

Assim é que se argumenta, no caso da liberdade de expressão, pela suficiência do seu enquadramento como direito da personalidade para manejo das controvérsias que surjam sobre o seu exercício nas relações privadas, sendo descabida a invocação generalizada da vedação à censura prévia quando haja nelas o controle de mérito das manifestações do pensamento. Ao contrário do que se defende majoritariamente, a experiência prática demonstra que tal controle é trivial e desejável nos vínculos entre particulares, sem necessidade de provocação do Poder Judiciário na maior parte dos casos, ausente configuração de afronta à Constituição e vulneração da cláusula de reserva de jurisdição.

No âmbito da Internet, ao invés da criação de um espaço respeitoso de discussão, convergente ou divergente, com a apresentação de argumentos concretos e embasados, a determinar a persuasão racional dos partícipes desse espaço, estabeleceu-se um quadro de intensa polarização, dividindo a grande maioria dos indivíduos em grupos antagônicos. Eles têm posicionamentos prévia e tacitamente acordados entre seus integrantes, com o prestígio apenas da circulação de argumentos e informações que os reforcem. Quando a inclusão

INTRODUÇÃO

de alguém em determinado grupo não está sedimentada, a ampla exposição ao mesmo tipo de material vindo de diversas fontes tem grande chance de induzir o destinatário sobre a sua veracidade, ainda mais se reforçar alguma crença preexistente.

Tal fenômeno é amplificado pela atual estruturação das aplicações de Internet, especialmente as redes sociais, cujos provedores se valem da profusa coleta de dados dos usuários para sua remuneração, a demandar que mantenham seu interesse e engajamento de forma acentuada, o que passa pela criação de mecanismos de personalização e massificação de uso, baseados nos mesmos dados, e que acabam por disponibilizar aos usuários, de forma predominante, os materiais inferidos como de seu interesse.

Avaliando tal fenômeno, Cass R. Sunstein corrobora o quanto aduzimos, no sentido de que a "polarização de grupo se refere ao fato de que, quando pessoas de ideias afins se juntam, muitas vezes acabam pensando em uma versão mais radical do que pensavam antes de conversar umas com as outras"[6].

Assim, como existente hoje, a arquitetura dos sistemas dos provedores de redes sociais facilita o espraiamento de conteúdos ilícitos, na medida em que a lógica de rede ampliativa e inclusiva da Internet, mesmo para fins econômicos, tem por base o privilégio aos conteúdos mais compartilhados e lidos, características potenciais das "fake news"[7].

A veiculação das "fake news"[8], consistentes, grosso modo, em informações fraudulentas, teve acentuada repercussão nas eleições presidenciais estadunidenses no ano de 2016, em que o candidato vencedor, o presidente Donald Trump, pela utilização frequente das redes sociais na comunicação de sua campanha, acabou por estimular tal propagação.

Na Europa também houve preocupação acerca da influência das "fake news" nas eleições recentes ocorridas na França e na Alemanha[9], sobretudo

---

[6] "A verdade sobre os boatos: como se espalham e por que acreditamos neles", trad. Marcio Hack. Rio de Janeiro: Elsevier, 2010. p.11.

[7] VERSTRAETE, Mark.; BAMBAUER, Derek. e., BAMBAUER, Jane R. *Ob. cit.* p. 20.

[8] Como explicado no capítulo 3, optamos pela utilização do termo consagrado "fake news".

[9] Cf. AUCHARD, Eric; MENN, Joseph. "Facebook cracks down on 30,000 fake accounts in France" [artigo eletrônico]. *In*: *Reuters*, 13 de abril de 2017. Disponível em https://www.reuters.com/article/us-france-security-facebook/facebook-cracks-down-on-30000-fake--accounts-in-france-idUSKBN17F25G. Acesso em 20 de narço de 2019; LARSON, Selena. "Facebook says it took down 'tens of thousands' of fake accounts before German election". *In*:

após o referendo sobre a saída do Reino Unido da União Europeia, bem como da ampliação dos discursos de ódio originados do incremento do afluxo de imigrantes vindos do Oriente Médio, especialmente da Síria, e da África.

No Brasil, as "fake news" tiveram destaque nas eleições presidenciais de 2018[10]. Ainda, os movimentos antivacinação também já se utilizavam das "fake news" para disseminação de suas ideias obscurantistas.

Todavia, quando se pensava que o uso das "fake news" havia encontrado seu ápice, veio a pandemia de "Sars-Cov-2", acompanhada de uma "infodemia", ou seja, um grande fluxo de informações desencontradas e fraudadas sob as mais diferentes maneiras e sobre diversos assuntos: origem do vírus, medidas profiláticas como distanciamento social e uso de máscaras, tratamentos medicamentosos e vacinas, dentre outros.

Formou-se uma situação que clamava por seriedade para seu enfretamento em campo de batalha de grupos com posicionamentos ideológicos distintos, alguns minimizando a pandemia, outros exagerando a sua repercussão. Mas os fatos impõem-se, apesar do negacionismo de muitos, e as milhares de mortes por COVID19 mostram o tamanho dos prejuízos individuais e à coletividade[11].

No tema da responsabilidade dos provedores por conteúdos gerados por seus usuários, a incluir as "fake news", três modelos principais são observados: de imunidade ampliada, de proteção condicional ou de responsabilidade integral. No primeiro, respondem os provedores somente em caso de não

---

CNN Business [s.l.], 27 de setembro de 2017. Disponível em "http://money.cnn.com/2017/09/27/technology/business/facebook-german-elections-fake-accounts/index.html. Acesso em 20 de março de 2019.

[10] Cf. SILVA, Deborah Ramos da; KERBAUY, Maria Teresa Miceli. "Eleições 2018 e a forte influência das redes sociais". *In*: COSTA, Cristina; BLANCO, Patrícia (org). *Liberdade de Expressão: questões da atualidade*. São Paulo: ECA-USP, 2019, pp. 67-83. Disponível em http://www.livrosabertos.sibi.usp.br/portaldelivrosUSP/catalog/book/408. Acesso em 13 de novembro de 2020; NETO, Antônio Fausto. "Fake news e circulação de sentidos nas eleições presidenciais brasileiras: 2018". *In*: FIGUEIRA, João; SANTOS, Sílvio (orgs.). *As fake news e a nova ordem (des)informativa na era da pós-verdade*, Coimbra: Universidade de Coimbra, 2019, pp. 177-197. Disponível em https://digitalis.uc.pt/pt-pt/livro/algoritmos_e_redes_sociais_propaga%C3%A7%C3%A3o_de_fake_news_na_era_da_p%C3%B3s_verdade. Acesso em 13 de novembro de 2020.

[11] Dados atualizados até 9 de maio de 2002 mostram terem ocorrido 664.139 óbitos. BRASIL. Ministério da Saúde. "Painel Coronavírus". Disponível em https://covid.saude.gov.br/. Acesso em 9 de maio de 2022.

INTRODUÇÃO

atenderem ordem judicial de remoção; no segundo, respondem, caso, tendo conhecimento do ilícito de forma inequívoca, não ajam prontamente no seu tratamento e remoção; e, no último, há obrigação de monitoramento constante e de repasse das informações aos órgãos estatais, respondendo os provedores de modo amplo por quaisquer falhas no cumprimento desses encargos.

Entretanto, tem-se defendido que o tratamento legal adequado às "fake news" e outros conteúdos ilícitos deve se concentrar no impedimento rápido na circulação dos materiais ilegais, para evitar a consumação dos danos, que pode se dar em larga escala. Demanda-se maior engajamento e responsabilidade dos diversos setores da sociedade[12], principalmente dos provedores nesse encargo, a redundar em um quarto modelo, defendido neste trabalho, com a imposição de obrigação de monitoramento de acordo com as atividades por eles desenvolvidas e o modo de estruturação dos seus serviços, além de observância das regras sobre o abuso do direito. Insere-se nesse movimento também a ideia de autorregulação regulada ou proceduralização, cabendo ao Estado estabelecer parâmetros procedurais e objetivos perseguidos aos provedores de Internet, a quem caberia, a partir desses, criar mecanismos privados de controle das atividades de seus usuários.

Em nosso país, a responsabilidade dos provedores de aplicação, dentre os quais se incluem aqueles de redes sociais, por conteúdo dos usuários, é regulamentada, primariamente, pelo artigo 19, do Marco Civil da Internet, que determina a responsabilização somente pelo descumprimento de ordem judicial de remoção de material, salvo disposição em contrário.

A partir da vigência desse dispositivo, a doutrina majoritária e a jurisprudência passaram a encampar a ideia de que os provedores de aplicações estariam isentos de responsabilidade civil pelas atividades dos usuários, desde que respeitadas as ordens judiciais, sem se atentar à ressalva contida no próprio dispositivo e aos demais princípios e regras previstos na Constituição, na própria lei e em outros instrumentos normativos de igual hierarquia e campo de atuação.

Além disso, a par de ignorar outras normas, essa interpretação é extremamente criticável, por não lidar de maneira adequada com a atual realidade de

---

[12] TOFFOLI, José Antonio Dias. *"Fake News*, desinformação e liberdade de expressão". *In*: *Interesse nacional*, São Paulo, ano 12, ed. 46, jul./set., 2019, pp. 9-18. p. 14.

estruturação das redes sociais, cada vez mais personalizadas ou destinadas ao compartilhamento em massa, que afasta a neutralidade dos provedores, além de ignorar a ineficácia da contenção dos prejuízos que a necessidade de obtenção de ordem judicial acarreta. Nega, ainda, vigência à vedação ao exercício abusivo do direito nos termos do artigo 187, do Código Civil.

Contudo, a imposição de obrigação de monitoramento de conteúdos aos provedores de redes sociais e de sua responsabilização pelo conteúdo gerado por seus usuários é criticada por parte da doutrina, principalmente sob o argumento de vulneração da liberdade de expressão e vedação à censura prévia, tensão, aliás, que acompanha as investidas de regulação da Internet desde os seus primórdios.

Defende-se, ainda, que a determinação de controle prévio de conteúdos e mesmo de adoção de procedimentos extrajudiciais de notificação e retirada delega aos entes privados tarefa eminentemente estatal, além de incentivar os provedores à remoção de forma ampla e indiscriminada de materiais ante o risco de sofrerem as consequências jurídicas[13].

Não concordamos, porém, com referidas críticas, como será mais bem tratado no decorrer do trabalho.

De qualquer modo, nos casos em que reste demonstrada, de forma clara, a fraude na informação transmitida por alguém, diante da relevância do assunto tratado e dos interesses em jogo, a mera indenização talvez não sirva mais ao propósito de desestímulo de condutas contrárias à ordem jurídica e mesmo à reparação do prejuízo, sendo necessário pensar em novos instrumentos que se direcionem não somente ao emissor do conteúdo ilícito, mas também ao provedor que possibilita tal comunicação[14], inclusive de forma preventiva[15].

---

[13] No caso específico do NetzDg, Cf. LEE, Diana. "Germany's NetzDG and the Threat to Online Free Speech" [artigo eletrônico]. *In*: *Yale Law School: media, freedom & infomation access clinic* [s.l.], 10 de outubro de 2017. Disponível em https://law.yale.edu/mfia/case-disclosed/germanys-netzdg-and-threat-online-free-speech. Acesso em 13 de janeiro de 2017; MACEDO, Ronaldo Porto. "Fake news e as novas ameaças à liberdade de expressão". *In*: ABBOUD, Georges; NERY JR., Nelson; CAMPOS, Ricardo (coords.). *Fake News e regulação*, São Paulo: Thomson Reuters Brasil, 2018, pp. 129-145.

[14] "The uncritical consumption of fake news divides responsibility among several actors: authors (who intend to deceive), platforms (that are optimized to promote superficial engagement by readers), and, finally, readers themselves (who often do not engage with an article beyond the headlines). Although there is shared responsibility, it is futile to place a significant share of the burden to solve fake news on readers. Readers operate in digital media

INTRODUÇÃO

A possibilidade de fácil checagem de notícias fraudulentas e o alto potencial de disseminação militam a favor de uma maior reprovabilidade de seu compartilhamento e permitem pensar em formas de atuação diversas da mera reparação pecuniária dos danos. O foco da responsabilidade civil nesse ambiente deve se voltar para a inibição e remoção do conteúdo ilícito e, de forma residual, a esclarecimentos sobre o tema objeto de informações distorcidas, pelo risco de intensificação da polarização[16].

Seguindo o roteiro ora introduzido, no capítulo 1 analisa-se o processo de desenvolvimento da Internet, para melhor compreender as tensões que acompanham as tentativas governamentais de regulação desse campo, situando o atual momento em que se demanda cada vez mais o engajamento dos provedores de serviços na Internet, beneficiários econômicos da exploração, para controle das atividades ilícitas dos usuários, em consideração aos maiores riscos e danos que a sua má utilização pode acarretar.

Por sua vez, no capítulo 2, estuda-se a liberdade de expressão, tanto do ponto de vista constitucional como legal, na categoria dos direitos da personalidade. Examina-se o seu tratamento no direito comparado e no Brasil, com algumas críticas ao modo como atualmente é abordada pela jurisprudência do Supremo Tribunal Federal, apesar do declarado, e necessário, objetivo de proteger esse direito contra ofensas autoritárias, que acarreta reflexos negativos à discussão sobre a necessidade de melhor regulação das atividades privadas dos provedores de aplicação da Internet, especialmente das redes sociais.

---

ecosystems that incentivize low-level engagement with news stories, and digital platforms are crucial tools for the circulation of intentionally deceptive species of fake news. Efforts to educate readers to become more sophisticated consumers of information are laudable but likely to have only marginal effects. Thus, solutions must center on platforms and authors because they will be more responsive to interventions than readers". VERSTRAETE, Mark.; BAMBAUER, Derek. e., BAMBAUER, Jane R. *Ob. cit.* p. 11.

[15] "Repensar hoje a responsabilidade civil significa compreender as exigências econômicas e sociais de um determinado ambiente. 'Responsabilizar' já significou punir, reprimir, culpar; com o advento da teoria do risco 'responsabilizar' se converteu em reparação de danos. Na contemporaneidade, some-se à finalidade compensatória a ideia de responsabilidade como prevenção de ilícitos". ROSENVALD, Nelson. "As funções da responsabilidade civil: a reparação e a pena civil", 2ª ed., São Paulo: Atlas, 2014. p. 18.

[16] GLAESER, Edward; SUNSTEIN, Cass. R. "Does More Speech Correct Falsehoods?". *In: Journal of Legal Studies*, Chicago, v. 43, nº 1, jan. 2014, pp. 65-93. Disponível em https://www.journals.uchicago.edu/doi/abs/10.1086/675247. Acesso em 16 de agosto de 2017. p. 67.

Já no Capítulo 3, avaliam-se as redes sociais e o modo como sua atividade é atualmente exercida, com base na constante necessidade de coleta e tratamento de dados, bem como de personalização de uso e massificação. Além disso, trata-se do fenômeno das "fake news" sob o ponto de vista conceitual e prático.

No capítulo 4, verificam-se os diversos sistemas de responsabilidade civil dos provedores de aplicações da Internet e o atual modelo seguido pelo Brasil, com a análise do Marco Civil da Internet, cuja interpretação atualmente majoritária não se mostra adequada aos termos da Constituição, da própria lei e do ordenamento jurídico como um todo, propondo-se como tese uma nova abordagem da questão.

Do ponto de vista metodológico e formal, busca-se, neste trabalho, analisar as mais diversas correntes doutrinárias nacionais e estrangeiras sobre os temas tratados, além do tratamento conferido por algumas ordens jurídicas nacionais, que servem como base para identificação do panorama atual do direito brasileiro sobre a responsabilidade civil dos provedores de aplicações, especialmente das redes sociais, em relação aos conteúdos ilícitos gerados por seus usuários, com foco nas "fake news".

No que concerne às referências, os dispositivos normativos estrangeiros mencionados especificamente vêm sempre acompanhados do texto integral, além da citação da fonte; já os brasileiros, por serem facilmente acessíveis, bem como para tornar a leitura mais agradável, não seguiram o mesmo critério, sendo citados literalmente apenas em situações restritas.

Finalmente, espera-se que a presente obra forneça subsídios dogmáticos para enriquecimento da discussão doutrinária sobre os temas tratados e contribua para a construção de uma mais adequada interpretação e aplicação do Marco Civil da Internet, no tema da responsabilidade civil dos provedores de aplicações por conteúdos gerados pelos usuários, consentânea com a atual realidade das atividades desenvolvidas e dos problemas vivenciados, especialmente aqueles vinculados às "fake news", sem pretender esgotar o tema, tampouco limitar a abertura às críticas.

1. A INTERNET E A SUA REGULAÇÃO

1.1.Internet

De modo geral, a Internet conceitua-se como uma rede mundial de computadores interligados entre si, que compartilham, para esse fim, um conjunto de protocolos denominado TCP/IP, a permitir a troca de dados entre aqueles. É a rede que conecta outras redes públicas, privadas, de pesquisa, do terceiro setor, por meio de uma infraestrutura global e local, sendo utilizada para os mais diversos fins, de natureza econômica ou não[17]. Não se confunde com a "World Wide Web", uma de suas ferramentas que possibilita o câmbio de documentos entre os usuários no ambiente da Internet.

Atualmente, qualquer pessoa pode se ligar à Internet, bastando que contrate os serviços de um provedor de conexão, que realizará o ingresso do indivíduo mediante a atribuição de um código, ou número, chamado IP ("Internet Protocol"), que serve à identificação daquele terminal e, consequentemente, do usuário. A partir daí, o indivíduo estará livre para "navegar" na rede, usufruindo dos diversos serviços e facilidades nela disponibilizados, as chamadas aplicações[18].

Trata-se de noções simples, porém, a história de sua criação, desenvolvimento, uso e regulamentação mostra-se complexa, sendo importante conhecê-la para melhor compreensão de como se moldam as relações estabelecidas

---

[17] A "Wikipédia" traz definição parecida. Disponível em https://pt.wikipedia.org/wiki/Internet. Acesso em 10 de junho de 2019.

[18] A lei nº 12.965/14, Marco Civil da Internet, trata desses conceitos em várias passagens.

nesse ambiente e dos diferentes entendimentos acerca da maneira como se deve dar a incidência da ordem jurídica no seu funcionamento.

1.2. Dos primórdios da Internet à atualidade

1.2.1. A origem da Internet e seu desenvolvimento

A origem remota da Internet, como a conhecemos hoje, remonta à conjugação de dois fatores históricos primordiais. Um de caráter conceitual, na aspiração de se criar um ambiente de armazenamento global de dados com acesso por qualquer pessoa, como proposto por H.G. Wells[19], Vannevar Bush[20] e

[19] "World brain" [versão eletrônica], publicação original, Methuen&Co: Londres, 1938. Disponível em http://gutenberg.net.au/ebooks13/1303731h.html. Acesso em 7 de junho de 2019. Ilustrativa se mostra a seguinte passagem, no Capítulo 2: "[a] World Encyclopaedia no longer presents itself to a modern imagination as a row of volumes printed and published once for all, but as a sort of mental clearing house for the mind, a depot where knowledge and ideas are received, sorted, summarised, digested, clarified and compared. It would be in continual correspondence with every university, every research institution, every competent discussion, every survey, every statistical bureau in the world. It would develop a directorate and a staff of men of its own type, specialized editors and summarists. They would be very important and distinguished men in the new world. This Encyclopaedic organization need not be concentrated now in one place; it might have the form of a network. It would centralize mentally but perhaps not physically. Quite possibly it might to a large extent be duplicated. It is its files and its conference rooms which would be the core of its being, the essential Encyclopaedia. It would constitute the material beginning of a real World Brain". Sem referência de páginas.
[20] "As we may think". In: Atlantic Monthly [s.l.], nº 176, 1945, pp. 101-108. Reprodução eletrônica autorizada disponível em https://www.theatlantic.com/magazine/archive/1945/07/as-we-may-think/303881/. Acesso em 7 de junho de 2019. Especificamente, vale conhecer a definição do sistema por ele denominado "memex", um preâmbulo da "World Wide Web": "[c]onsider a future device for individual use, which is a sort of mechanized private file and library. It needs a name, and, to coin one at random, 'memex' will do. A memex is a device in which an individual stores all his books, records, and communications, and which is mechanized so that it may be consulted with exceeding speed and flexibility. It is an enlarged intimate supplement to his memory. It consists of a desk, and while it can presumably be operated from a distance, it is primarily the piece of furniture at which he works. On the top are slanting translucent screens, on which material can be projected for convenient reading. There is a keyboard, and sets of buttons and levers. Otherwise, it looks like an ordinary desk. In one end is the stored material. The matter of bulk is well taken care of by improved microfilm. Only a small part of the interior of the memex is devoted to storage, the rest to mechanism. Yet if the user inserted 5000 pages of material a day it would take him hundreds of years to fill the

1. A INTERNET E A SUA REGULAÇÃO

J.C.R. Licklider[21], nas décadas de 1930, 1940 e 1960, respectivamente, e outro de caráter técnico, aliado a certas conjunturas históricas e econômicas, que possibilitaram a aplicação concreta do conceito[22].

Bem estabelecido o desejo conceitual de criação da mencionada rede de computadores interligados, o início da Guerra Fria entre Estados Unidos e União Soviética acabou por impulsionar o engajamento do governo estadunidense na finalidade de construir um sistema que permitisse a proteção do país frente a eventual ataque do inimigo, especificamente dos sistemas de

repository, so he can be profligate and enter material freely. Most of the memex contents are purchased on microfilm ready for insertion. Books of all sorts, pictures, current periodicals, newspapers, are thus obtained and dropped into place. Business correspondence takes the same path. And there is provision for direct entry. On the top of the memex is a transparent platen. On this are placed longhand notes, photographs, memoranda, all sorts of things. When one is in place, the depression of a lever causes it to be photographed onto the next blank space in a section of the memex film, dry photography being employed". Sem referência de páginas na versão eletrônica.

[21] "Man-Computer Symbiosis". *In: IRE Transactions on Human Factors in Electronics* [versão eletrônica; s.l.], v. HFE-1, 1960, pp. 4-11. Disponível em https://groups.csail.mit.edu/medg/people/psz/Licklider.html. Acesso em 7 de junho de 2019. O autor reflete sobre o futuro da inteligência artificial:. "[m]an-computer symbiosis is probably not the ultimate paradigm for complex technological systems. It seems entirely possible that, in due course, electronic or chemical 'machines' will outdo the human brain in most of the functions we now consider exclusively within its province. Even now, Gelernter's IBM-704 program for proving theorems in plane geometry proceeds at about the same pace as Brooklyn high school students, and makes similar errors. There are, in fact, several theorem-proving, problem-solving, chess--playing, and pattern-recognizing programs (too many for complete reference [1, 2, 5, 8, 11, 13, 17, 18, 19, 22, 23, 25]) capable of rivaling human intellectual performance in restricted areas; and Newell, Simon, and Shaw's 'general problem solver' may remove some of the restrictions. In short, it seems worthwhile to avoid argument with (other) enthusiasts for artificial intelligence by conceding dominance in the distant future of cerebration to machines alone. There will nevertheless be a fairly long interim during which the main intellectual advances will be made by men and computers working together in intimate association. A multidisciplinary study group, examining future research and development problems of the Air Force, estimated that it would be 1980 before developments in artificial intelligence make it possible for machines alone to do much thinking or problem solving of military significance. That would leave, say, five years to develop man-computer symbiosis and 15 years to use it. The 15 may be 10 or 500, but those years should be intellectually the most creative and exciting in the history of mankind". Sem referência de páginas.

[22] CAMPBELL-KELLY, Martin; GARCIA-SWARTS, Daniel. "The history of the internet: the missing narratives". *In: Journal of Information Technology* [s.l.], vol. 28, 2013, pp. 18-33. Disponível em https://link.springer.com/article/10.1057/jit.2013.4. Acesso em 10 de abril de 2019. p. 19.

comunicação que possibilitassem a reação militar a eventual agressão do lado comunista do planeta[23].

O evento que acarretou o aprofundamento de tal tarefa foi o lançamento pela União Soviética, em 1957, do foguete espacial "Sputnik", gerando alarde nos Estados Unidos e a clara constatação de que o país se encontrava em atraso tecnológico, com risco à sua segurança. Diante desse cenário, foi criado o órgão governamental denominado "Advanced Research Projects Agency" (ARPA), no ano de 1958[24], que inclusive contou com a participação de JCR Licklider[25].

Ao lado da criação da ARPA[26], no fim da década de 1950 e começo da década de 1960, tendo em consideração o ponto de partida conceitual citado, buscava-se, no âmbito da pesquisa acadêmica aplicada, desenvolver um sistema de comutação de pacotes ("packet switching")[27], que permitiria a quebra de dados em vários pacotes no terminal de origem, com a sua reconstrução no terminal de destino, a fim de tornar mais fácil e confiável, bem como menos

---

[23] KEEFER, Alice; BAIGET, Tomas. "How it all began: a brief history of the Internet". *In: VINE* [s.l.], v. 31, nº 3, 2011, pp.90-95. Disponível em https://doi.org/10.1108/03055720010804221. Acesso em 29 de abril de 2019. pp. 90-91.

[24] KLEINROCK, Leonard. "History of the internet and its flexible future". *In: IEEE Wireless Communications* [s.l.], v. 15, nº 1, feb. 2008, pp. 8-18. Disponível em https://ieeexplore.ieee.org/document/4454699. Acesso em 17 de abril de 2019. p. 10.

[25] "J.C.R Licklider". *In: Internet Hall of Fame.* Disponível em https://internethalloffame.org/inductees/jcr-licklider. Acesso em 7 de junho de 2019.

[26] A denominação da Agência foi modificada em 1972, para "Defense Advanced Research Projects Agency" (DARPA), novamente alterada para ARPA em 1993 e, finalmente, restabelecendo-se como DARPA em 1996. Cf. ESTADOS UNIDOS. Defense Advanced Research Projects Agency. "A selected history of DARPA innovation". Disponível Em https://www.darpa.mil/Timeline/index.html. Acesso em 5 de junho de 2019.

[27] Atribui-se a Leonard Kleinrock, então pesquisador associado ao Massachusetts Institute of Technology (MIT), o primeiro trabalho científico sobre a teoria acerca dos "packets switching", tendo sido ele, posteriormente, responsável por demonstrar aos integrantes da ARPA a melhor adequação dessa teoria do que a utilização de circuitos na construção de uma rede de computadores. Cf. LEINER, Barry M. [et al]. "The past and future history of the internet". *In: Communications of the ACM* [s.l.], v. 40. nº 2, feb. 1997, pp. 102-108. Disponível em https://dl.acm.org/. Acesso em 15 de abril de 2019. p. 103. Porém, contribuíram decisivamente para o desenvolvimento dessa tecnologia Paul Baran, também baseado nos Estados Unidos, e Donald Davies, pesquisador britânico vinculado ao "National Physical Laboratory", como o próprio Leonard Kleinrock refere. "An early history of the internet". *In: IEEE Communications Magazine* [s.l.], v. 48, nº 8, aug. 2010, pp. 26-36. Disponível em https://ieeexplore.ieee.org/document/5534584. Acesso em 15 de abril de 2019. p. 28.

1. A INTERNET E A SUA REGULAÇÃO

custosa, a formação da almejada rede extensa de computadores. Naquele momento já existiam computadores interligados entre si, mas era necessário que compartilhassem a mesma arquitetura sistêmica e a interligação possuía aplicação territorial limitada, pela necessidade de grande aparato de infraestrutura subjacente.

A união dessas duas linhas, Defesa e Academia, com o aporte de financiamento à realização das pesquisas necessárias ao desenvolvimento do sistema, levaria à criação da chamada ARPANET[28].

A primeira comunicação de dados, no âmbito da ARPANET, ocorreu em 29 de outubro de 1969[29], restando o seu caráter inovador no fato de que ela permitia a interação entre terminais distantes com sistemas diferentes, ao passo que as redes anteriormente desenvolvidas se limitavam à conexão entre terminais que compartilhassem o mesmo tipo de sistema.

As incipientes funções da ARPANET eram a ligação de um terminal local a computadores remotos (TELNET), a transferência de arquivos entre computadores (FTP) e a troca de mensagens (SMTP)[30]. Vê-se, nessa configuração, o embrião do que seria a Internet.

O denominado "Internet Protocol" (IP) foi desenvolvido no âmbito da ARPANET, sistema que se baseia em uma estrutura de endereços únicos identificadores de cada terminal, que permite a passagem dos dados por roteadores que definem o melhor caminho para que o pacote de dados chegue ao seu destino[31].

---

[28] .*Idem.* p. 26.
[29] "The ARPANET's first host-to-host message was sent at 10:30 p.m. on October 29, 1969 when one of my programmers, Charley Kline, and I proceeded to 'login' to the SRI host from the UCLA host. The procedure was for us to type in 'log' and the system at SRI was set up to be clever enough to fill out the rest of the command, adding 'in' thus creating the word 'login'. Charley at our end and Bill Duvall at the SRI end each had a telephone headset so they could communicate by voice as the message was being transmitted. At the UCLA end, we typed in the 'l' and asked SRI 'did you get the l?'; 'got the l' came the voice reply. We typed in the 'o', 'did you get the o?', and received 'got the o'. UCLA then typed in the 'g', asked 'did you get the g?', at which point the system crashed! This was quite a beginning. So the very first message on the Internet was the prescient word 'lo' (as in, 'lo and behold!'). This, too, is regarded as a very significant moment in the Internet's history. KLEINROCK, Leonard. "An early history of the internet". p. 32.
[30] KEEFER, Alice; BAIGET, Tomas. *Ob. cit.* p. 91.
[31] *Idem.* p. 91.

Outro importante sistema, também elaborado na estruturação da ARPA-NET, trata do protocolo dinâmico "Transmission Control Protocol" (TCP), que, em linhas gerais, estabelece como os dados serão divididos em vários pacotes na sua origem e, posteriormente, rearranjados no destino da forma mais eficiente, a permitir que pacotes de diferentes redes sejam transmitidos entre elas, provenientes e direcionados a heterogêneos terminais de computação[32].

A conjugação dos dois sistemas geraria o chamado protocolo TCP/IP, base de toda a arquitetura atual da Internet.

De modo resumido, vê-se que toda comunicação, no âmbito da Internet, ocorre em virtude da troca de dados empacotados e de como eles se arranjam e rearranjam na origem e no destino.

No entanto, apesar da prevalência final do protocolo TCP/IP e da arquitetura geral da ARPANET na construção da Internet, outras iniciativas paralelas e contemporâneas de tentativa de estabelecimento de mecanismos e de redes de comunicações entre computadores vinham sendo desenvolvidas pelo mundo, no âmbito privado e no público.

De modo exemplificativo, a IBM, em 1974, anunciou o seu protocolo "Systems Network Architeture" (SNA), que, ao contrário do protocolo TCP/IP, fora desenhado de forma centralizadora e somente admitiria a conexão de redes compatíveis, previamente, com aquele protocolo, a refletir uma tentativa da companhia de monopolizar, ou ao menos controlar, o mercado computacional que se vislumbrava. Contudo, essa intenção da IBM e a sua falta de abertura em relação aos outros centros de pesquisas e desenvolvimento de redes, que eram contrários a uma posição hegemônica, acabaram por minar a chance da empresa em determinar o que seria a Internet[33].

Na Europa, além da participação de Robert Davies na elaboração dos "packets switching", a partir do início dos anos 1970, é possível constatar esforços para criação e desenvolvimento de uma rede de computadores com objetivo não militar.

Os primórdios da rede europeia, sem uma contribuição massiva do Estado, apesar da retórica em sentido contrário, mostram um ambiente concreto desfavorável à impulsão do seu desenvolvimento, com certo afastamento das

---

[32] KLEINROCK, Leonard. "An early.history of the internet". p. 34.
[33] CAMPBELL-KELLY, Martin; GARCIA-SWARTS, Daniel. *Ob. cit.* pp. 24-25.

empresas do setor de telecomunicações, necessárias ao financiamento das atividades de pesquisa nessa área, temerosas acerca da perda de mercado aos meios tradicionais que uma rede tal como se apresentava poderia ocasionar, como efetivamente ocorrido.

De qualquer maneira, na França, iniciou-se o projeto Cyclades e, na Inglaterra, o "National Physical Laboratory" elaborou a rede MARK I.5. Porém, essas redes, desenvolvidas também com base em sistemas de comutação de pacotes e de descentralização, destinavam-se à utilização apenas em nível nacional, obstaculizando a ascensão de uma rede europeia[34] e a consequente adoção de um padrão europeu ao nível global.

Somente após muitos anos da instalação do projeto ARPANET, em 1977, um grupo agregando fabricantes de computadores, usuários frequentes e acadêmicos americanos e europeus, estes até em maior número, organizou o projeto "Open Systems Interconnection" (OSI), sob a chancela da "International Standards Organization" (ISO).

A visão desse grupo era cautelosa, no sentido de que seria prematura a definição, naquele momento, de um protocolo padrão, quando o desenvolvimento das tecnologias estava em pleno vapor, propondo, ao contrário, um modelo de sete camadas que poderia compatibilizar os existentes e futuros parâmetros de transmissão de dados. Todavia, o projeto acabou se retardando na tentativa de acomodação dos conflitos nascidos de sua composição heterogênea, com a oposição de interesses comerciais e nacionais diversos[35], favorecendo a adoção do protocolo TCP/IP como padrão da rede em construção.

Mesmo com a hesitação demonstrada, a "World Wide Web" (WWW), que se impulsionou até a formação do "Web Consortium" (W3C) nos anos seguintes[36], é tida como uma criação europeia, pois inventada por Tim Berners-Lee, inglês, desenvolvida inicialmente no CERN ("European Organization for Nuclear Research"), sediado na Suíça, entre 1989 e 1990, e se tornou aplicação

---

[34] SHAHIN, Jamal. "A European history of the Internet". *In: Science and Public Policy* [s.l.], v. 33, nº 9, nov. 2006, pp. 681–693. Disponível em https://academic.oup.com/spp/article--abstract/33/9/681/1678731. Acesso em 17 de abril de 2019. pp. 683-684.

[35] CAMPBELL-KELLY, Martin; GARCIA-SWARTS, Daniel. *Ob. cit.* p. 25.

[36] O W3C é um consórcio internacional que agrega entidades privadas, públicas e do terceiro setor, cuja finalidade é estabelecer padrões de utilização da "World Wide Web". Seu endereço na Internet, onde podem ser obtidas mais informações sobre sua composição e funcionamento, é www.w3.org.

INTERNET, *FAKE NEWS* E RESPONSABILIDADE CIVIL DAS REDES SOCIAIS

fundamental à Internet após a sua introdução comercial pela "Netscape Communications Corporation", criada em 1994[37].

1.2.2. Percurso da Internet no Brasil

No Brasil, o desenvolvimento da Internet teve trajetória parecida com aquela observada nos Estado Unidos, a partir da década de 1980, no seio da comunidade acadêmica e com financiamento governamental, não obstante sem nenhuma finalidade militar.

Em 1988, fora realizada, pelo Laboratório Nacional de Ciência da Computação, vinculado ao Conselho Nacional de Desenvolvimento Científico e Tecnológico (CNPq), a primeira interligação entre os computadores da Universidade do Rio de Janeiro com a Universidade de Maryland, por meio da rede acadêmica BITNET[38]. Já a primeira conexão TCP/IP foi efetivada pela Fundação de Amparo à Pesquisa do Estado de São Paulo (FAPESP) no ano de 1992, com a Universidade de Illinois, tendo aquele órgão, ainda, administrado o registro do conjunto de domínios e nomes ".br" por muitos anos[39]. Afigura-se de especial relevância nessa empreitada a participação de Demi Getschko, um dos pioneiros da Internet no Brasil[40].

A partir dos anos 1990, com a abertura do mercado nacional no governo Collor e a privatização das empresas de comunicações telefônicas durante a gestão de Fernando Henrique Cardoso, a Internet no Brasil passou à sua fase comercial, o que acompanhou, de certa forma, quase concomitantemente, o movimento internacional nessa seara.

Mesmo com a existência de outras iniciativas pelo mundo na construção de uma rede de computadores, inegável, como visto, que os Estados Unidos assumiram posição central no desempenho de tal tarefa, orbitando o Brasil na esfera dos meios acadêmicos estadunidenses.

---

[37] SHAHIN, Jamal. *Ob. cit.* p. 687.

[38] ADACHI, Tomi. "Comitê Gestor da Internet no Brasil (CGI.br): uma evolução do sistema de informação nacional moldada socialmente". Tese (doutorado na Faculdade de Economia, Administração e Contabilidade da Universidade de São Paulo), São Paulo, 2011. 189p. pp. 88-89.

[39] *Idem.* p. 48.

[40] "Demi Getschko". *In: Internet Hall of Fame.* Disponível em https://www.internethalloffame.org//inductees/demi-getschko. Acesso em 04 de abril de 2022.

1.2.3. Estados Unidos e seu papel fundamental na estruturação da Internet

Além do quanto acima tratado, a prevalência das narrativas estadunidenses na história da Internet pode ter várias explicações, como a proeminência da sua indústria de informática, a influência de pesquisadores e ativistas domiciliados nos Estados Unidos na construção da Internet, reputando-a, desde o início, como uma tecnologia revolucionária, enquanto, em outros países, adotava-se uma atitude mais cética[41].

Não obstante, o fator primordial que explica o peso dos Estados Unidos no desenvolvimento da Internet e do mercado de informática em geral é o maciço impulso econômico e de estrutura dado pelo governo ao projeto, especialmente à DARPA, para fins militares, em uma época de dispêndio de grandes recursos nessa área por conta da Guerra Fria[42].

Mesmo com tal cenário, a participação ativa de inúmeros acadêmicos no projeto ARPANET e a ideia por trás dessa, de construção de uma rede descentralizada, acabaram por estabelecer um processo aberto de criação dos sistemas pertinentes.

O crescente aumento das funcionalidades na transmissão de dados aprofundou o fluxo de comunicação entre os indivíduos de modo informal, sem as amarras burocráticas que se poderiam esperar de um projeto financiado pelo governo. A própria elaboração do TCP/IP muito contribuiu para o incremento dessa característica, apesar dos esforços, em vão, de restrição, pela DARPA, do acesso à ARPANET, na medida em que possibilitou a interligação de terminais e redes heterogêneas[43].

Aliás, como sintoma dessa configuração, a ARPA, em 1979, estabeleceu o "Internet Configuration Control Board", responsável por expor os procedimentos técnicos assumidos à comunidade ARPA, posteriormente substituído pelo "Internet Activities Board" (IAB), um conselho de "experts",

---

[41] TRÉGUER, Félix. "Gaps and bumps in the political history of the internet". *In: Internet Policy Review* [s.l.], v. 6, nº 4, oct. 2017, pp. 1-21. Disponível em http://policyreview.info/articles/analysis/gaps-and-bumps-political-history-internet. Acesso em 17 de abril de 2019. p. 7.
[42] ROZENZWEIG, Roy. "Wizards, Bureaucrats, Warriors, and Hackers: Writing the History of the Internet". *In: The American Historical review* [s.l.], v. 103, nº 5, dec. 1998, pp. 1530-1552. Disponível em https://academic.oup.com/ahr/article-abstract/103/5/1530/187277. Acesso em 17 de abril de 2019. p. 1.538.
[43] *Idem.* pp. 1.548-1.549.

INTERNET, *FAKE NEWS* E RESPONSABILIDADE CIVIL DAS REDES SOCIAIS

agregando representantes técnicos das Universidades e de organizações de pesquisas, responsável pelo controle de várias atividades técnicas e administrativas levadas a efeito por forças-tarefa e grupos de trabalho, com a tomada das decisões por meio de quase consenso entre os membros, sendo necessária a formação de ampla maioria. Os parâmetros técnicos da Internet eram desenvolvidos da base ao topo, com a sua adoção somente depois de dois processos de implementação bem-sucedidos. O IAB foi sucedido pelo "Internet Society", em 1990, que continuou a desenvolver os parâmetros da Internet no mesmo esquema, adicionando, progressivamente, outros objetivos, como a internacionalização[44].

1.2.4. A consolidação da Internet e a abertura colaborativa

Em meados da década de 1980, a Internet estava bem definida como ferramenta de ampla utilização por pesquisadores, de um modo geral, e desenvolvedores de sistemas, e o seu uso começava a se espraiar para outros tipos de comunicações não acadêmicas, apresentando-se o e-mail como seu principal instrumento. Além disso, o processo retroalimentava-se, pois, quanto maior o uso, mais a evolução dos sistemas era perseguida e alcançada pelos usuários, com livre acesso a todos, sem nenhuma apropriação intelectual ou econômica[45].

Esse movimento ganhou mais força no início da década de 1990, com o término do apoio estrutural e financeiro do governo estadunidense ao desenvolvimento da rede[46] e o crescente interesse do setor privado e dos usuários no acesso a esse sistema de comunicação e as funções auspiciosas que se vislumbravam. A Internet baseada no protocolo TCP/IP desenvolvia-se rapidamente e sem um controle centralizado[47]. A própria organização da "World Wide Web" ocorreu, desde o início, de maneira aberta e participativa[48].

---

[44] CAMPBELL-KELLY, Martin; GARCIA-SWARTS, Daniel. *Ob. cit.* pp. 28-29.

[45] LEINER, Barry M.; CERF, Vinton G.; CLARK, David. D; [et al]. *Ob. cit.* pp. 105-106.

[46] SHAHIN, Jamal. *Ob. cit.* p. 688.

[47] CAMPBELL-KELLY, Martin; GARCIA-SWARTS, Daniel. *Ob. cit.* p. 29.

[48] "Therefore, in 1995, a new coordination organization was formed —the WorldWideWeb Consortium(W3C), initially led from MIT's Laboratory for Computer Science by Al Vezza and Tim Berners-Lee, the Web's inventor. Today, the W3C is responsible for evolving the

1. A INTERNET E A SUA REGULAÇÃO

Essa primeira fase entre as décadas de 1960 e de 1990 é aquela da Internet aberta, em que ela era considerada um mundo à parte, o chamado "cyberspace", com a defesa da participação igualitária entre os indivíduos, a experimentação, a troca de ideias, a servir ao contínuo desenvolvimento da ferramenta e mesmo da sociedade, no sentido da ampliação e aprofundamento da democracia, sem nenhuma preocupação acerca da regulação normativa por parte dos Estados[49].

Síntese desse ideário de liberdade de informação e de discurso, bem como de uma Internet sem freios é a "Declaration of the Independence of Cyberspace", de autoria de John Perry Barlow[50], escrita após a edição do "Decency Communications Act", em 1996, ato normativo dos Estados Unidos ainda parcialmente em vigor, que visava à regulamentação da Internet, e mais bem estudado no decorrer deste trabalho. O documento era uma reação contrária à lei, e a sua leitura hoje demonstra como diversamente evoluiu a Internet. A declaração pregava, dentre outros pontos, o seguinte[51]:

---

various protocols and standards associated with the Web". LEINER, Barry M.; CERF, Vinton G.; CLARK, David. D; [et al]. *Ob. cit.* p. 107.

[49] PALFREY, John. "Four phases of internet regulation". *In: Social research*, Baltimore, v. 77, nº 3, 2010, pp. 981-996. Disponível em https://www.jstor.org/stable/40972303?seq=1#page_scan_tab_contents. Acesso em 1º de maio de 2019. pp. 981-982.

[50] MÜLLER, Michael W. "Mapping paradigms of European Internet regulation: the example of internet content control". *In: Frontiers of Law in China. Special issue: Paradigms of Internet Regulation in European Union and China*, Beijing, v. 13, nº 3, oct. 2018, pp. 329-341. Disponível em http://go.galegroup.com/ps/i.do?&id=GALE|A561511579&v=2.1&u=capes&it=r&p=AONE&sw=w. Acesso em 30 de abril de 2019. p. 338.

[51] "Cyberspace consists of transactions, relationships, and thought itself, arrayed like a standing wave in the web of our communications. Ours is a world that is both everywhere and nowhere, but it is not where bodies live. We are creating a world that all may enter without privilege or prejudice accorded by race, economic power, military force, or station of birth. We are creating a world where anyone, anywhere may express his or her beliefs, no matter how singular, without fear of being coerced into silence or conformity. Your legal concepts of property, expression, identity, movement, and context do not apply to us. They are all based on matter, and there is no matter here. Our identities have no bodies, so, unlike you, we cannot obtain order by physical coercion. We believe that from ethics, enlightened self-interest, and the commonweal, our governance will emerge. Our identities may be distributed across many of your jurisdictions. The only law that all our constituent cultures would generally recognize is the Golden Rule. We hope we will be able to build our particular solutions on that basis. But we cannot accept the solutions you are attempting to impose. Disponível em https://www.eff.org/pt-br/cyberspace-independence. Acesso em 8 de junho de 2019.

O "cyberspace" compõe-se dos negócios, das relações e do próprio pensamento, dispostos como uma onda constante na teia de nossas comunicações. Esse nosso mundo é todo lugar e nenhum lugar ao mesmo tempo, mas não é onde os corpos habitam. Estamos criando um mundo que todos podem entrar sem privilégios ou preconceitos calcados na raça, poder econômico, militar ou situação de nascimento. Estamos criando um mundo onde qualquer um, em qualquer lugar pode expressar as suas posições, não importa quão singular seja, sem medo de ser silenciado ou conformado de forma coercitiva. Os seus conceitos legais de propriedade, expressão, identidade, movimento e contexto não se aplicam a nós. Eles são todos baseados na matéria e não há matéria aqui. Nossas identidades não possuem corpos, então, ao contrário de vocês, nos não podemos ser ordenados por meio de coação física. Nós acreditamos que a partir da érica, do interesse próprio esclarecido e do bem comum, nossa governança emergirá. Nossas identidades poderão ser distribuídas em muitas de suas jurisdições. A única lei que a nossas origens culturais reconhecerão de forma geral é a Regra de Ouro. Nós esperamos sermos capazes de construir nossas próprias soluções nessas bases. Contudo, não podemos aceitar as soluções que vocês tentam impor.

1.2.5. A apropriação empresarial da Internet e a sua conformação atual

A partir da década de 1990, a despeito, por exemplo, da declaração acima transcrita reafirmando a ideia original, muitos daqueles que apoiavam a liberdade dos primeiros tempos da Internet, diante do aumento do interesse do setor empresarial pela rede, passaram a defender, também, o processo de privatização da Internet, abraçando o liberalismo econômico lastreado no empreendedorismo individual, mas que redundaria nos oligopólios atuais que controlam os mercados de informática [52].

A utopia da equidade e de uma sociedade justa cedia espaço aos ganhos econômicos que se apresentavam àqueles tecnicamente capazes de se engajar efetivamente no processo de elaboração e desenvolvimento dos sistemas que

---

[52] ROZENZWEIG, Roy. *Ob. cit.* pp. 1.550-1.551.

1. A INTERNET E A SUA REGULAÇÃO

potencializariam a Internet como instrumento de circulação massiva de bens, serviços, dinheiro e poder.

Resta claro que o desenvolvimento da Internet não seguiu um padrão único. É fruto do trabalho de técnicos, entusiastas e burocratas, com interesses acadêmicos e militares dentro do contexto do discurso fechado da Guerra Fria, inicialmente, e consequente custeio pelo governo dos Estados Unidos, ao mesmo tempo que sofreu a influência da contracultura libertária, de abertura e de anti-hierarquia dos anos 60 em seus primórdios, com a apropriação do processo em momento posterior pela iniciativa privada, dos indivíduos aos grandes grupos, tendo como efeito a concentração do poder econômico. Houve, ainda, uma intensa colaboração e tensão entre os setores público e privado, da total liberdade à necessidade de regulamentação.

Representativo dessa configuração, atualmente, a administração da Internet, na maioria dos países democráticos, toma por base o modelo do "Fórum de Governança da Internet", elaborado na Cúpula Mundial sobre a Sociedade de Informação. A administração é realizada nos âmbitos nacional e regional por organizações compostas por membros da comunidade científica, da sociedade civil, do terceiro setor e da iniciativa privada empresarial. Tais organizações, ainda que não possuam função executiva ou normativa, servem como ambiente de debate para sugestão na formulação de políticas públicas[53].

Em nosso país, o Comitê Gestor da Internet no Brasil (CGI.br) é formado por nove representantes do setor governamental, quatro do setor empresarial, quatro do terceiro setor, três da comunidade científica e tecnológica e um representante de notório saber em assuntos de Internet. Suas funções principais são estabelecer diretrizes para o uso e desenvolvimento da Internet no Brasil, propor programas de pesquisa relacionados à Internet, promover estudos e recomendação de normas e procedimentos à regulamentação das atividades ligadas à Internet e à segurança, como estabelecido pelo Decreto nº 4.829/2003. Ainda, o CGI.br, por meio do NIC.br, tem a função de administrar o sistema de domínios ".br" da Internet e executar a alocação dos endereços IP.

Esse tipo de apresentação é inequívoco reflexo dos alicerces sobre os quais foi construída a Internet, principalmente de participação ativa e colaborativa

---

[53] ADACHI, Tomi. *Ob. cit.* p. 19.

de vários segmentos, entretanto com algum tipo de direcionamento, em maior ou menor medida, por parte dos atores empresariais e do Estado, e que tende a se aprofundar nos tempos atuais[54].

O modo de evolução da Internet acaba por explicar as contradições internas existentes na sua estruturação, utilização e, principalmente, na sua regulação, em que se observa a tensão entre a defesa de um sistema aberto ou fechado, ou ao menos controlado, como visto desde a origem[55].

Nos países democráticos do Ocidente, passa-se de um ambiente inicial de completa liberdade, até mesmo desdém dos Governos em regulamentar a Internet, para uma crescente normatização e supervisão das atividades pelos Estados.

No contexto deste trabalho e símbolo da tensão mencionada, interessante pontuar que a Internet funciona como um elemento impulsionador para que cada pessoa possa manifestar livremente o seu pensamento sobre qualquer assunto, ao mesmo tempo que poucos atores controlam os canais a tanto e a forma como os conteúdos serão vistos pelas diferentes pessoas, auferindo resultados econômicos a partir da coleta de dados dos usuários e sua administração no sentido de gerar cada vez mais o seu engajamento no uso dos serviços.

Formalmente, vê-se a democratização dos meios de comunicação e a crença exagerada dos usuários comuns de que suas ideias, opiniões ou retratos dos fatos são isentos e independentes. Materialmente, porém, os meios de reprodução das mensagens dos internautas são gerados e mantidos em um ambiente de oligopólio empresarial com vistas ao lucro.

As empresas que exploram comercialmente a atividade de Internet buscam consolidar a sua influência e o seu poder que favoreçam o incremento de seus ganhos econômicos, com o afastamento da regulação estatal até onde seja interessante a essa finalidade. Valem-se, nessa tarefa, do apoio dos incautos usuários que se colocam contra a normatização, fomentando o argumento da

---

[54] O Marco Civil da Internet reforça este modelo: "art. 24. Constituem diretrizes para a atuação da União, dos Estados, do Distrito Federal e dos Municípios no desenvolvimento da internet no Brasil: I –estabelecimento de mecanismos de governança multiparticipativa, transparente, colaborativa e democrática, com a participação do governo, do setor empresarial, da sociedade civil e da comunidade acadêmica".

[55] ROZENZWEIG, Roy. *Ob. cit.* p. 1.551.

1. A INTERNET E A SUA REGULAÇÃO

proteção de suas liberdades, quando, na verdade, são os grupos empresariais que definem o que seja essa liberdade.

1.3. Desenvolvimento da regulação da Internet.

Determinada atividade econômica pode sofrer a ingerência direta do Estado, efetuada com a utilização de diversas ferramentas, dentre as quais participação na própria atividade como ator econômico, fiscalização, supervisão. A regulação normativa insere-se como uma dessas possibilidades dos instrumentos de regulação, a ser engendrada de diferentes formas, com a edição de normas constitucionais, administrativas, penais, civis, processuais.

Identificou-se, no item anterior, que a primeira fase da Internet foi marcada pela defesa do descabimento de sua regulação pelos Estados nacionais ou mesmo organizações públicas internacionais, pois, pela sua própria natureza, não admitiria nenhuma intervenção estatal.

A autorregulação adviria dos próprios usuários da rede, inseridos em um mundo virtual paralelo ao real, o chamado "cyberspace", que se consolidaria como um espaço de democracia plena, em que todos os participantes seriam iguais e livres, como se a mera revolução digital fosse transformar repentina e profundamente a natureza humana e a sociedade.

Entretanto, essa conclusão de que a falta de controle estatal seria incompatível com a própria elaboração conceitual e estrutural da Internet não se mostra adequada.

A Internet, por meio de códigos próprios, é mais uma ferramenta de estabelecimento de relações intersubjetivas e, como tal, passível de interferência regulatória externa, ampla e geral, para fins de acomodação dos diversos interesses que dela se originam e a ela afluem. A realidade dos conflitos surgidos nesse âmbito, nas mais diversas searas, confirma a necessidade de regulação externa.

Na verdade, o início da Internet fora um período de liberdade regulatória porque a sua elaboração foi efetuada dessa forma e o seu crescimento dependia do ambiente de abertura, e, mais importante, nesses primeiros passos, houve um desinteresse generalizado dos governos em regulá-la.

Pode-se dizer que a Internet não tinha relevância econômica, social e política suficiente para engajar os Estados na custosa e complexa tarefa de estruturação regulatória de um novo setor, quando outras áreas demandavam ações mais prementes, como a indústria armamentista e aeroespacial, por exemplo, no contexto da Guerra Fria e, logo após, a necessidade de expansão do capitalismo aos países então socialistas, o que perpassava pelo incremento da produção de bens de consumo material.

A Internet consubstanciava-se como um pequeno universo, integrado por grupos diminutos e específicos de pessoas, com limitação de aplicações, e cujo uso, assim, não trazia consequências sérias à vida das comunidades em geral, tampouco representava risco considerável de mudança dos paradigmas sociais e econômicos até então existentes.

A partir do momento em que a Internet despertou a atenção da iniciativa privada empresarial, abrindo e expandindo a sua oferta à sociedade em geral, com a ampliação das funcionalidades à disposição do público para realização das suas tarefas cotidianas, passou a ser um canal maior de encetamento de vínculos entre os indivíduos, permitindo que cada um deles, além de consumidor, fosse também produtor de conteúdo. Isso gerou repentino e forte impulso à exploração comercial, que passou a abranger números cada vez maiores de pessoas em nível global[56].

Em razão da popularização da Internet e, mais especificamente, do aumento massivo dos conteúdos elaborados no seu seio pelas mais diversas pessoas e das relações estabelecidas entre elas, surgiu um movimento destinado à regulação da circulação de certos materiais tidos como lesivos aos direitos das pessoas e mesmo à sociedade, de uma forma geral.

Ingressa-se na segunda fase de regulação da Internet, ocorrida, mais intensamente, entre os anos de 2000 e 2005, período denominado como do "acesso negado", em que os Estados objetivavam bloquear ou filtrar certas

---

[56] Para dados sobre a evolução no número de usuários, cf. "Internet growht statistics". *In: Internet World Stats*. Disponível em: https://www.internetworldstats.com/emarketing.htm; e "Statistics". *In: International Telecommunication Union*. Disponível em https://www.itu.int/en/ ITU-D/Statistics/Pages/stat/default.aspx. Há alguma divergência nos dados mais recentes, pois a "International Telecommunication Union" utiliza os dados oficiais fornecidos pelos governos nacionais, enquanto a "Internet World Stats" se vale de dados de pesquisa em vários campos, mas com ambos é possível verificar o rápido crescimento do uso da Internet.

1. A INTERNET E A SUA REGULAÇÃO

atividades e conteúdos reputados como indesejados e que, portanto, necessitavam ser controlados como qualquer outro ato ilícito. E essa tarefa de bloqueio e filtragem não é restrita aos países com governos autoritários, podendo ser identificada em vários países de tradição democrática, como Estados Unidos e países da Europa ocidental[57].

Essa forma de controle pode se embasar na participação ativa dos Poderes Executivo, Legislativo e Judiciário. Na maioria das vezes, aliás, as leis nacionais permitem que certos conteúdos sejam bloqueados ou filtrados mediante ordem judicial, cabendo ao Executivo, em sua atividade de polícia, a iniciativa de identificação dos fatos passíveis de atuação.

O caso do Brasil reflete bem essa constatação. A Lei nº 12.965, Marco Civil da Internet, em seu artigo 10, §1º, condiciona a liberação de registros de conexão e de acesso a aplicações a ordem judicial; no artigo 13, "caput", determina aos provedores de conexão a guarda dos registros respectivos, sob sigilo, pelo prazo de um ano, e nos seus §§ 2º e 3º, permite às autoridades policiais e administrativas e ao Ministério Público a requisição aos provedores de aplicações da Internet da guarda desses registros por prazo superior, devendo pleitear, em 60 dias, ordem judicial para sua liberação. Similar comando está inserto no artigo 15, quanto aos registros de acesso a aplicações.

Evidente que, nos países sob regimes autoritários, a utilização desse tipo de mecanismo, em paralelo ao que ocorre no setor "offline", é muito mais ampla e intensa, na medida em que inexiste um Poder Judiciário independente apto a contrabalancear as atividades censórias, sendo esse utilizado, em muitos casos, como instrumento de legitimação dessas condutas. Ainda, são esparsas e fracas as pressões contrárias advindas de grupos domésticos integrantes da sociedade civil, diante da extrema opressão originada dos órgãos centrais de Governo.

É o caso da China. Nesse país, a Internet serviu como importante instrumento à modernização e, a partir do início do século XXI, o seu desenvolvimento em termos comerciais acabou por incentivar um maior engajamento das pessoas nos assuntos de interesse público. Esse movimento foi concomitante ao processo de recrudescimento dos conflitos advindos das mudanças socioeconômicas experimentadas. Gerou-se um ciclo em que a maior utilização

---

[57] PALFREY, John. *Ob. cit.* pp. 985-987.

da Internet permitia a ampliação do conhecimento sobre os fatos internos e estrangeiros, produzindo mais protestos contra o autoritarismo. Por sua vez, os ativistas, ao enxergarem na rede um ótimo canal de transmissão de suas ideias, utilizavam-se mais de tal sistema. Diante desse cenário, a regulação da Internet passou por profunda transformação, com o fortalecimento dos mecanismos de controle da circulação de dados, principalmente notícias, na rede, com a criação do Escritório de Administração de Informações da Internet, em 2000[58].

O tipo de controle próprio dessa segunda etapa não se esvaiu totalmente ao longo do tempo, mesmo com a criação de novas formas de ingerência nas informações circulantes na Internet nos períodos posteriores, que se caracterizam, assim, pela conjugação das ferramentas de monitorização anteriores com as novas elaboradas, optando-se pela utilização de umas ou outras conforme se mostrem mais eficazes à restrição visada.

A terceira fase, iniciada no ano de 2005, perdurando de modo mais marcante até 2010, pode ser definida como a fase do "acesso controlado", em que os Estados vão além das ferramentas de bloqueio e filtragem, passando a desenvolver instrumentos variáveis ao tipo de conteúdo que se deseja restringir ou, ao menos, supervisionar. Tais mecanismos são mais adaptáveis e não tão explícitos como os anteriores. Em diversos casos, atuam nos frequentes pontos de ligação entre os mundos "online" e "offline" e introduzem, como atores importantes, os próprios provedores de serviços de Internet[59], em alguma medida, pressionando-os a colaborarem com os esforços estatais em troca de imunização de responsabilidade pelos atos dos seus usuários.

Esse tipo de estratégia ocorre, por exemplo, no uso cada vez mais sofisticado do aparato de espionagem das atividades efetuadas no âmbito da Internet, principalmente na "Deep Web" e na "Dark Web".

De modo resumido, por "Deep Web" entende-se tudo que está na Internet e que não pode ser localizado pelas aplicações de buscas comuns. Dentro da

---

[58] MIAO, Weishan; ZHU, Hongjun; CHEN, Zhangmin. "Who's in charge of regulating the Internet in China: the historyand evolution of China'sInternet regulatory agencies". *In: China Media Research* [s.l.], v. 14, nº 3, 2018, pp. 1-7. Disponível em http://go.galegroup.com/ps/i.do?id=GALE%7CA549658139&v=2.1&u=capes&it=r&p=AONE&sw=w. Acesso em 2 de maio de 2019. p. 3.

[59] PALFREY, John. *Ob. cit.* pp. 989-990.

1. A INTERNET E A SUA REGULAÇÃO

"Deep Web" há a "Dark Web", em que os conteúdos disponibilizados somente podem ser acessados com a utilização de sistemas especiais de desfazimento de encriptação (método que embaralha os dados eletrônicos de um documento digital, que ficam ilegíveis e só podem ser lidos por meio de uma chave específica[60]). Além disso, há inúmeros sítios que são quase impossíveis de ser rastreados, favorecendo o acesso anônimo à Internet e a prática de inúmeras condutas criminosas, como aquelas relacionadas, por exemplo, à pedofilia e ao terrorismo[61].

A fim de combater essas atividades, e mesmo outras reputadas como ilícitas no âmbito da Internet, a prática de "hacking", consistente na manipulação de sistemas para que funcionem de modo não projetado, é utilizada em grande escala pelo governo dos Estados Unidos, há pelo menos duas décadas. Todavia, para se afastar do estigma que o termo "hackeamento" possui, vinculado a atividades ilegais no senso comum, o "Federal Bureau of Investigation" (FBI) tem adotado outras denominações, especialmente a "Network Investigative Techique" (NIT), ressalvando sempre que sua atuação é avalizada por autoridade jurisdicional[62].

---

[60] "Encryption". *In: Massachusetts Institute of Technology, Information systems and Technology*. Disponível em https://ist.mit.edu/encryption. Acesso em 11 de junho de 2019. A discussão sobre a encriptação de dados ganhou bastante relevância a partir do momento em que fora anunciada sua utilização pela aplicação WhatsApp. Cf. ROHR, Altieres. "WhatsApp começa a identificar conversas com criptografia". *In: G1, Segurança digital* [s.l.], 05 de abril de 2016. Disponível em http://g1.globo.com/tecnologia/blog/seguranca-digital/post/whatsapp-comeca--identificar-conversas-com-criptografia.html. Acesso em 11 de junho de 2019. Restringiu-se o acesso das comunicações via "WhastApp" pelo Poder Judiciário principalmente em processos criminais. Diante da alegada impossibilidade de disponibilização das comunicações por conta da encriptação, sob o fundamento de descumprimento de ordem judicial, várias decisões aplicaram sanções ao "Facebook", provedor do "Whatsapp", até mesmo com a suspensão do uso, em território nacional, dessa ferramenta. Para uma análise mais profunda da questão, Cf. TEIXEIRA, Tarcísio; SABO, Paulo Henrique; SABO, Isabela Cristina. "Whatsapp e a criptografia ponto-aponto: tendência jurídica e o conflito privacidade vs. interesse público". *In: Revista da Faculdade de Direito da UFMG*, Belo Horizonte, nº. 71, 2017, pp. 607–638. Disponível em https://www.direito.ufmg.br/revista/index.php/revista/article/view/1882. Acesso em 10 de junho de 2019.

[61] AUCOIN E., Kaleigh. "The Spider's Parlor: Government Malware on the Dark Web". *In: Hastings Law Journal*, San Francisco, v. 69, nº 5, 2018, pp. 1433-1469. Disponível em .http://www.hastingslawjournal.org/wp-content/uploads/Aucoin-69.5.pdf. Acesso em 22 de março de 2019. p. 1.439.

[62] *Idem.* pp. 1.441-1.442.

INTERNET, *FAKE NEWS* E RESPONSABILIDADE CIVIL DAS REDES SOCIAIS

Referidas práticas são típicas da fase do "acesso controlado" e continuam sendo utilizadas em larga escala pelos órgãos policiais e de inteligência da maioria dos países.

Como reação a esses movimentos de regulação mais contundentes, identificou-se uma forte impugnação pela sociedade civil e pelo setor empresarial de tal regulação da Internet imposta pelos Estados, que pode ser denominada como de "acesso contestado". A discordância assumia como mote principal a defesa da liberdade de expressão e da intimidade das pessoas[63].

Os operadores de serviço de Internet buscam a autorregulação, mas não regulada pelo Estado, sob a alegação de proteção dos direitos dos usuários e dos seus próprios, com argumentada atenção aos direitos da coletividade, sendo o instrumento dessa autorregulação os termos de serviços, que passam a incorporar novas disposições à medida que problemas são apontados pela sociedade civil, de forma absolutamente voluntária, e desde que seja mantida a estruturação básica de suas atividades. O Poder Público deve ser afastado do controle de conteúdo e de dados dos usuários, cabendo somente aos provedores de serviço desempenhar a tarefa de manejo deles.

Não obstante, essa resposta por parte dos provedores, principalmente das redes sociais e motores de busca, mostrou-se insuficiente no sentido de evitar a prática de ilícitos e ocorrência de prejuízos no uso da Internet, pois, como veremos posteriormente, o modelo de sua atividade baseia-se na maior personalização e consequente interação dos usuários.

Do ponto de vista econômico dos provedores, o estabelecimento de mecanismos gerais que possam atrapalhar essa fórmula, como aqueles de identificação e remoção em grande escala de conteúdos ilegais que geram engajamento por parte dos usuários, não é interessante. A disseminação das "fake news" e o nefasto efeito que elas acarretam, sem grandes intervenções sistemáticas eficazes pelos provedores no momento inicial, representa bem esse quadro. Esperar que os provedores, sem pressão legal, atuem sempre de forma criteriosa altruisticamente no interesse da coletividade é pueril.

Aliás, a fim de tomarem controle do processo, percebe-se uma sinalização dos executivos de alguns provedores de aplicações, especificamente de redes sociais, de mudança de posição sobre o tema de sua responsabilização pelas

---

[63] PALFREY, John. *Ob. cit.* pp. 991-992.

condutas de seus usuários e mais intensa normatização de suas atividades. Passou-se da oposição a pedidos públicos aos governos que confiram regulamentação ao assunto[64].

Diante desse quadro, passa-se a defender maior intervenção estatal no sentido de ampliar as obrigações dos provedores de serviços de Internet, notadamente de redes sociais, quanto à supervisão da conduta dos seus usuários que incorram em práticas ilícitas e danosas, havendo movimentos em vários países, conforme se verá, de edição de leis nesse sentido. A Alemanha, inclusive, já tem lei específica tratando do tema.

No que concerne ao aspecto regulatório da responsabilidade civil, administrativa ou penal dos provedores de aplicação, especificamente de redes sociais, por conteúdo produzido e publicado por seus usuários, passa-se de um regime de total falta de responsabilidade em direção à ampla responsabilização e participação ativa dos provedores, processo que está nos seus estágios iniciais[65].

Hodiernamente, de acordo com o entendimento dominante, configura-se no Brasil, pelo Marco Civil da Internet, que replica, com adaptações, o sistema dos Estados Unidos, a isenção de responsabilidade dos provedores, afastada apenas em caso de descumprimento de ordem judicial para remoção de conteúdos ou identificação dos usuários.

Porém, verificam-se tentativas de adoção de modelo no sentido do maior engajamento dos provedores de aplicação no controle das atividades dos usuários, mormente aquelas que representem risco real à sociedade, como as relacionadas à criação e compartilhamento das "fake news"[66]

---

[64] Cf. ZUCKERBERG, Mark. "The Internet needs new rules: let's start in these four areas". *In: Washington Post*, Washington, 30 de março de 2019. Disponível em https://www.washington-post.com/opinions/mark-zuckerberg-the-internet-needs-new-rules-lets-start-in-these-four--areas/2019/03/29/9e6f0504-521a-11e9-a3f7-78b7525a8d5f_story.html?noredirect=on&utm_term=.437cb88c99d7. Acesso em 11 de junho de 2019; e também RUDGARD, Olivia. "Twitter boss calls for social media regulation". *In: Telegraph*, London, 03 de abril de 2019. Disponível em https://www.telegraph.co.uk/technology/2019/04/03/twitter-boss-calls-social-media--regulation/. Acesso em 11 de junho de 2019.

[65] Além da tese aqui proposta, insere-se o movimento de autorregulação regulada ou proceduralização.

[66] É o caso do Projeto de Lei nº 2630/2020, que com origem e aprovado no Senado, aguarda encaminhamento na Câmara dos Deputados. Cf. BRASIL. Congresso Nacional. "Projeto de lei nº 2.630/2020. Institui a lei brasileira de liberdade, responsabilidade e transparência na

Assim, vislumbra-se o nascimento de uma nova fase de regulação da Internet, que nominamos de "acesso indiretamente regulado", em que os riscos e danos à coletividade que o uso da Internet pode ocasionar são preocupações deveras graves, demonstrando-se como inócua, em termos de mitigação daqueles, a mera responsabilização dos usuários, diante do caráter fluido e disperso que caracteriza a Internet, especificamente as redes sociais.

Exige-se a tomada de atitudes que criem e reforcem obrigações aos provedores de serviços tecnologicamente mais aptos ao controle rápido e eficaz dos conteúdos ilícitos circulantes por meio de seus serviços, sendo essas obrigações compatíveis com a tipologia de suas atividades e consequentes formas de ganhos econômicos, sem descuidar da necessidade de preservação das liberdades individuais, das quais é parte integrante a de expressão e de informação, conformadas, porém, às novas formas comunicativas e relações sociais existentes.

No quarto capítulo, voltaremos à análise dos tipos de regulação normativa da Internet na atualidade praticados, com foco na responsabilização dos provedores pelas atividades de seus usuários e como a adequada interpretação do artigo 19, do Marco Civil da Internet, leva a tal responsabilização.

Internet". Disponível em https://www.camara.leg.br/proposicoesWeb/fichadetramitacao?idProposicao=2256735. Acesso em 13 de novembro de 2020.

2. DIREITOS DA PERSONALIDADE E A LIBERDADE DE EXPRESSÃO

2.1. Direitos da personalidade

2.1.1. Percurso histórico

O objetivo mais específico do presente trabalho é tratar do tema das "fake News" sob o aspecto da Responsabilidade Civil. Porém, não há como se distanciar da análise da liberdade de expressão e da liberdade de informação, que servem tanto como base da necessidade de normatização do assunto, quanto limite a ela, servindo, ainda, aos opositores de regulamentação como fundamento crítico a essa tentativa.

Parte-se dos pressupostos constitucionais que servem como parâmetro lógico inicial dos conceitos de liberdade de expressão e de informação e que, a partir daí, vão se espraiar por todo o ordenamento jurídico, incluindo, por óbvio o Direito Civil, ocasião em que se apresentam inseridos no âmbito dos direitos da personalidade.

Assim, mostra-se relevante tratar dos direitos da personalidade, ainda que brevemente, tanto sob o ponto de vista de sua evolução histórica, fundamentos e atual conformação legislativa.

Costuma-se associar o nascimento da ideia de direitos da personalidade ao Cristianismo, porém, já desde o direito grego clássico e pós-clássico, foi elevada a proteção do homem, ainda que apenas dos livres, à condição de justificativa e objetivo da lei, reconhecendo-se, ainda que de forma não sistematizada e primitiva, os direitos da personalidade[67].

A *hybris*, interdito utilizado pelos gregos para punição, em seu ápice, de ofensas a bens da personalidade e a *actio injuriarum*, que, em Roma, a partir do século II a.C., servia à defesa da pessoa do indivíduo, podem ser tidas como a origem remota do reconhecimento de atributos da personalidade, que vai ganhar corpo na Idade Média, por obra da escolástica, identificando no homem elementos corporais e espirituais com o reconhecimento de sua autonomia, ainda que vinculada à necessidade de realização dos desígnio divinos. Aprofunda-se esse movimento durante o renascimento e após com o jusnaturalismo, a gozar de reputação cada vez mais intensa a centralidade ao homem em si considerado, e consequente atribuição de bens e direitos inatos. Culminará o reconhecimento dos direitos da personalidade com o Liberalismo, em que o homem assume a posição de âmago da ordenação social, dotado de razão e dignidade próprias, e que se guia por suas ações de forma livre e igualitária. Nesse período, os direitos da personalidade são inseridos nas ordens jurídicas nascentes[68].

Apesar das ideias humanistas presentes no Renascimento, do ponto de vista jurídico, pouco trouxe de contribuição aos direitos da personalidade, identificando-se no iluminismo do século XVIII e no liberalismo do século XIX, originados a partir principalmente das Revoluções Estadunidense e Francesa, a afirmação dos direitos individuais de forma estruturada e sistematizada, sob o ponto de vista das liberdades civis inatas aos seres humanos e que se impunham ao direito posto, reforçando a existência de certos direitos inerentes à condição humana[69].

No plano do Direito Português, a inserção dos direitos do homem, no âmbito constitucional, deu-se de forma lenta, tendo sido consagrados de maneira mais ampla na Constituição de 1.838, porém a sua tutela efetiva concretizou-se

---

[67] CAPELO DE SOUZA, Rabindranath Valentino Aleixo. "O direito geral de personalidade". Dissertação (Doutoramento em Ciências Jurídicas pela Faculdade de Direito da Universidade de Coimbra). 716p. Coimbra: Coimbra Editora, 1995. p. 47.

[68] GODOY, Claudio Luiz Bueno de. "A liberdade de imprensa e os direitos da personalidade", 3ª ed., São Paulo: Atlas, 2015. pp. 7-11.

[69] TEFFÉ, Chiara Spadaccini. "A proteção dos direitos da personalidade no ordenamento civil-constitucional". *In*: TEPEDINO, Gustavo; OLIVA, Milena Donato (coords.). *Teoria Geral do Direito Civil: questões controvertidas*, Belo Horizonte: Fórum, 2019, pp. 91-119. p. 91.

2. DIREITOS DA PERSONALIDADE E A LIBERDADE DE EXPRESSÃO

com o Código Seabra, que, além de reconhecer direitos derivados da natureza do homem nos artigos 359º e ss., determinou a obrigação de reparação civil nos casos de lesão a esses direitos, conforme os artigos 2.361º e ss. Por sua vez, o direito geral de personalidade acabou por receber críticas contundentes da escola histórica e do positivismo, muito por conta da tendência expressa pelo jusnaturalismo racionalista em absolutizar o indivíduo. Tal crítica acabou por levar à prevalência, no âmbito do BGB e da maioria das codificações europeias, com exceções encontradas, por exemplo, no Direito austríaco e no Suíço, do reconhecimento de direitos especiais de personalidade, afastando-se de um direito geral. Em Portugal, mesmo com a redação do Código Seabra no sentido do reconhecimento de um direito geral de personalidade, doutrina e jurisprudência resistiram a essa ideia[70], e há disputa até os dias atuais.

Mesmo com esse percurso historicamente identificável, a categoria dos direitos da personalidade sofreu contestações frequentes, logrando em ultrapassar, de forma definitiva, as teorias que visavam à sua negação, como defendido por Savigny, por exemplo, ao final do século XIX[71].

No século XX, após os horrores dos regimes nazifascistas e da Segunda Guerra Mundial, aprofundam-se a declaração e a proteção dos direitos relativos às liberdades civis e também a garantia de certos direitos sociais mínimos aos indivíduos, ressurgindo, nos sistemas jurídicos, a ideia quer de um direito geral de personalidade[72], como na legislação alemã, quer ao

---

[70] CAPELO DE SOUZA, Rabindranath Valentino Aleixo. *Ob. cit.* pp. 70-83. Ainda: "Savigny, que na sua análise sobre o objeto dos direitos (a própria pessoa, a pessoa prolongada na família e o mundo exterior), forneceu à Ciência Jurídica o melhor caminho para a definição dos direitos da personalidade foi o primeiro a negá-los"; FRANÇA, Rubens Limongi. "Direitos da Personalidade: coordenadas fundamentais". *In: Revista do Advogado: direitos da personalidade e responsabilidade civil*, São Paulo, nº 38, 1992, pp. 5-12. p. 6.

[71] RODRIGUES JUNIOR, Otavio Luiz. "O direito ao nome, à imagem e outros relativos à identidade e à figura social, inclusive a intimidade". In: SIMÃO, José Fernando; BELTRÃO, Silvio Romero. *Direito Civil: estudos em homenagem a José de Oliveira Ascensão*. v. 2. São Paulo: Editora Atlas S.A, 2015. pp. 3-13. p. 4.

[72] Veja-se que a ideia de um direito geral da personalidade, como atualmente se defende, escora-se principalmente na Jurisprudência Alemã do Tribunal Constitucional Federal, com a sempre citada teoria das esferas, não mais invocada no seu país de origem, e que distingue o nível de proteção dos direitos da personalidade conforme o âmbito em que digam respeito na vida do indivíduo, social, privado e íntimo. RODRIGUES JUNIOR, Otavio Luiz. "O direito ao nome, à imagem e outros relativos à identidade e à figura social, inclusive a intimidade". *Ob. cit.* p. 6.

INTERNET, *FAKE NEWS* E RESPONSABILIDADE CIVIL DAS REDES SOCIAIS

menos no afastamento da ideia de direitos da personalidade em número fechado, como se verifica na França e na Itália[73].

Resta claro que, da análise desse breve escorço histórico, os direitos da personalidade tiveram sua normatização originada no contexto das relações privadas e depois foram encampados pelas Constituições dos séculos XIX e XX, estabelecendo-se aos Estados a obrigação de não interferir em certas liberdades individuais e, posteriormente, ainda, realizar prestações materiais no sentido de assegurar o gozo, pelos sujeitos, de certas condições sociais mínimas, alçando-se, em alguns casos, como na Alemanha, a dignidade da pessoa humana como direito fundamental[74].

2.1.2. Direitos da personalidade e direitos fundamentais: diferenças no âmbito de incidência

Há de se reconhecer diferenças entre os direitos fundamentais e os direitos da personalidade, conforme o âmbito de incidência de uns e de outros, o que vai além de finalidade meramente teórica, servindo à justificação de diversidade na eventual normatização de medidas restritivas de certos direitos vinculados a esses campos respectivos.

Ainda que exista, de forma geral, certa coincidência entre os direitos da personalidade e os fundamentais, há alguns direitos fundamentais não reconhecidos como direitos da personalidade e direitos da personalidade aos quais não se atribuem a pecha de fundamentais, razão pela qual a doutrina alemã e mesmo a portuguesa reforçam a configuração de um paralelismo entre ditos direitos, destinados à aplicação em tipos de relações jurídicas diversas[75].

---

[73] CAPELO DE SOUZA, Rabindranath Valentino Aleixo. *Ob. cit.* pp. 84-91.

[74] ANDRADE, Fábio Siebeneichler de. "A tutela dos direitos da personalidade no direito brasileiro em perspectiva atual". *In*: *Revista de Derecho Privado*, Bogotá, v. 24, 2013, pp. 81-111. Disponível em repositório.pucrs.br/dspace/handle/10923/11474. Acesso em 20 de agosto de 2020. p. 83.

[75] MIRANDA, Jorge; RODRIGUES JUNIOR, Otavio Luiz; FRUET, Gustavo Bonato. "Principais problemas dos direitos da personalidade e estado-da-arte da matéria no direito comparado". *In*: MIRANDA, Jorge; RODRIGUES JUNIOR, Otavio Luiz; FRUET, Gustavo Bonato (orgs.). *Direitos da personalidade*, São Paulo: Atlas, 2002, pp. 1-23. p. 16. Capelo de Souza não faz tal diferenciação: "[c]onsagra-se no nosso sistema normativo uma tutela jurídica, corporizada através de diversos mecanismos institucionais (desde a outorga de direitos subjectivos privados à programação de finalidades e de actuações públicas), visando a proteger diretamente a

2. DIREITOS DA PERSONALIDADE E A LIBERDADE DE EXPRESSÃO

No Brasil, a parcela da doutrina civilística, defensora da denominada corrente do Direito Civil Constitucional, ainda que reconheça a diversidade no âmbito de aplicação entre os direitos fundamentais e da personalidade, acaba por tornar essa distinção de pouca valia, ao condicionar estes últimos aos primeiros[76], ao resumir a fundamentação e o conteúdo de ambos à dignidade da pessoa humana[77] e ao admitir a incidência dos direitos fundamentais, de forma direta, às relações privadas, o que se mostra de todo problemático.

Em linhas gerais, existem cinco modelos principais de incidência dos direitos fundamentais às relações entre particulares: 1) de negação de efeitos; 2) da produção de efeitos indiretos; 3) da aplicação direta; 4) da doutrina da "state action"; e 5) a teoria propugnada por Jürgen Schwabe[78].

Atendendo-se aos objetivos deste trabalho, apenas os modelos 2 e 3 serão mais detidamente analisados, porque os outros encontram pouquíssima ressonância junto à doutrina nacional, não sendo utilizados, ainda, pelos Tribunais

---

personalidade humana., quer enquanto participante numa comum dignidade humana quer na sua extrinsecada manifestação individualizada e existencial. Tutela jurídica essa que, para uma melhor e mais completa defesa da personalidade humana, tanto incide sobre aspectos parcelares da personalidade humana (v. g. a tutela da intimidade privada, prevista nos arts. 80.º C.C. e 176.º a 185.º C. Pen.), como sobre grandes zonas da mesma personalidade (v. g. o direito à integridade pessoal, previsto no art. 25.º da Constituição), como ainda sobre a globalidade ou universalidade da personalidade humana (v. g. a tutela geral civil da personalidade prevista no art. 70.º do Código Civil)". CAPELO DE SOUZA, Rabindranath Valentino Aleixo. *Ob. cit.* p. 105. Ressalve-se, contudo, que em outra passagem o autor reconhece que "o direito geral de personalidade é sobretudo uma instituição de direito civil, embora intimamente conexionada com outros ramos da nomenclatura jurídica, particularmente com o direito penal e o direito constitucional". *Idem.* p. 92.

[76] RODRIGUES JUNIOR, Otavio Luiz. "O direito ao nome, à imagem e outros relativos à identidade e à figura social, inclusive a intimidade". *Ob. cit.* pp. 6-7.

[77] "[A]s velhas divergências em torno da categoria dogmática perderam muito de sua importância quando os direitos da personalidade passaram a ser reexaminados com um olhar destinado a extrair suas diferentes potencialidades práticas. No conjunto (embora sempre aberto e mutável) de atributos essenciais que integram a dignidade humana, os juristas souberam enxergar a oportunidade de melhor compreender seu conteúdo, identificar as forças que a ameaçam em cada época e construir os modos mais eficientes de protegê-la, não apenas frente ao Estado, mas também e sobretudo nas relações entre os próprios particulares". SCHREIBER, Anderson. "Direitos da personalidade", 3ª ed., São Paulo: Atlas, 2014. p. 10.

[78] Cf. DA SILVA. Virgílio Afonso. "A constitucionalização do direito. Os direitos fundamentais nas relações entre particulares", São Paulo: Malheiros, 2005. pp. 66-106.

nacionais dos países mais relevantes do ponto de vista de produção jurídica, à exceção da "state action", disseminada nos Estados Unidos.

Apenas como referência elucidativa, o modelo de negação de efeitos, em sua acepção mais sofisticada, que ultrapassa a visão de que direitos fundamentais são aqueles unicamente voltados a proteger os cidadãos contra o Estado, busca examinar a questão sob uma perspectiva de igualdade axiológica entre os sistemas constitucional e da legislação ordinária de direito privado[79], já na teoria de Schwabe[80],

> não há, de fato, uma equiparação de um ato privado a um ato estatal, já que o ato privado não deixa de ser tratado como tal, ou seja, como privado; é a responsabilidade pelos efeitos do ato que é entendida como se estatal fosse.

A doutrina da "State Action", aplicada nos Estados Unidos, busca, com vistas à preservação de uma suposta visão liberal de vinculação somente do Estado aos direitos fundamentais, justificar a incidência deste às relações entre particulares, desde que o ato privado possa ser equiparado a uma ação estatal[81].

Entretanto, a Suprema Corte dos Estados Unidos, de maneira forçada em muitos casos, acaba por efetuar mencionada equiparação do ato privado ao público, nas hipóteses em que entenda tenha havido violação a direitos fundamentais por ente privado que deva ser afastada[82].

O modelo de eficácia indireta dos direitos fundamentais foi incialmente proposto por Günther Dürig, e reconhece um direito geral de liberdade das pessoas, inclusive para modular às suas relações jurídicas a incidência dos demais direitos fundamentais, exercício mesmo da autonomia privada.

Todavia, essa liberdade não é absoluta, porque, diversamente, o direito privado estaria desvinculado dos direitos fundamentais, o que não faria sentido dentro de um ordenamento jurídico sistematizado, caracterizado justamente pela ligação a uma mesma tessitura de seus diversos ramos.

---

[79] *Idem.* pp.70-75.

[80] *Ibidem.* p. 104.

[81] STEINMETZ, Wilson. "A vinculação dos particulares a direitos fundamentais", São Paulo: Malheiros, 2004. p. 179.

[82] SILVA, Virgílio Afonso da. *Ob. cit.* p. 100.

2. DIREITOS DA PERSONALIDADE E A LIBERDADE DE EXPRESSÃO

Preservando-se a autonomia do Direito Privado, a introdução dos direitos fundamentais se daria pelo próprio arcabouço normativo desse, com a existência de portas de entrada no sistema que seriam as cláusulas gerais, como, exemplificativamente, os bons costumes, a boa-fé objetiva, a função social da propriedade.

O Tribunal Constitucional Alemão adotou esse modelo a partir do julgamento do caso Lüth, determinando a todos os Tribunais a leitura das cláusulas gerais a partir dos direitos fundamentais, acolhendo uma visão de irradiação destes por todo o sistema jurídico[83].

Nessa lide, Erich Lüth, jornalista alemão, defendeu boicote ao filme *Unsterbliche Geliebte,* do diretor Veit Harlan, um dos cineastas oficiais do nazismo, que durante o regime produziu vários filmes em sua defesa e de caráter antissemita. O cineasta, então, ingressou com ação judicial contra Lüth, veiculando pretensão indenizatória e de proibição da defesa do boicote, com a invocação do §826, do BGB. Nas instâncias inferiores, Lüth perdeu a demanda e, diante de recurso promovido por ele, o Tribunal Constitucional cassou as decisões anteriores, não com base na aplicação direta da liberdade de expressão, mas por intepretação do §826, e do conceito de bons costumes, que, no caso concreto, deveria incidir com base nos direitos fundamentais[84].

O modelo de eficácia indireta dos direitos fundamentais mostra-se mais bem adequado à preservação dos espaços da autonomia privada, ao mesmo tempo em que fornece mecanismos de correção para situações em que essa

---

[83] "En la Sentencia sobre el caso Lüth de 1958 se determinó el significado jurídico objetivo de los derechos fundamentales y su «efecto de irradiación» (Ausstrahlungswirkung) sobre el Derecho civil; con ello se adoptó una postura positiva respecto a la eficacia directa hacia terceros (Drittwirkung) de los derechos fundamentales. Según esto, los tribunales civiles están obligados a respetar los derechos fundamentales como líneas directrices en la interpretación y aplicación de cláusulas generales y otros conceptos indeterminados de la ley". STARCK, Christian. "Jurisdicción constitucional y tribunales ordinarios". *In: Revista española de derecho constitucional,* Madrid, nº. 53, 1998, pp. 11-32. p. 19. Apesar de identificar a maneira como a Corte Alemã entendeu pela aplicação dos direitos fundamentais às relações privadas, o excerto citado confunde as teorias, apontando que se trataria de eficácia direta, quando disso não se trata, como visto. Esse tipo de leitura também foi transportado ao Brasil, como se verifica do voto da Ministra Carmen Lúcia no julgamento da ADI 4.815, adiante mais bem analisada.

[84] ALEMANHA. Bundesverfassungsgericht. "BVerfGE 7, 198", julgado em 15 de janeiro de 158. Versão em inglês elaborada por Tony Weir disponível em https://law.utexas.edu/transnational/foreign-law-translations/german/case.php?id=1369. Acesso em 11 de junho 2018.

seja exercida de maneira contrária ao tecido que envolve o ordenamento jurídico como um todo, calcado também nos direitos fundamentais.

Serve, também, à preservação da separação de Poderes, ao conferir relevância dogmática e pragmática à legislação deliberada pelo Parlamento, sem retirar do Juiz o seu papel de mediador dos conflitos e intérprete da ordem jurídica, a quem é dada, inclusive, a prerrogativa de controle da constitucionalidade das normas existentes, da previsibilidade do Direito, porque os conteúdos infraconstitucionais são muito mais claros e referíveis diretamente às questões concretamente surgidas[85].

Há de se conferir certo temperamento ao modelo de eficácia indireta, no sentido de permitir que a entrada dos direitos fundamentais no Direito Privado não ocorra unicamente pelas chamadas cláusulas gerais, porque essas em número relativamente pequeno, não possibilitariam a solução de problemas sem uma definição clara no âmbito normativo infraconstitucional e que demandaria a incidência desses direitos fundamentais, ou ao menos a leitura das normas existentes sob a ótica destes.

Também, junto com Otavio Luiz Rodrigues Junior, que denomina de fraca essa versão de eficácia indireta dos direitos fundamentais nas relações entre particulares, admitimos a existência de certos direitos fundamentais aplicáveis diretamente, até pela forma como dispostos na Constituição Federal, sem a exigência, conforme o seu conteúdo e finalidade, de mediação infraconstitucional para sua implementação, bem como a aplicação nos casos de efetiva omissão legislativa[86], que poderia gerar o *non liquet*.

Portanto, o modelo fraco de eficácia indireta dos direitos fundamentais, com as exceções e atenuações acima tratadas, evidencia-se como o mais apropriado na análise das relações entre particulares, tanto no seu desenvolvimento por esses mesmos, quanto no exercício da atividade jurisdicional.

O paradigma de eficácia direta, ou imediata, dos direitos fundamentais consiste na incidência desses nas relações privadas sem necessidade de intermediação, anteriormente adotada na Alemanha pelo Tribunal Federal do Trabalho, até o julgamento do caso Lüth, amplamente aceito na Itália e com

---

[85] RODRIGUES JUNIOR, Otavio Luiz. "Direito Civil contemporâneo: estatuto epistemiológico, Constituiçao e direitos fundamentais" [versão eletrônica], 2ª ed., São Paulo: Forense Universitária, 2019. pp. 555-561.

[86] *Idem*. pp. 575-578.

2. DIREITOS DA PERSONALIDADE E A LIBERDADE DE EXPRESSÃO

cada vez maior influência no direito espanhol[87], sendo invocado frequentemente na doutrina e jurisprudência brasileiras.

Na lição de Claus-Wilhelm Canaris[88], em contraposição ao modelo de eficácia mediata, a aplicação imediata, ou direta,

> implica que todos os direitos fundamentais conduzem, *sem mais nem menos*, a proibições de intervenções no âmbito das relações jusprivatistas e a direitos de defesa em face de outros sujeitos jusprivatistas. Assim, eles não mais carecem de nenhuma implementação no próprio sistema de regras do Direito Privado. Mais especificamente, o recurso às cláusulas gerais torna-se inteiramente supérfluo.

O paradigma de aplicação imediata dos direitos fundamentais possui três versões: forte, com a incidência dos direitos fundamentais de maneira irrestrita; fraca, em que os direitos fundamentais operam, especialmente, naquelas relações entre particulares marcadas pela inferioridade ou subordinação de uma parte à outra; e intermediária, recaindo os direitos fundamentais diretamente, mas não incondicionalmente, sofrendo a mediação da proporcionalidade em sentido estrito[89].

No direito brasileiro, pode-se identificar a teoria da aplicação imediata com o movimento neoconstitucionalista e com os adeptos da corrente do Direito Civil Constitucional[90], que goza de ampla aceitação da doutrina civilista[91].

---

[87] DE LA CRUZ, Rafael Naranjo. "Los limites de los derechos fundamentales en las relaciones entre particulares: la buena fe", Madrid: Boletín Oficial del Estado Y Centro de Estudios Políticos Y Constitucionales, 2000. p. 186

[88] CANARIS, Claus-Wilhelm. "A influência dos direitos fundamentais sobre o direito privado na Alemanha". *In: Revista Latino-Americana de Estudos Constitucionais*, nº 3, Belo Horizonte: Del Rey, 2004. pp. 373-392. p. 384.

[89] SILVA, Virgílio Afonso. *Ob. cit.* p. 169.

[90] As duas vertentes não se confundem, necessariamente, ainda que, de maneira geral, existam muitos pontos em comum entre elas, como, por exemplo, no que concerne à incidência dos direitos fundamentais às relações entre particulares. Por fugir ao escopo deste trabalho, não serão analisados os matizes de cada corrente de forma pormenorizada

[91] LEAL, Fernando. "Seis objeções ao Direito Civil Constitucional". *In: Revista de Direitos fundamentais e Justiça*, Porto Alegre: HS Editora, out./dez. 2007, pp. 123-165. p. 124.

INTERNET, *FAKE NEWS* E RESPONSABILIDADE CIVIL DAS REDES SOCIAIS

O neoconstitucionalismo tem como características principais a defesa da supremacia da constituição sobre a lei ordinária, a subordinação da vontade legislativa aos conteúdos de justiça constitucionalmente previstos, a garantia da constituição, a capacidade penetrante que caracteriza o texto constitucional, permeado de princípios e de conteúdos de valor, a determinar a constitucionalização do inteiro ordenamento, e implicar a vinculação também dos particulares de forma direta aos direitos encartados na Constituição, principalmente os fundamentais[92].

A vertente doutrinária do Direito Civil Constitucional defende, como fundamento de todo o ordenamento, a dignidade da pessoa humana, a ser protegida de maneira absoluta, com o suposto solapamento dos cânones axiológicos tradicionais do Direito Civil, calcados no individualismo e no patrimonialismo[93].

Segundo Maria Celina Bodin de Moraes, em trecho que sintetiza bem a corrente ora tratada e a defesa pela incidência direta dos direitos fundamentais às relações privadas,

> [a]ssim é que qualquer norma ou cláusula negocial, por mais insignificante que pareça, deve se coadunar e exprimir a normativa constitucional. Sob essa ótica, as normas de direito civil necessitam ser interpretadas como reflexo das normas constitucionais. A regulamentação da atividade privada (porque regulamentação da vida cotidiana) deve ser, em todos os seus momentos, expressão da indubitável opção constitucional de privilegiar a dignidade da pessoa humana. Em conseqüência, transforma-se o direito civil: de regulamentação da atividade econômica individual, entre homens livres e iguais, para regulamentação da vida social; na farrulia, nas associações, nos grupos comunitários,

---

[92] Para análise mais precisa dessas características, conferir, SARMENTO, Daniel. "Neoconstitucionalismo no Brasil: riscos e possibilidades". *In: Revista brasileira de estudos constitucionais*, v. 3, nº 9, jan./mar. 2009, Belo Horizonte: Fórum, pp. 95-133. Ressalve-se que o próprio Neoconstitucionalismo se divide em variadas correntes, sublinhando-se apenas os aspectos gerais e comuns mais proeminentes.

[93] REIS, Gabriel Valente dos. "Dignidade da Pessoa humana e constitucionalização do Direito Civil: origens e riscos metodológicos". *In: Revista de Direito do Tribunal de Justiça do Rio de Janeiro*, nº 82, Rio de Janeiro: Espaço jurídico, 2010. pp. 92-109. p. 105.

2. DIREITOS DA PERSONALIDADE E A LIBERDADE DE EXPRESSÃO

onde quer que a personalidade humana melhor se desenvolva e sua dignidade seja mais amplamente tutelada[94].

Ao contrário de parcela da doutrina[95], não se vislumbra, no artigo 5º, §1º, da Constituição Federal, a justificativa para aplicação direta dos direitos e garantias fundamentais às relações entre particulares[96], porque o termo "imediata", ali exposto, relaciona-se ao tempo, à eficácia sem condicionantes ou limitações atribuída às normas definidas, na esteira da classificação consolidada por José Afonso da Silva[97].

A incidência direta dos direitos fundamentais às relações entre particulares traz, em seu bojo, problema central, qual seja a limitação excessiva dos espaços da autonomia privada, que possibilita ao indivíduo se autodeterminar de acordo com sua vontade, ressalvando-se que não se deseja, por óbvio, imprimir a essa autonomia um caráter absoluto.

Importante, em realidade, salvaguardar espaços em que a autonomia privada possa ser exercida a salvo de intervenções legais indevidas, com a mediação dos conceitos e institutos já consagrados por anos de evolução do Direito Civil, lidos e interpretados de forma sistemática, considerando-se todo o ordenamento, naquilo pertinente, inclusive e principalmente, por seu caráter fundante, a própria Constituição Federal.

Ela é que determina essa necessidade de preservação da autonomia privada, ao colocar como um dos seus fundamentos, no artigo 1º, inciso IV, a livre iniciativa, posta também como alicerce da ordem econômica, no artigo 170, ao estabelecer a construção de uma sociedade livre como objetivo da República Federativa do Brasil, no artigo 3º, inciso I, e ao garantir a todos o direito à liberdade, nos termos do artigo 5º, "caput", além de outras disposições contidas em seu texto.

---

[94] MORAES, Maria Celina Bodin de. "A caminho de um direito civil constitucional". *In*: *Revista de Direito Civil, Imobiliário, Agrário e Empresarial*, ano 17, jul./set., 1993, São Paulo: Revista dos Tribunais, 1993, pp. 21-32. p. 28.

[95] Por todos, cf. SARLET, Ingo Wolfgang. "A eficácia dos direitos fundamentais", 9ª ed., Porto Alegre: Livraria do Advogado, 2008.

[96] RODRIGUES JUNIOR, Otavio Luiz. "Direito Civil contemporâneo: estatuto epistemológico, Constituiçao e direitos fundamentais" [versão eletrônica]. pp. 549-553.

[97] SILVA, José Afonso da. "Aplicabilidade das normas constitucionais", 8ª ed., 2ª tir., São Paulo: Malheiros, 2015.

Advirta-se que a crítica aqui tecida não engloba o trato conceitual de muitos dos elementos relativos ao direito da personalidade feito com rigor por diversos autores vinculados à corrente do Direito Civil Constitucional, inclusive citados. Apenas diz respeito à ideia principal de total englobamento do Direito Privado pelo Direito Constitucional, principalmente, como visto, no que concerne aos direitos fundamentais e à constante referência à dignidade da pessoa humana, como se tratará.

Em linhas gerais, os direitos da personalidade têm aplicação nas relações privadas, em que não se verifica subordinação jurídica normativamente reconhecida de uma das partes em relação à outra. Já os direitos fundamentais dizem respeito aos vínculos em que uma das partes sujeita a outra de forma subordinante do ponto de vista jurídico, referindo-se, principalmente, aos vínculos entre o Estado e os indivíduos, em que aquele se encontra em posição de supremacia, ou a certos entes que se encontram em igual situação[98].

Não se pode confundir subordinação com eventuais disparidades econômica, técnica e organizacional, que acabam, faticamente, dando maiores condições a uma das partes em moldar as relações estabelecidas com outras menos favorecidas, como acontece nos casos consumeristas. Nesse caso, a lei não encampa a subordinação intrinsicamente, tanto que cria mecanismos protetivos para que sejam as partes minimamente igualadas juridicamente.

A necessidade de fazer essa diferenciação exsurge tendo em vista o tratamento da liberdade de expressão, sob as suas diversas variantes, inclusive a liberdade de informação, tanto sob um ponto de vista constitucional, atrelado aos direitos fundamentais, quanto privado, que se vincula aos direitos da personalidade, e como lidar, nas diferentes relações, paritárias ou subordinantes, com tal liberdade de expressão, quando haja lesão a outros direitos de igual relevância e com as eventuais medidas normativas tendentes a não somente reparar ditas lesões, mas, primariamente, evitá-las.

O conteúdo da liberdade de expressão e as restrições a seu exercício não terão a mesma repercussão, caso se esteja diante de uma ingerência praticada pelo Estado, primariamente, ou por um ente privado, dentro do contexto de

---

[98] MAZUR, Maurício. "A dicotomia entre os direitos da personalidade e os direitos fundamentais". *In*: MIRANDA, Jorge; RODRIGUES JUNIOR, Otavio Luiz; FRUET, Gustavo Bonato (orgs.). *Ob. cit.*, pp. 25-64. p. 32.

2. DIREITOS DA PERSONALIDADE E A LIBERDADE DE EXPRESSÃO

relações entre particulares sem subordinação intrínseca normativamente reconhecida, como são aquelas próprias das redes sociais, entre provedores e usuários.

Desse modo, o controle eventualmente exercido pelos provedores de redes sociais quanto ao conteúdo criado e compartilhado pelos usuários não se equipara à censura estatal. A moderação insere-se dentro do escopo da atividade exercida, a exigir uma resposta da ordem jurídica no sentido do estabelecimento de mecanismos de fiscalização, além do sancionamento em caso de falha, diante da inegável reverberação social dessa forma comunicativa, funções que podem ser cumpridas pela responsabilidade civil. Tratar-se-á desse assunto posteriormente.

2.1.3. Fundamentos, conteúdo e características dos direitos da personalidade

Definido o âmbito de atuação dos direitos da personalidade, cumpre avaliar os seus fundamentos, conteúdo e características.

Como ponto de partida, há de se diferenciar a personalidade humana como bem jurídico tutelado e a personalidade jurídica e a capacidade jurídica, que são elementos de qualificação do sujeito, que permitem atribuir ao indivíduo direitos e obrigações e possibilitam que ele seja titular desses[99]. Na sistemática dos artigos 1º e 2º, do Código Civil, toda pessoa tem capacidade jurídica, e a personalidade inicia-se com o nascimento vivo, com o resguardo dos direitos do nascituro[100].

---

[99] "A palavra 'pessoa' adquire, assim, o significado formal com que a noção será, mais tarde, codificada, isto é: 'pessoa' como conceito eminentemente jurídico, distinto da noção de 'ser humano', pessoa como sujeito de direitos e atribuições na ordem jurídica, como ente dotado de capacidade jurídica. Pela atribuição de direitos e obrigações na ordem civil, operou-se a passagem do 'homem natural' ao 'homem jurídico, isto é, a *pessoa*, então se podendo afirmar, como faz unânime doutrina que 'ser pessoa é apenas ter a aptidão para ser sujeito de direito'". MARTINS-COSTA, Judith. "Capacidade para consentir e esterilização de mulheres". *In*: MARTINS-COSTA, Judith; MÖLLER, Letícia Ludwig (org). *Bioética e responsabilidade*, Rio de Janeiro: Forense, 2009, pp. 299-346. pp. 311-312.

[100] A título informativo, existe disputa doutrinária sobre o real momento de aquisição da personalidade: "[h]á basicamente três teorias sobre o início da personalidade: a *natalista*, que preleciona que a personalidade somente se inicia com o nascimento, de modo que não se deve estendê-la ao nascituro; a *condicionalista*, que sustente que o nascituro possui personalidade condicionada ao seu nascimento com vida; e a *concepcionista*, que possui coincide(?) o início

INTERNET, *FAKE NEWS* E RESPONSABILIDADE CIVIL DAS REDES SOCIAIS

O bem jurídico personalidade, ainda que se referencie a valores e objetivos jurídicos, inserindo-se em um quadro de direitos e deveres humanos normatizados, tem como sua referência básica a própria condição humana como tal, não apenas individualmente, mas também socialmente, razão pela qual se vale a construção do conceito de outros ramos de conhecimento que buscam compreender a natureza humana nesses termos[101].

Apesar de nossas reservas a certa redução dos direitos da personalidade à dignidade da pessoa humana, sustentada por parcela da doutrina, elas possuem mais uma preocupação pragmática do que axiológica, na medida em que claro ser o reconhecimento de certas condições humanas mínimas, sob o ponto de vista individual ou relacional no contexto de sociedade, o fundamento da construção do arcabouço teórico e normativo dos direitos em geral. E, nesse ponto, valemo-nos da preciosa síntese de Capelo de Souza sobre a personalidade como bem jurídico tutelado[102]:

> [c]oncluindo, poderemos definir positivamente o bem da personalidade humana juscivilisticamente tutelado como o real e o potencial físico e espiritual de cada homem em concreto, ou seja, o conjunto autónomo, unificado, dinâmico e evolutivo dos bens integrantes da sua materialidade física e do seu espírito reflexivo, sócio-ambientalmente integrados.

Identificado o bem jurídico tutelado, podem ser entendidos os direitos da personalidade como aqueles destinados à defesa civil das condições físicas e morais da pessoa somente pela condição de sê-lo[103].

---

da personalidade com o momento da concepção". ARAÚJO, Vaneska Donato de. "A gênese dos direitos da personalidade e a sua inaplicabilidade à pessoa jurídica". Tese(doutorado em Direito pela Faculdade de Direito da Universidade de São Paulo). São Paulo, 2014. 228p. p. 23.

[101] CAPELO DE SOUZA, Rabindranath Valentino Aleixo. *Ob. cit.* p. 110. Para uma análise multifatorial do conceito de personalidade, cf. MORAES, Walter. "Concepção tomista de pessoa: um contributo para a teoria do direito da personalidade". *In*: NERY JUNIOR, Nelson; NERY, Rosa Maria de Andrade. *Doutrinas essenciais: responsabilidade civil*, v. 1 (publicado originalmente na Revista de Direito Privado, nº 2, abr-jun/2000), São Paulo: Revista dos Tribunais, 2010, pp. 817-835.

[102] *Ob. cit.* p. 117.

[103] GUILLÉN, Maria Candelaria Dominguez. "Sobre los derechos de la personalidad". *In*: *Revista Díkaion*. Bogotá, nº 12, 2003, pp. 23-37. Disponível em https://dikaion.unisabana.edu.

2. DIREITOS DA PERSONALIDADE E A LIBERDADE DE EXPRESSÃO

Nessa linha, na lição de Rubens Limongi França, são "as faculdades jurídicas cujo objeto são os diversos aspectos da própria pessoa, bem assim seus prolongamentos e projeções"[104]. Ressalve-se que o autor remete a fundamentação próxima de tais direitos ao Direito objetivo, mas a fundamentação original ao Direito Natural, em contraposição ao defendido por Adriano De Cupis[105].

Orlando Gomes, por sua vez, admitindo dificuldade na conceituação desses direitos, adverte que

> noção mais clara se obtém mediante delimitação de seu objeto em termos que nos pareçam perfeitamente admissíveis. Constituem-no os bens jurídicos em que se convertem projeções físicas ou psíquicas da pessoa humana por determinação legal, que os individualiza para lhes dispensar proteção[106].

Caio Mario da Silva Pereira, ao seu turno, também remetendo a fundamentação ao Direito Natural, esclarece que esses direitos podem ser inerentes ao sujeito por si só existentes nas relações com outros sujeitos[107].

A par das querelas sobre a fundamentação no Direito Natural[108] ou no Direito Positivo[109], em síntese das ideias até então analisadas, pode-se dizer que os direitos da personalidade[110] são *"reconhecidos* à pessoa humana e

---

co/index.php/dikaion/article/view/1248/1360. Acesso em 25 de julho de 2020. p. 27.

[104] FRANÇA, Rubens Limongi. *Ob. cit.* p. 5.

[105] *Idem.* p. 7.

[106] "Direitos da personalidade". *In*: *Revista de informação legislativa*, Brasília, nº 11, 1966, pp. 39-48. p. 41.

[107] Além de reconhecer que alguns são oponíveis ao Estado. "Direitos da personalidade". *In*: *Revista da Academia Brasileira de Letras Jurídicas*, Rio de Janeiro, v. 8, nº 6, 1994, pp. 117-136. p. 122.

[108] BITTAR, Carlos Alberto. Os direitos da personalidade", 8ª ed., rev. aum. e mod. por Eduardo C. B. Bittar, São Paulo: Saraiva, 2015. pp. 37-41.

[109] Apesar de ficarmos com a segunda posição, essa discussão não interessa aos objetivos deste trabalho.

[110] A exemplo de Walter Moraes, Leonardo Monteiro Xexéu, prefere a expressão "direitos da humanidade", sob a justificativa de que "personalidade é a qualidade de pessoa, na qual reside justamente a sua liberdade espiritual, sua individualidade, sua independência. justamente por conta desse conceito que se indaga: é correto afirmar que os direitos são da personalidade? A vida, por exemplo, só é garantida por conta dessa qualidade de pessoa ou devido à própria condição de pessoa humana? Obviamente que os direitos não podem ser 'da personalidade', sob pena de criar imprecisão conceitual. O correto seria afirmar que o objeto dos referidos

INTERNET, *FAKE NEWS* E RESPONSABILIDADE CIVIL DAS REDES SOCIAIS

atribuídos à pessoa jurídica"[111], no Código Civil brasileiro, por força do artigo 52. Consistem na referência aos atributos únicos e inerentes a cada pessoa por essa condição, revelados nos seus aspectos físicos, psíquicos e relacionais[112].

Partindo-se do bem jurídico tutelado e da fundamentação, os direitos da personalidade podem ser tidos como gerais, dos quais são titulares todas as pessoas, desde o nascimento até a morte. São também absolutos, oponíveis a todas as outras pessoas, necessários e vitalícios, não podendo ser deles privados de forma definitiva e irrestrita os seus titulares durante a sua vida, extrapatrimoniais, intransmissíveis e inalienáveis, mesmo que eventuais lesões possam ser, indiretamente, reparadas no âmbito econômico, e certas expressões deles sejam sujeitas a transações negociais, imprescritíveis e irrenunciáveis[113].

Admite-se, com a proposição sobre a atribuição de direitos da personalidade à pessoa jurídica, o caráter instrumental dela, no sentido da realização de certos interesses juridicamente protegidos das pessoas naturais, a que, para tanto, são concedidos determinados direitos da personalidade compatíveis com a sua conformação especial que não é igual à dessas, mas que gozam das mesmas qualidades acima definidas.

Parte da doutrina entende que as pessoas jurídicas não são titulares de direitos da personalidade, exatamente porque estes sempre se remeteriam à

---

direitos está em seu pressuposto: a própria natureza humana". "Direitos da Personalidade: precisão conceitual a partir do seu objeto". *In: Revista de direito privado*, ano 18, v. 74, São Paulo: Revista dos Tribunais, 2017, pp. 15-31. p. 19. Ficamos, porém, com a expressão consagrada "direitos da personalidade", consentânea com o nosso entendimento sobre o conceito de personalidade e acerca da atribuição desses direitos efetuada pela ordem jurídica em razão do reconhecimento da própria personalidade.

[111] MORATO, Antônio Carlos. "Quadro geral dos direitos da personalidade". *In: Revista da Faculdade de Direito da Universidade de São Paulo*, São Paulo, v. 106/107, 2012, pp. 121-158. p. 124.

[112] "Apparire sè medesimo, uguale, non diverso da sè medesimo, è pur sempre una qualità personale, própria della persona: più precisamente, uma qualità morale di essa. Abbiamo già precisato, del resto (n. 19), che il modi di essere personali comprendono anche l'essere della persona in rapporto ala società in cui vive". DE CUPIS, Adriano. "I diritti della personalità". *In:* CICU, Antonio. MESSINEO, Francesco. (org). *Trattato di Diritto Civile e Commerciale*, Milano: Giuffrè, 1961. p. 3.

[113] TEFFÉ, Chiara Spadaccini. "A proteção dos direitos da personalidade no ordenamento civil-constitucional". *Ob. cit.* p. 106.

2. DIREITOS DA PERSONALIDADE E A LIBERDADE DE EXPRESSÃO

dignidade da pessoa humana e a imperiosidade dessa para a construção de todo o arcabouço jurídico-normativo[114]. Entretanto, tal ressalva é equivocada.

[114] "De tais elaborações decorrem, ainda, as teses que, movidas embora pelo louvável propósito de ampliar os confins da reparação civil, consideram indistintamente a pessoa física e a pessoa jurídica como titulares dos direitos da personalidade, a despeito do tratamento diferenciado atribuído pelo ordenamento constitucional aos interesses patrimoniais e extrapatrimoniais. As lesões atinentes às pessoas jurídicas, quando não atingem diretamente as pessoas dos sócios ou acionistas, repercutem exclusivamente no desenvolvimento de suas atividades econômicas, estando a merecer, por isso mesmo, técnicas de reparação específicas e eficazes, não se confundindo, contudo, com os bens jurídicos traduzidos na personalidade humana (a lesão à reputação de uma empresa comercial atinge – mediata ou imediatamente – os seus resultados econômicos, em nada se assemelhando, por isso mesmo, à chamada *honra objetiva*, com os direitos da personalidade)". TEPEDINO, Gustavo. "A tutela da personalidade no ordenamento civil-constitucional brasileiro". *In*: TEPEDINO, GUSTAVO. *Temas de direito civil*, 4ª ed., Rio de Janeiro: Renovar, 2008, pp. 25-62. pp. 54-55; "[A] vertente teórica que o relaciona [o dano moral] à lesão a qualquer um dos aspectos da dignidade da pessoa humana – e este parece, de fato o melhor entendimento – também não se alinha à ideia de reparação de danos morais às pessoas jurídicas, já que a tutela da dignidade protege tão somente as pessoas físicas. O mesmo se diga em relação à vertente teórica conhecida em doutrina como concepção objetiva do dano moral, que o define a partir da lesão a direitos da personalidade. Nesse caso, a impossibilidade de as pessoas jurídicas sofrerem dano moral decorre do fato de os direitos da personalidade poderem ser titularizados por pessoas naturais". GUEDES, Gisela Sampaio da Cruz. "Lucros cessantes: do bom senso ao postulado normativo da razoabilidade", Rio de Janeiro: Revista dos Tribunais, 2011. p. 161. Também o enunciado nº 286, da IV Jornada de Direito Civil, do Conselho da Justiça Federal: "Os direitos da personalidade são direitos inerentes e essenciais à pessoa humana, decorrentes de sua dignidade, não sendo as pessoas jurídicas titulares de tais direitos". Ao contrário, a jurisprudência do Superior Tribunal de Justiça reconhece de forma pacífica a possibilidade de a pessoa jurídica sofrer dano moral, consoante o enunciado sumular nº 227 ("a pessoa jurídica pode sofrer dano moral", disponível em https://www.stj.jus.br/docs_internet/revista/eletronica/stj-revista-sumulas-2011_17_capSumula227.pdf, acesso em 17 de novembro de 2020), o que tem como pressuposto, então, o reconhecimento de que a pessoa jurídica é titular de direitos da personalidade, ainda que haja certa limitação decorrente do caráter especial de sua personalidade. Cf., por todos e exemplificativamente: "RECURSO ESPECIAL. DIREITO CIVIL. RESPONSABILIDADE EXTRACONTRATUAL. EMBARGOS DE DECLARAÇÃO. OMISSÃO, CONTRADIÇÃO OU OBSCURIDADE. NÃO INDICAÇÃO. SÚMULA 284/STF. DANO MORAL. PESSOA JURÍDICA. ART. 52 DO CC/02. PROTEÇÃO DE SUA PERSONALIDADE, NO QUE COUBER. HONRA OBJETIVA. LESÃO A SUA VALORAÇÃO SOCIAL. BOM NOME, CREDIBILIDADE E REPUTAÇÃO. PROVA. INDISPENSABILIDADE. 1. Ação de indenização de danos materiais e lucros cessantes e de compensação de danos morais decorrentes de atraso na conclusão das obras necessárias para o aumento da potência elétrica na área de atividade da recorrida, o que prejudicou seu projeto de aumento da comercialização de picolés e sorvetes durante o verão. 2. Recurso especial interposto em: 03/12/2018; conclusos ao gabinete em: 07/05/2019;

> Direitos da personalidade relacionados à integridade física e psíquica não têm nenhuma pertinência quanto à pessoa jurídica, ao passo que outros, tidos como relacionais acima, como aqueles afeitos à reputação e mesmo à

aplicação do CPC/15. 3. O propósito recursal consiste em determinar a) quais os requisitos para a configuração do dano moral alegadamente sofrido pela pessoa jurídica recorrida; e b) se, na hipótese concreta, foi demonstrada a efetiva ocorrência do dano moral 4. A ausência de expressa indicação de obscuridade, omissão ou contradição nas razões recursais enseja o não conhecimento do recurso especial. 5. Os danos morais dizem respeito à dignidade humana, às lesões aos direitos da personalidade relacionados a atributos éticos e sociais próprios do indivíduo, bens personalíssimos essenciais para o estabelecimento de relações intersubjetivas em comunidade, ou, em outras palavras, são atentados à parte afetiva (honra subjetiva) e à parte social da personalidade (honra objetiva). 6. As pessoas jurídicas merecem, no que couber, a adequada proteção de seus direitos da personalidade, tendo a jurisprudência dessa Corte consolidado, na Súmula 227/STJ, o entendimento de que as pessoas jurídicas podem sofrer dano moral. 7. A tutela da personalidade da pessoa jurídica, que não possui honra subjetiva, restringe-se à proteção de sua honra objetiva, a qual é vulnerada sempre que os ilícitos afetarem seu bom nome, sua fama e reputação. 8. A distinção entre o dano moral da pessoa natural e o da pessoa jurídica acarreta uma diferença de tratamento, revelada na necessidade de comprovação do efetivo prejuízo à valoração social no meio em que a pessoa jurídica atua (bom nome, credibilidade e reputação). 9. É, portanto, impossível ao julgador avaliar a existência e a extensão de danos morais supostamente sofridos pela pessoa jurídica sem qualquer tipo de comprovação, apenas alegando sua existência a partir do cometimento do ato ilícito pelo ofensor (in re ipsa). Precedente. 10. Na hipótese dos autos, a Corte de origem dispensou a comprovação da ocorrência de lesão à imagem, bom nome e reputação da recorrida por entender que esses danos se relacionariam naturalmente ao constrangimento pela impossibilidade de manter e de expandir, como planejado, a atividade econômica por ela exercida em virtude da mora da recorrente na conclusão de obras de expansão da capacidade do sistema elétrico. 11. No contexto fático delineado pela moldura do acórdão recorrido não há, todavia, nenhuma prova ou indício da ocorrência de lesão à imagem, bom nome e reputação da recorrida, pois não foi evidenciado prejuízo sobre a valoração social da recorrida no meio (econômico) em que atua decorrente da demora da recorrente em concluir a obra no prazo prometido. 12. Recurso especial parcialmente conhecido e, no ponto, provido" BRASIL. Superior Tribunal de Justiça. "REsp nº 1807242/RS", Rel. Ministra Nancy Andrighi, Terceira Turma, julgado em 20 de agosto 2019, DJe de 22 de março de 2019, republicado no DJe de 18 de setembro de 2019. Ressalve-se, porém, que em outro julgado recente, sem prejuízo da aplicação do enunciado nº 227, da súmula do Superior Tribunal de Justiça, o Ministro Relator Luís Felipe Salomão, consignou que "[c]onsoante disposto no art. 52 do CC, aplica-se às pessoas jurídicas, no que couber, a proteção dos direitos da personalidade. É dizer, segundo entendo, ressai claro do dispositivo, a extensão, no que couber, da proteção dos direitos da personalidade, e **não, evidentemente, a sua atribuição às pessoas jurídicas**". *Idem*. "AgInt no REsp nº 1527232/SP", Rel. Ministro Luís Felipe Salomão, Quarta Turma, julgado em 8/10/2019, DJe 15/10/2019. Como alertado pelo próprio Ministro, trata-se de sua visão pessoal sobre o tema, que não se reflete em outros julgados do mesmo Tribunal sobre o assunto.

2. DIREITOS DA PERSONALIDADE E A LIBERDADE DE EXPRESSÃO

liberdade de expressão, podem ser titularizados por ela, na medida em que se inseridos no escopo das atividades para as quais foi criada e na relação com os outros sujeitos. Essa a lição de Carlos Alberto Bittar, para quem os direitos da personalidade são

> plenamente compatíveis com pessoas jurídicas, pois, como entes dotados de personalidade pelo ordenamento positivo (Código Civil de 2002, arts. 40,45 e, especialmente, 52) fazem jus ao reconhecimento de atributos intrínsecos à sua essencialidade, como, por exemplo, os direitos ao nome, à marca, símbolos e à honra. Nascem com o registro da pessoa jurídica (art. 46), subsistem enquanto estiverem em atuação e terminam com a baixa do registro, respeitada a prevalência de certos efeitos posteriores, a exemplo do que ocorre com as pessoas físicas (como, por exemplo, com o direito mortal sobre criações coletivas e o direito à honra)[115].

Ao se garantir às pessoas jurídicas jornalísticas que somente respondam pelos erros cometidos de maneira intencional ou negligente pelos seus prepostos, inclusive editores, quebrando com o paradigma de responsabilidade objetiva própria do Código de Defesa do Consumidor, sob o argumento da necessidade de proteção à liberdade de expressão, está se atribuindo a elas tal direito da personalidade, reconhecendo que ele é primordial e indissociável do bom desenvolvimento de sua atividade.

Não se vê sentido em restringir a atribuição de direitos da personalidade às pessoas jurídicas, somente porque não gozariam de dignidade humana, porque elas têm papel fundamental nas relações sociais hodiernas, atuando como vetores de interesses que ultrapassam aqueles individuais das pessoas a elas diretamente ligadas, mesmo que lhes sirvam a justificar a atribuição dos direitos da personalidade.

A bem da verdade, repise-se, essa discordância quanto à titularização de direitos da personalidade pela pessoa jurídica refere-se à necessidade de se

---

[115] BITTAR, Carlos Alberto. *Ob. cit.*, pp. 45-46. Ressalve-se que, apesar de se utilizar a obra mais recente, adequada ao Código Civil, a ideia da pertinência da titularidade dos direitos da personalidade pela pessoa jurídica é do próprio autor.

INTERNET, *FAKE NEWS* E RESPONSABILIDADE CIVIL DAS REDES SOCIAIS

remeter essa categoria de direitos, de maneira direta e em todas as situações nas relações privadas a bases constitucionais, quer da dignidade da pessoa humana, quer aos direitos fundamentais, posição da qual não somos adeptos.

Ainda que certos direitos da personalidade, em paralelismo, sejam extraídos do texto constitucional expresso, como a intimidade, a vida privada e a liberdade de expressão, a partir daí, às relações privadas, o arcabouço normativo infraconstitucional, especialmente previsto no Código Civil, e toda a teoria a partir dele desenvolvida, pode dar conta da maior parte das questões surgidas nessa seara[116], invocando-se a Constituição somente em situação específica, nos termos tratados anteriormente quanto à aplicação indireta dos direitos fundamentais, sem se olvidar da possibilidade de reconhecimento de inconstitucionalidade.

Ao se frisar na concepção de direitos da personalidade adotada o reconhecimento e atribuição pela ordem jurídica, incorpora-se fator primordial a tanto, que é o papel dessa na qualificação desses direitos, ainda que o seu embasamento possa ser extraído da necessidade de ter sempre em vista a

---

[116] Ainda que com entendimento um pouco diverso sobre os direitos da personalidade adotado no presente trabalho: "se consideramos os direitos da personalidade, pelo fato deles terem sido constitucionalizados, como uma categoria híbrida, o mesmo raciocínio deverá ser seguido com todos os demais direitos previstos na Constituição, como é o caso do direito de propriedade (art. 5º, XXII), do direito de herança (art. 5º, XXX), do direito de família (arts. 226 e ss), dos direitos sociais (art. 7º) etc. Nesta linha, o caráter analítico da Constituição da República conduziria, praticamente, à extinção do direito privado e ao reconhecimento de que no Brasil só existem direitos híbridos e direitos públicos, o que não é exagero, eis que os brasileiros têm uma verdadeira obsessão pela constitucionalização (basta lembrar, de passagem, que a nossa Carta Magna cuida até mesmo do Colégio Pedro II). Por outro lado, a aceitação da natureza mista ou mesmo pública dos direitos da personalidade pode recair na redução da regulamentação da vida do ser humano aos princípios do direito público, conduzindo justamente à despersonalização do homem, que passa a ser um autômato. De fato, a maciça ingerência do direito público na esfera individual acaba por provocar a socialização da personalidade do ser humano, abstraindo sua identidade, o que em nada contribui para a realização da dignidade da pessoa humana. Não se pode colocar o direito a serviço de interferências desequilibradas, do Estado ou da sociedade, na vida das pessoas. Nesse campo, a atividade estatal deve se manter discreta, comedida, subordinada à realização da dignidade da pessoa humana, que não se coaduna com o arbítrio". ZANINI, Leonardo Estevam de Assis [et al]. "Os direitos da personalidade em face da dicotomia direito público –direito privado". *In*: *Revista de Direito Brasileira*, São Paulo, v. 19, nº 8, 2018, pp. 208-220. Disponível em https://go.gale.com/ps/anonymous?id=GALE%7CA5 98425397&sid=googleScholar&v=2.1&it=r&linkaccess=fulltext&issn=2237583X&p=AON E&sw=w. Acesso em 20 de agosto de 2020. pp. 217-218.

2. DIREITOS DA PERSONALIDADE E A LIBERDADE DE EXPRESSÃO

proteção das pessoas e de suas qualidades como tal, inclusive as suas criações[117], em relação com as demais.

A lei pode, assim, regulamentar e limitar o exercício desses direitos da personalidade[118], dentro, é claro, das atribuições e restrições claramente definidas pela Constituição Federal, tarefa que se mostraria impossível, do ponto de vista lógico, se remetêssemos, como almeja parte da doutrina, tais direitos de forma insistente e isolada à dignidade da pessoa humana, que, em última medida, ao ser disposta na Carta Magna, em seu artigo 1º, inciso III, como um dos fundamentos da República Federativa do Brasil, não comportaria nenhum tipo de normatização infraconstitucional, além da própria dificuldade na sua definição e aplicação concreta[119].

---

[117] Os direitos da personalidade não são inatos, apesar de que o pressuposto para atribuição normativa seja, em muitos casos, o mero nascimento, há alguns que não surgem de forma concomitante à própria personalidade e dependem de certos fatos jurídicos voluntários, como os direitos de autor, por exemplo. Cf. ALMEIDA, Luiz Antônio Freitas de. "Violação do direito à honra no mundo virtual: a (ir)responsabilidade civil dos prestadores de serviço à Internet por fato de terceiros". *In*: MIRANDA, Jorge; RODRIGUES JUNIOR, Otavio Luiz; FRUET, Gustavo Bonato (orgs.). *Ob. cit.*, pp. 226-280. Nota de rodapé nº 59, p. 244.

[118] "Os direitos da personalidade, tanto no Brasil (artigos 11-21, CC/2002), quanto em Portugal (artigos 70-81, CCP), encontram no Direito Civil seu âmbito normativo primário. Essa afirmação implica o reconhecimento de que as normas do Código Civil fornecem os meios primários de vinculação dos particulares, sem necessidade de recorrência permanente ao texto constitucional para sua concretização. O recurso imediato à dignidade humana como fundamento dos direitos da personalidade justifica-se no contexto da ordem jurídica alemã, dadas as suas peculiaridades históricas. No caso brasileiro, porém, o Direito Privado possui os elementos adequados à conformação normativa dos principais casos. A Constituição brasileira de 1988, especialmente no que respeita à intimidade, à vida privada, à honra e à imagem das pessoas (artigo 5º, inciso X), permite o reconhecimento desse paralelismo, sem necessidade de invocação imediata da dignidade humana, e por meio dos filtros da legislação provada". MIRANDA, Jorge; RODRIGUES JUNIOR, Otavio Luiz; FRUET, Gustavo Bonato. *Ob. cit.* p. 17.

[119] "Seu conceito [da dignidade da pessoa humana] pode ser formulado nos seguintes termos: a dignidade humana é o valor-síntese que reúne as esferas essenciais de desenvolvimento e realização da pessoa humana. Seu conteúdo não pode ser descrito de modo rígido; deve ser apreendido por cada sociedade em cada momento histórico, a partir de seu próprio substrato cultural"; e ainda: "as velhas divergências em torno da categoria dogmática perderam muito de sua importância quando os direitos da personalidade passaram a ser reexaminados com um olhar destinado a extrair suas diferentes potencialidades práticas. No conjunto (embora sempre aberto e mutável) de atributos essenciais que integram a dignidade humana, os juristas souberam enxergar a oportunidade de melhor compreender seu conteúdo, identificar as forças que a ameaçam em cada época e construir os modos mais eficientes de protegê-la, não apenas frente ao Estado, mas também e sobretudo nas relações entre os próprios particulares".

2.1.4. *Direito geral da personalidade e direitos da personalidade parcelares*

Nas atuais democracias ocidentais de tradição civilista, a tutela da personalidade ocorre de duas formas, por reconhecimento de uma tutela geral ou de uma parcelar, com base em rol não taxativo. Apesar de haver certa atenuação da diversidade de regulamentação entre esses dois modelos, existem diferenças na forma de manejo jurídico dessa tutela[120], especialmente, como vimos acima, na diversidade quanto à vinculação dos direitos da personalidade a uma cláusula de proteção da dignidade ou a referenciais do Direito Privado.

Em Portugal, embora exista divergência doutrinária sobre a existência de uma cláusula de tutela geral da personalidade, esta parece ser hoje a posição predominante, diante da regra do artigo 70º, do Código Civil Português[121], a par da tutela específica de certos direitos previstos expressamente[122].

SCHREIBER, Anderson. *Ob. cit.* pp. 8 e 10. Veja-se como tal conceituação, apesar de servir como base para construção do ordenamento jurídico, não resolve os problemas de fundamentação na aplicação normativa aos casos concretos, e mesmo na formulação de normas específicas que visem a regulamentar, em modo geral e abstrato, os conflitos de interesses que surjam tendo como pano de fundo os direitos da personalidade. Em outras palavras, a dignidade da pessoa humana não fornece referenciais mais palpáveis para definição do conteúdo dos direitos da personalidade e da forma como devem ser protegidos, exatamente por se demonstrar, substancialmente, como conceito aberto e amplo, de modo que a referência a ela, apesar de sedutora, por representar certo atalho argumentativo, abre margem para discricionariedade sem limites bem definidos. Em nossa dissertação de mestrado, analisamos de forma mais extensa a dignidade da pessoa humana e demonstramos o mesmo tipo de preocupação quanto à sua utilização como referencial normativo. Cf. BIOLCATI, Fernando Henrique de Oliveira. "Requisitos para a realização de pesquisas clínicas com menores incapazes e a responsabilidade civil no caso de danos". Dissertação (mestrado em Direito pela Faculdade de Direito da Universidade de São Paulo), São Paulo, 2012. 191p. pp. 47-52.

[120] CAPELO DE SOUZA, Rabindranath Valentino Aleixo. *Ob. cit.*, pp. 122-123.

[121] "Artigo 70.º (Tutela geral da personalidade). 1. A lei protege os indivíduos contra qualquer ofensa ilícita ou ameaça de ofensa à sua personalidade física ou moral. 2. Independentemente da responsabilidade civil a que haja lugar, a pessoa ameaçada ou ofendida pode requerer as providências adequadas às circunstâncias do caso, com o fim de evitar a consumação da ameaça ou atenuar os efeitos da ofensa já cometida". PORTUGAL. "Código Civil". Disponível em http://www.pgdlisboa.pt/leis/lei_mostra_articulado.php?nid=775&tabela=leis&so_miolo=. Acesso em 24 de agosto de 2020.

[122] CABRAL, Marcelo Malizia. *CABRAL*, Marcelo Malizia. "A colisão entre os direitos da personalidade e o direito de informação". In: MIRANDA, Jorge; RODRIGUES JUNIOR, Otavio Luiz; FRUET, Gustavo Bonato (orgs.). *Ob. cit.*, pp. 108-152. p. 111.

2. DIREITOS DA PERSONALIDADE E A LIBERDADE DE EXPRESSÃO

Também, o artigo 496º, do Código Civil, traz cláusula de abertura ampla à reparação dos danos morais, desde que suficientemente graves, além de referir casos específicos de dano em ricochete, bem como os critérios a serem atendidos na fixação de indenização[123], fruto da constante defesa doutrinária e reconhecimento da jurisprudência no regime do antigo Código Seabra[124], a confirmar a existência de uma tutela geral do direito à personalidade.

Na França, verifica-se o reconhecimento pela jurisprudência de direitos da personalidade em número aberto, não dispondo a legislação civil sobre o conteúdo desses direitos[125], como, aliás, em outras codificações europeias, tampouco prevendo de forma expressa uma cláusula de tutela geral da personalidade, ainda que parte da doutrina e mesmo a jurisprudência enxerguem algo similar a isso na proteção da vida privada e da intimidade, conforme previsão do artigo 9º, do Código Civil[126], interpretando-a de forma ampliada.

Ademais, há larga aceitação da reparação do dano moral, de forma autônoma ao patrimonial, e em termos civis independentes da esfera penal, com base no regime geral de responsabilidade estabelecido nos artigos 1.382 e

---

[123] "ARTIGO 496.º (Danos não patrimoniais). 1. Na fixação da indemnização deve atender-se aos danos não patrimoniais que, pela sua gravidade, mereçam a tutela do direito. 2 –Por morte da vítima, o direito à indemnização por danos não patrimoniais cabe, em conjunto, ao cônjuge não separado de pessoas e bens e aos filhos ou outros descendentes; na falta destes, aos pais ou outros ascendentes; e, por último, aos irmãos ou sobrinhos que os representem. 3 –Se a vítima vivia em união de facto, o direito de indemnização previsto no número anterior cabe, em primeiro lugar, em conjunto, à pessoa que vivia com ela e aos filhos ou outros descendentes. 4 –O montante da indemnização é fixado equitativamente pelo tribunal, tendo em atenção, em qualquer caso, as circunstâncias referidas no artigo 494.º; no caso de morte, podem ser atendidos não só os danos não patrimoniais sofridos pela vítima, como os sofridos pelas pessoas com direito a indemnização nos termos dos números anteriores". PORTUGAL. "Código Civil". *Cit.* Acesso em 25 de agosto de 2020.

[124] SILVA, Wilson Melo da. "O dano moral e sua reparação", 3ª ed., Rio de Janeiro: Forense, 1999. p. 248.

[125] CARDOSO, João Casqueira. "Les droits de la personnalité et l'image communiquée – bréve étude de droit compare sud européen". *In: Cadernos de estudos mediáticos*, Porto, nº 8, 2011, pp. 107-115. Disponível em https://bdigital.ufp.pt/handle/10284/3171. Acesso em 21 de agosto de 2020. pp. 110-111.

[126] ZANINI, Leonardo Estevam de Assis. "A proteção da imagem e da vida privada na França". *In: Revista Brasileira de Direito Civil*, v. 16, Belo Horizonte: Fórum, 2018, pp. 57-73. Disponível em www.rbdcivil.ibdcivil.org.br. Acesso em 24 de agosto de 2020. pp. 69-70.

INTERNET, *FAKE NEWS* E RESPONSABILIDADE CIVIL DAS REDES SOCIAIS

1.383, do Código Civil, atualmente regradas nos artigos 1.240 e 1.241[127], com a reforma procedida pela *Ordonnace* nº2016-131, e que se referencia na lesão aos direitos da personalidade[128].

Na Itália, inexiste no Código Civil disposição sobre o nominativo direitos da personalidade, havendo normas sobre direitos específicos, a exemplo da integridade física, do nome e da imagem[129]. Reconhece-se em nível jurisprudencial a existência de outros direitos não expressamente previstos, com base na construção de um entendimento hoje prevalente sobre a existência de um direito geral de personalidade[130], cujo fundamento acaba sendo remetido ao artigo 2º, da Constituição Italiana[131], *in verbis*:

---

[127] "Art. 1.240. Tout fait quelconque de l'homme, qui cause à autrui un dommage, oblige celui par la faute duquel il est arrivé à le réparer; Art. 1.241: "Chacun est responsable du dommage qu'il a causé non seulement par son fait, mais encore par sa négligence ou par son imprudence". FRANÇA. "Code Civil". Disponível em https://www.legifrance.gouv.fr/affichCode.do?cidT exte=LEGITEXT000006070721. Acesso em 25 de agosto de 2020.

[128] PALMER, Vernon Valentine. "Danos morais: o despertar francês no século XIX". trad. por Otávio Luiz Rodrigues Junior e Thalles Ricardo Alciati Valim. *In: Revista de Direito Civil Contemporâneo*, nª 9, São Paulo: Revista dos Tribunais, 2016, pp. 225-241. pp. 231-236.

[129] "Art. 5. Gli atti di disposizione del proprio corpo sono vietati quando cagionino una diminuzione permanente della integrità fisica, o quando siano altrimenti contrari alla legge, all'ordine pubblico o al buon costume; "Art. 6. Ogni persona ha diritto al nome che le è per legge attribuito. Nel nome si comprendono il prenome e il cognome. Non sono ammessi cambiamenti, aggiunte o rettifiche al nome, se non nei casi e con le formalità dalla legge indicati; Art. 10. Qualora l'immagine di una persona o dei genitori, del coniuge o dei figli sia stata esposta o pubblicata fuori dei casi in cui l'esposizione o la pubblicazione è dalla legge consentita, ovvero con pregiudizio al decoro o alla reputazione della persona stessa o dei detti congiunti, l'autorità giudiziaria, su richiesta dell'interessato, può disporre che cessi l'abuso, salvo il risarcimento dei danni". ITALIA. Código Civil. Disponível em https://www.altalex. com/documents/news/2014/02/10/delle-persone-fisiche. Acesso em 25 de agosto de 2020.

[130] THOBANI, Shaira. "Diritti della personalità e contrato: dalle fattispecie più tradizionali al tratamento in massa dei dati personali", Torino: Ledizioni, 2018. Disponível em https:// www.ledizioni.it/stag/wp-content/uploads/2019/02/THOBANI_web.pdf. Acesso em 25 de agosto de 2020. pp. 13-14; CIMINO, Maria. "L'indisponibilità del diritto all'integrità fisica della persona umana in ambito sportivo ei limiti al rischio consentito". *In: Ius Humani. Revista de Derecho*, Quito, v. 5, 2016, pp. 69-103. Disponível em http://www.iushumani.org/index.php/ iushumani/article/view/80/80. Acesso em 20 de agosto de 2020. pp. 74-75. No que concerne à reparação dos danos não patrimoniais, o desenvolvimento doutrinário e jurisprudencial, com fincas no artigo 2.043, do Código Civil Italiano, buscou ampliar o conceito de lesões não patrimoniais indenizáveis, categorizando a existência de outros prejuízos desse tipo, como o dano moral em sentido estrito, dano biológico, dano existencial. Cf. SILVA, Américo Luís Martins da Silva. "O dano moral e sua reparação civil", 3ª ed., São Paulo: Revista dos Tribunais,

[a] República reconhece e garante os direitos invioláveis do homem, seja singularmente, seja na sociedade onde se desenvolve a sua personalidade, e exige o cumprimento dos deveres inderrogáveis de solidariedade política, econômica e social.

Advirta-se que a própria dicção do artigo 2º mencionado diverge consideravelmente da referência genérica à dignidade da pessoa humana prevista na Carta Magna Brasileira, com menção específica à necessidade de salvaguarda dos direitos invioláveis da pessoa, e alusão à própria personalidade, comando esse que também abarca os órgãos judiciais no sentido do reconhecimento dos direitos da personalidade e ausente norma infraconstitucional geral sobre o tema.

No Brasil, o Código Civil traz, em seus artigos 11 e 12, alusão genérica aos direitos da personalidade com essa denominação, mas sem determinar, de maneira expressa, uma tutela geral, diferenciando-se, pois, no primeiro caso das legislações francesa e italiana, e, no segundo caso, da legislação portuguesa[132].

2005. p. 103. Entretanto, a Corte de Cassação, por meio da sentença nº 26.972/2008, acabou por afastar a validade destas subcategorias, englobadas pela noção única de dano não patrimonial, remetendo esse à lesão a um interesse ou valor da pessoa de estatura constitucional, quando não esteja tipificado na legislação infraconstitucional, a teor do artigo 2.059, em outras palavras, o prejuízo a um direito da personalidade. ITÁLIA. Corte di Cassazione. "Sentenza nº 26972/2008, sul ricorso 734/2006", julgado em 24 de junho de 2008. https://www.federalismi.it/ApplOpenFilePDF.cfm?artid=11303&dpath=document&dfile=13112008130852.pdf&content=Corte%2Bdi%2BCassazione%2C%2B%2BSentenza%2Bn%2E%2B26972%2F2008%2C%2Ble%2BSS%2E%2BUU%2E%2Bin%2Btema%2Bdi%2Bdanno%2Besistenziale%2B%2D%2Bstato%2B%2D%2Bdocumentazione%2B%2D%2B. Acesso em 25 de agosto de 2020. "Art. 2.043. Qualunque fatto doloso o colposo che cagiona ad altri un danno ingiusto, obbliga colui che ha commesso il fatto a risarcire il danno; Art. 2.059. Il danno non patrimoniale deve essere risarcito solo nei casi determinati dalla legge". ITÁLIA. "Codice Civile". Disponível em https://www.normattiva.it/uri-res/N2Ls?urn:nir:stato:regio.decreto:1942-03-16;262. Acesso em 25 de agosto de 2020.

[131] "La Repubblica riconosce e garantisce i diritti inviolabili dell'uomo, sia come singolo, sia nelle formazioni sociali ove si svolge la sua personalità, e richiede l'adempimento dei doveri inderogabili di solidarietà politica, economica e sociale". ITÁLIA. "Costituzione della Repubblica". Disponível em https://www.senato.it/documenti/repository/istituzione/costituzione.pdf. Acesso em 25 de agosto de 2020.

[132] Não concordamos com Ivo César de Carvalho, para quem "o Código civil português traz dispositivo bastante similar ao brasileiro no que pertine à tutela geral da personalidade", porque as redações são bastante diversas entre os artigos 11 e 12, no caso brasileiro, e o 70º,

Aceita-se a existência de uma tutela ampla da personalidade além de direitos expressamente reconhecidos, cuja fundamentação varia, conforme três vertentes principais, quais sejam: a dignidade da pessoa humana prevista no artigo 1º, inciso III, da Constituição Federal, sem necessidade de recurso à categoria dos direitos subjetivos da personalidade; a possibilidade de reconhecimento de outros direitos, apesar da previsão do Código Civil no sentido dos direitos em espécie; e, por fim, a fundamentação do direito geral da personalidade nos mencionados artigos 11 e 12, do Código Civil Brasileiro[133].

Fabio Maria de Mattia, por exemplo, já quando da análise do artigo 12, do Projeto de Código Civil, que acabou sendo convertido no atual, sustentava que tal dispositivo previa um direito geral de personalidade[134].

no caso português, ainda que possamos extrair uma proteção não exaustiva do nosso Código Civil. Cf. "A Tutela dos direitos da personalidade no Brasil e em Portugal". *In: Revista Jurídica*, Lisboa, ano 61, nº 427, 2013, pp. 43-71. pp. 49-50.

[133] MIRANDA, Jorge; RODRIGUES JUNIOR, Otavio Luiz; FRUET, Gustavo Bonato. *Ob. cit.* p. 19.

[134] Cf. "[e]m fins do século XIX, parte da doutrina alemã, com Gierke e Kohler em particular, pronunciou-se a favor do reconhecimento de um direito geral da personalidade. Mas, após a promulgação do BGB o Tribunal do Império decidiu que o reconhecimento de um direito subjetivo geral da personalidade não tem lugar no sistema positivo do Direito Civil alemão. O citado Tribunal confirmou sua jurisprudência em várias decisões posteriores, em particular no litígio suscitado pela publicação da correspondência íntima de Nietzsche. A Constituição Federal alemã de 1949 levou a Corte Federal de Justiça a abandonar essa jurisprudência, pois a Constituição proclama, no art. 1.º, alínea 1.ª, que 'a dignidade do homem é inviolável. Respeitá-la e protegê—la é dever de todo o poder do Estado'. O art. 2.º, alínea 1.ª, consagra em primeiro lugar, entre os direitos fundamentais, que nos termos do art. 1.º, alínea 3.ª 'obrigam o Poder Legislativo, o Poder Executivo e o Poder Judiciário, a título de direito diretamente aplicável direito de cada um ao livre desenvolvimento de sua personalidade'. A Corte Federal de Justiça da Alemanha retirou desses textos, no acórdão Schacht, a consequência de que existe nas relações particulares um direito geral à personalidade, que ela define como 'o direito de um particular contra outro particular, ao respeito de sua dignidade de homem e ao desenvolvimento de sua personalidade individual'. Regra parecida é a do art. 28, alínea I., do CC suíço, segundo a qual: 'aquele que sofre uma lesão ilícita em seus direitos pessoais pode pedir ao juiz que a faça cessar'. Este artigo inspirou o art. 165 da Comissão de Reforma do Código Civil francês: 'toute atteinte illicite à la personnalité, donne à celui qui la subit le droit de demander qu'il y soit mis fin, sans préjudice de la responsabilité qui peut en résulter pour son auteur'. O art. 12 do Projeto de Código Civil brasileiro de 1975 prevê esse direito geral da personalidade ao estatuir: 'Pode—se exigir que cesse a ameaça ou a lesão, a direito da personalidade, e reclamar perdas e danos, sem prejuízo de outras sanções previstas em lei'". DE MATTIA, Fábio Maria. "Direitos da personalidade: aspectos gerais". *In.* CHAVES, Antonio (coord.). *Estudos de Direito civil*, São Paulo: Revista dos Tribunais, 1.979, pp. 99-138. pp. 108-109.

2. DIREITOS DA PERSONALIDADE E A LIBERDADE DE EXPRESSÃO

Silmara Juny Chinellato, ao revés, não admite essa hipótese da existência de um direito geral da personalidade, admitindo, porém, uma cláusula de abertura para o reconhecimento de outros direitos da personalidade além daqueles enunciados expressamente, o que seria característica própria desses direitos[135].

Essa também, em parte, a posição defendida por Regina Beatriz Tavares da Silva[136], para quem a teoria de um direito geral de personalidade não foi encampada pelo ordenamento jurídico possivelmente por conta

do subjetivismo que a teoria emprega na enumeração dos direitos que compõem esse chamado direito geral da personalidade. O que seria um sentimento tutelável? Todos os sofrimentos de uma pessoa mereceriam proteção jurídica? A vontade é tutelável? Que tipo de vontade merece proteção jurídica? Essas e outras indagações dificultam a aceitação dessa denominação geral. Assim, a opção do legislador constitucional foi manter a autonomia dos vários direitos da personalidade, como se vê no art. 5º da Lei Maior, em seu caput. que prevê. dentre outros, o direito à liberdade, em seu inciso V, que tutela a honra; em seu inciso X, que protege a imagem e a vida privada; em seus incisos IV, VI, VIII, IX, XIII, XVI, XVII, que retomam a proteção da liberdade em seus variados aspectos. O Código Civil tutela, em seus arts. 11 a 21, os direitos da personalidade, mas não esgota sua enumeração, como interpretou a IV jornada de Direito Civil do Conselho da Justiça Federal. em seu Enunciado 274, pelo qual essa regulamentação não é exaustiva, mas expressa a cláusula geral de tutela da personalidade, contida no art. lº, lll, da Constituição (princípio da dignidade da pessoa humana). Preferimos a manutenção dos vários direitos da personalidade, sabendo que, de tempos em tempos, um desses direitos se divide em dois ou mais direitos autônomos.

[135] CHINELLATO, Silmara Juny. "Dos direitos da personalidade". *In*: MACHADO, Antônio Cláudio da Costa (org.); CHINELLATO, Silmara Juny (coord.). *Código Civil interpretado: artigo por artigo, parágrafo por parágrafo*, 6ª ed., Barueri: Manole, 2013, pp. 39-49. p. 40.

[136] "Sistema protetivo dos direitos da personalidade". *In*: SILVA, Regina Beatriz Tavares da; SANTOS, Manoel J. Pereira dos. *Responsabilidade civil: responsabilidade civil na Internet e nos demais meios de comunicação*, 2ª ed., São Paulo: Saraiva, 2012, pp. 26-75. pp. 40-41.

Apesar de concordarmos com a autora quanto à melhor adequação do entendimento sobre a existência de um rol exemplificativo de direitos da personalidade, não se podendo extrair do Código Civil um direito geral da personalidade, a última parte do excerto acima citado não confirma a primeira, pois, em realidade, reconhece a autora que há uma cláusula geral de personalidade vinculada ao princípio da dignidade humana, posição que não difere substancialmente da teoria do direito geral da personalidade, mudando-se apenas a fonte.

Como se verifica nos artigos 11 e 12, há referência genérica sobre a intransmissibilidade e irrenunciabilidade dos direitos da personalidade, a possibilidade de o titular ofendido fazer cessar ameaça ou lesão a esses direitos, bem como pleitear a reparação dos danos, deixando em aberto, ainda, a tomada de outras medidas previstas em lei.

O Código Civil não limita os direitos da personalidade àqueles expressamente enunciados nele próprio, podendo ser reconhecidos direitos dessa natureza no Código Penal[137], em outras leis[138], ou extraídos da Constituição por paralelismo, como vimos.

Aliás, a reparabilidade do dano exclusivamente moral, que se remete à lesão a direitos da personalidade, em termos amplos, carreada nos artigos 186 e 927, do Código Civil, confirma a proteção de outros direitos da personalidade, na medida em que eles, como foi visto, estão intrinsicamente ligados aos aspectos que compõem a essência das pessoas, não somente físicos, mas também intangíveis em múltiplas vertentes.

Entretanto não se extrai dos artigos 11 e 12 a existência de um direito geral de personalidade, a conferir bases mínimas que permitam ao legislador ou ao intérprete fundamentar, a partir deles, a construção de novos direitos.

Os dispositivos em comento funcionam apenas como cláusula de abertura à proteção dos direitos da personalidade, possibilitando à Lei, a partir da adaptação e evolução dos direitos consagrados pelo sistema jurídico de um

---

[137] Lembremos que o Código Penal traz a proteção de inúmeras manifestações da personalidade, ao punir variados crimes, como o homicídio, a lesão corporal, aqueles contra a honra, e mesmo outros não tão óbvios, como de violação de correspondência e de segredo, afins ao direito à intimidade e à vida privada.

[138] É o caso do Código de Defesa do Consumidor, que, exemplificativamente, em seu capítulo IV, Seção I, traz normas destinadas à proteção da saúde e da segurança dos consumidores.

modo geral, aí incluídos o ordenamento, a jurisprudência e a doutrina, o reconhecimento de outros que se mostrem adequados à tutela da personalidade.

Esse tipo de abordagem compatibiliza a necessidade de proteção integral da personalidade e o afastamento de critérios deveras elásticos e indefinidos no reconhecimento de outros direitos que um direito geral ou remetido sempre à dignidade da pessoa humana permite, a causar insegurança jurídica e dificuldade na definição concreta desses direitos nas situações de conflito. Considerando o arcabouço normativo e conceitual dos direitos consolidados, constroem-se ideias adaptadas que levem à admissão de novos direitos mais adequados à proteção da personalidade nas situações sociais cambiantes.

Assim como em outras legislações, o conteúdo desses direitos não é previsto normativamente. Necessitam de integração mais contundente por parte da doutrina e da jurisprudência. Torna-se imprescindível, pois, contar-se com referenciais mínimos construídos paulatinamente e que permitam o acolhimento mais seguro e menos arbitrário de novos direitos da personalidade, bem como a normatização e solução de casos em que certas condutas possam ser lesivas aos direitos da personalidade sob o argumento do exercício de outro.

Dizer o que seja ou não cada direito da personalidade, além de conferir maior segurança ao impor maior ônus argumentativo ao intérprete nas suas respectivas funções, possibilita a efetiva proteção dos direitos e atenua o risco de flexibilização indevida frente a outros direitos com base em relativizações artificiais e pouco claras.

Isso se mostrará bastante relevante na justificação da necessidade de controle mais pormenorizado e preventivo das "fake news", considerando que sua produção e compartilhamento não estão amparadas pela liberdade de expressão e, mais especificamente, de informação.

Desse modo, ainda que se entenda cabível o entendimento sobre o que seja a personalidade e a importância desta, e mesmo da dignidade da pessoa humana, para regulamentação dos direitos destinados à sua proteção, não encampamos a ideia da existência de um direito geral da personalidade reconhecido na ordem jurídica brasileira.

Tendo o ordenamento jurídico reconhecido, de forma expressa, diversos direitos da personalidade e permitido a consideração de outros por uma cláusula de abertura, não se afigura necessário o recurso àqueles conceitos mais genéricos citados para manejo desses direitos reconhecidos ou a reconhecer.

INTERNET, *FAKE NEWS* E RESPONSABILIDADE CIVIL DAS REDES SOCIAIS

2.1.5. *Liberdade de expressão e de informação como direitos da personalidade.*

Os direitos da personalidade, além de se referirem a aspectos físicos e morais das pessoas individualmente, também concernem às suas relações mantidas com os demais no contexto social em suas múltiplas facetas: familiares, de amizades, contratuais, profissionais e coletivas, concretas ou virtuais.

O Código Civil não enuncia expressamente a liberdade de expressão e de informação como direitos da personalidade, porém as restringe no caso da divulgação de escritos, da transmissão da palavra, ou da publicação, da exposição ou da utilização da imagem de alguém a quem lesarem a honra em sentido lato, salvo se contarem com autorização ou forem necessárias à administração da Justiça ou da manutenção da ordem pública, consoante o seu artigo 20.

Entretanto, o artigo 5º, inciso IX, da Constituição Federal, garante a liberdade ampla de expressão e de comunicação, com vedação de censura ou licença prévias, e o artigo 220, "caput" e §§1º e 2º, protege, de forma expressa, a liberdade de informação, também vedando a censura de cunho ideológico, político e artístico.

Sendo ambos direitos fundamentais[139] englobados pela categoria das liberdades comunicativas[140], de comunicação ou de expressão em sentido amplo destinados à tutela da pessoa nas suas manifestações junto à coletividade, pelo paralelismo tratado nas linhas precedentes, constituem ambos direitos

---

[139] "La libertad expressiva se fundamenta en por lo menos tres tipos de razones: fundamento individual: constituye um derecho individual y substantivo de la persona; fundamento social: facilita el descubrimiento de la verdad; fundamento político: favorece al debido proceso democrático". OSSOLA, Ana Laura. "Libertad de expresión: declaraciones, derechos y garantías – deberes y derechos individuales". In: MIRANDA, Jorge; RODRIGUES JUNIOR, Otavio Luiz; FRUET, Gustavo Bonato (orgs.). *Ob.* cit., pp. 197-225. p. 200.

[140] "O direito de informação situa-se dentro do universo do direito à liberdade de expressão, conceito esse que compreende um conjunto de direitos fundamentais que a doutrina reconduz à categoria genérica de liberdades comunicativas ou liberdades de comunicação. Surge, assim, uma liberdade de expressão em sentido amplo, por alguns também designada de liberdade de comunicação, que abrange a liberdade de expressão em sentido estrito, por vezes denominada liberdade de opinião, a liberdade de informação, a liberdade de imprensa, os direitos dos jornalistas e a liberdade de radiodifusão, impondo-se seu estudo na qualidade de direito-mãe de todas as outras liberdades comunicativas". CABRAL, Marcelo Malizia. *Ob. cit.* pp. 121-122.

2. DIREITOS DA PERSONALIDADE E A LIBERDADE DE EXPRESSÃO

da personalidade, com incidência nas relações privadas. Esse o entendimento também de Capelo de Souza[141], para quem

> [e]ssenciais ao desenvolvimento da personalidade humana individual são também os direitos à informação, à educação, à cultura e à ciência, bem como à autodeterminação informacional, educativa, cultural e científica. Com efeito, o conhecimento e a auto-avaliação do estado, das causas e dos efeitos das ideias e dos fenómenos naturais, políticos-económicos e sócios-culturais são absolutamente necessários à compreensão do homem e do mundo que o rodeia, à formação da opinião, do sentido crítico e da vontade individuais e à consequente organização, livre e adequada da actividade individual.

Assim, devemos pensar a liberdade de comunicação[142] sob um aspecto Constitucional e outro privado.

Como um direito fundamental, impõe ao Estado o dever de garantir às pessoas que se exprimam individual ou coletivamente, bem como tenham acesso às manifestações dos outros, com proibição de censura prévia[143].

Do ponto de vista privado, nas relações jurídicas entre iguais, as restrições e sanções a certos discursos impostos pela lei e pela atividade jurisdicional não representam nenhuma ingerência estatal indevida. Servem apenas como moduladores de acomodação dos diversos direitos individuais e coletivos, incluída a liberdade de comunicação, que devem ser protegidos de acordo com o conteúdo de cada qual e finalidade da ordem jurídica na sua proteção.

---

[141] *Ob. cit.* p. 354.

[142] Liberdade de comunicação será utilizada como sinônimo de liberdade de expressão em sentido amplo, a englobar tanto a liberdade de expressão em sentido estrito quanto a liberdade de informação. Ainda, no presente trabalho, quando não se fizer adendo tratamento específico em relação à liberdade de informação, o termo liberdade de expressão deve ser entendido em seu significado mais abrangente.

[143] Veremos, no decorrer do trabalho, porém, alguns casos em que a censura prévia é admitida, pela ordem jurídica normativa e pela jurisprudência, ainda que esta e a doutrina nacionais ignorem que são questões concernentes a limitações à liberdade de comunicação.

INTERNET, *FAKE NEWS* E RESPONSABILIDADE CIVIL DAS REDES SOCIAIS

A remissão de qualquer situação envolvendo a liberdade de expressão ao aspecto constitucional[144] nas relações privadas, principalmente acerca da

[144] É o tipo de abordagem equivocada que se verifica no seguinte excerto, que acaba por misturar as ideias de direitos fundamentais e de direitos da personalidade: "[o] Ministro Marco Aurélio Bellizze, decidindo o Recurso Especial nº 1.624.388, destacou que, em relação à liberdade de informação e à proteção aos direitos da personalidade, o Superior Tribunal de Justiça estabeleceu para situações de conflito entre tais direitos fundamentais os seguintes elementos de ponderação: a) o compromisso ético com a informação verossímil; b) a preservação dos direitos da personalidade; e c) a vedação de veiculação de crítica jornalística com intuito de difamar, injuriar ou caluniar a pessoa (*animus injuriandi vel diffamandi*)". TEFFÉ, Chiara Spadaccini. "A proteção dos direitos da personalidade no ordenamento civil-constitucional". *Ob. cit.* p. 110. No mencionado Recurso Especial essa confusão não levou, a nosso ver, a conclusões erradas sobre a proteção da liberdade de expressão, o que se verifica, contudo na ADIN nº. 4.815, que será mais bem analisada posteriormente. Cf. "RECURSO ESPECIAL. RESPONSABILIDADE CIVIL. 1. NEGATIVA DE PRESTAÇÃO JURISDICIONAL. NÃO OCORRÊNCIA. 2. EMBARGOS INFRINGENTES. DESNECESSÁRIA A ADSTRIÇÃO AOS FUNDAMENTOS DO ACÓRDÃO EMBARGADO. LIMITAÇÃO SOMENTE QUANTO AOS PONTOS A SEREM IMPUGNADOS. 3. REPARAÇÃO POR DANOS MORAIS. MATÉRIA JORNALÍSTICA. ABUSO DO DIREITO DE INFORMAR. AFRONTA AOS DIREITOS DE PERSONALIDADE. INEXISTÊNCIA. AMBIENTE POLÍTICO MARCADO PELOS EMBATES ENTRE AS PARTES CONTRÁRIAS. INFORMAÇÃO VEROSSÍMIL. AUSÊNCIA DE ANIMUS INJURIANDI VEL DIFFAMANDI. 4. RECURSO ESPECIAL PARCIALMENTE PROVIDO; RECURSO ADESIVO PREJUDICADO. 1. Verifica-se que o Tribunal de origem analisou todas as questões relevantes para a solução da lide de forma fundamentada, não havendo que se falar em negativa de prestação jurisdicional. 2. 'O órgão julgador dos embargos infringentes não fica adstrito aos fundamentos do voto minoritário, devendo apenas ater-se à diferença havida entre a conclusão dos votos vencedores e do vencido, no julgamento da apelação ou da ação rescisória, de forma que é facultada ao recorrente a utilização de razões diversas das expostas no voto vencido' (REsp 1095840/TO, Relatora Ministra Nancy Andrighi, Terceira Turma, julgado em 25/08/2009, DJe 15/9/2009). 3. Liberdade de informação e proteção aos direitos da personalidade. O Superior Tribunal de Justiça estabeleceu, para situações de conflito entre tais direitos fundamentais, entre outros, os seguintes elementos de ponderação: a) o compromisso ético com a informação verossímil; b) a preservação dos chamados direitos da personalidade, entre os quais incluem-se os direitos à honra, à imagem, à privacidade e à intimidade; e c) a vedação de veiculação de crítica jornalística com intuito de difamar, injuriar ou caluniar a pessoa (*animus injuriandi vel diffamandi*). **A assunção de cargos corporativos ou públicos, como a presidência de uma seccional da OAB, torna o sujeito uma pessoa pública, com atuação de interesse de todos advogados, estando seus atos sujeitos a maior exposição e mais suscetíveis à mitigação dos direitos de personalidade, principalmente por estar incurso em um cenário político, com intenso debate corporativo. Dentro desta perspectiva, o entrevistado não extrapolou os limites da liberdade de pensamento nem se verificou o intuito de atingir a honra da antiga presidente da OAB/DF, já que as informações relacionaram-se a questões de interesse do órgão de classe,**

2. DIREITOS DA PERSONALIDADE E A LIBERDADE DE EXPRESSÃO

censura prévia, é inapropriada em termos dogmáticos e inadequada do ponto de vista prático, ao dificultar a avaliação correta das circunstâncias em que haja colisão dela com outros direitos, que nesse âmbito gozam da mesma importância. Cria-se certa tendência à absolutização da liberdade de comunicação e refração quase irrestrita a sua regulamentação, ainda que necessária se mostre para a proteção de outros direitos e, muitas vezes, dos seus fundamentos e da própria função que ocupa no sistema jurídico, como se tratará adiante.

2.2. Liberdade de expressão

2.2.1. Desenvolvimento e enfoque geral da liberdade de expressão

No período pré-moderno, a prevalência do ideal cristão encampado pela Igreja Católica ou pelos Estados absolutistas restringiam as liberdades ao campo de uma verdade objetiva, de cunho teológico. As manifestações que extrapolassem esses limites eram tidas como hereges, atentatórias ao cristianismo ou ao monarca, cujo poder se legitimava em Deus. Havia, pois, a imposição de uma verdade de forma centralizada e hierarquizada, indene de contestações[145].

Esse cenário modifica-se na Idade Moderna, a princípio com o advento da burguesia e da ciência, afastando-se de critérios sobrenaturais e religiosos, e pondo em xeque a autoridade do monarca e a eclesiástica, o que aumentará os espaços de liberdade para além de uma verdade objetivamente dada por uma autoridade. Esse processo ganha força com o Estado liberal, e os ideais de liberdade e igualdade, ao menos sob o ponto de vista formal. No século

---

limitando-se a criticar, com cunho político, a gestão anterior, sem nenhuma menção específica à pessoa da antiga presidente ou imputando alguma conduta desonrosa capaz de ensejar o dever de indenizar. 4. Recurso especial parcialmente provido. Recurso adesivo prejudicado. BRASIL. Superior Tribunal de Justiça. REsp "1624388/DF", Rel. Ministro Marco Aurélio Bellizze, Terceira Turma, julgado em 07 de março de 2017, DJe de 21 de março de 2017. Grifo nosso.

[145] MACHADO, Jónatas E.M. "Liberdade de expressão: dimensões constitucionais da esfera pública no sistema social", Coimbra: Coimbra Editora, 2002. pp. 18-21.

XX, com o avanço do Estado social, busca-se incrementar a liberdade de expressão no sentido material[146].

A liberdade de expressão, em sentido amplo, engloba todas as exteriorizações das criações do espírito humano, diretamente pela pessoa natural ou intermediada por uma pessoa jurídica, compreendendo as liberdades de informação[147], de radiodifusão, de criação artística, de ensinar e de aprender[148], acrescentando-se ainda a liberdade de criação comercial e publicitária. Em sentido estrito, corresponde às manifestações do pensamento não inseridas dentro das demais liberdades mencionadas.

A real proteção da liberdade de expressão e de informação, e não meramente enunciativa, é típica das ordens jurídicas democráticas. Nos países ocidentais democráticos reconhece-se o princípio de liberdade, que determina a proibição de interferência em discursos que não sejam ilícitos e danosos, determinando barreiras mais fortes à atividade regulatória do que aquelas referentes a outras áreas[149].

A análise da liberdade de expressão é quase sempre feita sob a ótica constitucional, porque se trata de um direito fundamental amplamente reconhecido nessa seara, e a análise no campo do Direito Civil se dá primariamente com as mesmas bases, sem considerar a diferença no tratamento própria dos direitos da personalidade, como estamos a propor, dando o mesmo peso a situações totalmente diversas.

São diferentes a imposição de censura pelo Estado Executivo diretamente e regulamentações que visem a adequar a responsabilidade civil por danos no desenvolvimento de atividades econômicas privadas. Dizer que determinado material há de ser controlado previamente pelo Estado não se confunde com a imposição de obrigações de indenização em caso de esse material provocar prejuízos a interesses juridicamente tutelados, cabendo ao agente econômico, dentro do risco próprio de seu negócio, decidir pela conveniência acerca da

---

[146] *Idem.* pp. 28-32.

[147] Mais adiante veremos que, na Espanha, a liberdade de informação é tratada de forma individualizada.

[148] *Ibidem.* pp. 371-372.

[149] GREENAWALT, Kent. "Free speech justifications". *In: Columbia Law Review*, New York, v. 89, nº 1, 1989, pp. 119-155. Disponível em www.jstor.org/stable/1122730. Acesso em 29 de maio de 2020. p. 122.

2. DIREITOS DA PERSONALIDADE E A LIBERDADE DE EXPRESSÃO

divulgação do material. A colocação de ambas as situações na vala comum da censura prévia demonstra-se injustificada[150].

Deseja-se frisar, neste momento, que é importante, para acomodação adequada dos variados interesses juridicamente protegidos sem soluções meramente retóricas, que a liberdade de expressão seja tratada no âmbito das relações privadas, igualitárias como um direito da personalidade e, ainda que as bases conceituais dela sejam extraídas da Constituição, sua incidência tem premissas diferentes daquelas quando seja a relação em análise do tipo poder-sujeição.

Portanto, adverte-se que muitos dos textos-base analisados são da seara constitucional, devendo as ideias neles desenvolvidas ser adaptadas ao Direito Privado, com base nos fundamentos dos direitos da personalidade.

2.2.2. Liberdade de expressão e de informação

Relevante se mostra contrastar a liberdade de expressão em sentido estrito e a liberdade de informação, ou direito à informação.

A liberdade de informação compõe-se dos direitos de informar, próprio daqueles que exercem a atividade de apurar e revelar os dados factuais ao público, ser informado, de poder receber tais dados, e de se informar, no sentido da busca livre das fontes para recebimento dos dados factuais[151].

O direito de informação exige objetividade e austeridade na apuração dos fatos, bem como a separação entre eles e os juízos de valor. Já o direito de ser informado é pressuposto à participação democrática dos sujeitos, mas, acima de tudo, da integração social deles, abrangendo conteúdos de cunho político, cultural, econômico, religioso, dentre outros. O direito de se informar, por sua vez, garante aos indivíduos o acesso a fontes variadas e normalmente acessíveis, disponibilizadas ao público de maneira geral, sem impedimentos, cabendo a cada um a escolha da origem de sua informação[152].

---

[150] Claro que medidas adotadas pelo Estado com vistas a constranger os agentes privados a censurar as manifestações de pensamento legítimas, devem ser rechaçadas e tratadas como censura ilícita.

[151] OSSOLA, Ana Laura. *Ob. cit.* p. 206.

[152] MACHADO, Jónatas E.M. *Ob. cit.* pp. 475-480.

Na atividade de informar, praticada de maneira profissional pelos jornalistas, mas que hoje é realizada de forma muito mais ampla pela facilidade que os meios digitais, "smart phones", "tablets", laptops", câmeras, e a Internet concedem aos seus usuários, aqueles na captação da realidade, essa na transmissão dos dados obtidos, pressupõe-se um dever de veracidade, consistente na apresentação dos dados da realidade sem a intenção de ludibriar o receptor, com a criação, distorção ou deturpação artificial dos fatos[153].

Assim, opõe-se à liberdade de informação a liberdade de expressão estrita, que não possui compromisso com a apuração objetiva dos fatos, podendo se manifestar pela emissão da mera opinião. Essa diferenciação tem especial relevo no controle da licitude das condutas e atividades que lidem com a liberdade de informação e de expressão em sentido estrito, especificamente no caso das redes sociais e das "fake news" e do tipo de obrigação de fiscalização e consequente responsabilidade a ser imposta aos provedores dessas redes sociais.

2.2.3. Fundamentos da liberdade de expressão

Observam-se duas vertentes principais para a fundamentação da liberdade de expressão e que vão ter consequências no modo de sua regulamentação, quais sejam, de um lado, a garantia aos sujeitos de espaços irredutíveis de autonomia com vistas à realização pessoal e, de outro, a participação no processo social de discussão sobre os assuntos públicos, desde os mais prosaicos aos mais complexos e de interesse geral.

Essa bipartição mostra-se bastante clara no contexto dos Estados Unidos, em que a discussão sobre a liberdade de expressão, constitucionalizada em 1791 pela primeira emenda[154], tem bastante amplitude e profundidade no

---

[153] GODOY, Claudio. "A liberdade de imprensa e os direitos da personalidade". *Ob. cit.* p. 67.
[154] "Congress shall make no law respecting an establishment of religion, or prohibiting the free exercise thereof; or abridging the freedom of speech, or of the press; or the right of the people peaceably to assemble, and to petition the Government for a redress of grievances". ESTADOS UNIDOS. Constitution. First Amendment. Disponível em https://www.senate.gov/civics/constitution_item/constitution.htm#:~:text=Amendment%20XVII%20(1913)-,The%20Senate%20of%20the%20United%20States%20shall%20be%20composed%20of,Senator%20shall%20have%20one%20vote.&text=This%20amendment%20shall%20not%20be,as%20part%20of%20the%20Constitution. Acesso em 1º de setembro de 2020.

2. DIREITOS DA PERSONALIDADE E A LIBERDADE DE EXPRESSÃO

âmbito político, doutrinário e jurisprudencial. Todavia, os debates sobre a maior ou menor intervenção normativa sobre a liberdade de expressão estão presentes nas democracias ocidentais de um modo geral.

É de especial relevância, pois, analisar, de forma mais detida, como a liberdade de expressão é tratada no país norte-americano, até porque julgados recentes sobre o tema no Brasil invocam teorias jurídicas lá construídas, assim como o próprio Marco Civil da Internet quanto à responsabilidade civil dos provedores e os debates que se seguem sobre a sua pertinência.

Nos Estados Unidos[155], dividem-se as correntes sobre a liberdade de expressão em liberalismo individual e republicanismo cívico[156], podendo se identificar tendências mais conciliatórias entre ambas, mas pendendo para um ou outro lado de forma mais intensa.

Em linhas gerais, o liberalismo, como dito, tem como base a autonomia individual, representando a pessoa a referência básica da preocupação política e jurídica. Em termos de participação, pregam os liberais que a cada pessoa devem ser concedidos os mesmos direitos democráticos, incluída a liberdade de expressão, sendo admitido que cada um busque a satisfação pessoal com o menor custo possível. Já o republicanismo cívico tem como premissa uma visão mais comunitária, não sendo a vida política e social o mero agregado dos interesses pessoais. Há interesse coletivo a ser perseguido e protegido, a justificar maior intervenção regulatória para seu alcance[157].

Ambas as correntes podem trazer, em seu bojo, preocupações substantivas e buscam responder a duas questões básicas: uma relativa à adequação da justificação dos atos governamentais e a outra vinculada ao bem-estar do indivíduo frente a diversas formas de estruturação social. Os adeptos do

---

[155] No Reino Unido também é possível identificar essa divisão, com tal nomenclatura.

[156] Há outras teorias que também contribuem para o debate sobre a liberdade de expressão, como aquelas feministas, mas que podem ser enquadradas em uma ou outra vertente sob o ponto de vista do tipo e limites de regulamentação normativa a serem estabelecidos.

[157] WALTMAN, Jerold. "Citizenship and Civic Republicanism in Contemporary Britain". *In: Midwest Quarterly*, Pittsburg, v. 40, n. 1, 1998, pp. 93–106. Disponível em: http://search. ebscohost.com/login.aspx?direct=true&db=aph&AN=1282158&lang=pt-br&site=ehost-live. Acesso em 12 de maio de 2020. p. 94

INTERNET, *FAKE NEWS* E RESPONSABILIDADE CIVIL DAS REDES SOCIAIS

republicanismo concentram-se mais na segunda questão e contribuem para que os liberais se atentem à sua importância[158].

2.2.4. Republicanismo cívico e maior intervenção estatal na liberdade de expressão.

Como advertimos, o republicanismo cívico apresenta-se sob diversos pontos de vista[159], mas a ideia central é a de que a ordem normativa representa instrumento de garantia de que as decisões estatais e da sociedade sejam fruto de um processo aberto e deliberativo, que considere e reflita os valores de todos os integrantes da sociedade com a finalidade de se alcançar o bem comum. A tarefa do Estado é assegurar que seja realizado o processo nesses moldes[160].

Cass R. Sunstein procura conciliar o republicanismo a certos ideais liberais. No seu republicanismo liberal, quatro princípios são essenciais: o político-deliberativo; o da igualdade material entre os atores políticos; o do universalismo, concretizado na crença sobre a possibilidade de acordo sobre certos bens comuns; e o da cidadania, expressa na garantia de direitos de participação[161].

Sob seu ponto de vista, a deliberação política não deve ser um mero agregado de interesses privados preconcebidos, em que os majoritários serão vencedores, porém um processo em que os participantes visem ao atendimento do bem comum em consenso o mais amplo possível e que os seus interesses privados estejam condicionados por esse objetivo e sujeitos ao escrutínio público quanto à adequação meio-fim. Nesses termos, os direitos individuais justificam-se na sua adequação à promoção e realização desse

---

[158] FALLON JR., R. H. "What Is Republicanism, and Is It Worth Reviving?", *In: Harvard Law Review*, Cambrige, v. 102, n. 7, 1989, pp. 1695–1736. Disponível em: http://search.ebscohost.com/login.aspx?direct=true&db=bth&AN=7733459&lang=pt-br&site=ehost-live. Acesso em: 13 de maio de 2020. p. 1.733.

[159] LUNEBURG, William V. "Civic republicanism, the first amendment, and executive branch policymaking." *In: Administrative Law Review*, Washington, v. 43, nº 3, 1991, pp. 367–410. Disponível em www.jstor.org/stable/40709676. Acesso em 8 de maio de 2020. p. 372.

[160] SEIDENFELD, Mark. "A civil republican justification for the burocratic state". *In: Harvard Law Review*, Cambridge, v. 105, nº 7, 1992, pp. 1.512-1.576. Disponível em http://web.b.ebscohost.com/ehost/pdfviewer/pdfviewer?vid=1&sid=5a467671-22ad-4503-9bf6-fcf122773803%40sessionmgr101. Acesso em 06 de maio de 2020. p. 1.514.

[161] SUNSTEIN, Cass R. "Beyond the Republican Revival". *In: Yale Law Journal*, New Haven, nº 97, 1998, pp. 1539-1590. Disponível em https://chicagounbound.uchicago.edu/cgi/viewcontent.cgi?article=12192&context=journal_articles. Acesso em 15 de maio de 2020. p. 1.541.

2. DIREITOS DA PERSONALIDADE E A LIBERDADE DE EXPRESSÃO

processo deliberativo constante. A proteção da liberdade de expressão não é remetida a uma ideia de direitos naturais, mas à necessidade dela para um processo deliberativo ótimo[162].

Ainda, advoga a tese de que os julgamentos axiológicos básicos destinados à implementação do republicanismo cívico que vão reger a sociedade e a atividade executiva e judicial devem ser efetuados pelo Congresso, onde há maior representatividade por conta da eleição de seus membros, e que estabelece as linhas gerais para a tomada de decisões concretas pelos outros Poderes[163].

Em contraposição, Mark Seindfeld entende a necessidade de que haja uma larga transmissão do poder decisório político a órgãos dotados de grande cabedal técnico e menos suscetíveis a pressões do que as instituições políticas tradicionais cujos membros sejam eleitos, no caso as agências[164]. O autor critica o suposto pluralismo representativo do Congresso, na medida em que

> invarialvemente produz distorções políticas que servem para perpetuar as bases do poder econômico e político. O republicanismo cívico tenta superar esse viés sistemático ao exigir do Estado a justificação das suas decisões em termos diversos da mera promoção dos interesses dos grupos politicamente influentes[165].

A tarefa do governo, sob essa ótica, seria promover a representação dos grupos marginalizados nas agências e criar mecanismos de incentivo à deliberação ampla, de modo que a responsabilidade pelas atividades e pela decisão dos assuntos de sua competência recaia em um grupo heterogêneo de pessoas, e a lei criar, ainda, condições para que às decisões seja dada grande publicidade. O Poder Judiciário deve atuar demandando às agências explicações embasadas sobre suas decisões e como elas se conformam ao interesse

---

[162] *Idem.* p. 1.551.
[163] SUNSTEIN, Cass R. "Changing Conceptions of Administration". *In: BYU Law Review*, Provo, nº 3, 1987, pp. 927-947. Disponível em https://digitalcommons.law.byu.edu/lawreview/vol1987/iss3/10. Acesso em 2 de setembro de 2020. p. 941.
[164] SEINDFELD, Mark. *Ob. cit.* p. 1.515.
[165] "Invariably produces political distortions that serve to perpetuate existing bases of economic and political power. Civic republicanism attempts to overcome this systematic bias by requiring the state to justify its decision in terms other than the promotion of interests of politically influential factions. *Idem.* p. 1.536.

público, e não aos meros interesses de certas parcelas da sociedade, ainda que majoritárias. Ainda, apesar do reconhecimento da impossibilidade fática de alcance do pleno consenso, o objetivo realista deve ser diminuir ao máximo a coerção dos grupos de pressão ou majoritários no processo decisório político, com a promoção de resultados mais democráticos e justos[166].

A controvérsia entre ambos é se deve a lei definir o que sejam os conteúdos ilícitos, cujo controle então se dará pelos mecanismos tradicionais, ou deve apenas estabelecer a necessidade de controle, com a delegação de tal tarefa a órgãos independentes, componentes do próprio Poder executivo ou de autorregulação.

No que toca à regulamentação da liberdade de expressão, Brandon K. Lemley, comentando a obra de Sunstein, "Democracy and the Free Speech", argumenta que ele faz um paralelo interessante com o "New Deal", e a regulamentação implementada sobre as liberdades. Haveria de ser implantado um "New Deal" da liberdade de expressão. A construção desse "New Deal" invoca a necessidade de abordagem do discurso em duas camadas, definidas de acordo com a sua maior ou menor vinculação aos valores constitucionais essenciais. A mais alta diria respeito basicamente aos interesses públicos gerais e aos problemas políticos, em que a regulamentação do discurso somente se justificaria quando se demonstrasse a possibilidade de severos danos. Nos outros casos, bastaria a invocação de argumentos suficientemente relevantes em termos de preservação dos próprios fundamentos constitucionais em jogo[167].

Essa abordagem, que pode ser ampliada como caracterizadora do republicanismo cívico em geral, confirma-se quando Sunstein, tratando da regulamentação da pornografia especificamente violenta ou humilhante, assinala que essa tarefa se justifica quando tenha em vista evitar a produção de danos graves ou mesmo, nesse particular, a discriminação contra as mulheres, não meramente por afrontar os valores e padrões sociais vigentes, e invoca as

---

[166] *Ibidem.* pp. 1.575-1.576.
[167] LEMLEY, Brandon K. "Effectuating censorship: Civic Republicanism and the Secondary Effects Doctrine". *In: The John Marshal Law Review*, Chicago, v. 35, nº 2, 2002, pp. 189-225. Disponível em https://repository.jmls.edu/cgi/viewcontent.cgi?referer=https://www.google.com.br/&httpsredir=1&article=1465&context=lawreview. Acesso em 7 de maio de 2020. pp. 201-202.

2. DIREITOS DA PERSONALIDADE E A LIBERDADE DE EXPRESSÃO

diferenças de abordagem na normatização conforme o discurso objeto dela esteja ou não vinculado aos aspectos mais centrais da Constituição[168].

No republicanismo cívico, apesar de se admitir que haja um ambiente de circulação livre das ideias, não se concorda com a adoção de concepções fincadas de forma profunda nas ideias econômicas, ou seja, de que serviria como meio de negociações individuais para transferência de valor, em que as leis servem unicamente como reguladoras dessas trocas[169].

Para a corrente do republicanismo cívico, uma forte regulação estatal sobre a liberdade de expressão é desejada, com vistas ao alcance de um bem comum, procedendo-se à modulação dos discursos e da participação dos indivíduos nesse ambiente de circulação de ideias.

Rejeita-se o argumento de que mais discursos sejam a solução para aqueles discursos danosos[170], justificativa que, como se verá, é bastante presente nas ideias liberais puras de um mercado livre aos moldes econômicos e que servem de inspiração a vários doutrinadores, estrangeiros e brasileiros, que tratam do tema da liberdade de expressão na Internet, e que acabaram por moldar a intepretação majoritária do Marco Civil no ponto específico da responsabilidade civil dos provedores de aplicações.

Os argumentos do republicanismo cívico, apesar de pertinentes em muitos aspectos, trazem real risco da funcionalização dos direitos individuais a finalidades públicas[171]. Especificamente, abre-se a possibilidade de que certas res-

---

[168] SUNSTEIN, Cass R. "Democracy and the problem of free speech" [capítulo do livro]. *In: Publishing Research Quarterly* [s.l.], nº 11, 1.995, pp. 58–72. Disponível em https://link.springer.com/article/10.1007/BF02680544. Acesso em 14 de maio de 2020. pp. 61-62.

[169] MACHADO, Jónatas E.M. *Ob. cit.* p. 174.

[170] "[I]t is inadequate to offer the usual response, coming from Justice Brandeis, that "more speech" rather than "forced silence" is the appropriate remedy for harmful speech. When speech falls in the second tier and produces significant predictable harm, more speech is not always the constitutionally required remedy; consider false or misleading commercial speech. It is also possible to think that more speech is an insufficiently effective remedy for the harms produced by pornography, in part because of the odd method by which pornography communicates its 'message'". SUNSTEIN, Cass R. "Democracy and the problem of free speech". *Ob. cit.* p. 66.

[171] Ainda que o próprio Cass R. Sunstein tente se afastar do antiliberalismo: ""I have suggested that the most powerful versions of republicanism are not antiliberal at all. Instead they borrow from a significant strand of the liberal tradition, emphasizing political equality, the need to provide outlets for self-determination by the citizenry, the impossibility of maintaining democracy without a degree of citizen mobilization, the value of institutional and rights-based

trições baseadas em interesses específicos dos governantes sejam impostas sob a pecha de atendimento ao bem comum, além de, eventualmente, possibilitar a homogeneização do debate público, com o prevalecimento irremediável de certas ideias, e consequente empobrecimento da esfera de discussão, causando danos individuais e sociais prementes, bem como o enfraquecimento da autonomia ao desconsiderar a capacidade individual de julgamento das pessoas[172].

Não obstante, a ideia liberal pura não oferece respostas suficientes aos graves danos, individuais, mas sobretudo estruturais ao próprio Estado democrático e à sociedade, que certos discursos, como os de "fake news" e os de ódio, podem acarretar.

Assim, o republicanismo cívico oferece caminhos para a regulamentação dos direitos individuais, especialmente da liberdade de expressão, com objetivos mais amplos do que a mera intermediação da alocação de recursos e de resultados aos moldes econômicos.

Reconhecer a proeminência desses direitos individuais sob o seu aspecto negativo, ou seja, contra interferências estatais diretas que vedem o seu regular exercício, não impede que sejam, no âmbito privado, conformados no sentido da compatibilização com outros direitos individuais e interesses gerais de igual ou maior importância, desde que a normatização esteja adequadamente justificada de acordo com tais objetivos.

2.2.5. *Liberalismo individual e o livre mercado de ideias*

O principal fundamento para o liberalismo individual, no âmbito da liberdade de expressão, tem como premissa a existência de um livre mercado de ideias ("marketplace of ideas").

O conceito foi lançado pela primeira vez no voto dissidente do Justice Oliver Wendell Holmes Jr., no julgamento do caso "Abrams v. United States"[173], em

---

constraints on factionalism and self-interested representation, and the deliberative functions of politics. Above all, republican theories stress the importance of dialogue and disagreement in the governmental process; they are designed to ensure, not that political actors are disembodied, but that to the extent possible they look through the eyes of all those affected". "Beyond the Republican Revival". "Beyond the Republican Revival". *Ob. cit.* p. 1.589.

[172] LEMLEY, Brandon K. *Ob. Cit.* pp. 220-221.

[173] ESTADOS UNIDOS DA AMÉRICA. Supreme Court. Abrams vs. United States, 250 U.S. 616 (1919). *Cit.*

2. DIREITOS DA PERSONALIDADE E A LIBERDADE DE EXPRESSÃO

que a Corte analisava a conduta de Jacob Abrams e outros quatro imigrantes russos residentes em Nova Iorque, que, durante a Primeira Guerra Mundial, produziram e distribuíram panfletos atacando a intervenção estadunidense na Guerra Civil Russa e incitando a população a uma greve geral e revolta armada, se tal continuasse.

Essas pessoas foram enquadradas no "Espionage Act", de 1917, e condenadas a vinte anos de prisão, posição mantida pela Suprema Corte, na medida em que a conduta deles foi considerada como danosa diretamente aos interesses dos Estados Unidos, utilizando-se de teste desenvolvido pelo próprio Justice Holmes, quando do julgamento de Schenk v. United States.

Entretanto, nesse caso, para o Justice Holmes, acompanhado pelo Justice Louis Brandeis[174], não haveria dano iminente no discurso dos réus, representando a opinião majoritária da Corte ofensa à Primeira Emenda. Para ele,

> Perseguição por conta de opiniões parece-me perfeitamente lógico. Se você não possui dúvida sobre as suas premissas ou acerca do seu poder, e deseja muito um certo resultado, você naturalmente estabelece seus objetivos pela lei e elimina toda oposição. Permitir a oposição pelo discurso aparenta indicar que você pensa ser o discurso inofensivo, como um homem diz que tornou quadrado um círculo, ou que você não liga de verdade para o resultado manifestado, ou que duvida do seu poder ou de suas premissas. Entretanto, quando os homens se deram conta que o tempo frustrou muitas crenças pelas quais lutaram, eles podem acreditar ainda mais do que acreditam, a partir dos

---

[174] O Justice Brandeis vai apresentar outras justificativas: "Mr. Justice Brandeis, in his concurring opinion in Whitney v. California, summed up the three major justifications for freedom of speech. First, free speech is a necessary concomitant of a democratic society. We cannot intelligently make decisions required of a self-governing people unless we are permitted to hear all possible views bearing upon such decisions. This is sometimes called the democratic dialogue function. Second, quite apart from its utility in the democratic process, freedom of expression is an end in itself. Self-expression is a part of self-fulfillment, or as Justice Brandeis suggested, liberty is 'the secret of happiness'. Third, freedom of speech is a necessary safety valve. Those who are not permitted to express themselves in words are more likely to seek expression in violent deeds. NIMMER, Melville B. Nimmer. "Introduction-Is Freedom of the Press a Redundancy: What Does it Add to Freedom of Speech", *In*: *Hastings Law Journal*, San Francisco, v. 26, nº 3, 1975, pp. 639-658. Disponível em https://repository.uchastings.edu/hastings_law_journal/vol26/iss3/2. Acesso em 29 de junho de 2020. p. 653.

fundamentos de sua própria conduta, que o bem visado é mais bem alcançado pela livre troca de ideias – que o melhor teste da verdade se encontra no poder de uma ideia se tornar aceita na competição do mercado de ideias, e que aquela verdade é a única base a partir da qual os seus objetivos podem ser levados a efeito de forma segura. Essa, sob qualquer ângulo, é a teoria da nossa Constituição. É um experimento, como a própria vida é um experimento. Todos os anos, senão todos os dias, nós temos que confiar nossa salvação em alguma profecia baseada em conhecimentos imperfeitos. Enquanto esse experimento é parte de nosso sistema, eu penso que devemos estar eternamente vigilantes em relação às tentativas de impedir as expressões que detestamos e acreditamos serem falhas, a menos que elas representem uma ameaça de intereferência tão clara nos propósitos legais que uma atitude imediata sobre elas seja necessária para salvar o país[175].

As bases mais remotas desse argumento são extraídas das ideias de John Milton[176] e de John Stuart Mill[177], ambos –com peculiaridades próprias não

---

[175] "Persecution for the expression of opinions seems to me perfectly logical. If you have no doubt of your premises or your power, and want a certain result with all your heart, you naturally express your wishes in law, and sweep away all opposition. To allow opposition by speech seems to indicate that you think the speech impotent, as when a man says that he has squared the circle, or that you do not care wholeheartedly for the result, or that you doubt either your power or your premises. But when men have realized that time has upset many fighting faiths, they may come to believe even more than they believe the very foundations of their own conduct that the ultimate good desired is better reached by free trade in ideas -- that the best test of truth is the power of the thought to get itself accepted in the competition of the market, and that truth is the only ground upon which their wishes safely can be carried out. That, at any rate, is the theory of our Constitution. It is an experiment, as all life is an experiment. Every year, if not every day, we have to wager our salvation upon some prophecy based upon imperfect knowledge. While that experiment is part of our system, I think that we should be eternally vigilant against attempts to check the expression of opinions that we loathe and believe to be fraught with death, unless they so imminently threaten immediate interference with the lawful and pressing purposes of the law that an immediate check is required to save the country". ESTADOS UNIDOS DA AMÉRICA. Supreme Court. "Abrams vs. United States", 250 U.S. 616 (1919). *Cit.*

[176] "Aeropagitica", Cambridge, 1918 (original de 1.644). Disponível em http://files.libertyfund.org/files/103/1224_Bk.pdf. Acesso em 4 de setembro de 2020.

[177] "On liberty". Kitchener: Batoche Books, 2001 (original de 1.859). Disponível em http://www.dominiopublico.gov.br/download/texto/mc000210.pdf. Acesso em 4 de setembro de 2020.

2. DIREITOS DA PERSONALIDADE E A LIBERDADE DE EXPRESSÃO

importantes para este trabalho –defensores da liberdade de expressão, tomando por base a busca pela verdade e a virtude individual na identificação dessa, possível desde que haja um processo de colisão das ideias que incentive o sujeito a se deparar com as alternativas a sua disposição e a fazer suas escolhas, com a vida social moldada nesse sentido[178].

Percebe-se, nessa abordagem de mercado de ideias, que devem ser restritas as intervenções estatais sobre a liberdade de expressão, pois, tendo como objetivo o alcance da verdade, ela somente prevalecerá desde que haja um choque e debate amplo entre as ideias advindas de diversas fontes e de conteúdo variado. A verdade é descoberta pela competição com a falsidade, e a imposição de verdades oficiais deve ser rechaçada por trazer ínsito perigo do equívoco[179].

Ressalve-se que nem toda normatização é ilegítima, devendo ser admitidas somente aquelas com bases em mecanismos de mercado, destinadas à maximização do alcance da verdade. Esse mercado deve ser de entrada livre, e não é apropriada a regulamentação de valores e da quantidade de conteúdo circulante[180].

No âmbito das atividades das redes sociais, portanto, qualquer tipo de controle legal que possa restringir certos discursos e influenciar no preço dos serviços, o que eventual imposição de responsabilidade aos provedores poderia acarretar, mostra-se inadequado sob esse ponto de vista.

O grande mérito da abordagem liberal é a valorização da autonomia individual e a imposição de freios às tentativas governamentais em restringir certos tipos de discursos tomados como incômodos aos projetos de poder –político, social ou econômico –particulares dos ocupantes dos cargos públicos da ocasião ou dos grupos de pressão mais influentes dentro do contexto social.

---

[178] KOPPELMAN, Andrew. "Veil of Ignorance: Tunnel Constructivism in Free Speech Theory". *In*: *Northwestern University Law Review*, Chicago, v. 107, nº 2, 2013, pp. 647-730. Disponível em https://scholarlycommons.law.northwestern.edu/nulr/vol107/iss2/8. Acesso em 2 de junho de 2020. p. 700.

[179] INGBER, Stanley. "The Marketplace of Ideas: a legitimizing myth". *In*: Duke Law Journal, Durham, nº 1, 1984, pp. 1-91. Disponível em https://scholarship.law.duke.edu/dlj/vol33/iss1/1. Acesso em 24 de junho de 2020. p. 6.

[180] GOLDMAN, Alvin I.; COX, James C. "Speech, truth, and the free market of ideas". *In*: *Legal Theory*, Cambridge, v. 2, 1996, pp. 1-32. Disponível em https://excen.gsu.edu/jccox/research/speechtruth.pdf. Acesso em 23 de junho de 2020. p. 04.

A permissão de escrutínio amplo e minucioso sobre os atos públicos, governamentais ou relativos a assuntos de interesses gerais é condição inerente a um regime democrático verdadeiro. Ainda, a própria vida em sociedade, no contexto de uma democracia tem a comunicação como fator primordial do estabelecimento dos vínculos sociais de todo tipo.

A liberdade no estabelecimento dessas relações comunicativas deve ser a regra, porém a visão de mercado de ideias, tal como concebida originalmente, mostra-se inadequada e, como todas as outras liberdades, o exercício da liberdade de expressão deve ser condicionado no sentido de atendimento dos outros interesses sociais e individuais de igual relevância.

Um modelo liberal de livre mercado limita a adoção de uma verdade oficial vinculante, contudo possibilita a disseminação de informações falsas ou fraudulentas, assumidas como reais. Permite que expressões destinadas à confusão ao invés do esclarecimento participem desse mercado sem restrições, tomando por base a crença de que as pessoas são sempre capazes de discernir racionalmente a verdade da fraude, crença questionável tendo em vista o quão intrincado se mostra esse processo[181].

A teoria de mercado não acarreta que o rótulo de verdade ou fraude caracterize os produtos como os melhores em questão, ou seja, as ideias, de modo que não é possível dizer que a verdade corresponda aos melhores produtos. Ela apenas preconiza que a competição permite o alcance de níveis de eficiência de produção da mercadoria "ideias", na relação produtores e consumidores[182].

Como se analisará melhor no capítulo relativo às "fake news", as pessoas, em geral, não são grandes pensadores que fazem julgamentos racionais[183] sobre os assuntos postos à sua apreciação. Em muitos casos, buscam argumentos

---

[181] INGBER, Stanley. *Ob. cit.* p. 7.

[182] GOLDMAN, Alvin I.; COX, James C. *Ob. cit.* p. 17.

[183] Refutando a tese cartesiana sobre o conhecimento da verdade universal e imutável, apenas racionalmente encontrada, sem influências de fatores externos ao observador, inclusive advindos do objeto conhecido, Susan H. Williams argumenta que o conhecimento, desde a percepção até a teorização, está condicionado pelas emoções e valores individuais e culturais que possuem os observadores, variando, pois, de pessoa para pessoa. Assim, a interpretação da realidade pode ser feita de várias maneiras, muitas potencialmente válidas. Cf. "Feminist Legal Epistemology". *In: Berkeley Journal of Gender, Law & Justice*, Berkeley, v. 8, nº 1, 1993, pp. 63-105. Disponível em https://lawcat.berkeley.edu/record/1114554. Acesso em 04 de maio de 2020. p. 70.

que estejam de acordo com os paradigmas dos grupos aos quais pertencem, ou que querem pertencer, ou que sirvam a endossar a suas ideias prévias ou possibilitem o atendimento de seus interesses e desejos[184].

Se os consumidores de plano não desejarem saber a verdade, mesmo que seja imprescindível à pacífica e democrática convivência social, ela não aflorará diante da abordagem mercadológica liberal da questão. As ideias que prevalecerão serão aquelas tidas como mais desejáveis pelos consumidores das mensagens, sejam elas verdadeiras ou não, sendo exatamente o que ocorre com as "fake news", ou seja, as pessoas desejam, em geral, ter acessos a conteúdos que reforcem os seus pontos de vista prévios, mesmo que construídos sobre bases irreais e sejam danosos.

O conceito de verdade, como visto, é essencial para a teoria de mercado, mas a verdade absoluta e imutável não é possível de ser alcançada. Isso não exclui que se reconheça uma verdade objetiva, legitimada pelo procedimento na sua apuração e revelação, de acordo com os parâmetros socialmente aceitos e tidos como desejáveis para o campo de conhecimento específico analisado, conforme já tratamos.

Ainda que, em termos gerais, não se possa falar em verdade absoluta incontestável, nas relações sociais e jurídicas, certo consenso sobre a verdade e sobre o modo de sua apuração mostra-se fator relevante para o desenvolvimento dessas relações, garantindo um grau mínimo de previsibilidade de segurança[185], servindo a regulação a assegurar esse consenso.

Não há dúvidas de que a verdade reputada como objetiva é momentânea, mas há certa confusão entre imutabilidade e objetividade, essa obtida conforme a realidade e o conhecimento existentes em determinado período.

O relativismo quanto a algumas assunções factuais coloca em crise a própria convivência humana democrática, baseada em um mínimo grau de confiança recíproca entre as pessoas quanto a determinadas premissas factuais assumidas como realidade e que permitem refutação, desde que adotados os mesmos mecanismos de aferição que as elevaram a essa categoria fundamental[186].

---

[184] GREENAWALT, Kent. *Ob. cit.* p. 135.

[185] MACHADO, Jonatas E.M. *Ob. cit.* p. 243.

[186] "Asimismo, la filosofía ética de Arendt se complementa con una teoría de la democracia que afirma la importancia de los consensos en torno a las instituciones, derechos y procedimientos

Do contrário, tem-se um estado de desconfiança e instabilidade geral, que põe em risco não somente a convivência entre as pessoas, mas elas próprias. Atualmente, basta nos referirmos ao que se tem observado no âmbito de substâncias candidatas a medicamentos para tratamento da COVID19, cuja verificação de eficácia e segurança depende da realização de pesquisas clínicas, com diretrizes próprias definidas normativamente[187].

Porém o que se vê é a defesa e indicação massiva de certos produtos por leigos[188], sem nenhuma base científica, apenas com relatos observacionais esparsos que, a par de justificar o uso compassivo pelos profissionais habilitados em situações extremas em que inexistam opções e mesmo dar azo ao início de pesquisas, não servem à utilização espraiada, sem nenhuma vigilância, por colocarem em risco a vida e a integridade física dos indivíduos, afastando-os dos cuidados adequados.

O processo de comunicação democrática necessita de regras de civilidade, e, se a ordem jurídica não consegue dar-lhe suporte, há um solapamento das bases do discurso público por ela mesma, criando um paradoxo.

Assim, a liberdade de expressão, como conhecemos e defendemos, é própria de um regime liberal democrático. Não se trata de direito absoluto, incondicionado, tampouco a autonomia individual que lhe dá base, de modo que pode ser contraposta a outros direitos, e mesmo limitada[189].

---

democráticos que ayudan a salvaguardar la libertad y que son necesarios para establecer límites a la política y a las derivaciones peligrosas en el ejercicio de la acción y la libertad políticas: cultura de la legalidad, división de poderes y contrapesos, estructura institucional democrática, límites al poder, entre otros". BANOS POO, Jessica. "Democracia y ética: el republicanismo cívico de Hannah Arendt". *In: Estudios políticos*, Ciudad de México, nº. 30, dez. 2013, p. 79-103. Disponível em http://www.scielo.org.mx/scielo.php?script=sci_arttext&pid=S0185-16162013000300006&lng=en&nrm=iso>. Acesso em 12 de maio de 2020. p. 99.

[187] BRASIL. Conselho Nacional de Ética em Pesquisa. "Resolução nº 466/2012". Disponível em https://bvsms.saude.gov.br/bvs/saudelegis/cns/2013/res0466_12_12_2012.html. Acesso em 10 de setembro de 2020.

[188] Os exemplos são inúmeros. Cf., v.g., "Receita de 'medicina natural' não combate a covid-19". *In: UOL*, São Paulo, 14 de julho de 2020. Disponível em https://noticias.uol.com.br/comprova/ultimas-noticias/2020/07/14/receita-de-medicina-natural-nao-combate-a--covid-19.htm. Acesso em 10 de setembro de 2020.

[189] "Free speech is a distinctive cultural formation that developed at a particular point in history. It is not a necessary implication from democracy, the search for truth, autonomy, or anything else. It is a political ideal, with roots in the Protestant Reformation, aimed at particular qualities of character among citizens and a particular type of institution of public

2. DIREITOS DA PERSONALIDADE E A LIBERDADE DE EXPRESSÃO

2.2.6. A atual jurisprudência da Suprema Corte dos Estados Unidos sobre a liberdade de expressão

O argumento sobre a existência de um mercado livre de ideias passou de dissidente para predominante na Suprema Corte dos Estados Unidos da América, admitindo-se, de forma bastante estreita, ao menos retoricamente, normas que visem à restrição de certos discursos.

Até o caso "Police Dept. of City of Chicago v. Mosley"[190], a Corte baseava-se na teoria do dano para definir a constitucionalidade das restrições sobre a liberdade de expressão. A partir de então, a Corte adota posição acerca da inconstitucionalidade de atos normativos que tenham por objetivo restringir a liberdade de expressão com base no conteúdo, admitindo a imposição de limites gerais ao modo, tempo e lugar da expressão. Começa a se desenvolver o entendimento sobre a diferenciação entre restrições "content-based" e "content-neutral"[191].

A definição de uma determinada restrição como "content-neutral" tem por base dois fatores: a limitação não pode visar a um tipo de tópico específico ou

---

discourse. As with medicine, the conception of healthy discourse shifts over time. The rhetorical power of any defense of free speech depends on its audience accepting the normative attractiveness of the defense's animating ideals. These ideals compete with other desiderata that are no less worthy of attention or allegiance". KOPPELMAN, Andrew. *Ob. cit.* pp.690-691. Veja-se que o autor sequer vincula a liberdade de expressão como fator necessário da democracia, posição com a qual não concordamos, na medida em que a tomada de decisões direta ou indiretamente que irão afetar a todos, base de um regime democrático, depende do amplo debate sobre os pontos colocados à apreciação, bem como o posterior controle do cumprimento dos encargos.

[190] ESTADOS UNIDOS DA AMÉRICA. Supreme Court. "Police Dept. of City of Chicago v. Mosley, 408 U.S. 92, 1972", julgado em 26 de junho de 1972. Disponível em https://supreme.justia.com/cases/federal/us/408/92/. Acesso em 10 de setembro de 2020. Trata o caso de lei estabelecida pela cidade de Chicago proibindo a realização de protestos, exceto pacíficos, contra qualquer escola envolvida em questões trabalhistas, em distância inferior a 150 pés de escolas. Earl Mosley, empregado do Serviço Postal Federal, foi impedido de realizar manifestação individual acusando a "Jones Commercial High School" de discriminação racial contra negros, com base na lei mencionada. A Suprema Corte julgou inconstitucional a lei.

[191] BROWN, Rebecca L. "The Harm Principle and Free Speech". In: *Southern California Law Review*, Los Angeles, nº 89, 2016, pp. 953-1.010. Disponível em https://southerncalifornia-lawreview.com/wp-content/uploads/2018/01/89_953.pdf. Acesso em 18 de maio de 2020. pp. 987-989.

INTERNET, *FAKE NEWS* E RESPONSABILIDADE CIVIL DAS REDES SOCIAIS

a um ponto de vista determinado. Do contrário, será considerada "content--based"[192], com a presunção de sua inconstitucionalidade.

A partir de "Carey v. Brown"[193], verifica-se o início de um processo de flexibilização parcial desse posicionamento. Passa-se a admitir, ao menos em tese, que regulações legais da expressão, baseadas no conteúdo, podem ser constitucionais, com a obrigação do governo em demonstrar um interesse relevante que justifique a limitação, e que ela seja necessária, adequada e proporcional em relação a tal interesse ("strict scrutiny"). Porém, na prática, as regulações consideradas como afeitas ao conteúdo continuaram a ser declaradas inconstitucionais[194].

A partir do caso "City of Renton v. Playtime Theatres, Inc."[195], a Corte passou a considerar neutras em relação ao conteúdo, e constitucionais, normas

---

[192] CHEMERINSKY, Erwin. "Content neutrality as a central problem of freedom of speech: problems in the Supreme Court's Application". *In: Southern California Law Review*, Los Angeles, nº 74, 2000, pp. 49-64. Disponível em https://scholarship.law.duke.edu/faculty_scholarship/799. Acesso em 1º de junho de 2020. p. 51.

[193] ESTADOS UNIDOS. Supreme Court. "Carey v. Brown, 447 U.S. 455, 1980", julgado em 20 de junho de 1980. Disponível em https://supreme.justia.com/cases/federal/us/447/455/. Acesso em 18 de maio de 2020. Lei do Estado de Illinois proibia manifestações em locais residenciais, com exceção de manifestações pacíficas em local onde se situa sede de empregador envolvido em questão laboral. Pessoas que protestaram em frente à casa do Prefeito de Chicago contra a suposta inaptidão dele em promover a integração racial em escolas infantis foram processadas por violação à lei mencionada. Constou nos fundamentos da decisão da Suprema Corte que a proteção da paz e do bem-estar sociais, bem como da privacidade doméstica, que justificaria a normatização em análise, consiste em interesse estatal importante, porém, tendo em vista que a lei diferenciava manifestações permitidas com base no tipo de assunto por elas tratado, julgou-a inconstitucional. Veja-se que em "Schenk v. Estados Unidos", a Corte já havia entendido pela possibilidade de restrição da liberdade de expressão quando a manifestação do pensamento tivesse como resultado o cometimento de crime, mas em Casey v. Brown abriu-se a possibilidade para limitações quando existissem interesses estatais de qualquer tipo, desde que julgados relevantes. *Idem.* "Schenck v. United States, 249 U.S. 47, 1919", julgado em 3 de março de 2019. Disponível em https://supreme.justia.com/cases/federal/us/249/47/. Acesso em 11 de setembro de 2020.

[194] MCDONALD, Barry P. "Speech and Distrust: Rethinking the Content Approach to Protecting the Freedom of Expression". *In: Notre Dame Law Review*, Notre Dame, v. 81, nº 4, 2006, pp. 1347-1430. Disponível em https://scholarship.law.nd.edu/cgi/viewcontent.cgi?article=1348&context=ndlr. Acesso em 12 de junho de 2020. pp. 1.363-1.365.

[195] ESTADOS UNIDOS. Supreme Court. "City of Renton v. Playtime Theatres, Inc., 475 U.S. 41, 1986", julgado em 25 de fevereiro de 1986. Disponível em https://supreme.justia.com/cases/federal/us/475/41/. Acesso em 10 de junho de 2020. Na cidade de Renton havia lei que proibia

2. DIREITOS DA PERSONALIDADE E A LIBERDADE DE EXPRESSÃO

que visem aos efeitos secundários danosos causados por alguns tipos de conteúdo, ou a promover certos interesses, e não à restrição da liberdade de expressão em si[196].

Desde que o Estado demonstre que a limitação normativa a certos tipos de discursos não tenha como finalidade restringi-los por sua natureza, mas para evitar lesão a interesses relevantes que eles podem produzir de forma indireta, tal limitação será considerada válida, não atentatória à liberdade de expressão.

No caso "United States v. Playboy"[197], a Corte entendeu pela inconstitucionalidade de lei que proibia às empresas de televisão a cabo liberar o sinal de canais não contratados que tivessem conteúdo sexual ou que essa programação sexual somente fosse mostrada nas altas horas da noite, com base no entendimento de que se tratava de restrição baseada no conteúdo[198], ignorando os efeitos secundários invocados para sustentar a constitucionalidade da lei.

Em "R.A.V v. City of St. Paul"[199], a Corte enunciou que mesmo restrições a conteúdos considerados como não protegidos devem observar o escrutínio estrito de adequação e necessidade da restrição, podendo ser tidas como inválidas, a depender de sua amplitude, giro argumentativo que coloca em xeque a orientação da Corte sedimentada por anos e que acaba por conferir

---

a instalação de cinemas de filmes adultos em áreas que distassem a menos de 1.000 pés de zonas residenciais. Pessoas que adquiriram dois cinemas em Renton e que pretendiam exibir neles filmes adultos ingressaram com ação para obter declaração de inconstitucionalidade de referida lei. A Corte julgou constitucional a lei, entendendo que significava resposta adequada aos problemas criados por cinemas de filme adultos, como drogadição, prostituição, aumento da criminalidade, e na medida em que não proibia a exibição desses conteúdos, apenas limitava o local em que podiam ser manifestados, de modo que seria restrição "content neutral".

[196] MCDONALD, Barry P. *Ob. cit.* p. 1.373.

[197] ESTADOS UNIDOS. Supreme Court. "United States v. Playboy, 529 U.S., 803, 2000", julgado em 22 de maio de 2000. Disponível em https://supreme.justia.com/cases/federal/us/529/803/. Acesso em 14 de setembro de 2020.

[198] CHEMERINSKY, Erwin. *Ob. cit.* p. 54.

[199] ESTADOS UNIDOS. Supreme Court. "R.A.V v. City Of St. Paul, 505 U.S., 377, 1992", julgado em 22 de junho de 1992. Disponível em https://supreme.justia.com/cases/federal/us/505/377/. Acesso em 14 de setembro de 2020. R.A.V queimou uma cruz no gramado da casa de uma família negra e foi processado criminalmente com base em Lei que proíbe a exibição de símbolo que alguém saiba ou deva saber cause ódio, ressentimento ou alarme em outras pessoas, com base na raça, cor, credo, religião ou gênero. Segundo a Corte, a norma em questão representava discriminação a certos pontos de vista, na medida em que restringe a proibição somente a certas bases, não abrangendo de forma geral os discursos que incitem ao ódio e à violência. A Corte excluiu, também, a aplicação da teoria dos efeitos secundários.

maior discricionariedade a ela quanto ao tipo de conteúdo que deve ou não ser protegido[200].

Em linhas gerais, atualmente, para fins de controle de constitucionalidade em relação à primeira emenda, a Suprema Corte difere as normatizações neutras em relação ao conteúdo e aquelas que não são. Incidem sobre essas uma presunção de inconstitucionalidade afastável, se demonstrado um interesse público relevante ou se o conteúdo restrito está englobado na categoria dos discursos não protegidos, especificamente promoção de atividades ilegais, palavras de desordem, obscenidade, difamação, fraude, e vinculados a atividades criminosas[201].

Mas, como visto, essa diferenciação, em muitos casos, acaba sendo artificial, não se verificando uma abordagem sistemática da Corte na análise dos problemas afeitos à liberdade de expressão que são colocados para sua apreciação.

Ainda que parte da doutrina acuse a Corte de limitar indevidamente a liberdade de expressão[202], parece mais claro que ela constrói seu entendimento com pouca consideração acerca das consequências que determinado discurso pode vir a ter em termos de danos sociais mais gerais.

O conceito de liberdade de expressão é elaborado a partir de limitadas premissas valorativas, calcadas na proteção do livre mercado de ideias, em que deve ser assegurado o mais amplo acesso a todos os tipos de informações e opiniões, bem como de participação nesse mercado, cuja formatação precípua favorece o surgimento e prevalência da verdade. A partir daí, o conceito de liberdade de expressão é aplicado na análise da constitucionalidade das restrições legais que venham a incidir sobre os discursos visados, sem se atentar aos efeitos que tal discurso em si pode produzir[203].

---

[200] CHEMERINSKY, Erwin. *Ob. cit.* pp. 62-64.

[201] BROWN, Rebecca L. *Ob. cit.* p. 967-968.

[202] "Similar to Sunstein's theoretical approach to censorship, the Supreme Court has created avenues for censorship that resonate with republican overtones. Although exceptions to the First Amendment's free speech guarantee have existed since its inception, 12 one current stand of free speech analysis, the secondary effects doctrine, has the potential to substantially censor expression. The secondary effects doctrine allows the government to enact legislation that ostensibly targets disfavored-but protected-speech where the purpose is to reduce the harmful non-speech antecedent effects that derive from certain types of speech". LEMLEY, Brandon K. *Ob. cit.* p. 192.

[203] KOPPELMAN, Andrew. *Ob. cit.* pp. 648-649.

2. DIREITOS DA PERSONALIDADE E A LIBERDADE DE EXPRESSÃO

Eventuais restrições normativas à liberdade de expressão, tidas como constitucionais, são poucas, e confere-se a ela uma qualidade de quase absolutismo frente a outros direitos que deveriam gozar de igual proteção, algo que também se verifica, em certa medida, na jurisprudência brasileira do Supremo Tribunal Federal a ser analisada, como se as restrições fossem necessariamente prejudiciais à democracia.

2.2.7. Panorama geral da liberdade de expressão em outros países

2.2.7.1. França

Na França, a liberdade de comunicação do pensamento e de opinião encontra previsão no artigo 11, da Declaração de Direitos do Homem e do Cidadão, de 1789, em que consta expressamente ser ela um direito dos mais preciosos, titularizado por todo cidadão que responde pelos abusos conforme os casos previstos na lei[204].

O Conselho Constitucional Francês rende grande proteção à liberdade de expressão, como se verifica em vários julgados, porém admite restrições, desde que sejam justificáveis e razoáveis.

Tem grande importância na análise das restrições à liberdade de expressão o juízo de proporcionalidade em sentido lato, primeiramente mencionado na Decisão nº 98-400 DC de 20 de maio de 1998, e mais profundamente tratado na decisão nº 2008-562 DC de 21 de fevereiro de 2008. Essa análise foi posteriormente importada para o campo da liberdade de expressão, mais precisamente no considerando nº 5 da Decisão nº 2012-647 DC de 28 de fevereiro de 2012[205], ao estabelecer que as restrições ao exercício da liberdade

---

[204] "Art. 11. La libre communication des pensées et des opinions est un des droits les plus précieux de l'Homme: tout Citoyen peut donc parler, écrire, imprimer librement, sauf à répondre de l'abus de cette liberté dans les cas déterminés par la Loi". FRANÇA. Déclaration du 26 août 1789 des droits de l'homme et du citoyen. Disponível em https://www.legifrance. gouv.fr/loda/id/JORFTEXT000000697056/2020-09-14/. Acesso em 15 de julho de 2020.
[205] CARCASSONE, Guy. "Les interdits et la liberté d'expression" [artigo eletrônico]. *In: Nouveaux Cahiers du Conseil Constitutionnel*, Paris, nº 36 (*Dossier La liberté d'expression et de Communication*), juin 2012, pp. 2-4. Disponível em https://www.conseil-constitutionnel.fr/nouveaux-cahiers-du--conseil-constitutionnel/les-interdits-et-la-liberte-d-expression. Acesso em 14 de julho de 2020.

INTERNET, *FAKE NEWS* E RESPONSABILIDADE CIVIL DAS REDES SOCIAIS

de expressão devem ser necessárias, adequadas e proporcionais ao objetivo perseguido, ou seja, proporcionais em sentido lato[206].

Nesse caso específico, o Conselho analisou a lei que, alterando a Lei de liberdade de imprensa de 29 de julho de 1881, punia com prisão de até um ano e multa de até 45.000 Euros, a contestação ou minimização de genocídios reconhecidos legalmente, entendendo pela inconstitucionalidade, basicamente pela necessidade de proteção da liberdade de expressão.

Por esse tipo de lei, denominada de "loi mémorielle", devem-se entender normas que visam a estatuir certa visão oficial sobre eventos históricos determinados, como aquelas, por exemplo, que punem a negação ao holocausto[207]. É o caso do artigo 24 "bis" da Lei de liberdade de imprensa de 1881, introduzido pela Lei nº 90-615 de 13 de julho de 1990 (Lei Gayssot), que pune a negação dos crimes contra a humanidade previstos no artigo 6º do Estatuto do Tribunal Militar Internacional e, ao contrário da Lei anteriormente mencionada, não teve a sua validade afastada no ordenamento jurídico francês[208].

Por sua vez, a Lei de 29 de julho de 1881 ao regular a atividade de imprensa, exercida sob o regime de liberdade de informação, afasta, em linhas gerais, a possibilidade de censura prévia ou necessidade de autorização governamental. No entanto, a Lei nº 49-956, de 16 de julho de 1949, possibilita o impedimento

---

[206] FRANÇA. Conseil Constitutionnel. Décision nº 2012-647 DC du 28 février 2012. Disponível em https://www.conseil-constitutionnel.fr/decision/2012/2012647DC.htm. Acesso em 15 de julho de 2020.

[207] FOIRRY, Anne-Chloe. "Lois mémorielles, normativité et liberté d'expression dans la jurisprudence du Conseil Constitutionell: un équilibre complexe et des évolutions possibles". In: *Pouvoirs*, Paris, v. 43, nº 4, 2012. pp. 141-156. Disponível em https://www.cairn.info/revue--pouvoirs-2012-4-page-141.htm. Acesso em 4 de agosto de 2020. p. 144, nota de rodapé nº 5.

[208] "Article 24 "bis". Seront punis des peines prévues par le sixième alinéa de l'article 24 ceux qui auront contesté, par un des moyens énoncés à l'article 23, l'existence d'un ou plusieurs crimes contre l'humanité tels qu'ils sont définis par l'article 6 du statut du tribunal militaire international annexé à l'accord de Londres du 8 août 1945 et qui ont été commis soit par les membres d'une organisation déclarée criminelle en application de l'article 9 dudit statut, soit par une personne reconnue coupable de tels crimes par une juridiction française ou internationale. Le tribunal pourra en outre ordonner: 1º L'affichage de sa décision dans les conditions prévues par l'article 51 du code pénal; 2º La publication de celle-ci ou l'insertion d'un communiqué dans les conditions prévues par l'article 51-1 du code pénal, sans que les frais de publication ou d'insertion puissent excéder le maximum de l'amende encourue". FRANÇA. "Loi du 29 juillet 1881. Sur la liberte de la presse". Disponível em https://www.legifrance. gouv.fr/loda/id/LEGIARTI000006419716/1990-07-14/. Acesso em 14 de setembro de 2020.

2. DIREITOS DA PERSONALIDADE E A LIBERDADE DE EXPRESSÃO

de certas publicações que contenham material favorável à prática criminosa, com vistas à proteção da infância e da juventude, tendo sido essa lei entendida concordante com o artigo 10, da Carta Europeia de Direitos Humanos, pelo Conselho de Estado[209], conforme decisão de 13 de setembro de 2006[210], lavrada no julgamento de reclamação da "SOCIETÈ DF PRESSE" contra ato governamental que determinou a proibição de vendas da revista "Brut" a menores de idade.

Ademais, afora a necessidade de observância da proporcionalidade em sentido amplo, para o Conselho Constitucional a liberdade de expressão tem natureza fundamental e representa condição à democracia e uma das principais garantias dos demais direitos e interesses[211], justificando-se a sua limitação, por lei, desde que embasada na sua acomodação com outros direitos ou liberdades constitucionalmente protegidas ou na necessidade de atender a outras finalidades constitucionais de interesse geral[212].

Segundo Guy Carcassone, o artigo 5º, da Declaração de Direito do Homem e do Cidadão[213], ao preconizar que a lei somente pode proibir as condutas nocivas à sociedade, serve como critério de avaliação da pertinência das restrições

---

[209] PONTHOREAU, Marie-Claire. "Liberté d`expression, une perspective de droit comparé: France" [artigo eletrônico]. *In*: PARRA, Ignacio Díez (ed.). *Liberté d`expression, une perspective de droit compare. Publicação do Parlamento Europeu* [s.l.], 2019. Disponível em: https://www.europarl. europa.eu/thinktank/en/document.html?reference=EPRS_STU(2019)642242. Acesso em 5 de agosto de 2020. p. 5.

[210] FRANÇA. Conseil d`Etat. "Décision nº 287530, 10ème Sous-Section Jugeant Seule", julgado em 13 de setembro de 2006. Disponível em https://www.legifrance.gouv.fr/ceta/id/ CETATEXT000008254323/. Acesso em 14 de setembro de 2020.

[211] "Dans la grande décision des 10 et 11 octobre 1984 relative à la loi visant à limiter la concentration et à assurer la transparence financière et le pluralisme des entreprises de presse, le Conseil constitutionnel a énoncé, que la libre communication des pensées et des opinions est « une liberté fondamentale, d'autant plus précieuse que son exercice est l'une des garanties essentielles du respect des autres droits et libertés et de la souveraineté nationale » (déc. n° 84-181 DC, 10-11 octobre 1984, dite « Entreprises de presse », cons. 37). Il s'agit d'un énoncé classique qui a toutefois fait l'objet d'une reformulation judicieuse: « la liberté d'expression et de communication est d'autant plus précieuse que son exercice est une condition de la démocratie et l'une des garanties du respect des autres droits et libertés » (déc. n° 2009-580 DC, 10 juin 2009, cons. 15)". PONTHOREAU, Marie-Claire. *Ob. cit.* p. 10.

[212] FOIRRY, Anne-Chloe. *Ob. cit.* p. 151.

[213] "Art. 5. La loi n'a le droit de défendre que les actions nuisibles à la société. Tout ce qui n'est pas défendu par la loi ne peut être empêché, et nul ne peut être contraint à faire ce qu'elle n'ordonne pas". *Cit.*

à liberdade de expressão e de fundamentação da proporcionalidade, apesar de o Conselho Constitucional não guardar especial atenção a esse ponto[214].

2.2.7.2. Itália

A Constituição Italiana não usa a terminologia liberdade de expressão, mas liberdade de manifestação do pensamento, conforme o seu artigo 21[215], com vedação de submissão da imprensa a autorização ou censura prévias, sem prejuízo de eventuais medidas que impeçam a circulação de material jornalístico nas situações ali previstas.

Desse modo, a limitação à censura prévia pelo Estado de forma expressa é menos ampla do que a prevista na Constituição Federal Brasileira, no artigo 5º, inciso IX, e a possibilidade de sua incidência está calcada na cláusula geral de proteção dos bons costumes, a permitir, em nosso modo de ver, ampla intervenção antecipada de cunho preventivo em outras formas de manifestação do pensamento[216].

A Corte Constitucional Italiana admite, além da salvaguarda dos bons costumes constitucionalmente prevista, a limitação da liberdade de expressão em várias hipóteses, relativas, por exemplo, a questões de segurança e de

---

[214] *Ob. cit.* pp. 5-6.

[215] "Art. 21. Tutti hanno diritto di manifestare liberamente il proprio pensiero con la parola, lo scritto e ogni altro mezzo di diffusione. La stampa non puo` essere soggetta ad autorizzazioni o censure. Si puo` procedere a sequestro soltanto per atto motivato dell'autorita` giudiziaria nel caso di delitti, per i quali la legge sulla stampa espressamente lo autorizzi, o nel caso di violazione dele norme che la legge stessa prescriva per l'indicazione dei responsabili. In tali casi, quando vi sia assoluta urgenza e non sia possibile il tempestivo intervento dell'autorita` giudiziaria, il sequestro della stampa periodica puo` essere eseguito da ufficiali di polizia giudiziaria, che devono immediatamente, e non mai oltre ventiquattro ore, fare denunzia all'autorita` giudiziaria. Se questa non lo convalida nelle ventiquattro ore successive, il sequestro s'intende revocato e privo d'ogni effetto. La legge puo` stabilire, con norme di carattere generale, che siano resi noti i mezzi di finanziamento della stampa periodica. Sono vietate le pubblicazioni a stampa, gli spettacoli e tutte le altre manifestazioni contrarie al buon costume. La legge stabilisce provvedimenti adeguati a prevenire e a reprimere le violazioni". ITÁLIA. Costituzione. *Cit.*

[216] CUNIBERTI, Marco. "Il limite del buon costume". *In*: CUNIBERTI, Marco [et al]. *Percorsi di diritto dell´informazione*, 3ª ed., Torino: Giappichelli, 2011, pp. 33-46. Disponível em https://www.giappichelli.it/media/catalog/product/excerpt/9788834818084.pdf. Acesso em 1º de agosto de 2020. p. 33.

2. DIREITOS DA PERSONALIDADE E A LIBERDADE DE EXPRESSÃO

ordem pública e econômica, à Justiça, à tutela dos menores e à preservação da democracia, com respeito da maioria, mas também da minoria[217].

Interessante que essa liberdade de manifestação do pensamento não abarca a simples narrativa dos fatos, que se enquadra no direito de informação, ou de crônica ("diritto di cronaca"), sujeitando aqueles que se dedicam profissionalmente ou ao menos de forma perene a uma série de exigências legais[218].

Por outro lado, a Corte de Cassação, em análise da liberdade jornalística, admite expressamente a possibilidade de sancionamento no âmbito civil, sendo legítimo o exercício daquela, quando a informação seja socialmente útil, verdadeira, sob o ponto de vista procedimental, quando resultado de séria e diligente apuração dos fatos –sendo considerada também falsa a meia-verdade –e formalmente adequada, com modo de exposição minimamente respeitoso, sereno e objetivo[219]. Quando a atividade se afasta desses requisitos, haverá a incidência das sanções legais, no âmbito civil primariamente as indenizatórias, sem prejuízo da eventual adoção de medidas inibitórias ou de remoção do ilícito, amparadas constitucionalmente, como visto.

Tal diversidade de tratamento, associada ao quanto estabelecido pelo artigo 21, da Constituição, sustenta o entendimento sobre a possibilidade de serem estabelecidos controles prévios às "fake news" no âmbito do sistema jurídico italiano e demonstra que isso, por si, não representa risco à democracia ou à liberdade de expressão, apenas trata com a devida adequação manifestações diversas no conteúdo e que possuem implicações diferentes também[220].

---

[217] LUCIANI, Massimo. "La libertà di espressione, una prospettiva di diritto comparato: Italia" [artigo eletrônico]. *In*: PARRA, Ignacio Díez (ed.). *La libertà di espressione, una prospettiva di diritto comparato. Publicação do Parlamento Europeu* [s.l.], 2019. Disponível em: https://www.europarl.europa.eu/thinktank/en/document.html?reference=EPRS_STU(2019)642242. Acesso em 1º de agosto de 2020. pp. 35-36.

[218] *Idem*. p. 12.

[219] ITÁLIA. Corte di Cassazione. "Sentenza nº 5.259, Granzotti c. Soc. Europrogamme Service Italia e Soc. IFI. – Interfininvest", julgado em 18 de outubro de 1984, Disponível em https://www.jstor.org/stable/23177624?read-now=1&seq=4#page_scan_tab_contents. Acesso em 3 de agosto de 2020.

[220] "[I]n uno stato costituzionale democratico è più opportuno parlare di 'limiti' alla libertà di manifestazione del pensiero, configurandosi la censura in quanto tale come un istituto necessariamente eccezionale. Tali limiti, come è noto, sono rappresentati da principi e valori anch'essi dotati di rilevanza costituzionale – quali la dignità umana, il divieto di discriminazioni, la libertà di religione, il buon costume, la tutela dell'onore e della reputazione – e sono

2.2.7.3. Espanha

Na Espanha, a liberdade de expressão é regulamentada pelo artigo 20, da Constituição[221], observando-se que o direito à informação por qualquer meio de difusão pressupõe a sua veracidade, além de se proibir a censura prévia de forma ampla, ressalvadas hipóteses legalmente previstas, e restar definida expressamente a possibilidade de efetivação de sequestro de publicações em lato senso, desde que por ordem judicial.

Em relação à censura prévia, o Código Penal pune a censura prévia realizada fora das previsões legais, por agente público, conforme seu artigo 538, e traz um crime de reserva, no artigo 542, punindo o agente público que, conscientemente, impeça uma pessoa de exercer os seus direitos reconhecidos pela Constituição e pelas leis[222].

---

poi declinati, all'interno dell'ordinamento giuridico, in altrettanti strumenti e meccanismi di protezione (es. il discorso d'odio, o hate speech, il reato di negazionismo, la diffamazione, il vilipendio)". LOCCHI, Maria Chiara. "Fahrenheit 451 e il dibatto sui limiti alla libertà di espressione". *In: Anamorphosis – Revista Internacional de Direito e Literatura*, Porto Alegre, v. 2, nº 1, 2016, pp. 33-52. Disponível em http://rdl.org.br/seer/index.php/anamps/article/view/211. Acesso em 4 de agosto de 2020. pp. 37-38.

[221] "Art. 20. 1. Se reconocen y protegen los derechos: a) A expresar y difundir libremente los pensamientos, ideas y opiniones mediante la palabra, el escrito o cualquier otro medio de reproducción. b) A la producción y creación literaria, artística, científica y técnica. c) A la libertad de cátedra. d) A comunicar o recibir libremente información veraz por cualquier medio de difusión. La ley regulará el derecho a la cláusula de conciencia y al secreto profesional en el ejercicio de estas libertades. 2. El ejercicio de estos derechos no puede restringirse mediante ningún tipo de censura previa. 3. La ley regulará la organización y el control parlamentario de los medios de comunicación social dependientes del Estado o de cualquier ente público y garantizará el acceso a dichos medios de los grupos sociales y políticos significativos, respetando el pluralismo de la sociedad y de las diversas lenguas de España. 4. Estas libertades tienen su límite en el respeto a los derechos reconocidos en este Título, en los preceptos de las leyes que lo desarrollen y, especialmente, en el derecho al honor, a la intimidad, a la propia imagen y a la protección de la juventud y de la infancia.5. Sólo podrá acordarse el secuestro de publicaciones, grabaciones y otros medios de información en virtud de resolución judicial". ESPANHA. "Constitución". Disponível em https://www.boe.es/buscar/doc.php?id=BOE--A-1978-31229. Acesso em 15 de setembro de 2020.

[222] "Art. 538. La autoridad o funcionario público que establezca la censura previa o, fuera de los casos permitidos por la Constitución y las Leyes, recoja ediciones de libros o periódicos o suspenda su publicación o la difusión de cualquier emisión radiotelevisiva, incurrirá en la pena de inhabilitación absoluta de seis a diez años; Art. 542. Incurrirá en la pena de inhabilitación especial para empleo o cargo público por tiempo de uno a cuatro años la autoridad o

2. DIREITOS DA PERSONALIDADE E A LIBERDADE DE EXPRESSÃO

O Tribunal Constitucional Espanhol extrai da Constituição que a liberdade de expressão e o direito de informação são autônomos e independentes, apesar do inegável vínculo entre eles, ao contrário do que entende o Tribunal Europeu de Direitos Humanos, que insere a liberdade de informação dentro da liberdade de expressão, no que é seguido pela maior parte dos ordenamentos jurídicos e Tribunais nacionais, de um modo geral. Como visto também em relação a outras Cortes, concede maior proteção a ambos em conflito com outros direitos e interesses[223].

No que toca ao direito de informação, na Sentença nº 6/1988, de 21 de janeiro[224], o Tribunal assinalou expressamente que há diversidade de conteúdo, efeitos e limites entre a liberdade de expressão, que se relaciona à manifestação dos pensamentos, ideias e opiniões, incluídas as crenças e os juízos valorativos, e o direito a se comunicar e ser informado, que diz respeito a fatos que sejam considerados noticiáveis, reconhecendo, porém, que, em muitos casos, os elementos de ambas se comunicam e se intercambiam.

Enunciou que a Constituição Espanhola protege a comunicação que dissemine informação veraz, entretanto a veracidade toca, em realidade, ao procedimento de aferição dos fatos, se realizado de maneira objetiva, diligente e com a finalidade de exprimir a realidade, não estando protegidas as condutas que se afastem desse tipo de procedimento exigido.

---

el funcionario público que, a sabiendas, impida a una persona el ejercicio de otros derechos cívicos reconocidos por la Constitución y las Leyes". ESPANHA. "Ley Orgánica 10/1995, de 23 de noviembre, del Código Penal". Disponível em https://www.boe.es/eli/es/lo/1995/11/23/10/con. Acesso em 1º de agosto de 2020.

[223] SÁNCHEZ, Pedro González-Trevijano. "La libertad de expressión, una perspectiva de derecho comparado: España" [artigo eletrônico]. *In*: PARRA, Ignacio Díez (ed.). *La libertad de expressión, una perspectiva de derecho comparado. Publicação do Parlamento Europeu* [s.l.], 2019, Disponível em: https://www.europarl.europa.eu/thinktank/es/document.html?reference=EPRS_STU%282019%29642241#:~:text=La%20libertad%20de%20expresi%C3%B3n%2C%20una%20perspectiva%20de%20Derecho%20Comparado%20%2D%20Espa%C3%B1a,-15%2D10%2D2019&text=La%20libertad%20de%20expresi%C3%B3n%20est%C3%A1,interrelacionados%2C%20pero%20aut%C3%B3nomos%20e%20independientes. Acesso em 10 de agosto de 2020. pp. 17-18.

[224] ESPANHA. Tribunal Constitucional. "Sentencia nº 6/1998 de 21 de enero". Disponível em http://hj.tribunalconstitucional.es/es-ES/Resolucion/Show/947#complete_resolucion&fundamentos. Acesso em 12 de agosto de 2020.

Esse direito de informação, com base na veracidade, tem prevalência sempre que o conteúdo expresso com base nele seja de interesse geral tanto pela matéria quanto pelas pessoas a quem diga respeito, conforme entendimento exposto na Sentença 143/1991, de 1º de julho[225].

Portanto, na ordem jurídica espanhola, a liberdade de informação depende da aferição objetiva da verdade para seu exercício ser considerado legítimo, enquanto a liberdade de expressão encontra limite na agressão ou ofensa sem motivação[226].

Além disso, a Lei Orgânica nº 2/1984, em seu artigo 1º, confere ao sujeito o direito de retificação de informação transmitida por qualquer meio de comunicação social, sobre fatos que a ele digam respeito e que repute inexatos e danosos. Veja-se que o artigo 2º limita a retificação aos fatos[227].

A censura prévia, vedada pela Constituição Espanhola, segundo o Tribunal Constitucional, caracteriza-se pela adoção de qualquer medida restritiva à elaboração e difusão de obra intelectual pelo Governo, especificamente à administração, não se configurando como tal a adoção de medidas limitativas pelo Poder Judiciário e a autocensura privada[228].

---

[225] *Idem.* "Sentencia nº 143/1991 de 1 de julio". Disponível em http://hj.tribunalconstitucional. es/es/Resolucion/Show/1782. Acesso em 12 de agosto de 2020.

[226] CORREDOIRA, Loreto; FERRIZ, Alfonso Remedio Sánchez. "La compleja configuración de um derecho-libertad poliédrico, el derecho a la información: referencias históricas". *In*: *Revisa de Derecho Político*, Madrid, nº 99, 2017, pp. 11-48. Disponível em http://revistas. uned.es/index.php/derechopolitico/article/view/19305/16190. Acesso em 16 de setembro de 2020. p. 40.

[227] "Art. primero. Toda persona, natural o jurídica, tiene derecho a rectificar la información difundida, por cualquier medio de comunicación social, de hechos que le aludan, que considere inexactos y cuya divulgación pueda causarle perjuicio. Podrán ejercitar el derecho de rectificación el perjudicado aludido o su representantes y, si hubiese fallecido aquél, sus herederos o los representantes de éstos. Art. Segundo. El derecho se ejercitará mediante la remisión del escrito de rectificación al director del medio de comunicación dentro de los siete días naturales siguientes al de publicación o difusión de la información que se desea rectificar, de forma tal que permita tener constancias de su fecha y de su recepción. La rectificación deberá limitarse a los hechos de la información que se desea rectificar. Su extensión no excederá sustancialmente de la de ésta, salvo que sea absolutamente necesario". ESPANHA. "Ley Orgánica nº 2/1984 de 26 de marzo, reguladora del derecho de rectificación". Disponível em https://www.boe.es/buscar/act.php?id=BOE-A-1984-7248. Acesso em 12 de agosto de 2020.

[228] SÁNCHEZ, Pedro González-Trevijano. *Ob. cit.* pp. 24-25.

2. DIREITOS DA PERSONALIDADE E A LIBERDADE DE EXPRESSÃO

Tal entendimento está cristalizado na Sentença nº 187/1999, de 25 de outubro, em que se possibilita também ao Poder Judiciário a adoção de medidas urgentes além do sequestro do material, para proteção de outros direitos fundamentais violados pela publicação tida como ilícita e que sejam reconhecidos como limitadores legítimos da liberdade de expressão e do direito de informação[229].

A adoção de medidas restritivas privadas, ainda que sob a supervisão estatal, de circulação de "fake news" nas redes sociais encontraria amparo na nítida diferenciação entre a liberdade de expressão e o direito de informação trazida pela Constituição Espanhola, reconhecida e reiterada pelo Tribunal Constitucional.

Apesar da tentativa de regulamentação legislativa da desinformação por meio da Internet, não restou frutífera, rejeitada a proposta pelo Parlamento Espanhol em 2018[230].

Entretanto, o Governo Espanhol vem atuando no campo executivo contra as "fake news", como se nota do "Procedimiento de Actuación Contra la Desinformación", de 6 de outubro de 2020[231], no qual se busca engajar os diversos atores sociais nessa tarefa, inclusive as redes sociais, estabelecendo medidas de monitoramento e vigilância, dentre outras.

2.2.7.4. Portugal

No Direito Português, a liberdade de expressão está prevista no artigo 37º, da Constituição[232], e há referência expressa ao direito de informação, na sua

---

[229] ESPANHA. Tribunal Constitucional. "Sentencia nº 187/1999, de 25 de octubre". Disponível em http://hj.tribunalconstitucional.es/es/Resolucion/Show/3929. Acesso em 12 de agosto de 2020.

[230] "El Congreso rechaza la iniciativa del PP para censurar las 'fake news' en internet". *In: Público*, Madrid, 13 de março de 2018. Disponível em https://www.publico.es/politica/congreso-rechaza-iniciativa-del-pp.html. Accesso em 16 de novembro de 2020.

[231] ESPANHA. Gabinete de la Presidencia del Gobierno. Departamento de Seguridad Nacional. "Procedimiento de Actuación Contra la Desinformación de 5 de noviembre de 2020". Disponivel em https://www.dsn.gob.es/en/actualidad/sala-prensa/procedimiento--actuaci%C3%B3n-contra-desinformaci%C3%B3n. Acesso em 16 de novembro de 2020.

[232] "Artigo 37.º Liberdade de expressão e informação. 1. Todos têm o direito de exprimir e divulgar livremente o seu pensamento pela palavra, pela imagem ou por qualquer outro meio, bem como o direito de informar, de se informar e de ser informados, sem impedimentos nem

tríplice conformação, direito de informar, de se informar e de ser informado, sendo a sua concretização bastante parecida com aquela observada nos outros ordenamentos jurídicos analisados.

Digna de nota, no âmbito do Supremo Tribunal de Justiça, a afirmação do dever de objetividade, isenção e veracidade, com a legitimação pelo procedimento, imposto de forma particular àqueles que se prestam à atividade de informar, nos termos do artigo 3º, da Lei de Imprensa nº 2/99[233].

Representa o incumprimento desse dever ato ilícito em sentido estrito ou mesmo abuso de direito da liberdade de expressão, de informação ou de imprensa[234], sendo mais ampla, porém, a margem de aceitação do direito de

discriminações. 2. O exercício destes direitos não pode ser impedido ou limitado por qualquer tipo ou forma de censura. 3. As infrações cometidas no exercício destes direitos ficam submetidas aos princípios gerais de direito criminal ou do ilícito de mera ordenação social, sendo a sua apreciação respetivamente da competência dos tribunais judiciais ou de entidade administrativa independente, nos termos da lei. 4. A todas as pessoas, singulares ou coletivas, é assegurado, em condições de igualdade e eficácia, o direito de resposta e de retificação, bem como o direito a indemnização pelos danos sofridos". PORTUGAL. "Constituição da República". Disponível em https://www.parlamento.pt/Legislacao/Paginas/ConstituicaoRepublicaPortuguesa.aspx. Acesso em 18 de setembro de 2020.

[233] "Artigo 3.º Limites. A liberdade de imprensa tem como únicos limites os que decorrem da Constituição e da lei, de forma a salvaguardar o rigor e a objectividade da informação, a garantir os direitos ao bom nome, à reserva da intimidade da vida privada, à imagem e à palavra dos cidadãos e a defender o interesse público e a ordem democrática". PORTUGAL. "Lei de Imprensa (Lei nº 2/99)". Disponível em http://www.pgdlisboa.pt/leis/lei_mostra_articulado.php?nid=138&tabela=leis. Acesso em 18 de setembro de 2020.

[234] "I –A liberdade de expressão do pensamento é um direito de personalidade que constitui um dos pilares fundamentais do Estado de Direito, importando, todavia e porque o seu exercício pode colidir com direitos antinómicos (como seja o direito à honra) e não menos relevantes, que o ordenamento jurídico disponha de mecanismos (inclusive, a compressão de um dos direitos colidentes) que assegurem uma exercitação harmónica dos mesmos. II –O abuso da liberdade da expressão cometido através da imprensa é fonte de responsabilidade civil extracontratual, contanto que se verifiquem os pressupostos enunciados no art. 483.º do CC, sendo que, nessa ponderação, há que ter em conta o circunstancialismo em que decorreram os factos, bem como a qualidade dos intervenientes na qualidade dos visados. III –Face ao disposto no art. 484.º do CC é, por vezes, irrelevante que o facto divulgado seja falso (o que não significa, contudo, que uma notícia falsa seja tratada do mesmo modo, em termos indemnizatórios, que uma notícia verdadeira), bastando a sua idoneidade para afectar o crédito ou o bom nome de uma pessoa singular ou colectiva. IV –Ao emitente da notícia é vedada a divulgação imponderada de factos ou a divulgação de factos que não pode razoavelmente comprovar (sob pena de se favorecerem atropelos a uma informação séria), sendo, contudo, razoável a aceitação da sua verossimilhança desde que tome as providências

2. DIREITOS DA PERSONALIDADE E A LIBERDADE DE EXPRESSÃO

opinião, que para ser considerado ilegítimo deve se afastar de um substrato objetivo e ter como resultado a lesão ao direito de outrem, cometida com a inobservância da boa-fé pelo agente[235].

2.2.7.5. Alemanha

Na Alemanha, o artigo 5º, da Lei Fundamental, garante a proteção à liberdade de expressão, inclusa a liberdade de imprensa e de informação[236].

razoáveis na análise do conteúdo e das fontes dos factos e não extrapole com comentários abusivos. V –Quanto esteja em causa uma figura pública – como é o caso de um juiz, sobretudo se estiver envolvido em casos de acentuado relevo social –, a tutela da honra tem de tomar em consideração o seu comportamento, dado que, pela escolha profissional que assumiram, as pessoas que se integram nesta categoria estão sujeitas a uma maior curiosidade por parte dos meios de comunicação social que procuram novos factos e argumentos para elucidar as suas audiências, sendo que, nessas hipóteses, bem se compreende que somente os casos que comportam nítida ofensa da dignidade devem merecer censura. VI –À liberdade de expressão e à liberdade de imprensa são conaturais, por parte do difusor dos factos, o dever de objec-tividade e rigor na informação prestada, pelo que a falta de observância dos mesmos integra a violação do disposto no art. 26.º, n.º 1, da CRP e do art. 484.º do CC, sendo a licitude deli-mitada pela necessidade de a crítica se manter dentro do confronto de ideias, na apreciação e avaliação de actuações ou comportamentos de outrem, com a correspondente emissão de juízos racionais apreciativos ou depreciativos, não podendo resvalar para considerações ou argumentação ad hominem. VII –A formulação, pela ré, de considerações rudes (e, até, des-necessárias) que versaram sobre decisões redigidas pelo autor que tinham na base diferentes concepções intelectuais acerca da adopção não atingem a personalidade do mesmo (por nelas não se imputar àquele o facto de comungar um ideário que àquele repugna) e inserem-se no domínio do debate sobre valores e institutos jurídicos com vista a atingir, em dado momento histórico e local, um consenso, pelo que se devem considerar contidas na fronteira da licitude, não sendo, por seu turno, de deixar de ponderar, nesse juízo de valor, as considerações – de causticidade porventura superior –, dirigidas aos seus críticos pelo mesmo". PORTUGAL. Supremo Tribunal de Justiça. "Revista nº 24412/02.6.TVLLSB.L1.S1", 7ª Secção, Rel. Távora Victor, julgado em 29 de janeiro de 2015. Disponível em http://www.dgsi.pt/jstj.nsf/954f0c e6ad9dd8b980256b5f003fa814/3a22d301e927d40480257ddc0052ad09?OpenDocument& Highlight=0,responsabilidade,extracontratual,Liberdade,de,imprensa,Meio,de,comunica% C3%A7%C3%A3o,social,Juiz. Acesso em 18 de setembro de 2020.

[235] *Idem.* "Revista n.º 5817/07.2TBOER.L1.S1", 1ª Secção. Rel. Helder Roque, julgado em 14 de fevereiro de 2012. Disponível em http://www.dgsi.pt/jstj.nsf/954f0ce6ad9dd8b980256b 5f003fa814/bed3c0b9bd5902d3802579ac003389e8?OpenDocument&Highlight=0,respon sabilidade,extracontratual,Liberdade,de,imprensa,opini%C3%A3o,cr%C3%ADtica. Acesso em 18 de setembro de 2020.

[236] "Article 5 [Freedom of expression, arts and sciences] (1) Every person shall have the right freely to express and disseminate his opinions in speech, writing and pictures and to

A Corte Constitucional busca distinguir, para determinação da forma e amplitude de proteção da liberdade de expressão, as assertivas de opinião e de fato.

Em relação à primeira hipótese, a Corte entende que o artigo 5º, da Lei Fundamental, de antemão, põe a salvo o emissor da mensagem de responsabilização, exceto nos casos de crítica abusiva, em que sejam produzidos danos a direitos de outrem. No segundo caso, para avaliação da licitude e da responsabilização do agente, a Corte faz a análise da falsidade do reporte factual. Caso o agente demonstre, apesar dos danos e da falsidade, que agiu diligentemente na apuração da realidade, não será responsabilizado[237].

Mais recentemente, a Corte, após decisão do Tribunal Europeu de Direitos Humanos, mesmo diante de reportes factuais, vem entendendo que a licitude desses, quando contrapostos a direitos da personalidade das pessoas afetadas, depende da demonstração do interesse coletivo na divulgação da informação[238].

De qualquer forma, importante assinalar que a Corte germânica não considera encampada constitucionalmente pela liberdade de expressão e, portanto, lícita, a comunicação falseada da realidade, sem observância de critérios objetivos na sua apuração[239].

---

inform himself without hindrance from generally accessible sources. Freedom of the press and freedom of reporting by means of broadcasts and films shall be guaranteed. There shall be no censorship. (2) These rights shall find their limits in the provisions of general laws, in provisions for the protection of young persons and in the right to personal honour. (3) Arts and sciences, research and teaching shall be free. The freedom of teaching shall not release any person from allegiance to the constitution". ALEMANHA. "Grundgesetz für die Bundesrepublik". Versão em inglês disponível em https://www.btg-bestellservice.de/se/index.php?sid=164ed98ccb88ac6b0af099234b42baf0&navi=1&subnavi=50&anr=80201000. Acesso em 16 de novembro de 2020.

[237] KRASKI, Ryan. "Combating fake news in social media: U.S. and German legal approaches". *In*: *St. John's Law Review*, New York, v. 91, 2017, pp. 923-955. pp. 949-950.

[238] Cf. ALEMANHA. Bundesverfassungsgericht. "1 BvR 1602/07; 1BvR 1606/07; 1BvR 1626/07", Order of the First Senate, paras. 1-109, julgado em 26 de fevereiro de 2008. Versão em inglês disponível em http://www.bverfg.de/e/rs20080226_1bvr160207en.html. Acesso em 16 de novembro de 2020. Trata-se de uma série de ações envolvendo a Princesa Carolina de Mônaco, pretendendo a proibição da divulgação de fotografias suas tiradas em contextos privados.

[239] MACHADO, Jónas E. M. *Ob. cit.* nota de rodapé nº 477, pp. 419-420. Ressalve-se, porém, que a posição do autor é contrária a tal entendimento; e BARBOSA-FOHRMANN, Ana Paula; SILVA JUNIOR, Antonio dos Reis. "O discurso de ódio na Internet". *In*: MARTINS,

2. DIREITOS DA PERSONALIDADE E A LIBERDADE DE EXPRESSÃO

2.2.7.6. União Europeia

No âmbito da União Europeia, a liberdade de expressão e de informação vem consignada de forma geral no artigo 11º, da Carta dos Direitos Fundamentais[240], e, apesar da enunciação no título da dupla liberdade, verifica-se que a de informação está englobada pela de expressão, em que também se insere a de opinião.

Expressamente, garante-se não somente o direito ativo de manifestar o próprio pensamento e opinião, e de divulgar informações, bem como o direito sob o ponto de vista passivo, ou seja, de acesso das pessoas aos materiais. A vedação à ingerência pelo Poder Público há de ser lida com reserva, no sentido de que a restrição dessa liberdade, para ser considerada legítima, está submetida à reserva de lei e deve ser necessária e proporcional[241], conforme o artigo 52º, da Carta.

Diversos julgados do Tribunal de Justiça Europeu demonstram que há uma ampla proteção à liberdade de expressão e de informação, que, no entanto, pode sofrer certas limitações com base nos interesses contrapostos ao seu exercício e observados os requisitos acima tratados. Dois casos específicos demonstram esse entendimento da Corte.

No primeiro[242], opuseram-se a "Philip Morris" e a "British American Tobacco Uk Ltda." ao Governo do Reino Unido, em que a Alta Corte de Justiça

Guilherme Magalhães; LONGHI, João Victor Rozatti (coords.). *Direito digital: direito privado e Internet*, 2ª Ed., Indaiatuba: Editora Foco, 2019, pp. 3-33. p. 14.

[240] "Art. 11º. Liberdade de expressão e de informação 1. Todas as pessoas têm direito à liberdade de expressão. Este direito compreende a liberdade de opinião e a liberdade de receber e de transmitir informações ou ideias, sem que possa haver ingerência de quaisquer poderes públicos e sem consideração de fronteiras. 2. São respeitados a liberdade e o pluralismo dos meios de comunicação social". UNIÃO EUROPEIA. "Carta dos Direitos Fundamentais (2000/C 364/01)". Disponível em https://www.europarl.europa.eu/charter/pdf/text_pt.pdf. Acesso em 17 de setembro de 2020.

[241] SALVATORE, Vincenzo. "La libertà di espressione, uma prospettiva di diritto comparato: Unione europea" [artigo eletrônico]. *In*: PARRA, Ignacio Díez (ed.). *La libertà di espressione, uma prospettiva di diritto comparato. Publicação do Parlamento Europeu*, 2019. Disponível em: https://www.europarl.europa.eu/thinktank/en/document. html?reference=EPRS_STU%282019%29644172. Acesso em 29 de julho de 2020. pp. 6-7.

[242] UNIÃO EUROPEIA. Tribunal de Justiça. "Processo C-547/14, Philip Morris e outros contra Secretary of State for Health", Segunda Seção, julgado em 4 de maio de 2016. Disponível em http://curia.europa.eu/juris/liste.jsf?oqp=&for=&mat=or&lgrec=it&jge=&td=%3

da Inglaterra e do País de Gales, Divisão Queen's Beach, pleiteou ao Tribunal de Justiça a intepretação prévia das disposições da Diretiva 2014/40/EU, no que concerne especificamente à validade de restrições à rotulagem e publicidade dos produtos relacionados ao tabaco nos termos do artigo 11º, da Carta Europeia de Direitos Fundamentais.

A Corte, considerou legítima a restrição à liberdade de expressão, na medida em que está prevista em lei, visa à proteção da saúde pública, e é proporcional, não obstando de maneira indiscriminada as formas de comunicação dos produtores e comercializadores de produtos derivados do tabaco, nos exatos termos do artigo 52, 1º, da Carta de Direitos Fundamentais.

No segundo caso[243], o Tribunal Federal Alemão ("Bundesgerichtshof") solicitou ao Tribunal de Justiça Europeu prévia manifestação sobre a interpretação do artigo 5º, nº 3, da Diretiva 2001/29/CE, especificamente acerca da conciliação entre os direitos de autor e a liberdade de informação.

Em breve resumo, em 1988, Volker Beck, membro do Parlamento Alemão ("Bundestag"), escreveu um artigo sobre crimes sexuais contra menores, publicado em coletânea, sob pseudônimo. Beck foi muito criticado por seu artigo, retorquindo ele que havia sido alterado pelo editor da coletânea. Em 2013, o manuscrito original de Beck foi encontrado e apresentado a ele, que o mostrou a diversos veículos de imprensa para demonstrar a alteração, sem consentir com a publicação, e, ainda, disponibilizou o manuscrito na Internet. Em 20 de setembro de 2013, a "Spiegel", pelo portal "Spiegel Online", publicou artigo sob o argumento de que nenhuma modificação substancial havia sido feita no artigo original, e disponibilizou a possibilidade de "download" do manuscrito e do artigo originalmente publicado. Diante desse contexto, Beck

---

BALL&jur=C%2CT%2CF&num=C-547%252F14&page=1&dates=&pcs=Oor&lg=&pro= &nat=or&cit=none%252CC%252CCJ%252CR%252C2008E%252C%252C%252C%252C% 252C%252C%252C%252C%252Ctrue%252Cfalse%252Cfalse&language=pt&avg= &cid=11897562. Acesso em 30 de julho de 2020.

[243] UNIÃO EUROPEIA. Tribunal de Justiça. "Processo nº C-516/17, Spiegel Online GmbH contra Volker Beck", Grande Seção, julgado em 29 de julho de 2019. Disponível em http:// curia.europa.eu/juris/liste.jsf?oqp=&for=&mat=or&lgrec=pt&jge=&td=%3BALL&jur=C% 2CT%2CF&page=1&dates=&pcs=Oor&lg=&parties=Spiegel%2BOnline&pro=&nat=or&ci t=none%252CC%252CCJ%252CR%252C2008E%252C%252C%252C%252C%252C%252C% 252C%252C%252C%252Ctrue%252Cfalse%252Cfalse&language=pt&avg=&cid=11901035. Acesso em 30 de julho de 2020

2. DIREITOS DA PERSONALIDADE E A LIBERDADE DE EXPRESSÃO

promoveu ação para impedir a publicação por afronta a seus direitos autorais e sagrou-se vencedor nas instâncias inferiores.

O Tribunal de Justiça Europeu entendeu que a liberdade de informação deve ser harmonizada com os direitos autorais, que não encontram proteção, entretanto, nos casos em que uma obra tenha sido disponibilizada ao público voluntariamente, ou sob licença não voluntária ou autorização legal, como no caso analisado.

A Convenção Europeia de Direitos Humanos, em seu artigo 10, item 1, traz disposição similar à da Carta Europeia, porém, no item 2, enuncia regra mais específica quanto às possibilidades de restrição à liberdade de expressão. Prescreve que o seu exercício traz deveres e responsabilidades, submetendo--se às formalidades, condições, restrições e sanções estabelecidas pela lei, e que sejam necessárias, em uma sociedade democrática, para preservação da segurança nacional e pública, integridade territorial, prevenção de crimes ou desordem, a proteção da saúde e da moral, da reputação ou direitos das outras pessoas, como também o embargo da divulgação de informações recebidas em caráter confidencial ou manutenção da autoridade e imparcialidade judicial[244].

A Corte Europeia de Direitos Humanos, na aplicação desse dispositivo, coloca a liberdade de expressão como direito fundamental da mais alta valia, não admitindo restrições ao discurso político e às discussões sobre assuntos de interesse geral, exceto se promovam a violência[245], entendida essa, porém,

---

[244] "Article 10. Freedom of expression. 1. Everyone has the right to freedom of expression. This right shall include freedom to hold opinions and to receive and impart information and ideas without interference by public authority and regardless of frontiers. This Article shall not prevent States from requiring the licensing of broadcasting, television or cinema enterprises. 2. The exercise of these freedoms, since it carries with it duties and responsibilities, may be subject to such formalities, conditions, restrictions or penalties as are prescribed by law and are necessary in a democratic society, in the interests of national security, territorial integrity or public safety, for the prevention of disorder or crime, for the protection of health or morals, for the protection of the reputation or rights of others, for preventing the disclosure of information received in confidence, or for maintaining the authority and impartiality of the judiciary". UNIÃO EUROPEIA. "Convenção Europeia de Direitos Humanos (European Convention on Human Rights)". Versão em inglês disponível em https://www.echr.coe.int/Documents/Convention_ENG.pdf. Acesso em 17 de setembro de 2020. Optou-se pela versão em inglês, pois apenas ela e a versão em francês são consideradas como oficiais.
[245] BIOY, Xavier. "La protection renforcée de la liberté d'expression politique dans le contexte de la Convention européenne des droits de l'homme". *In: Les Cahiers de droit*, Quebec, v. 53,

em sentido amplo, como agressão aos valores democráticos fundamentais. Igualmente, informações comprovadamente falsas não estão cobertas pela liberdade de expressão[246].

A contestação da democracia, por exemplo, é admitida, contudo não a sua negação e dos valores fundamentais que lhe dão sustentação, valendo-se a Corte, para fixação desse entendimento, da disposição sobre o abuso do direito, consoante o artigo 17, da Convenção[247]. Alguns casos ajudam a entender melhor tais argumentos.

Em "Refah Partisi ("Partido da Prosperidade") e outras contra a Turquia", a Corte entendeu válida a dissolução do mencionado partido político pela Turquia, motivada no fato de que ele e seus dirigentes pregavam a eliminação da laicidade do Estado, com a instalação da "Charia" (lei islâmica), sem admissão de outras religiões, havendo inclusive manifestações de seus membros apoiando a prática de atos de violência e terroristas[248].

Entre outros fundamentos, restou assinalado ser possível que um Partido político se valha da proteção da liberdade de expressão para sustentar posições que visem ao solapamento dos direitos e liberdades reconhecidos na Convenção e da própria democracia, mas tal não pode ser admitido legalmente, e preconizou, nos termos da necessidade de preservação dos consensos que já tivemos a oportunidade de tratar neste trabalho, que

---

nº 4, 2012. pp. 740-760. Disponível em https://id.erudit.org/iderudit/1013005ar. Acesso em 7 de julho de 2020. pp. 740-743

[246] REGULES, Juncal Montero. "Disinformation and freedom of expression: a study on the regulation of 'fake news' in the European Union". MCEL Master Working Paper 2018/8, Maastricht, 2018, 55p. Disponível em https://www.maastrichtuniversity.nl/sites/default/files/mcel_master_working_paper_regules_20188_pdf.pdf. Acesso em 10 de novembro de 2020. p. 16.

[247] "Article 17. Prohibition of abuse of rights Nothing in this Convention may be interpreted as implying for any State, group or person any right to engage in any activity or perform any act aimed at the destruction of any of the rights and freedoms set forth herein or at their limitation to a greater extent than is provided for in the Convention". UNIÃO EUROPEIA. "Convenção Europeia de Direitos Humanos (European Convention on Human Rights)". *Cit.*

[248] UNIÃO EUROPEIA. Corte Europeia de Direitos Humanos. "Refah Partisi (Parti de la Prospérité) et autres c. Turquie (Requêtes nº 41340/98, 41342/98, 41343/98 et 41344/98)", Grande Chambre, julgado em 13 de fevereiro de 2003. Versão em francês disponível em https://hudoc.echr.coe.int/fre#{%22itemid%22:[%22001-65493%22]}. Acesso em 17 de setembro de 2020.

2. DIREITOS DA PERSONALIDADE E A LIBERDADE DE EXPRESSÃO

o pluralismo e a democracia se fundam sobre um compromisso que exige concessões diversas da parte dos indivíduos ou grupos de indivíduos, que devem muitas vezes aceitar a limitação de certas liberdades de que gozam para garantir maior estabilidade ao país como um todo (conferir, mutatis mutandis, Petersen vs. Alemanha (déc.), nº 39793/98, CEDH 2001-XII). Nesse contexto, a Corte considera não ser de nenhum modo improvável que movimentos totalitários, organizados sob a forma de partidos políticos, coloquem fim à democracia, após terem se desenvolvido sob o regime democrático. A história europeia contemporânea tem exemplos[249].

Em Vejdeland e outros contra a Suécia[250], os requerentes foram condenados pelos Tribunais suecos à prisão e multa por conta da distribuição de uma centena de panfletos considerados depreciativos aos homossexuais junto a uma escola secundária, argumentando que a homossexualidade constituiria uma "propensão ao desvio sexual", destruidora dos valores fundamentais da sociedade e como origem da propagação da AIDS.

A Corte manteve a condenação dos requerentes, assinalando que, apesar de não se constituir o material como ato de ódio, acarretava sério prejuízo, pois a discriminação por questões relacionadas à orientação sexual é tão grave como aquelas fundadas na raça, origem ou cor, e concluiu que a intervenção estatal na liberdade de expressão dos requerentes era necessária no contexto de uma democracia para proteção da reputação e dos direitos da personalidade alheios.

---

[249] "Le pluralisme et la démocratie se fondent sur un compromis exigeant des concessions diverses de la part des individus ou groupes d'individus, qui doivent parfois accepter de limiter certaines des libertés dont ils jouissent afin de garantir une plus grande stabilité du pays dans son ensemble (voir, mutatis mutandis, Petersen c. Allemagne (déc.), no 39793/98, CEDH 2001-XII). Dans ce contexte, la Cour considère qu'il n'est pas du tout improbable que des mouvements totalitaires, organisés sous la forme de partis politiques, mettent fin à la démocratie, après avoir prospéré sous le régime démocratique. L'histoire européenne contemporaine en connaît des exemples".

[250] UNIÃO EUROPEIA. Corte Europeia de Direitos Humanos. "Vejdeland and othres v. Sweden (Application nº 1813/07)", Fifth Section, julgado em 9 de fevereiro de 2012. Versão em inglês disponível em https://hudoc.echr.coe.int/eng#{%22dmdocnumber%22:[%2290034 0%22],%22itemid%22:[%22001-109046%22]}. Acesso em 18 de setembro de 2020.

2.2.7.7. Canadá

A Carta Canadense de Direitos e Liberdades, de 1982, em seu artigo 2º, garante a liberdade de pensamento, de opinião e de expressão, nessa compreendida a liberdade de imprensa e de outros meios de comunicação, observando-se que o artigo 1º determina que as liberdades reconhecidas na Carta somente podem ser restritas por lei e por meio de medidas razoáveis e adequadas dentro do contexto de uma sociedade livre e democrática[251].

Ao aplicar essas disposições, a Corte Suprema Canadense adota entendimento bastante liberal, a exemplo de sua homóloga estadunidense, com menção ao mercado de ideias. Entretanto, no julgamento do caso Butler, reconheceu a possibilidade de restrição legislativa de um direito fundamental com base moral, tendo a finalidade de proteção de valores que integram uma sociedade livre e democrática. Nesse sentido, a proibição de certos discursos, sob o ponto de vista material, vincula-se a um ideal daquilo que seja bom e, consequentemente, da avaliação do valor que a expressão em causa traz consigo, se diz respeito ou não às bases fundamentais da liberdade de expressão, o quanto se aproxima ou se afasta dela e, ainda, se atenta contra valores fundamentais da sociedade, incluída a participação nos debates democráticos e o alcance da verdade[252], sem a necessidade de demonstração de um prejuízo concretamente identificável[253].

---

[251] "Garantie des droits et libertés. Droits et libertés au Canada. 1. La Charte canadienne des droits et libertés garantit les droits et libertés qui y sont énoncés. Ils ne peuvent être restreints que par une règle de droit, dans des limites qui soient raisonnables et dont la justification puisse se démontrer dans le cadre d'une société libre et démocratique. Libertés fondamentales. Libertés fondamentales. 2. Chacun a les libertés fondamentales suivantes: a) liberté de conscience et de religion; b) liberté de pensée, de croyance, d'opinion et d'expression, y compris la liberté de la presse et des autres moyens de communication; c) liberté de réunion pacifique; d) liberté d'association". CANADÁ. "Loi Constitutionnelle de 1982". Disponível em https://laws-lois.justice.gc.ca/fra/Const/page-15.html. Acesso em 18 de setembro de 2020.

[252] BERNATCHEZ, Stéphane. "La signification du droit à la liberté d'expression au crépuscule de l'idéal". In: *Les Cahiers de droit*, Quebec, v. 53, nº 4, 2012, pp. 687–713. Disponível em https://id.erudit.org/iderudit/1013003ar. Acesso em 1º de julho de 2020. pp. 699-697.

[253] *Idem.* pp. 705-706.

2. DIREITOS DA PERSONALIDADE E A LIBERDADE DE EXPRESSÃO

Interessante notar que, no caso "R.v. Zundel"[254], a Corte entendeu pela inconstitucionalidade de disposição do artigo 181, do Código Criminal Canadense, revogado posteriormente, que tipificava a conduta de publicar voluntariamente uma história ou notícia sabidamente falsa e que cause, ou possa ocasionar prejuízo a qualquer interesse público[255].

Apesar de relativa ao âmbito criminal, seara em que incide o princípio da tipicidade, os argumentos desenvolvidos no julgamento do mencionado caso expõem, de maneira resumida, a oposição entre os defensores liberais e aqueles que enxergam na liberdade de expressão a necessidade de preservação de certos interesses sociais e individuais de igual envergadura, com a atribuição à verdade legitimada pelo procedimento de um papel fundamental para o debate público.

Em linhas gerais, o voto da maioria foi no sentido de que a falsidade de um discurso não é possível de ser determinada sempre de forma segura, e mesmos os discursos mentirosos podem ter valor para a democracia, na medida em que possibilitam o debate público.

Já do voto dissidente dos juízes Gonthier, Cory e Iacobucci JJ, extrai-se que, mesmo reconhecendo a ampla proteção à liberdade de expressão, essa não abarca os discursos claramente falsos, produzidos de forma intencional, causadores de danos aos interesses públicos e que, em última análise, apenas atrapalham e prejudicam a democracia, sendo proporcional a restrição colocada pelo dispositivo legal em questão.

2.2.7.8. Conclusão parcial

A partir da análise da proteção à liberdade de expressão em vários países ou ente internacional, no caso da União Europeia, cujas democracias não são

---

[254] CANADÁ. Supreme Court. "R.v. Zundel, 1992, 21811, Ernst Zundel v. Her Majesty The Queen", julgado em 27 de agosto de 1992. Disponível em https://www.canlii.org/en/ca/scc/doc/1992/1992canlii75/1992canlii75.html. Acesso em 18 de setembro de 2020.

[255] "Diffusion de fausses nouvelles. Art. 181 Est coupable d'un acte criminel et passible d'un emprisonnement maximal de deux ans quiconque, volontairement, publie une déclaration, une histoire ou une nouvelle qu'il sait fausse et qui cause, ou est de nature à causer, une atteinte ou du tort à quelque intérêt public". CANADÁ. "Code criminel". Disponível em https://laws-lois.justice.gc.ca/fra/lois/C-46/section-181-20030101.html. Acesso em 18 de setembro de 2020.

passíveis de serem razoavelmente contestadas em sua substância, verifica-se que a fórmula do livre mercado de ideias está longe de representar a posição predominante, pelo contrário, sua incidência é bastante reduzida.

Busca a maior parte dos sistemas jurídicos conformar o exercício da liberdade de expressão à preservação de outros direitos de igual relevância a salvo de danos, sem elevar aquele a um caráter quase absoluto, como substanciosa parcela da doutrina sustentada no Brasil, principalmente no âmbito da Internet.

Ainda, de maneira preponderante, entende-se que materiais produzidos com falseamento da realidade, sem objetividade na apuração, não estão protegidos pela liberdade de informação e de expressão em sentido lato, a reforçar a necessidade de maior controle das "fake news" e responsabilização daqueles que, mesmo indiretamente, permitem a sua disseminação, como os provedores das redes sociais.

2.2.8. Liberdade de expressão no ordenamento jurídico brasileiro: a jurisprudência do Supremo Tribunal Federal

Mencionaram-se anteriormente os dispositivos legais que fundamentam a liberdade de expressão no Brasil, tanto no aspecto constitucional, alçado a direito fundamental, quanto privado, entendido como direito da personalidade espelhado.

Tendo em vista que o tratamento da liberdade de expressão, sob o aspecto jurisprudencial, é analisado majoritariamente, senão unicamente, na vertente constitucional, mesmo nas relações privadas, cumpre verificar qual o entendimento prevalente do Supremo Tribunal Federal a respeito do exercício da liberdade de expressão e das possibilidades de sua restrição.

O ponto inicial para entender o posicionamento do Supremo Tribunal Federal sobre o tema é a análise da questão tratada no "Habeas Corpus" nº 82.424, conhecido como o caso Ellwanger.

Em suma, Siegfried Ellwanger escreveu obras negando a existência de holocausto e qualificando os judeus como povo inferior, procurando dar a seus livros um aspecto histórico-científico, com a utilização inclusive de outras fontes para embasar o seu entendimento sobre tal acontecimento.

2. DIREITOS DA PERSONALIDADE E A LIBERDADE DE EXPRESSÃO

Absolvido em primeira instância pelo crime de racismo, e condenado pelo Tribunal de Justiça do Rio Grande do Sul, como incurso no artigo 20, da Lei nº 7.716/89[256], fora impetrado "habeas corpus" perante o Superior Tribunal de Justiça, negado, e após junto ao Supremo Tribunal Federal, para reconhecimento de que não houve a prática de crime de racismo, eis que, segundo argumentado, os judeus não constituiriam raça, mas povo, sujeito, pois, à prescrição, que já teria ocorrido.

Apesar de o ponto central ser a configuração ou não de racismo, o julgamento converteu-se em análise do regime da liberdade de expressão. A maioria da Corte entendeu pela existência de racismo, e nos votos vencedores, em linhas gerais, fora invocada a ponderação dos direitos, de modo que, afeitas a igualdade e a vedação de práticas discriminatórias diretamente à dignidade da pessoa humana e ao interesse geral da sociedade, deveriam prevalecer frente à liberdade de expressão do paciente[257].

---

[256] "Art. 20. Praticar, induzir ou incitar a discriminação ou preconceito de raça, cor, etnia, religião ou procedência nacional. (Redação dada pela Lei nº 9.459, de 15/05/97). Pena: reclusão de um a três anos e multa. (Redação dada pela Lei nº 9.459, de 15/05/97). § 1º Fabricar, comercializar, distribuir ou veicular símbolos, emblemas, ornamentos, distintivos ou propaganda que utilizem a cruz suástica ou gamada, para fins de divulgação do nazismo. (Redação dada pela Lei nº 9.459, de 15/05/97). Pena: reclusão de dois a cinco anos e multa. (Incluído pela Lei nº 9.459, de 15/05/97). § 2º Se qualquer dos crimes previstos no caput é cometido por intermédio dos meios de comunicação social ou publicação de qualquer natureza: (Redação dada pela Lei nº 9.459, de 15/05/97). Pena: reclusão de dois a cinco anos e multa. (Incluído pela Lei nº 9.459, de 15/05/97)".

[257] "HABEAS-CORPUS. PUBLICAÇÃO DE LIVROS: ANTI-SEMITISMO. RACISMO. CRIME IMPRESCRITÍVEL. CONCEITUAÇÃO. ABRANGÊNCIA CONSTITUCIONAL. LIBERDADE DE EXPRESSÃO. LIMITES. ORDEM DENEGADA. 1. Escrever, editar, divulgar e comerciar livros "fazendo apologia de idéias preconceituosas e discriminatórias" contra a comunidade judaica (Lei 7716/89, artigo 20, na redação dada pela Lei 8081/90) constitui crime de racismo sujeito às cláusulas de inafiançabilidade e imprescritibilidade (CF, artigo 5º, XLII). 2. Aplicação do princípio da prescritibilidade geral dos crimes: se os judeus não são uma raça, segue-se que contra eles não pode haver discriminação capaz de ensejar a exceção constitucional de imprescritibilidade. Inconsistência da premissa. 3. Raça humana. Subdivisão. Inexistência. Com a definição e o mapeamento do genoma humano, cientificamente não existem distinções entre os homens, seja pela segmentação da pele, formato dos olhos, altura, pêlos ou por quaisquer outras características físicas, visto que todos se qualificam como espécie humana. Não há diferenças biológicas entre os seres humanos. Na essência são todos iguais. 4. Raça e racismo. A divisão dos seres humanos em raças resulta de um processo de conteúdo meramente político-social. Desse pressuposto origina-se o racismo que, por sua vez, gera a discriminação e o preconceito segregacionista. 5. Fundamento do núcleo do

pensamento do nacional-socialismo de que os judeus e os arianos formam raças distintas. Os primeiros seriam raça inferior, nefasta e infecta, características suficientes para justificar a segregação e o extermínio: inconciabilidade com os padrões éticos e morais definidos na Carta Política do Brasil e do mundo contemporâneo, sob os quais se ergue e se harmoniza o estado democrático. Estigmas que por si só evidenciam crime de racismo. Concepção atentatória dos princípios nos quais se erige e se organiza a sociedade humana, baseada na respeitabilidade e dignidade do ser humano e de sua pacífica convivência no meio social. Condutas e evocações aéticas e imorais que implicam repulsiva ação estatal por se revestirem de densa intolerabilidade, de sorte a afrontar o ordenamento infraconstitucional e constitucional do País. 6. Adesão do Brasil a tratados e acordos multilaterais, que energicamente repudiam quaisquer discriminações raciais, aí compreendidas as distinções entre os homens por restrições ou preferências oriundas de raça, cor, credo, descendência ou origem nacional ou étnica, inspiradas na pretensa superioridade de um povo sobre outro, de que são exemplos a xenofobia, 'negrofobia', 'islamafobia' e o anti-semitismo. 7. A Constituição Federal de 1988 impôs aos agentes de delitos dessa natureza, pela gravidade e repulsividade da ofensa, a cláusula de imprescritibilidade, para que fique, ad perpetuam rei memoriam, verberado o repúdio e a abjeção da sociedade nacional à sua prática. 8. Racismo. Abrangência. Compatibilização dos conceitos etimológicos, etnológicos, sociológicos, antropológicos ou biológicos, de modo a construir a definição jurídico-constitucional do termo. Interpretação teleológica e sistêmica da Constituição Federal, conjugando fatores e circunstâncias históricas, políticas e sociais que regeram sua formação e aplicação, a fim de obter-se o real sentido e alcance da norma. 9. Direito comparado. A exemplo do Brasil as legislações de países organizados sob a égide do estado moderno de direito democrático igualmente adotam em seu ordenamento legal punições para delitos que estimulem e propaguem segregação racial. Manifestações da Suprema Corte Norte-Americana, da Câmara dos Lordes da Inglaterra e da Corte de Apelação da Califórnia nos Estados Unidos que consagraram entendimento que aplicam sanções àqueles que transgridem as regras de boa convivência social com grupos humanos que simbolizem a prática de racismo. 10. A edição e publicação de obras escritas veiculando idéias anti-semitas, que buscam resgatar e dar credibilidade à concepção racial definida pelo regime nazista, negadoras e subversoras de fatos históricos incontroversos como o holocausto, consubstanciadas na pretensa inferioridade e desqualificação do povo judeu, equivalem à incitação ao discrímen com acentuado conteúdo racista, reforçadas pelas conseqüências históricas dos atos em que se baseiam. 11. Explícita conduta do agente responsável pelo agravo revelador de manifesto dolo, baseada na equivocada premissa de que os judeus não só são uma raça, mas, mais do que isso, um segmento racial atávica e geneticamente menor e pernicioso. 12. Discriminação que, no caso, se evidencia como deliberada e dirigida especificamente aos judeus, que configura ato ilícito de prática de racismo, com as conseqüências gravosas que o acompanham. 13. Liberdade de expressão. Garantia constitucional que não se tem como absoluta. Limites morais e jurídicos. O direito à livre expressão não pode abrigar, em sua abrangência, manifestações de conteúdo imoral que implicam ilicitude penal. 14. As liberdades públicas não são incondicionais, por isso devem ser exercidas de maneira harmônica, observados os limites definidos na própria Constituição Federal (CF, artigo 5º, § 2º, primeira parte). O preceito fundamental de liberdade de expressão não consagra o "direito à incitação ao racismo", dado que um direito individual não pode constituir-se em salvaguarda de condutas ilícitas, como

2. DIREITOS DA PERSONALIDADE E A LIBERDADE DE EXPRESSÃO

Porém, apesar da retórica, a dignidade da pessoa humana em nada ajuda na resolução do problema[258], pois também a liberdade de expressão, como direito fundamental, na esteira do entendimento do Supremo Tribunal Federal, decorre da dignidade da pessoa humana.

A questão é bem mais simples, não sendo necessária invocação à ponderação[259]. Discursos de ódio como aqueles de cunho antissemita são tipificados penalmente e, desse modo, simplesmente não comportam enunciação lícita[260].

sucede com os delitos contra a honra. Prevalência dos princípios da dignidade da pessoa humana e da igualdade jurídica. 15. "Existe um nexo estreito entre a imprescritibilidade, este tempo jurídico que se escoa sem encontrar termo, e a memória, apelo do passado à disposição dos vivos, triunfo da lembrança sobre o esquecimento". No estado de direito democrático devem ser intransigentemente respeitados os princípios que garantem a prevalência dos direitos humanos. Jamais podem se apagar da memória dos povos que se pretendam justos os atos repulsivos do passado que permitiram e incentivaram o ódio entre iguais por motivos raciais de torpeza inominável. 16. A ausência de prescrição nos crimes de racismo justifica-se como alerta grave para as gerações de hoje e de amanhã, para que se impeça a reinstauração de velhos e ultrapassados conceitos que a consciência jurídica e histórica não mais admitem. Ordem denegada" BRASIL. Supremo Tribunal Federal. "HC nº 82424", Relator(a) Moreira Alves, Relator(a) p/ Acórdão Maurício Corrêa, Tribunal Pleno, julgado em 17 de setembro de 2003, publicado no DJ de 19 de março de 2004.

[258] "E exemplificativo o que se passa com a ideia de dignidade humana. Podendo significar algo e o seu contrário, ou seja autonomia e heteronomia, a dignidade não se sujeita a qualquer controle lógico racional, representando mais das vezes, simples exercício de retórica". CORREIA, Atalá; CAPUCHO, Fábio Jun; Figueiredo, Anna Ascenção Verdadeiro de. "Dignidade da pessoa humana e direitos da personalidade, uma visão crítica". *In*: CORREIA, Atalá; CAPUCHO, Fábio Jun (coords.). *Direitos da personalidade: a contribuição de Silmara J. A. Chinellato*. Barueri: Manole, 2019, pp. 20-40. p. 33.

[259] Miguel Reale Junior admite a necessidade de ponderação entre a liberdade de expressão e outros princípios, ou valores na terminologia do autor, protegidos constitucionalmente. Porém, o próprio autor reconhece a limitação de tal método: "a aplicação da máxima da proporcionalidade por via da análise das três máximas parciais, como diz Alexy, são importantes para dirigir, circunscrever, orientar a explicação da escolha, no caso concreto, acerca da primazia de um direito fundamental sobre outro. Contudo, o estudo da adequação da solução, da necessidade e da correspondência justa ao fim almejado não são suficientes para dotar este juízo de ponderação de objetividade, de certeza, pois, a cada intérprete uma ponderação, segundo a sua própria percepção do peso que possuem cada direito fundamental e o valor que o mesmo encerra". "Limites à liberdade de expressão". *In*: D'AVILA, Fabio Roberto (orgs.). *Direito Penal e política criminal no terceiro milênio: perspectivas e tendências*, Porto Alegre: EdiPUCRS, 2011, pp. 119-144. Disponível em https://bibliodigital.unijui.edu.br:8443/xmlui/handle/123456789/1470. Acesso em 27 de julho de 2020. p. 14.

[260] ASSINARI, Clarissa; MENEZES NETO, Elias Jacob de. "Liberdade de expressão e Hate Speeches: as influências da jurisprudência dos valores e as consequências da ponderação de

INTERNET, *FAKE NEWS* E RESPONSABILIDADE CIVIL DAS REDES SOCIAIS

O fato de assumirem a forma de pesquisa histórica não modifica esse panorama, porque algo propalado como ciência não o transforma em tal, quando se verifica que a intenção na produção do conteúdo não é a apuração objetiva da realidade, observadas as normas próprias a tanto, mas a disseminação de uma ideologia[261].

A abordagem do Supremo Tribunal Federal, mesmo com a reprovação da conduta do paciente, revela efetivo receio[262] em se proclamar que há certos conteúdos que são proibidos pela própria ordem jurídica, de plano, porque falsos, não legitimados pelo procedimento, ou pelos danos que provoquem, e que, dessa maneira, não devem ser admitidos à circulação[263]. Tal entendi-

princípios no julgamento do caso Ellwanger". *In*: *Revista Brasileira de Direito*, Passo Fundo, v. 9, n. 2, pp. 7-37, 2014. Disponível em: https://seer.imed.edu.br/index.php/revistadedireito/article/view/461. Acesso em 17 julho de 2020. pp. 26-27.

[261] Entendimento parcialmente diverso se verifica no voto do Ministro Carlos Ayres Brito. Por sua vez, para Lauro Augusto Moreira Maia não haveria crime de racismo, e, portanto, o conteúdo estaria amparado pela liberdade de expressão. "Análise do julgamento do H.C. 82.424 pelo S.T.F. Racismo ou restrição indevida à liberdade de expressão? Apreciação sob a perspectiva do direito constitucional americano e da teoria do agir comunicativo (Habermas)". *In*: *Revista ESMAT*, Palmas, v. 2, nº 2, 2017, pp. 127-142. De qualquer maneira, o recurso à ponderação seria desnecessário.

[262] Constituem exceção os votos dos Ministros Celso de Melo e Gilmar Mendes, que vão na linha do quanto defendido.

[263] "O recurso ao relativismo ponderativo obscurece o valor da tradição como guia da interpretação, isto é, a ponderação acaba sendo uma porta aberta à discricionariedade. O 'pendor da balança' em pretensos conflitos de direitos pode acabar por reconhecer direitos onde direito não há, como na edição de obras evidentemente racistas. Tanto não há liberdade de expressão na veiculação de ideias racistas em livros que, desde a lei n. 9.459/97, a discriminação ou preconceito 'cometido por intermédio dos meios de comunicação social ou publicação de qualquer natureza' configura, na verdade, a *forma qualificada* do delito do art. 20 da lei n. 7.716/89. Onde o Direito brasileiro vê um crime *mais grave* – porque evidentemente atentatório a um dos principais objetivos da República e à própria dignidade humana como direito fundamental –, um misto de relativismo axiológico e ponderação principiológica pode até mesmo enxergar um fato atípico". STRECK, Lênio Luiz. "Verdade e consenso" [livro eletrônico sem paginação], 6ª ed. rev. e ampl., São Paulo: Saraiva, 2017. Veja-se o seguinte excerto acerca da posição preferencial da liberdade de expressão, em que fica claro que, apesar do argumento sobre a ponderação, há uma escolha prévia sobre a prevalência dela: "[n]a verdade, tanto em sua manifestação individual. como especialmente na coletiva, entende-se que as liberdades de informação e de expressão servem de fundamento para o exercício de outras liberdades, o que justifica uma posição de preferência –*preferred position* –em relação aos direitos fundamentais individualmente considerados. Tal posição, consagrada originariamente pela Suprema Corte americana, tem sido reconhecida pela jurisprudência do Tribunal Constitucional Espanhol

2. DIREITOS DA PERSONALIDADE E A LIBERDADE DE EXPRESSÃO

mento é muito impregnado pela noção do livre mercado de ideias e da posição preferencial da liberdade de expressão, cujas bases e problemas foram anteriormente analisados.

Os julgamentos da Arguição de Descumprimento de Preceito fundamental nº 130 e da Ação direta de inconstitucionalidade nº 4.815 aprofundam essa visão ao reconhecer novamente posição preferencial da liberdade de expressão na ordem constitucional, argumento, porém, que não possui guarida no texto constitucional, diante da falta de hierarquização prévia entre os direitos fundamentais[264].

e pela do Tribunal Constitucional Federal alemã. Dela deve resultar a absoluta excepcionalidade da proibição prévia de publicações, reservando-se essa medida aos raros casos em que não seja possível a composição posterior do dano que eventualmente seja causado aos direitos da personalidade. A opção pela composição posterior tem a inegável vantagem de não sacrificar totalmente nenhum dos valores envolvidos, realizando a idéia de ponderação". BARROSO, Luís Roberto. *Ob. cit.* p. 20. Por outro lado, não desconhecemos o fato de haver bastante controvérsia em relação à distinção entre princípios e regras e sobre a forma de sua aplicação, especialmente acerca da ponderação, temas que, apesar de relevantes, pela sua extensão e profundidade não comportam análise mais detida neste trabalho. Cf. ALEXY, Robert. "Teoria dos direitos fundamentais", trad. por Virgílio Afonso da Silva. São Paulo: Malheiros, 2008; SILVA, Virgílio Afonso da. "Princípios e regras: mitos e equívocos acerca de uma distinção". *In: Revista Latino-Americana de estudos constitucionais*, nº 1, Belo Horizonte: Del Rey, 2003, pp. 607-630. Disponível em https://constituicao.direito.usp.br/wp-content/uploads/2003-RLAEC01-Principios_e_regras.pdf, acesso em 20 de agosto de 2020; ÁVILA, Humberto Bergmann. "Teoria dos princípios: da definição à aplicação dos princípios", 5ª ed. São Paulo: Malheiros, 2006; DWORKIN, Ronald. "Taking rights seriously", 1ª ed., 18ª tir., Cambridge: Harvard University Press, 2001; STRECK, Lênio. "Verdade e consenso", *Ob. cit.*
[264] O próprio STF já decidiu em Ação Direta de Inconstitucionalidade a ausência de hierarquia entre dispositivos constitucionais originários. "Ação direta de inconstitucionalidade. Parágrafos 1º e 2º do artigo 45 da Constituição Federal. –A tese de que há hierarquia entre normas constitucionais originárias dando azo à declaração de inconstitucionalidade de umas em face de outras e incompossível com o sistema de Constituição rígida. –Na atual Carta Magna "compete ao Supremo Tribunal Federal, precipuamente, a guarda da Constituição" (artigo 102, "caput"), o que implica dizer que essa jurisdição lhe é atribuída para impedir que se desrespeite a Constituição como um todo, e não para, com relação a ela, exercer o papel de fiscal do Poder Constituinte originário, a fim de verificar se este teria, ou não, violado os princípios de direito suprapositivo que ele próprio havia incluído no texto da mesma Constituição. –Por outro lado, as cláusulas pétreas não podem ser invocadas para sustentação da tese da inconstitucionalidade de normas constitucionais inferiores em face de normas constitucionais superiores, porquanto a Constituição as prevê apenas como limites ao Poder Constituinte derivado ao rever ou ao emendar a Constituição elaborada pelo Poder Constituinte originário, e não como abarcando normas cuja observância se impôs ao próprio Poder

Conforme pontua Ingo Wolfgang Salert, apesar de demonstrar sua concordância com o resultado dos julgamentos da ADPF nº 130 e da ADIN nº 4.815, a liberdade de expressão não encontra tradicionalmente posição preferencial no direito brasileiro frente a outros direitos relativos à personalidade, porque a inviolabilidade é reconhecida em alguns casos expressamente (imagem, privacidade, intimidade e honra), e garante-se a possibilidade de direito de resposta e de indenização nas situações em que a manifestação do pensamento ocasione prejuízos. Assim, é equivocado aproximar o tratamento da liberdade de expressão no contexto brasileiro àquele desenvolvido no direito estadunidense e inglês, aproximando-se o sistema brasileiro do alemão[265].

Na ADPF nº 130[266], o Supremo Tribunal Federal, por decisão não unânime, decidiu pela inconstitucionalidade da Lei de Imprensa, nº 5.250/67, em suma

Constituinte originário com relação às outras que não sejam consideradas como cláusulas pétreas, e, portanto, possam ser emendadas. Ação não conhecida por impossibilidade jurídica do pedido". BRASIL. Supremo Tribunal Federal. "ADI 815", Relator Moreira Alves, Tribunal Pleno, julgado em 28 de março de 1996, publicado no DJ 10 de maio de 1996. Ressalve-se que no julgamento da ADPF nº 130 esse argumento da posição preferencial foi desenvolvido pelo relator, havendo discordância clara manifestada pelos Ministros Ellen Gracie e Joaquim Barbosa, além do voto contrário em sua totalidade do Ministro Marco Aurélio Mello. Ainda, o próprio Ministro Celso de Mello pontuou que "o direito à livre expressão não pode compreender, em seu âmbito de tutela, exteriorizações revestidas de ilicitude penal ou de ilicitude civil" p. 159. BRASIL. Supremo Tribunal Federal. "ADPF nº 130", Relator Carlos Britto, Tribunal Pleno, julgado em 30 de abril de 2004, publicado no DJe de 06 de novembro de 2009.
[265] SARLET, Ingo Wolfgang. "Liberdade de expressão e biografias não autorizadas — notas sobre a ADI 4.815" [artigo eletrônico]. Conjur, 19 de junho de 2015. Disponível em https://www.conjur.com.br/2015-jun-19/direitos-fundamentais-liberdade-expressao-biografias-nao--autorizadas. Acesso em 2 de dezembro de 2020.
[266] "ARGUIÇÃO DE DESCUMPRIMENTO DE PRECEITO FUNDAMENTAL (ADPF). LEI DE IMPRENSA. ADEQUAÇÃO DA AÇÃO. REGIME CONSTITUCIONAL DA 'LIBERDADE DE INFORMAÇÃO JORNALÍSTICA', EXPRESSÃO SINÔNIMA DE LIBERDADE DE IMPRENSA. A 'PLENA' LIBERDADE DE IMPRENSA COMO CATEGORIA JURÍDICA PROIBITIVA DE QUALQUER TIPO DE CENSURA PRÉVIA. A PLENITUDE DA LIBERDADE DE IMPRENSA COMO REFORÇO OU SOBRETUTELA DAS LIBERDADES DE MANIFESTAÇÃO DO PENSAMENTO, DE INFORMAÇÃO E DE EXPRESSÃO ARTÍSTICA, CIENTÍFICA, INTELECTUAL E COMUNICACIONAL. LIBERDADES QUE DÃO CONTEÚDO ÀS RELAÇÕES DE IMPRENSA E QUE SE PÕEM COMO SUPERIORES BENS DE PERSONALIDADE E MAIS DIRETA EMANAÇÃO DO PRINCÍPIO DA DIGNIDADE DA PESSOA HUMANA. O CAPÍTULO CONSTITUCIONAL DA COMUNICAÇÃO SOCIAL COMO SEGMENTO PROLONGADOR DAS LIBERDADES DE MANIFESTAÇÃO DO PENSAMENTO, DE INFORMAÇÃO E DE EXPRESSÃO ARTÍSTICA, CIENTÍFICA,

2. DIREITOS DA PERSONALIDADE E A LIBERDADE DE EXPRESSÃO

INTELECTUAL E COMUNICACIONAL. TRANSPASSE DA FUNDAMENTALIDADE DOS DIREITOS PROLONGADOS AO CAPÍTULO PROLONGADOR. PONDERAÇÃO DIRETAMENTE CONSTITUCIONAL ENTRE BLOCOS DE BENS DE PERSONALIDADE: O BLOCO DOS DIREITOS QUE DÃO CONTEÚDO À LIBERDADE DE IMPRENSA E O BLOCO DOS DIREITOS À IMAGEM, HONRA, INTIMIDADE E VIDA PRIVADA. PRECEDÊNCIA DO PRIMEIRO BLOCO. INCIDÊNCIA A POSTERIORI DO SEGUNDO BLOCO DE DIREITOS, PARA O EFEITO DE ASSEGURAR O DIREITO DE RESPOSTA E ASSENTAR RESPONSABILIDADES PENAL, CIVIL E ADMINISTRATIVA, ENTRE OUTRAS CONSEQUÊNCIAS DO PLENO GOZO DA LIBERDADE DE IMPRENSA. PECULIAR FÓRMULA CONSTITUCIONAL DE PROTEÇÃO A INTERESSES PRIVADOS QUE, MESMO INCIDINDO A POSTERIORI, ATUA SOBRE AS CAUSAS PARA INIBIR ABUSOS POR PARTE DA IMPRENSA. PROPORCIONALIDADE ENTRE LIBERDADE DE IMPRENSA E RESPONSABILIDADE CIVIL POR DANOS MORAIS E MATERIAIS A TERCEIROS. RELAÇÃO DE MÚTUA CAUSALIDADE ENTRE LIBERDADE DE IMPRENSA E DEMOCRACIA. RELAÇÃO DE INERÊNCIA ENTRE PENSAMENTO CRÍTICO E IMPRENSA LIVRE. A IMPRENSA COMO INSTÂNCIA NATURAL DE FORMAÇÃO DA OPINIÃO PÚBLICA E COMO ALTERNATIVA À VERSÃO OFICIAL DOS FATOS. PROIBIÇÃO DE MONOPOLIZAR OU OLIGOPOLIZAR ÓRGÃOS DE IMPRENSA COMO NOVO E AUTÔNOMO FATOR DE INIBIÇÃO DE ABUSOS. NÚCLEO DA LIBERDADE DE IMPRENSA E MATÉRIAS APENAS PERIFERICAMENTE DE IMPRENSA. AUTORREGULAÇÃO E REGULAÇÃO SOCIAL DA ATIVIDADE DE IMPRENSA. NÃO RECEPÇÃO EM BLOCO DA LEI Nº 5.250/1967 PELA NOVA ORDEM CONSTITUCIONAL. EFEITOS JURÍDICOS DA DECISÃO. PROCEDÊNCIA DA AÇÃO. 1. ARGUIÇÃO DE DESCUMPRIMENTO DE PRECEITO FUNDAMENTAL (ADPF). LEI DE IMPRENSA. ADEQUAÇÃO DA AÇÃO. A ADPF, fórmula processual subsidiária do controle concentrado de constitucionalidade, é via adequada à impugnação de norma pré-constitucional. Situação de concreta ambiência jurisdicional timbrada por decisões conflitantes. Atendimento das condições da ação. 2. REGIME CONSTITUCIONAL DA LIBERDADE DE IMPRENSA COMO REFORÇO DAS LIBERDADES DE MANIFESTAÇÃO DO PENSAMENTO, DE INFORMAÇÃO E DE EXPRESSÃO EM SENTIDO GENÉRICO, DE MODO A ABARCAR OS DIREITOS À PRODUÇÃO INTELECTUAL, ARTÍSTICA, CIENTÍFICA E COMUNICACIONAL. A Constituição reservou à imprensa todo um bloco normativo, com o apropriado nome 'Da Comunicação Social' (capítulo V do título VIII). A imprensa como plexo ou conjunto de 'atividades' ganha a dimensão de instituição-ideia, de modo a poder influenciar cada pessoa de per se e até mesmo formar o que se convencionou chamar de opinião pública. Pelo que ela, Constituição, destinou à imprensa o direito de controlar e revelar as coisas respeitantes à vida do Estado e da própria sociedade. A imprensa como alternativa à explicação ou versão estatal de tudo que possa repercutir no seio da sociedade e como garantido espaço de irrupção do pensamento crítico em qualquer situação ou contingência. Entendendo-se por pensamento crítico o que, plenamente comprometido com a verdade ou essência das coisas, se dota de potencial emancipatório de mentes e espíritos. O corpo normativo da Constituição brasileira sinonimiza liberdade de informação jornalística e liberdade de imprensa, rechaçante de qualquer censura prévia a um direito que é signo e penhor da mais encarecida dignidade da pessoa humana, assim como do mais evoluído estado de civilização. 3. O CAPÍTULO

CONSTITUCIONAL DA COMUNICAÇÃO SOCIAL COMO SEGMENTO PROLONGA-DOR DE SUPERIORES BENS DE PERSONALIDADE QUE SÃO A MAIS DIRETA EMA-NAÇÃO DA DIGNIDADE DA PESSOA HUMANA: A LIVRE MANIFESTAÇÃO DO PEN-SAMENTO E O DIREITO À INFORMAÇÃO E À EXPRESSÃO ARTÍSTICA, CIENTÍFICA, INTELECTUAL E COMUNICACIONAL. TRANSPASSE DA NATUREZA JURÍDICA DOS DIREITOS PROLONGADOS AO CAPÍTULO CONSTITUCIONAL SOBRE A COMUNI-CAÇÃO SOCIAL. O art. 220 da Constituição radicaliza e alarga o regime de plena liberdade de atuação da imprensa, porquanto fala: a) que os mencionados direitos de personalidade (liberdade de pensamento, criação, expressão e informação) estão a salvo de qualquer restrição em seu exercício, seja qual for o suporte físico ou tecnológico de sua veiculação; b) que tal exercício não se sujeita a outras disposições que não sejam as figurantes dela própria, Constituição. A liberdade de informação jornalística é versada pela Constituição Federal como expressão sinônima de liberdade de imprensa. Os direitos que dão conteúdo à liberdade de imprensa são bens de personalidade que se qualificam como sobredireitos. Daí que, no limite, as relações de imprensa e as relações de intimidade, vida privada, imagem e honra são de mútua excludência, no sentido de que as primeiras se antecipam, no tempo, às segundas; ou seja, antes de tudo prevalecem as relações de imprensa como superiores bens jurídicos e natural forma de controle social sobre o poder do Estado, sobrevindo as demais relações como eventual responsabilização ou consequência do pleno gozo das primeiras. A expressão cons-titucional 'observado o disposto nesta Constituição' (parte final do art. 220) traduz a inci-dência dos dispositivos tutelares de outros bens de personalidade, é certo, mas como conse-quência ou responsabilização pelo desfrute da 'plena liberdade de informação jornalística' ($ 1º do mesmo art. 220 da Constituição Federal). Não há liberdade de imprensa pela metade ou sob as tenazes da censura prévia, inclusive a procedente do Poder Judiciário, pena de se resvalar para o espaço inconstitucional da prestidigitação jurídica. Silenciando a Constituição quanto ao regime da internet (rede mundial de computadores), não há como se lhe recusar a qualificação de território virtual livremente veiculador de ideias e opiniões, debates, notícias e tudo o mais que signifique plenitude de comunicação. 4. MECANISMO CONSTITUCIO-NAL DE CALIBRAÇÃO DE PRINCÍPIOS. O art. 220 é de instantânea observância quanto ao desfrute das liberdades de pensamento, criação, expressão e informação que, de alguma forma, se veiculem pelos órgãos de comunicação social. Isto sem prejuízo da aplicabilidade dos seguintes incisos do art. 5º da mesma Constituição Federal: vedação do anonimato (parte final do inciso IV); do direito de resposta (inciso V); direito a indenização por dano material ou moral à intimidade, à vida privada, à honra e à imagem das pessoas (inciso X); livre exercício de qualquer trabalho, ofício ou profissão, atendidas as qualificações profissionais que a lei estabelecer (inciso XIII); direito ao resguardo do sigilo da fonte de informação, quando ne-cessário ao exercício profissional (inciso XIV). Lógica diretamente constitucional de calibra-ção temporal ou cronológica na empírica incidência desses dois blocos de dispositivos cons-titucionais (o art. 220 e os mencionados incisos do art. 5º). Noutros termos, primeiramente, assegura-se o gozo dos sobredireitos de personalidade em que se traduz a 'livre' e 'plena' manifestação do pensamento, da criação e da informação. Somente depois é que se passa a cobrar do titular de tais situações jurídicas ativas um eventual desrespeito a direitos consti-tucionais alheios, ainda que também densificadores da personalidade humana. Determinação constitucional de momentânea paralisia à inviolabilidade de certas categorias de direitos

2. DIREITOS DA PERSONALIDADE E A LIBERDADE DE EXPRESSÃO

subjetivos fundamentais, porquanto a cabeça do art. 220 da Constituição veda qualquer cerceio ou restrição à concreta manifestação do pensamento (vedado o anonimato), bem assim todo cerceio ou restrição que tenha por objeto a criação, a expressão e a informação, seja qual for a forma, o processo, ou o veículo de comunicação social. Com o que a Lei Fundamental do Brasil veicula o mais democrático e civilizado regime da livre e plena circulação das ideias e opiniões, assim como das notícias e informações, mas sem deixar de prescrever o direito de resposta e todo um regime de responsabilidades civis, penais e administrativas. Direito de resposta e responsabilidades que, mesmo atuando a posteriori, infletem sobre as causas para inibir abusos no desfrute da plenitude de liberdade de imprensa. 5. PROPORCIONALIDADE ENTRE LIBERDADE DE IMPRENSA E RESPONSABILIDADE CIVIL POR DANOS MORAIS E MATERIAIS. Sem embargo, a excessividade indenizatória é, em si mesma, poderoso fator de inibição da liberdade de imprensa, em violação ao princípio constitucional da proporcionalidade. A relação de proporcionalidade entre o dano moral ou material sofrido por alguém e a indenização que lhe caiba receber (quanto maior o dano maior a indenização) opera é no âmbito interno da potencialidade da ofensa e da concreta situação do ofendido. Nada tendo a ver com essa equação a circunstância em si da veiculação do agravo por órgão de imprensa, porque, senão, a liberdade de informação jornalística deixaria de ser um elemento de expansão e de robustez da liberdade de pensamento e de expressão lato sensu para se tornar um fator de contração e de esqualidez dessa liberdade. Em se tratando de agente público, ainda que injustamente ofendido em sua honra e imagem, subjaz à indenização uma imperiosa cláusula de modicidade. Isto porque todo agente público está sob permanente vigília da cidadania. E quando o agente estatal não prima por todas as aparências de legalidade e legitimidade no seu atuar oficial, atrai contra si mais fortes suspeitas de um comportamento antijurídico francamente sindicável pelos cidadãos. 6. RELAÇÃO DE MÚTUA CAUSALIDADE ENTRE LIBERDADE DE IMPRENSA E DEMOCRACIA. A plena liberdade de imprensa é um patrimônio imaterial que corresponde ao mais eloquente atestado de evolução político-cultural de todo um povo. Pelo seu reconhecido condão de vitalizar por muitos modos a Constituição, tirando-a mais vezes do papel, a Imprensa passa a manter com a democracia a mais entranhada relação de mútua dependência ou retroalimentação. Assim visualizada como verdadeira irmã siamesa da democracia, a imprensa passa a desfrutar de uma liberdade de atuação ainda maior que a liberdade de pensamento, de informação e de expressão dos indivíduos em si mesmos considerados. O § 5º do art. 220 apresenta-se como norma constitucional de concretização de um pluralismo finalmente compreendido como fundamento das sociedades autenticamente democráticas; isto é, o pluralismo como a virtude democrática da respeitosa convivência dos contrários. A imprensa livre é, ela mesma, plural, devido a que são constitucionalmente proibidas a oligopolização e a monopolização do setor (§ 5º do art. 220 da CF). A proibição do monopólio e do oligopólio como novo e autônomo fator de contenção de abusos do chamado 'poder social da imprensa'. 7. RELAÇÃO DE INERÊNCIA ENTRE PENSAMENTO CRÍTICO E IMPRENSA LIVRE. A IMPRENSA COMO INSTÂNCIA NATURAL DE FORMAÇÃO DA OPINIÃO PÚBLICA E COMO ALTERNATIVA À VERSÃO OFICIAL DOS FATOS. O pensamento crítico é parte integrante da informação plena e fidedigna. O possível conteúdo socialmente útil da obra compensa eventuais excessos de estilo e da própria verve do autor. O exercício concreto da liberdade de imprensa assegura ao jornalista o direito de expender críticas a qualquer pessoa, ainda que em tom áspero ou contundente, especialmente contra as autoridades e os agentes do Estado. A crítica jornalística, pela sua relação de inerência com o interesse público, não é aprioristicamente suscetível de censura, mesmo que legislativa ou judicialmente intentada. O próprio das atividades de imprensa é operar como formadora de opinião pública, espaço natural do pensamento crítico e 'real alternativa à versão oficial dos fatos' (Deputado Federal Miro Teixeira). 8. NÚCLEO DURO DA LIBERDADE DE IMPRENSA E A INTERDIÇÃO PARCIAL DE LEGISLAR. A uma atividade que já era 'livre' (incisos IV e IX do art. 5º), a Constituição Federal acrescentou o qualificativo de 'plena' (§ 1º do art. 220). Liberdade plena que, repelente de qualquer censura prévia, diz respeito à essência mesma do jornalismo (o chamado 'núcleo duro' da atividade). Assim entendidas as coordenadas de tempo e de conteúdo da manifestação do pensamento, da informação e da criação lato sensu, sem o que não se tem o desembaraçado trânsito das ideias e opiniões, tanto quanto da informação e da criação. Interdição à lei quanto às matérias nuclearmente de imprensa, retratadas no tempo de início e de duração do concreto exercício da liberdade, assim como de sua extensão ou tamanho do seu conteúdo. Tirante, unicamente, as restrições que a Lei Fundamental de 1988 prevê para o "estado de sítio" (art. 139), o Poder Público somente pode dispor sobre matérias lateral ou reflexamente de imprensa, respeitada sempre a ideia-força de que quem quer que seja tem o direito de dizer o que quer que seja. Logo, não cabe ao Estado, por qualquer dos seus órgãos, definir previamente o que pode ou o que não pode ser dito por indivíduos e jornalistas. As matérias reflexamente de imprensa, suscetíveis, portanto, de conformação legislativa, são as indicadas pela própria Constituição, tais como: direitos de resposta e de indenização, proporcionais ao agravo; proteção do sigilo da fonte ('quando necessário ao exercício profissional'); responsabilidade penal por calúnia, injúria e difamação; diversões e espetáculos públicos; estabelecimento dos 'meios legais que garantam à pessoa e à família a possibilidade de se defenderem de programas ou programações de rádio e televisão que contrariem o disposto no art. 221, bem como da propaganda de produtos, práticas e serviços que possam ser nocivos à saúde e ao meio ambiente' (inciso II do § 3º do art. 220 da CF); independência e proteção remuneratória dos profissionais de imprensa como elementos de sua própria qualificação técnica (inciso XIII do art. 5º); participação do capital estrangeiro nas empresas de comunicação social (§ 4º do art. 222 da CF); composição e funcionamento do Conselho de Comunicação Social (art. 224 da Constituição). Regulações estatais que, sobretudo incidindo no plano das consequências ou responsabilizações, repercutem sobre as causas de ofensas pessoais para inibir o cometimento dos abusos de imprensa. Peculiar fórmula constitucional de proteção de interesses privados em face de eventuais descomedimentos da imprensa (justa preocupação do Ministro Gilmar Mendes), mas sem prejuízo da ordem de precedência a esta conferida, segundo a lógica elementar de que não é pelo temor do abuso que se vai coibir o uso. Ou, nas palavras do Ministro Celso de Mello, 'a censura governamental, emanada de qualquer um dos três Poderes, é a expressão odiosa da face autoritária do poder público'. 9. AUTORREGULAÇÃO E REGULAÇÃO SOCIAL DA ATIVIDADE DE IMPRENSA. É da lógica encampada pela nossa Constituição de 1988 a autorregulação da imprensa como mecanismo de permanente ajuste de limites da sua liberdade ao sentir-pensar da sociedade civil. Os padrões de seletividade do próprio corpo social operam como antídoto que o tempo não cessa de aprimorar contra os abusos e desvios jornalísticos. Do dever de irrestrito apego à completude e fidedignidade das informações comunicadas ao público decorre a permanente conciliação entre liberdade e

2. DIREITOS DA PERSONALIDADE E A LIBERDADE DE EXPRESSÃO

responsabilidade da imprensa. Repita-se: não é jamais pelo temor do abuso que se vai proibir o uso de uma liberdade de informação a que o próprio Texto Magno do País apôs o rótulo de 'plena' (§ 1 do art. 220). 10. NÃO RECEPÇÃO EM BLOCO DA LEI 5.250 PELA NOVA ORDEM CONSTITUCIONAL. 10.1. Óbice lógico à confecção de uma lei de imprensa que se orne de compleição estatutária ou orgânica. A própria Constituição, quando o quis, convocou o legislador de segundo escalão para o aporte regratório da parte restante de seus dispositivos (art. 29, art. 93 e § 5º do art. 128). São irregulamentáveis os bens de personalidade que se põem como o próprio conteúdo ou substrato da liberdade de informação jornalística, por se tratar de bens jurídicos que têm na própria interdição da prévia interferência do Estado o seu modo natural, cabal e ininterrupto de incidir. Vontade normativa que, em tema elementarmente de imprensa, surge e se exaure no próprio texto da Lei Suprema. 10.2. Incompatibilidade material insuperável entre a Lei n° 5.250/67 e a Constituição de 1988. Impossibilidade de conciliação que, sobre ser do tipo material ou de substância (vertical), contamina toda a Lei de Imprensa: a) quanto ao seu entrelace de comandos, a serviço da prestidigitadora lógica de que para cada regra geral afirmativa da liberdade é aberto um leque de exceções que praticamente tudo desfaz; b) quanto ao seu inescondível efeito prático de ir além de um simples projeto de governo para alcançar a realização de um projeto de poder, este a se eternizar no tempo e a sufocar todo pensamento crítico no País. 10.3 São de todo imprestáveis as tentativas de conciliação hermenêutica da Lei 5.250/67 com a Constituição, seja mediante expurgo puro e simples de destacados dispositivos da lei, seja mediante o emprego dessa refinada técnica de controle de constitucionalidade que atende pelo nome de 'interpretação conforme a Constituição'. A técnica da interpretação conforme não pode artificializar ou forçar a descontaminação da parte restante do diploma legal interpretado, pena de descabido incursionamento do intérprete em legiferação por conta própria. Inapartabilidade de conteúdo, de fins e de viés semântico (linhas e entrelinhas) do texto interpretado. Caso-limite de interpretação necessariamente conglobante ou por arrastamento teleológico, a pré-excluir do intérprete/aplicador do Direito qualquer possibilidade da declaração de inconstitucionalidade apenas de determinados dispositivos da lei sindicada, mas permanecendo incólume uma parte sobejante que já não tem significado autônomo. Não se muda, a golpes de interpretação, nem a inextrincabilidade de comandos nem as finalidades da norma interpretada. Impossibilidade de se preservar, após artificiosa hermenêutica de depuração, a coerência ou o equilíbrio interno de uma lei (a Lei federal nº 5.250/67) que foi ideologicamente concebida e normativamente apetrechada para operar em bloco ou como um todo pro indiviso. 11. EFEITOS JURÍDICOS DA DECISÃO. Aplicam-se as normas da legislação comum, notadamente o Código Civil, o Código Penal, o Código de Processo Civil e o Código de Processo Penal às causas decorrentes das relações de imprensa. O direito de resposta, que se manifesta como ação de replicar ou de retificar matéria publicada é exercitável por parte daquele que se vê ofendido em sua honra objetiva, ou então subjetiva, conforme estampado no inciso V do art. 5º da Constituição Federal. Norma, essa, "de eficácia plena e de aplicabilidade imediata", conforme classificação de José Afonso da Silva. 'Norma de pronta aplicação', na linguagem de Celso Ribeiro Bastos e Carlos Ayres Britto, em obra doutrinária conjunta. 12. PROCEDÊNCIA DA AÇÃO. Total procedência da ADPF, para o efeito de declarar como não recepcionado pela Constituição de 1988 todo o conjunto de dispositivos da Lei federal nº 5.250, de 9 de fevereiro de 1967". BRASIL. Supremo Tribunal Federal ADPF nº 130. *Cit.*

por não admitir a Constituição Federal nenhum controle geral por parte de qualquer Poder estatal "a priori" da liberdade de informação, essencial à democracia, e por consequência da atividade da imprensa. Essa deve ser submetida à autorregulação e ao controle social, sem prejuízo da observância de certas restrições constitucionalmente colocadas, como, por exemplo, a responsabilização por danos e a resposta proporcional ao agravo por parte do ofendido. Como se verifica do voto do relator, há menções reiteradas à necessidade de se conferir amplo grau de liberdade nessa seara da comunicação, encampando a ideia de um livre mercado de ideias onde o bem prevalecerá.

Posteriormente, a possibilidade de resposta foi acolhida pela Lei nº 13.188/2015, que trata especificamente do direito de resposta ou retificação quanto à matéria divulgada, publicada ou transmitida por veículo de comunicação social, sem submissão a esse regime, porém, dos comentários realizados por usuários da internet nas páginas eletrônicas dos veículos de comunicação social, conforme previsão do artigo 2º, §2º[267].

Por outro lado, na Ação Direta de Inconstitucionalidade (ADI) nº 4.815[268], a Corte decidiu pela interpretação conforme dos artigos 20 e 21, do Código

---

[267] "Art. 2º Ao ofendido em matéria divulgada, publicada ou transmitida por veículo de comunicação social é assegurado o direito de resposta ou retificação, gratuito e proporcional ao agravo. § 1º Para os efeitos desta Lei, considera-se matéria qualquer reportagem, nota ou notícia divulgada por veículo de comunicação social, independentemente do meio ou da plataforma de distribuição, publicação ou transmissão que utilize, cujo conteúdo atente, ainda que por equívoco de informação, contra a honra, a intimidade, a reputação, o conceito, o nome, a marca ou a imagem de pessoa física ou jurídica identificada ou passível de identificação. § 2º São excluídos da definição de matéria estabelecida no § 1º deste artigo os comentários realizados por usuários da internet nas páginas eletrônicas dos veículos de comunicação social".

[268] "AÇÃO DIRETA DE INCONSTITUCIONALIDADE. ARTS. 20 E 21 DA LEI N. 10.406/2002 (CÓDIGO CIVIL). PRELIMINAR DE ILEGITIMIDADE ATIVA REJEITADA. REQUISITOS LEGAIS OBSERVADOS. MÉRITO: APARENTE CONFLITO ENTRE PRINCÍPIOS CONSTITUCIONAIS: LIBERDADE DE EXPRESSÃO, DE INFORMAÇÃO, ARTÍSTICA E CULTURAL, INDEPENDENTE DE CENSURA OU AUTORIZAÇÃO PRÉVIA (ART. 5º INCS. IV, IX, XIV; 220, §§ 1º E 2º) E INVIOLABILIDADE DA INTIMIDADE, VIDA PRIVADA, HONRA E IMAGEM DAS PESSOAS (ART. 5º, INC. X). ADOÇÃO DE CRITÉRIO DA PONDERAÇÃO PARA INTERPRETAÇÃO DE PRINCÍPIO CONSTITUCIONAL. PROIBIÇÃO DE CENSURA (ESTATAL OU PARTICULAR). GARANTIA CONSTITUCIONAL DE INDENIZAÇÃO E DE DIREITO DE RESPOSTA. AÇÃO DIRETA JULGADA PROCEDENTE PARA DAR INTERPRETAÇÃO CONFORME À CONSTITUIÇÃO AOS ARTS. 20 E 21 DO CÓDIGO CIVIL, SEM REDUÇÃO DE TEXTO. 1. A Associação Nacional dos Editores de Livros –Anel congrega a classe dos editores, considerados, para fins

2. DIREITOS DA PERSONALIDADE E A LIBERDADE DE EXPRESSÃO

Civil, para afastar a autorização prévia de biografados e coadjuvantes como requisito à criação e à publicação de biografias.

O resultado mostra-se adequado à necessidade de proteção da liberdade de expressão e de informação, que demanda, para justificar eventual restrição, a comprovação de existência de efetivo dano injusto a direito de outrem, ou ao menos probabilidade de que isso ocorra, e, no caso da liberdade de informação, além disso, de demonstração da não observância dos procedimentos

estatutários, a pessoa natural ou jurídica à qual se atribui o direito de reprodução de obra literária, artística ou científica, podendo publicá-la e divulgá-la. A correlação entre o conteúdo da norma impugnada e os objetivos da Autora preenche o requisito de pertinência temática e a presença de seus associados em nove Estados da Federação comprova sua representação nacional, nos termos da jurisprudência deste Supremo Tribunal. Preliminar de ilegitimidade ativa rejeitada. 2. O objeto da presente ação restringe-se à interpretação dos arts. 20 e 21 do Código Civil relativas à divulgação de escritos, à transmissão da palavra, à produção, publicação, exposição ou utilização da imagem de pessoa biografada. 3. A Constituição do Brasil proíbe qualquer censura. O exercício do direito à liberdade de expressão não pode ser cerceada pelo Estado ou por particular. 4. O direito de informação, constitucionalmente garantido, contém a liberdade de informar, de se informar e de ser informado. O primeiro refere-se à formação da opinião pública, considerado cada qual dos cidadãos que pode receber livremente dados sobre assuntos de interesse da coletividade e sobre as pessoas cujas ações, público-estatais ou público-sociais, interferem em sua esfera do acervo do direito de saber, de aprender sobre temas relacionados a suas legítimas cogitações. 5. Biografia é história. A vida não se desenvolve apenas a partir da soleira da porta de casa. 6. Autorização prévia para biografia constitui censura prévia particular. O recolhimento de obras é censura judicial, a substituir a administrativa. O risco é próprio do viver. Erros corrigem-se segundo o direito, não se coartando liberdades conquistadas. A reparação de danos e o direito de resposta devem ser exercidos nos termos da lei. 7. A liberdade é constitucionalmente garantida, não se podendo anular por outra norma constitucional (inc. IV do art. 60), menos ainda por norma de hierarquia inferior (lei civil), ainda que sob o argumento de se estar a resguardar e proteger outro direito constitucional assegurado, qual seja, o da inviolabilidade do direito à intimidade, à privacidade, à honra e à imagem. 8. Para a coexistência das normas constitucionais dos incs. IV, IX e X do art. 5º, há de se acolher o balanceamento de direitos, conjugando-se o direito às liberdades com a inviolabilidade da intimidade, da privacidade, da honra e da imagem da pessoa biografada e daqueles que pretendem elaborar as biografias. 9. Ação direta julgada procedente para dar interpretação conforme à Constituição aos arts. 20 e 21 do Código Civil, sem redução de texto, para, em consonância com os direitos fundamentais à liberdade de pensamento e de sua expressão, de criação artística, produção científica, declarar inexigível autorização de pessoa biografada relativamente a obras biográficas literárias ou audiovisuais, sendo também desnecessária autorização de pessoas retratadas como coadjuvantes (ou de seus familiares, em caso de pessoas falecidas ou ausentes)". BRASIL. Supremo Tribunal Federal. "ADI nº 4815", Relatora Carmen Lúcia, Tribunal Pleno, julgado em 10 de junho de 2015, publicado no DJe de 1º de fevereiro de 2016.

adequados para apuração dos fatos, bem como a ausência de interesse coletivo na sua divulgação.

Impor eventual autorização prévia independentemente da demonstração da presença desses pressupostos e relegar ao Poder Judiciário tal tarefa, em caso de oposição, significaria atribuir a ele função tipicamente executiva, nesse caso, sim, vedada pela cláusula de proibição de censura prévia.

Porém, algumas considerações efetuadas na fundamentação do julgado, que acabam por conferir um caráter absoluto à liberdade de expressão, merecem ser analisadas.

Houve referência à proibição de censura pelos entes privados, com fulcro na teoria da horizontalidade dos direitos fundamentais, todavia, a par da inadequação da teoria conforme tratamos, essa afirmação, em termos absolutos como formulada, é equivocada.

O mandamento constitucional de vedação à censura, embasado no direito fundamental à liberdade de expressão, dirige-se ao Estado executivo. Com base na sua autonomia, cabe ao sujeito privado desenvolvedor de certa atividade exercê-la com vistas ao atendimento de seus interesses, zelando por sua licitude e para que não provoque danos. Eventual limitação pelo particular com base nesses critérios, ilegalidade e prejuízo, não há de ser considerada ilegítima. Caso se verifique o abuso no exercício dessa prerrogativa, poder-se-á introjetar, nas relações privadas, a vedação à censura, pela aplicação indireta dos direitos fundamentais, como defendido.

A afirmação contrária seguida no Acórdão, acaso seguida literalmente, afastaria, por exemplo, a possibilidade de controle editorial no âmbito das atividades de imprensa, gerando aos jornalistas um direito potestativo de terem suas matérias publicadas, inclusive com repercussão na esfera trabalhista. Ou ainda, os leitores dos jornais brasileiros gozariam da mesma prerrogativa em terem suas manifestações publicadas obrigatoriamente. Absurdas situações, que, parecem, não gozariam de prestígio no Supremo Tribunal Federal e gerariam, ainda, uma ditadura da liberdade de expressão, comprimindo os espaços de autonomia dos indivíduos, com efetivo prejuízo a outros direitos de igual relevância, como o de liberdade de iniciativa.

Ainda, sobre a liberdade de expressão, mais especificamente sob o aspecto do direito de informação, reiterou-se no Acórdão que não comporta restrição de conteúdo, limitando-se a Constituição e, por consequente, a ordem

2. DIREITOS DA PERSONALIDADE E A LIBERDADE DE EXPRESSÃO

infraconstitucional, ao sancionamento da ilicitude no seu exercício ao aspecto da responsabilização "a posteriori", submetendo-se a manifestação do pensamento a um regime de livre circulação[269].

Diverso é nosso entendimento. Ao possibilitar o direito de resposta de maneira proporcional ao agravo, a nossa Carta de direitos permite ao Estado-juiz, quando instado a tanto, tomar medidas de inibição e de cessação da conduta antijurídica ou do prejuízo, previstas, aliás, no Código de Processo Civil[270], dentro do contexto do devido processo legal, da ampla defesa e

---

[269] A adesão à ideia de um livre mercado é vista igualmente no julgamento da ADI nº 4.451: "LIBERDADE DE EXPRESSÃO E PLURALISMO DE IDEIAS. VALORES ESTRUTURANTES DO SISTEMA DEMOCRÁTICO. INCONSTITUCIONALIDADE DE DISPOSITIVOS NORMATIVOS QUE ESTABELECEM PREVIA INGERÊNCIA ESTATAL NO DIREITO DE CRITICAR DURANTE O PROCESSO ELEITORAL. PROTEÇÃO CONSTITUCIONAL AS MANIFESTAÇÕES DE OPINIÕES DOS MEIOS DE COMUNICAÇÃO E A LIBERDADE DE CRIAÇÃO HUMORISTICA. 1. A Democracia não existirá e a livre participação política não florescerá onde a liberdade de expressão for ceifada, pois esta constitui condição essencial ao pluralismo de ideias, que por sua vez é um valor estruturante para o salutar funcionamento do sistema democrático. 2. A livre discussão, a ampla participação política e o princípio democrático estão interligados com a liberdade de expressão, tendo por objeto não somente a proteção de pensamentos e ideias, mas também opiniões, crenças, realização de juízo de valor e críticas a agentes públicos, no sentido de garantir a real participação dos cidadãos na vida coletiva. 3. São inconstitucionais os dispositivos legais que tenham a nítida finalidade de controlar ou mesmo aniquilar a força do pensamento crítico, indispensável ao regime democrático. Impossibilidade de restrição, subordinação ou forçosa adequação programática da liberdade de expressão a mandamentos normativos cerceadores durante o período eleitoral. 4. Tanto a liberdade de expressão quanto a participação política em uma Democracia representativa somente se fortalecem em um ambiente de total visibilidade e possibilidade de exposição crítica das mais variadas opiniões sobre os governantes. 5. O direito fundamental à liberdade de expressão não se direciona somente a proteger as opiniões supostamente verdadeiras, admiráveis ou convencionais, mas também aquelas que são duvidosas, exageradas, condenáveis, satíricas, humorísticas, bem como as não compartilhadas pelas maiorias. Ressalte-se que, mesmo as declarações errôneas, estão sob a guarda dessa garantia constitucional. 6. Ação procedente para declarar a inconstitucionalidade dos incisos II e III (na parte impugnada) do artigo 45 da Lei 9.504/1997, bem como, por arrastamento, dos parágrafos 4º e 5º do referido artigo". BRASIL. Supremo Tribunal Federal. "ADI 4451", Relator Alexandre de Moraes, Tribunal Pleno, julgado em 21 de junho de 2018, publicado no DJe de 06 de março de 2019.

[270] "Art. 497. Na ação que tenha por objeto a prestação de fazer ou de não fazer, o juiz, se procedente o pedido, concederá a tutela específica ou determinará providências que assegurem a obtenção de tutela pelo resultado prático equivalente. Parágrafo único. Para a concessão da tutela específica destinada a inibir a prática, a reiteração ou a continuação de um ilícito, ou a sua remoção, é irrelevante a demonstração da ocorrência de dano ou da existência de culpa ou dolo".

do contraditório e que podem acarretar a proibição de circulação de certos materiais. Confere-se uma interpretação ampla a esse direito como resposta jurídica, além da mera indenização ou refutação contraposta, exatamente para salvaguardar direitos de igual relevância contra prejuízo de forma prévia –mais efetiva –ou seja, dando-se ao ilícito solução proporcional ao agravo[271].

[271] Há divergência no Supremo Tribunal Federal quanto ao modo de interpretação desse dispositivo constitucional e aplicação concreta do precedente estabelecido na ADPF nº 130 e por consequência na ADI nº 4.815, em relação a matérias jornalísticas e de manifestação de fatos e de opinião. Uma linha de entendimento no sentido de limitação da possibilidade de adoção de medidas prévias e outra de aceitação delas, como defendemos. Confira-se, respectivamente: "Direito Constitucional. Agravo regimental em reclamação. Liberdade de expressão. Decisão judicial que determinou a retirada de matéria jornalística de sítio eletrônico. Afronta ao julgado na ADPF 130. Procedência. 1. O Supremo Tribunal Federal tem sido mais flexível na admissão de reclamação em matéria de liberdade de expressão, em razão da persistente vulneração desse direito na cultura brasileira, inclusive por via judicial. 2. No julgamento da ADPF 130, o STF proibiu enfaticamente a censura de publicações jornalísticas, bem como tornou excepcional qualquer tipo de intervenção estatal na divulgação de notícias e de opiniões. 3. A liberdade de expressão desfruta de uma posição preferencial no Estado democrático brasileiro, por ser uma pré-condição para o exercício esclarecido dos demais direitos e liberdades. 4. Eventual uso abusivo da liberdade de expressão deve ser reparado, preferencialmente, por meio de retificação, direito de resposta ou indenização. Ao determinar a retirada de matéria jornalística de sítio eletrônico de meio de comunicação, a decisão reclamada violou essa orientação. 5. Reclamação julgada procedente". BRASIL. Supremo Tribunal Federal. "Rcl. nº 22328", Relator Roberto Barroso, Primeira Turma, julgado em 06 de março de 2018, processo eletrônico, divulgado no DJE em 09 de maio de 2018 e publicado em 10 de maio de 2018; e "CONSTITUCIONAL E PROCESSUAL CIVIL. AGRAVO INTERNO NA RECLAMAÇÃO. AUSÊNCIA DE VIOLAÇÃO AO QUE DECIDIDO NA ADPF 130. DECISÃO RECLAMADA QUE NÃO ESTABELECEU CENSURA PRÉVIA. EVENTUAIS ABUSOS NA MANIFESTAÇÃO DO PENSAMENTO DEVEM SER EXAMINADOS PELO PODER JUDICIÁRIO. RECURSO DE AGRAVO A QUE SE NEGA PROVIMENTO. 1. A decisão reclamada não impôs nenhuma restrição à reclamante, que ofendesse a proteção da liberdade de manifestação em seu aspecto negativo, ou seja, não estabeleceu censura prévia. Ao contrário, negou o pedido pautado na abstenção de novas publicações, asseverando que 'eventuais e futuros excessos devem ser oportunamente reclamados, uma vez que a presente medida deve resguardar, também, a proteção à liberdade de expressão do pensamento e de imprensa, conciliando os direitos em conflito, garantidos constitucionalmente'. 2. Logo, não se constata qualquer violação ao decidido na ADPF 130 (Rel. Min. AYRES BRITTO, Pleno, DJe de 6/11/2009), dado que eventuais abusos porventura ocorridos no exercício indevido da manifestação do pensamento são passíveis de exame e apreciação pelo Poder Judiciário, com a cessação das ofensas, direito de resposta e a fixação de consequentes responsabilidades civil e penal de seus autores. 3. Agravo interno a que se nega provimento". BRASIL. Supremo Tribunal Federal. "Rcl. nº 40700 AgR", Relator-Alexandre de Moraes, Primeira Turma, julgado em 22 de junho de 2020, divulgado no DJE em 03 de julho de 2020 e publicado em 06 de julho de 2020.

2. DIREITOS DA PERSONALIDADE E A LIBERDADE DE EXPRESSÃO

Mesmo que se entenda pela interpretação restritiva desse direito de resposta, não há proibição da Constituição Federal à imposição de outras medidas para interrupção do ilícito ou do dano, de modo que, nas relações privadas, tal tipo de abordagem se confirma possível, ainda que com intervenção jurisdicional.

A situação mencionada não se confunde de nenhuma forma com censura, que deve ser entendida como aquela de caráter prévio, consistente no requisito de autorização estatal em sua função executiva, como decidido por várias Cortes constitucionais de países com sólida democracia, e que também passaram por regimes autoritários recentes[272], como vimos, e com percurso acidentado na história da liberdade de expressão, ao contrário do quanto argumentado pelo Ministro Luís Roberto Barroso em seu voto.

Restrição judicial, de forma geral, em uma sociedade democrática, não se equipara à censura; representa mero exercício da função constitucional atribuída ao Poder Judiciário, de análise do caso concreto mediante provocação e aplicação da lei. Claro que, na prática, há erros ou abusos decisórios, mas os mecanismos de correção deles são atribuídos pela própria legislação, que prevê um rico sistema escalonado de revisão das decisões.

Impossibilitar controle judicial preventivo sobre a liberdade de expressão, quando haja demonstração suficiente da ilicitude de determinado conteúdo, atenta contra a lógica da própria democracia, cuja sobrevivência depende da acomodação, nos termos da ordem jurídica, dos diversos interesses, imputando tal tarefa ao Poder Judiciário. Esse cenário não se modifica caso haja tutela provisória, em que o contraditório é apenas postergado, com a possibilidade de o autor do alegado ilícito se valer dos recursos cabíveis. A cassação recursal das decisões ou o julgamento definitivo da questão em sentido contrário à cessação de circulação de certo conteúdo permite a plena difusão dele.

Nessa esteira, o entendimento de Fernando Campos Scaff, ao criticar o julgado analisado, para quem

> determinadas informações, de modo excepcional, podem ter a divulgação proibida, não só por questões referentes à segurança pública, como também pelo reconhecimento da vulnerabilidade daqueles que

---

[272] Itália, Alemanha, Espanha e Portugal passaram por regimes autoritários no século XX.

possam vir a ter sua *imagem* atacada ou exposta de modo indevido, com consequências tão graves que o direito de resposta ou mesmo a indenização pecuniária não serão capazes de mitigar. Nossa legislação já possui meios para tanto, em especial previstos nos arts. 536 a 538 do atual Código de Processo Civil, ao se tratar de situações de execução. O caminho, portanto, existe e contribui para que se reconheça, também em relação a essa matéria, que existe um rol amplificado de opções para que o risco de danos aos direitos da personalidade possa vir a ser evitado[273].

De igual modo, autocensura ou restrição no âmbito privado, quando haja prévio vínculo entre os particulares, a princípio, também não caracteriza o tipo de censura vedado pela Constituição Federal, podendo configurar, em situações específicas, eventual ilícito frontal ou por abuso de direito. Lembremos que a liberdade de expressão no âmbito privado, por se constituir como direito da personalidade, admite restrição mais ampliada, em cotejo com outros direitos de igual ou superior relevância.

Apesar de, no julgamento da ADI nº 4.815, ter sido feita referência à aplicação direta do regime constitucional às relações privadas, contra a qual nos opomos, esse tema não foi desenvolvido com profundidade a ponto de impedir que a legislação infraconstitucional estabeleça normas sobre a forma de exercício da liberdade de expressão no âmbito privado, com eventual estímulo ao autocontrole de conteúdo.

O Supremo Tribunal Federal, aliás, de forma episódica, afastou-se do posicionamento mencionado, por decisão do Ministro Alexandre de Moraes, que determinou a remoção de reportagem jornalística dos sites "O antagonista" e da Revista Crusoé, tomada no âmbito do inquérito nº 4.781, que apura a disseminação de "fake news" contra membros da Corte, sob o argumento de que seu conteúdo não condizia com os elementos colhidos pela Procuradoria da República até então, especificamente sobre a existência de documento que vincularia o Ministro Dias Toffoli ao cometimento de ilicitudes.

---

[273] SCAFF, Fernando Campos. "O direito à imagem: proteção e reparação". *In*: CORREIA, Atalá; CAPUCHO, Fábio Jun (coords.). *Ob. cit.*, pp. 153-163. pp. 162-163.

2. DIREITOS DA PERSONALIDADE E A LIBERDADE DE EXPRESSÃO

Referida decisão foi revogada, após o Ministro Alexandre de Moraes atestar a existência do documento que, segundo ele, não trazia nenhuma imputação de prática de atos ilícitos pelo Ministro Dias Toffoli[274].

Tirantes questões procedimentais que não são objeto desta tese, caso se constatasse a existência de erro relevante na reportagem ou que ela se desviasse das regras objetivas para apuração dos fatos, não estaria impedida a decisão judicial no sentido de restrição de circulação da matéria, porque tal medida é compatível com a liberdade de informação e a possibilidade de resposta proporcional ao agravo, como exposto. De qualquer modo, essa situação não se equipara àquela própria da disseminação de "fake news", efetuada de forma estruturada e intencional no sentido da desinformação, como se verá, e exige que a limitação seja realizada de maneira muito mais cautelosa.

Apesar de ser compreensível a posição do Supremo Tribunal Federal, no sentido de que as liberdades conquistadas devem ser preservadas e que as restrições a elas devem ser analisadas com cautela, o modo como a Corte colocou a questão sob o ponto de vista da quase proibição de qualquer tipo de restrição ao conteúdo que não seja no viés da responsabilização ou refutação contraposta, facilita a atuação exacerbada de pessoas e de grupos na disseminação de "fake news", que não atingem somente o âmbito político, mas questões ainda mais sensíveis à sociedade, como as relativas à saúde pública, colocando em risco imediato a integridade física e a vida das pessoas.

Infelizmente, o ambiente da Internet, em que as informações se espalham de maneira instantânea e alcançam um grande público, potencializa o poder destrutivo das "fake news", a revelar a insuficiência de respostas jurídicas de indenização ou refutação contraposta.

2.2.9. *"Fake news", controles prévios e liberdade de expressão*

A liberdade de expressão não é um fim em si mesmo, como atualmente, na prática, parece convergir a maior parte das ideias sobre esse tema, em que qualquer tentativa de regulamentar o seu exercício, que fuja do controle

---

[274] BRASIL Supremo Tribunal Federal. "Inquérito nº 4.781", Relator Alexandre de Moraes, decisão de 18 de abril de 2019. Disponível em http://www.stf.jus.br/arquivo/cms/noticiaNoticiaStf/anexo/INQ478118abril.pdf. A decisão original revogada está sob sigilo, assim como o inquérito.

"a posteriori" indenizatório ou de refutação, é equiparada à censura prévia, com a invocação muitas vezes deslocada da prática exercida por governos autoritários.

Indubitável que a liberdade de expressão deve ser protegida de maneira primordial, entretanto o arcabouço jurídico para a sua defesa, como se dá com as demais liberdades fundamentais, deve levar em conta a necessidade de proteção de outros interesses legítimos de igual importância no âmbito do Estado Democrático de Direito[275].

A tese de proteção preferencial da liberdade de expressão não encontra guarida no texto constitucional, antes vulnera a noção de sua integridade e coesão, pois a opção do legislador constituinte foi pela ausência de qualquer hierarquia prévia entre os direitos fundamentais, constatação que, por consequência, há de ser ampliada aos direitos da personalidade. A solução dos problemas relacionados à liberdade de expressão em face de outros direitos reside na delimitação dos espaços de proteção de cada qual, não na hierarquização prévia[276].

O argumento do livre mercado de ideias é importante ao dar relevo à autonomia das pessoas, cuja proteção é mesmo um dos fins principais do ordenamento jurídico, e obstar constrições inadequadas sobre ela. Porém, não é justificável que se converta em fator absoluto ao impedimento da restrição de certos discursos que ponham em xeque outros interesses igualmente essenciais ou que não sirvam à própria garantia da autonomia, tendendo não

---

[275] "Não compartilho do sonho iluminista de que a liberdade de expressão, como quer Ayres Brito, tenha uma precedência constitucional que se impõe em toda e qualquer situação concreta, nem que a liberdade leve naturalmente à responsabilidade. A própria Constituição, em seu art. 220 estatui ser plena a liberdade de expressão, observado o disposto na própria Constituição, ou seja, a submete à composição ou à sujeição a outros valores, em especial, a meu ver, à dignidade da pessoa humana, que constitui um valor fonte, nuclear, cujo desrespeito impede a fruição de qualquer outro direito fundamental". REALE JUNIOR, Miguel. *Ob. cit.* p. 144. Está-se de acordo com essa premissa, mas discordamos quanto à invocação generalista da dignidade da pessoa humana, consoante reiteradamente exposto neste trabalho, exigindo a colocação das possíveis restrições à liberdade de expressão de justificativas mais precisas do que a referência a fundamento tão genérico.

[276] Em sentido semelhante: "[p]elo dever de unidade no ordenamento, devem todas as normas centrarem-se sobre os valores constitucionais, ainda que se diversifiquem suas fontes e se especializem os seus setores. O Marco Civil da Internet não pode, portanto, distanciar-se dessa obrigação – como o fez ao privilegiar a proteção da liberdade de expressão em detrimento da tutela da pessoa". QUEIROZ, João Quinelato de. "Responsabilidade civil na rede: danos e liberdade à luz do marco civil da internet". Rio de Janeiro: Processo, 2019. p. 66.

2. DIREITOS DA PERSONALIDADE E A LIBERDADE DE EXPRESSÃO

a promovê-la, mas a criar um ambiente que vise a seu enfraquecimento ou eliminação.

O reconhecimento de que as pessoas devem ser tratadas como autônomas não leva necessariamente à preservação da liberdade integral a todos os tipos de comunicação[277]. Mostra-se cabível que certos discursos destinados ao engano e à manipulação indireta, lançados de forma fraudulenta, sejam restritos, por ferirem as bases consensuais de convivência social, não servirem a promover decisões efetivamente autônomas[278], com a possibilidade de até mesmo causarem prejuízo à autonomia, além de serem potencialmente danosos a outros interesses.

As limitações a certos tipos de discursos, como as "fake news", cujo objetivo de disseminação é solapar as bases consensuais de confiança recíproca sobre o que seja a verdade e as finalidades que se buscam com a proteção da liberdade de expressão, por exemplo, a promoção de um ambiente de debate público aberto, plural e confiável, desde que corretamente manejadas, são consentâneas com a ordem jurídica.

Por outro lado, controlar as "fake news" e outros tipos de conteúdo lesivos não pode significar um salvo-conduto para a restrição de qualquer dissenso às posições dominantes, sendo imperioso, então, estabelecer contornos claros construídos a partir de um conceito básico central do que sejam as "fake news", e que devem ser periodicamente revisados.

Aliás, necessário se faz distinguir restrições destinadas à censura daquelas que não tenham a mesma finalidade. As primeiras amparam-se no fundamento de que determinadas manifestações são danosas por conta da influência que seu conteúdo disseminado causará nas pessoas, pretendendo o Estado limitar a própria criação e propagação do conteúdo identificável. As limitações não censórias se pautam no motivo de que o dano é resultado de certo impacto

---

[277] "[O]s direitos da personalidade não se podem compreender, a despeito da crescente influência que, na sociedade contemporânea, assuma, como um espaço de afirmação individual de escolhas ilimitadas e que desconsiderem, de um lado, uma noção eticamente valorizada da pessoa, portanto o que essencialmente ela seja e, de outro, que não se desenvolvem apenas na sua intrassubjetividade, senão também em relação com o outro, na dimensão da relação comunitária em que necessariamente se inserem". GODOY, Claudio Luiz Bueno de. "Desafios atuais dos direitos da personalidade". *In*: CORREIA, Atalá; CAPUCHO, Fábio Jun (coords.). *Ob. cit.*, pp. 3-19. pp. 16-17.

[278] GREENAWALT, Kent. *Ob. cit.* p. 151.

negativo que a manifestação provavelmente causará pela sua mera declaração, independente da ideia particular que ela transmita[279].

Apesar da retórica contrária a mecanismos antecipados de limitação ao exercício da liberdade de expressão, o ordenamento jurídico brasileiro já traz previsão legal de controle prévio da manifestação do pensamento pelo próprio Estado executivo, que não corresponde à censura prévia.

As criações afeitas à propriedade industrial, que englobam as marcas, invenção, desenho industrial e modelo de utilidade são efetivas manifestações do livre pensamento. A Lei nº 9.279/96, ao condicionar a proteção da propriedade industrial à prévia chancela estatal, necessária à concessão de patentes e registros e, consequentemente, impedir que terceiros sem autorização do titular explorem tais criações, estabelece um sistema de controle estatal prévio sobre a liberdade de expressão, legítimo constitucionalmente para evitar lesão ao direito de propriedade e seus consectários. A restrição não visa ao conteúdo em si, mas à forma de sua exteriorização, na medida em que reproduza outro já existente.

Sob esse ponto de vista, a regulamentação das "fake news" tem como pressupostos a antijuridicidade intrínseca, pela fraude, e os prejuízos que tão somente a sua propagação pode acarretar, ao turvar os necessários consensos sociais sobre os processos de apuração dos fatos, com consequências nefastas sobre o debate público, a saúde e bem- estar social, a igualdade, e mesmo sobre a liberdade.

Não é o conteúdo A ou B a ser restrito, mas, sim, o modo de disseminação que, no caso das "fake news", tem como finalidade deturpar o longo processo de acumulação de conhecimento e construção de consensos levados a efeito pela sociedade, capturando os mecanismos de convencimento pela fraude[280] e com a possibilidade de causar prejuízos graves.

As "fake news", por si, são enunciações ilícitas, por terem em seu âmago a fraude, vedada pelo direito, e sempre trazem ínsito o risco de dano ao debate público, entretanto o seu controle assume maior relevância quando haja o risco de danos a direitos que gozem do mesmo grau de proteção da liberdade de expressão, principalmente de cunho coletivo.

---

[279] BROWN, Rebecca L. *Ob. cit.* pp. 980-981.
[280] *Idem.* p. 985.

2. DIREITOS DA PERSONALIDADE E A LIBERDADE DE EXPRESSÃO

Não há base jurídica em não se admitirem controles prévios às "fake news", no âmbito privado das redes sociais, mormente quando elas ocasionem danos a interesses tão importantes quanto a liberdade de expressão e não se vise à censura de qualquer matiz específico. A tarefa de identificação da natureza desses danos é bastante difícil, mas importante para análise da constitucionalidade e adequação concreta das restrições, não sendo o mero desconforto ou incômodo que determinadas expressões possam produzir justificativas legítimas às limitações legais[281].

A proteção do ambiente democrático e leal de discussão e da liberdade de informação, que pressupõe a verdade com base no procedimento, e os danos que podem surgir, justificam plenamente a restrição na criação e disseminação de conteúdos fraudulentos.

A análise sobre a adequação de certa restrição à liberdade de expressão, por meio de medidas antecipadas ou "a posteriori", depende da verificação de um vínculo de causa e consequência entre o discurso e o alegado dano, ainda que potencial. Muitas vezes, tal relação estará bem delineada, sendo a questão de solucionar quais tipos de prejuízos justificam a adoção de medidas que limitem a liberdade de expressão. Em outros casos, não estará claro o vínculo causal entre alguns discursos e os prejuízos, devendo haver uma aferição probabilística[282]

Nessa segunda situação enquadram-se, na maior parte dos casos, os problemas relacionados às "fake news", daí a importância de se avaliarem os tipos de reações comunicativas que elas causam nas pessoas e como, a partir delas, surge uma possibilidade relevante de que certos danos se verifiquem.

---

[281] "Contudo, se aceitamos a proposição de que a expressão capaz de causar algum tipo de incômodo na audiência dá causa à proibição, teríamos que grande parte da dissensão política poderia ser censurada, o que faz dessa asserção, pelo menos nesse nível de generalidade, um critério inaceitável para a regulação da liberdade de expressão". SILVA, Júlio César Casarin Barroso. "Liberdade de expressão e expressões de ódio". *In: Revista Direito GV*, São Paulo, v. 11, nº 1, jan. 2015, pp. 37-64. Disponível. em: http://bibliotecadigital.fgv.br/ojs/index.php/revdireitogv/article/view/56785/55322. Acesso em 20 de julho de 2020. p. 51.

[282] SCHAUER, Frederick. "Is It Better to Be Safe than Sorry?. Free Speech and the Precautionary Principle". *In: Pepperdine Law Review*, Malibu, v. 36, nº 2, 2009, pp. 301-315. Disponível em http://digitalcommons.pepperdine.edu/plr/vol36/iss2/3. Acesso em 18 de junho de 2020. pp. 302-303.

Porém, haverá algumas situações em que um prejuízo será diretamente ligado a uma determinada "fake news", ou conjunto delas, como a divulgação de suposto tratamento alcoólico milagroso contra a Covid19, que levou à intoxicação e à morte centenas de pessoas no Irã[283].

De qualquer forma, as pesquisas envolvendo tal tema mostram, conforme se verá, que a adoção de medidas de controle prévio e rápido das "fake news", a impedir a sua ampla disseminação e exposição dos indivíduos a elas, é mais eficiente para contenção das consequências negativas potenciais.

Além dos motivos tratados, um ambiente de discussão adversarial bem regulado acerca das bases consensuais de aferição da realidade e do incentivo ao exercício responsável da liberdade de expressão parece ser mais favorável à proteção das pessoas e da democracia, do que um mercado de ideias deixado à competição livre entre seus participantes, sem demarcação do que seja legítimo ou não.

Como exemplo disso, veja-se o caso das publicações científicas reconhecidas como de qualidade pelos órgãos competentes[284], em que há requisitos estritos para publicação de trabalhos, mesmo que contrapostos, relativos à demonstração concreta das evidências e apuração rigorosa dos argumentos[285], em contraste ao livre mercado de ideias das redes sociais[286].

Ainda, o modelo de mercado sem amarras permite aos grupos dominantes, com antagonismos laterais, manterem suas ideias como hegemônicas, sob uma justificativa aparentemente legítima e sedutora de proteção à liberdade

---

[283] https://noticias.uol.com.br/ultimas-noticias/ansa/2020/04/29/alcool-alterado-para-curar-covid-19-mata-mais-de-700-no-ira.htm.

[284] No caso brasileiro há sistema de classificação estabelecido pela Coordenação de Aperfeiçoamento de Pessoal de Nível Superior (CAPES), vinculada ao Ministério da Educação. Os fundamentos da última classificação podem ser consultados em https://www.gov.br/capes/pt-br/centrais-de-conteudo/relatorio-qualis-comunicacao-informacao-pdf/view. Acesso em 28 de setembro de 2020.

[285] GOLDMAN, Alvin I.; COX, James C. *Ob. cit.* p. 31.

[286] A bizarrice do movimento terraplanista demonstra na prática o cabimento deste argumento. Cf. AMÊNDOLA, Gilberto. O que é o terraplanismo? Teoria refutada pela ciência há 2 mil anos tem cerca de 11 milhões de apoiadores no País, segundo pesquisa", *In: O Estado de São Paulo* [s.l.], 27 de janeiro de 2021. Disponível em https://ciencia.estadao.com.br/noticias/geral,o-que-e-o-terraplanismo,70003173668. Acesso em 21 de janeiro de 2021. De modo mais prejudicial, tem-se a situação dos movimentos antivacinas, tratados no capítulo dedicado às "fake News".

2. DIREITOS DA PERSONALIDADE E A LIBERDADE DE EXPRESSÃO

de expressão, mantendo sob controle as ideias minoritárias. Isso ocorre em relação às "fake news" e mesmo outros discursos danosos, como os de ódio.

A estruturação atual da Internet, baseada, em linhas gerais, no uso intermediado pelas grandes plataformas oligopolistas, acaba por gerar um ambiente de alta exposição à informação, de forma rápida e, por tais motivos, superficial, repleta de fraudes e ruídos comunicacionais, com prejuízo ao conhecimento crítico.

Ademais, os provedores de aplicações surgem como elementos de seleção dos conteúdos massivos de acordo com os dados pessoais dos indivíduos e alicerçados em algoritmos muito bem formulados a fim de potencializar a sua atividade[287].

O sistema atualmente colocado de responsabilidade geral aprofunda a possibilidade dos provedores de aplicações, especificamente de redes sociais, em controlar o fluxo de ideias sem nenhuma prestação de contas à sociedade sobre essa atividade, sempre sob a justificativa de necessidade de assegurar a liberdade de expressão.

Os provedores escolhem a forma da apresentação, censuram sem amarras os conteúdos, e tampouco são responsabilizados por aqueles conteúdos ilícitos que passem sob o crivo de seu controle. Mas o controle prévio acabou se tornando tabu, ao menos retoricamente, quando, na prática, é efetuado de forma ampla e sem nenhum tipo de supervisão.

Desse modo, não se pode admitir que, a pretexto de se garantir a liberdade de expressão, a atividade desses provedores seja realizada sem a imposição de obrigações de controle do fluxo de informações abusivas a eles, detentores da capacidade econômica e técnica a tanto.

No caso das redes sociais, conforme será visto mais detidamente no capítulo destinado à responsabilidade civil, está-se diante de um serviço ofertado por um ente particular a outros entes particulares, cujo uso tem reflexos sobre esses usuários e sobre terceiros estranhos a essa relação jurídica.

---

[287] ROMANINI, Anderson Vinicius; MIELLI, Renata Vicentini. "Mentiras, discurso de ódio e desinformação violaram a liberdade de expressão nas eleições de 2018". *In*: COSTA, Cristina; BLANCO, Patrícia (org.). *Liberdade de Expressão: questões da atualidade*. São Paulo: ECA-USP, 2019, pp. 34-51. Disponível em http://www.livrosabertos.sibi.usp.br/portaldelivrosUSP/catalog/book/408. Acesso em 22 de julho de 2020. p. 42.

A avaliação da adequação de medidas legais, existentes ou sugeridas, acerca de eventuais limitações e obrigações colocadas aos usuários e provedores, deve ter como base as premissas jurídicas do Direito Privado, sem prejuízo da necessidade de sua compatibilização com os dispositivos constitucionais.

Portanto, adianta-se, desde logo, que a responsabilização dos provedores por "fake news" ou outros conteúdos potencialmente danosos, obrigando-os a tomarem medidas de controle prévio, não se equivale à censura vedada pela Constituição Federal, porque tem natureza privada e não se condiciona a qualquer autorização estatal antecipada, além de não se destinar ao tipo da mensagem enunciada, mas ao mero fato de sua declaração, com eventual consequência na falha desse controle a ser avaliada pela autoridade jurisdicional no exercício de suas funções típicas.

3. REDES SOCIAIS E "FAKE NEWS"

3.1. Redes sociais

A Lei nº 12.965/2014 define conceitos-chave para a disciplina jurídica do acesso à Internet no Brasil, especificamente sobre os tipos de serviços prestados pelos diversos atores econômicos, denominados provedores, e divide, de forma adequada, as diferentes etapas e níveis em que ocorre a utilização da rede.

Conforme o seu artigo 5º, inciso VII, consideram-se aplicações "o conjunto de funcionalidades que podem ser acessadas por meio de um terminal conectado à Internet", conceito que abrange diversas categorias de serviços prestados após o ingresso do usuário na rede, estabelecido pelos provedores de conexão[288].

Assim, os prestadores desses diferentes serviços são denominados provedores de aplicação, e, por tais definições, resta claro que as redes sociais, por serem utilidades disponibilizadas aos usuários finais após o acesso à rede, são aplicações, colocadas em funcionamento invariavelmente de maneira organizada e quase sempre com algum intento lucrativo.

---

[288] HAIKAL, Victor Auilo. "Da significação jurídica dos conceitos integrantes do art. 5º: Internet, terminal, administrador de sistema autônomo, endereço internet protocol – IP específicos e o respectivo sistema autônomo de roteamento devidamente cadastrado no ente nacional responsável pelo registro e distribuição de endereços IP geograficamente referente ao país; endereço IP; conexão à Internet; registro de conexão; aplicações de Internet; e registro de acesso a aplicações da Internet". *In*: LEITE, George Salomão; LEMOS, Ronaldo (coords.). *Marco Civil da Internet*, São Paulo: Atlas, 2014, pp. 317-332. p. 323.

As redes sociais podem ser entendidas como ferramentas destinadas à interconexão das pessoas, em que elas compartilham materiais diversos. Têm como elemento diferenciador, além da sua utilização pela Internet, a mudança de um sistema de intercâmbio comunicativo em que o conteúdo tem produção centralizada e identificada "prima facie", para outro em que essa produção ocorre a partir de várias fontes, nem sempre identificadas diretamente. As figuras de destinatário e criador de materiais podem ser exercidas por todos[289].

As redes sociais apresentam-se como ambientes de alta interatividade, em que as pessoas, ao terem acesso ao que é produzido por outras, engajam-se nos processos de compartilhamento de conteúdos, discussão, modificação, aprimoramento, e estabelecem intensas relações comunicativas entre si.

Jan H. Kietzmann aponta sete características constitutivas das redes sociais, cuja intensidade da presença varia de acordo com o tipo de rede social analisada. São elas: **identidade**, consubstanciada no grau em que os usuários revelam os seus dados pessoais; **conversações**, a extensão em que os sujeitos se comunicam reciprocamente; **compartilhamento,** em que medida e como os usuários trocam, distribuem e recebem conteúdo; **presença**, consistente na ciência dos usuários sobre o acesso dos demais; **relações**, a extensão e intensidade com a qual os usuários se associam; **reputação**, indica como os usuários podem conhecer a fama que eles próprios e seus conteúdos gozam perante os demais; e **grupos**, atrelada à possibilidade de criação de comunidades pelos sujeitos[290].

Michal Lavi, por sua vez, classifica, do ponto de vista sociológico, as redes sociais em três categorias, conforme os laços que se formam entre os seus usuários:

> a primeira baseada nas conversas livres, conduzidas em formato aberto e espontâneo (como os "message boards") sem supervisão ou

---

[289] WYRWOLL, Claudia. "Social Media: fundamentals, models, and ranking of user-generated content" [livro eletrônico], Wiesbaden: Spring Vieweg, 2014. Disponível em https://link.springer.com/book/10.1007%2F978-3-658-06984-1#about. Acesso em 06 de outubro de 2020. p. 12.

[290] KIETZMANN, Jan H. [et al]. "Social media? Get serious! Understanding the functional building block of social media". *In: Business Horizons* [s.l.], v. 54, nº 3, 2011, pp. 241-251. Disponível em https://www.sciencedirect.com/science/article/pii/S0007681311000061. Acesso em 06 de outubro de 2020. pp. 243-247.

direcionamento. A plataforma é um ponto de disseminação de informações e os laços entre os participantes são fracos. A segunda se alicerça na produção por pontos, que conecta participantes distantes e de perfis heterogêneos a um interesse comum, por meio da criação e compartilhamento da informação em modelo descentralizado. A maior parte dos vínculos sociais nessas plataformas é fraca. Contudo, soluções tecnológicas incorporadas permitem a agreação, integração e a revisão da informação compartilhada. A terceira categoria se referencia nas comunidades estruturadas de deliberação, criadas por usuários específicos. Nessa categoria, as conversas são bidirecionais e podem veicular informações complexas e pessoais. Nesse contexto, laços fortes e intermediários podem se formar[291].

De maneira prática, na primeira categoria, enquadram-se páginas que permitem comentários livres dos leitores a respeito de assuntos dos mais variados, como o "Reditt"; na segunda, está-se diante de sítios como "Tripadvisor," que reúne os diferentes usuários com um objetivo comum, qual seja, a troca de informações turísticas; e na terceira incluem-se as aplicações como o "Facebook".

A categorização das redes sociais mencionada e a análise da intensidade de presença dos seus elementos constitutivos são bastante úteis ao entendimento do que sejam elas e servem para identificar o papel dos provedores no manejo e controle do conteúdo criado e disseminado pelos seus usuários, bem como

---

[291] "The first is freestyle conversation, which is conducted in an open spontaneous format (such as message boards) without supervision and guidance. The platform is a juncture for information dissemination while the ties among the participants are weak. The second is peer production, which connects distant heterogeneous participants to a common goal by sharing and creating information in a decentralized peer based model. Most social ties in these platforms are weak. However, embedded technical interfaces allow the aggregation, the integration, and the review of the shared information. The third category is deliberation and structuring communities, which are created by specific users. This category carries out two-way conversations and can transmit complex and personal information. In this context, strong and intermediary ties may form". "Content poviders' secondary liability: a social network perspective". *In: Fordham intelectual property, media and entertainment law journal*", New York, v. 26, nº 4, 2016, pp. 855-943. Disponível em https://ir.lawnet.fordham.edu/iplj/vol26/iss4/2. Acesso em 26 de fevereiro de 2019. pp. 894-895.

para a consequente definição do modo e amplitude da responsabilização em caso de ilícitos.

A responsabilidade civil dos provedores de redes sociais terá maior relevância e problematização nos casos em que essas aplicações permitam aos usuários, de maneira guiada, a criação de conteúdos de forma simples, replicando, ainda que com adaptações, as conexões interpessoais existentes no mundo "offline", ao engajar as pessoas em processos comunicacionais multicêntricos e estruturados, nos termos das condições relativas à terceira categoria acima mencionada.

Encaixam-se, no mencionado grupo, as maiores e mais populares redes sociais, como "Facebook", "Instagram", "Twitter" e "YouTube", em que a interferência dos provedores quanto ao modo de organização e disponibilização dos conteúdos aos usuários é premente, levando em conta os dados e metadados captados, como se verá no item seguinte, ou seja, a conversação não é totalmente livre, havendo moderação indireta pelos provedores. Denominam-se elas redes sociais abertas, pois as comunicações estabelecidas, em regra, ocorrem dessa maneira, acessível a todos os usuários com quem o indivíduo possua conexão.

O "Whatsapp" e outros similares, como o "Telegram", aqui nominados como redes sociais fechadas, em contraposição, podem ser, com algumas adaptações, igualmente enquadrados no mesmo conjunto. Esses ajustes necessitam levar em consideração dois fatores. O primeiro consiste no fato de uma parte das comunicações ser realizada individualmente ponto-a-ponto, sem nenhuma interferência do provedor, pelo respeito ao sigilo das comunicações, podendo-se pensar, entretanto, em estabelecer obrigações legais ao provedor para garantir a quebra de sigilo, quando haja determinação da autoridade judiciária, à semelhança das comunicações telefônicas; o segundo diz respeito à possibilidade de criação de grupos, contas corporativas e disparos de mensagens em grande volume e, nesse caso, ainda que o manejo do modo de visualização dos conteúdos não seja manipulado pelo provedor, as comunicações estabelecidas permitem a rápida e ampla disseminação de conteúdos ilícitos, como em outras redes sociais, de modo que o sigilo deve vir acompanhado de obrigação de controle por parte dos provedores. Em qualquer caso, a adoção de mecanismos de notificação e tratamento da reclamação é exigível, como se verá.

3.2. Dados, metadados e "surveillance"

A partir do momento em que o usuário se utiliza de qualquer serviço prestado no âmbito da Internet e, mais especificamente, adere a uma rede social, consente, na maioria esmagadora das vezes[292], com a coleta de seus dados pessoais informados e de uso do sistema, concedendo ao provedor a propriedade sobre eles, que os utilizará no direcionamento e financiamento de suas atividades[293].

Como se nota dos termos de uso e privacidade de algumas das principais redes sociais[294], a quantidade de dados coletados pelos provedores é enorme, assim como as possibilidades de utilização deles, majoritariamente destinados a direcionar o usuário a materiais que lhes possam ser interessantes,

---

[292] De modo exemplificativo, como exceção ao esquema, é o caso do buscador "QWANT", que declara expressamente não guardar nenhum dado do usuário, inclusive as buscas realizadas e não explora esses dados pessoais a qualquer finalidade. Cf. https://about.qwant.com/fr/. Acesso em 5 de outubro de 2020.

[293] "Quando uma plataforma de Internet atrai um público relevante, ela passa, simultaneamente, a atrair o interesse dos anunciantes, mas com algumas peculiaridades. O desenvolvimento dessas novas tecnologias possibilitou uma sofisticação na publicidade, tornando-a cada vez mais bem direcionada. Devido à possibilidade de coletar e armazenar dados sobre quem navega em um site, ficou muito mais fácil conhecer o perfil do potencial consumidor. Os mecanismos de busca funcionam da mesma forma: quem digita querendo saber sobre um produto ou endereço já está indicando seu tipo de interesse. Assim, conhecer a audiência ajuda muito na tarefa de atingir com o anúncio somente aqueles que podem se interessar por ele. A propaganda direcionada pode ser vendida por um preço maior – e é justamente o que muitas empresas que atuam na Internet fazem. Tudo isso só é possível a partir da coleta maciça de dados dos usuários e da formação de imensos bancos de dados com as mais variadas informações sobre a personalidade dessas pessoas. Em outras palavras, os serviços oferecidos pelas empresas de tecnologia se sustentam com as informações oferecidas pelos usuários. Mediante um complexo modelo de negócio baseado em publicidade direcionada, os dados dos usuários são o principal produto que elas controlam e oferecem comercialmente". SORJ, Bernardo [et al]. "Sobrevivendo nas redes: guia do cidadão" [livro eletrônico]. São Paulo: Plataforma democrática: Fundação FHC: Centro Edelstein, 2018. Disponível em http://www.plataformademocratica.org/Arquivos/Sobrevivendo_nas_redes.pdf. Acesso em 11 de outubro de 2020. p. 18.

[294] Cf. Instagram: https://pt-br.facebook.com/help/instagram/519522125107875/?helpref=hc_fnav&bc[0]=Ajuda%20do%20Instagram&bc[1]=Central%20de%20Privacidade%20e%20Seguran%C3%A7a; Facebook: https://www.facebook.com/about/privacy/update; Twitter: https://cdn.cms-twdigitalassets.com/content/dam/legal-twitter/site-assets/privacy-june-18th-2020/Twitter_Privacy_Policy_PT.pdf; YouTube: https://policies.google.com/privacy?hl=pt-BR&gl=br. Acesso em 17 de novembro de 2020.

incentivando sua maior permanência na utilização, bem como expondo-o a conteúdos comerciais, a fim de monetizar a atividade. Aplicações como o "WhatsApp" e o "Telegram" igualmente coletam os dados, mas não os usam para direcionamento de conteúdo, deve ser ressalvado[295].

Além dos dados básicos de identificação exigidos quando da adesão aos serviços, toda a sua utilização, com qualquer tipo de interação, é supervisionada constantemente pelos provedores.

Assim é que se mostra relevante diferenciar os dados em cadastrais e dados comportamentais e relacionais, esses concernentes ao uso dos serviços pelos usuários e o ativo principal negociável pelos provedores[296].

Os dados relativos aos dispositivos em que há o acesso às redes sociais são disponibilizados aos provedores, assim como dados do usuário coletados por outros provedores de serviços terceiros e parceiros da rede social em questão. E esses dados, além de auferidos pelo próprio provedor da rede social, podem ser transmitidos a terceiros, para direcionamento das suas atividades, comerciais ou não, v.g., as autoridades públicas.

Consta, ainda, dos termos de uso das redes sociais abertas, que os dados obtidos são utilizados no sentido de otimizar a experiência do usuário, com sua exposição a conteúdos presumivelmente de seu interesse, conforme as suas interações e para identificação de possíveis condutas que violem as políticas de uso.

Em realidade, mais importante do que a posse dos dados pessoais de identificação dos usuários é a obtenção, a partir deles, dos chamados metadados, ou seja, dados sobre os dados, que permitem a descrição, categorização e identificação das informações[297], conceito muito utilizado no campo da informática, mas que possui uso nas diversas áreas de atuação humana. A catalogação bibliotecária mostra-se como exemplo claro, em que os dados sobre

---

[295] Cf. Whatsapp: https://www.whatsapp.com/legal/privacy-policy; Telegram: https://telegram.org/privacy. Acesso em 17 de novembro de 2020. Ressalve-se que o Telegram afirma não compartilhar os dados com terceiros, apesar de coletá-los, o que, além de duvidoso, porque sem nenhuma fiscalização, pode ser alterado a qualquer tempo.

[296] PINHEIRO, Patrícia Peck. "Direito Digital", 6ª ed., São Paulo: Saraiva, 2016. p. 413.

[297] SALMINEM, Airi; TOMPA, Frank. "Communicating with XML", Boston: Springer, 2011. Disponível em https://link.springer.com/book/10.1007/978-1-4614-0992-2. Acesso em 30 de setembro de 2020. p. 149.

3. REDES SOCIAIS E "FAKE NEWS"

os dados (organização em camadas por área do conhecimento, assunto geral, matéria específica) permitem a facilitação da busca pelas obras específicas.

Podem-se classificar os metadados em três tipos principais: descritivos, cuja finalidade é ajudar na localização do dado procurado; administrativos, consistentes nas informações que garantem a integridade do armazenamento dos dados e o acesso a eles, quando necessário; e os estruturais, que servem ao agrupamento dos dados individuais para algo mais complexo e unitário[298].

No âmbito da Internet toda a coleta, agrupamento, organização e uso dos dados e, consequentemente, dos metadados, é efetuada de maneira automatizada, em larga escala, e permite não somente o conhecimento dos padrões de comportamento e das preferências atuais do usuário, como também a previsão de como orientará as suas atividades futuras, atuando os provedores, então, de acordo com essa predição[299].

Está-se diante de um fenômeno denominado "surveillance", em que os indivíduos cada vez mais fornecem seus dados a outros, que os inserem dentro de sua propriedade e os exploram, ao mesmo tempo que esses indivíduos têm menos controle sobre tais dados. Esse estado de "surveillance" abrange a área privada e pública, servindo-se as autoridades de tais dados para maior controle sobre os cidadãos[300].

---

[298] GARTNER, Richard. "Metadata" [livro eletrônico], Cham: Springer International Publishing, 2016. Disponível em https://link.springer.com/book/10.1007%2F978-3-319-40893-4#about. Acesso em 30 de setembro de 2020. p. 8.

[299] MORAIS, José Luis Bolzan. "A insuficiência do Marco Civil da Internet na proteção das comunicações privadas armazenadas e do fluxo de dados a partir do paradigma da *surveillance*". *In*: LEITE, George Salomão; LEMOS, Ronaldo (coords.). *Ob. cit.*, pp. 417-439. p. 426.

[300] "É significativa a diferenciação entre a vigilância no sentido tradicional e as técnicas envolvidas na reunião e utilização da informação, que assume caráter endêmico na sociedade contemporânea, tendo por objetivo a coleta, o armazenamento, o processamento, a individualização sistemática dos dados sobre as pessoas (em especial, os consumidores), em determinados grupos. Logo, o elemento 'líquido' e, por consequência, de difícil controle que caracteriza o fluxo de dados por sistemas de computadores é um traço essencial do que se quer, aqui, denominar *surveillance*. Papel determinante no entendimento de tal fenômeno envolve os algoritmos, que desempenham função no âmbito do acesso e manipulação de dados pela internet, inclusive daqueles inseridos entre os direitos fundamentais da privacidade. O conjunto das instruções envolvidas na definição e execução dos modelos de buscas, a partir de uma sequência de operações autômatas, não está, por sua vez, sujeito ao controle humano, dado que o resultado independe da atuação volitiva do sujeito". PEGORARO JUNIOR, Paulo

No contexto privado dos prestadores de serviços no âmbito da Internet, os agentes econômicos desse novo capitalismo baseado na informação em larga escala, incluídos, principalmente, os provedores de redes sociais, utilizando-se das ferramentas de "Big data"[301] e correspondentes algoritmos[302], têm como

Roberto [et al]. "Responsabilidade civil e surveillance: as commodities digitais e o risco da atividade". In: *Revista judiciária do Paraná*, nº 13, Curitiba: Bonijuris, 2017, pp. 17-34. p. 18.

[301] A denominação "big data" não se restringe à massiva quantidade de dados em disponibilidade nas redes, abarcando também o modo como esses dados circulam e são operados. Nessa área de conhecimento, além de descrever esse fenômeno sobre os dados, busca-se elaborar ferramentas que permitam o correto e mais eficaz uso de tais dados: "[a]lthough the amount of data is one obvious aspect of Big Data, there are other factors that may require the use of Big Data tools for analysis. IBM summarizes the characteristics of Big Data by saying that there are three V's. The sheer volume of stored data is exploding; IBM predicts that there will be 35 Zettabytes stored by 2020. This data comes in a bewildering variety of structured and unstructured formats. And the velocity of data depends on not just the speed at which the data is flowing but also the pace at which it must be collected, analyzed, and retrieved. Beyond these three Vs, Big Data is also about how complicated the computing problem is. The cost of a personal genome is dropping rapidly and some are predicting a $100 dollar cost soon. Knowing an individual's genome should allow medical treatment to be customized to the individual. Forrester principal analyst Mike Gualtieri points out that the data from one individual's sequenced DNA is only about 750 MB, but it would require 222 Petabytes for storage for the entire population of the United States. Even if the goal was just to analyze the genome for one person in order to find disease indicators, the complexity of the interactions among this data set would represent a massive computing problem that would require Big Data tools. Thus, in addition to the three V's identified by IBM, it would also be necessary to take complexity into account". PENCE, Harry. "What is Big data and why is it important?". *In: Journal of Educational Technology Systems* [s.l.], 2014, v. 43, pp. 159-171. Disponível em https://journals.sagepub.com/doi/abs/10.2190/ET.43.2.d. Acesso em 30 de setembro de 2020. p. 161. Adiciona-se, ainda, ao conceito de "Big data" e às ferramentas para seu tratamento a veracidade ou certeza: "[t]he four Vs started as just three Vs (volume, velocity, and variety) when Douglas Laney introduced the concept in 2001. Veracity was introduced later, and it refers to the certainty of the data. Veracity was expected to become a concern, considering the previously mentioned changes in the way data is generated. If trained employees feed a database, chances are that the data is consistent and accurate. However, if outside users provide the data, then the information is subject to inaccuracy. Even careful users might have their own interpretation of what kind of data is required. Machine-generated data is also subject to veracity concerns, such as sensor data that contains calibration errors. In either case, whether human-generated or machine-generated, data veracity is a concern whenever the data source is not perfectly reliable". BARRERA, Jorge; PACHITARIU, George. "Big Data". *In: Engineering & Technology for a Sustainable World* [s.l.], vol. 25, no. 3, 2018, p. 18-21. Disponível em https://link.gale.com/apps/doc/A540797034/AONE?u=capes&sid=AONE&xid=ce264479. Acesso em 30 de setembro de 2020. p. 9. Essa situação não é positiva ou negativa, apenas reflete o estado de coisas atualmente em curso. O problema ocorre na forma como os dados

3. REDES SOCIAIS E "FAKE NEWS"

escopo não somente prever a atuação humana, mas moldar o comportamento das pessoas, com a finalidade de obtenção de lucros e o controle dos mercados em diferentes áreas, que transcendem aquelas em que atuam primariamente[303].

Há um círculo constante de retroalimentação. O uso massivo das redes sociais concede aos provedores uma grande quantidade de dados, cujo adequado tratamento permite aumentar o engajamento dos usuários, que, então, vão se utilizar cada vez mais e mais dos serviços.

são tratados por aqueles que a eles têm acesso, como vimos. Além de aplicações meramente comercias, o tratamento desses dados pode fornecer informações relevantes para o manejo de questões sociais importantes, como aquelas relativas à saúde. Cf. KLEIN, Gisiela Hasse; GUIDI NETO, Pedro.; TEZZA, Rafael. "Big Data e mídias sociais: monitoramento das redes como ferramenta de gestão". *In: Saúde e Sociedade*, São Paulo, v. 26, nº 1, 2017, pp. 208-217.

[302] Há algumas definições de algoritmos, conceito matemático, cujo uso foi espraiado em larga medida para o âmbito da computação. Cf. GUREVICH Yuri. "What Is an Algorithm?". *In:* BIELIKOVÁ Mária [et al] (eds). *SOFSEM 2012: Theory and Practice of Computer Science: Lecture Notes in Computer Science*, v. 7147, Springer: Berlin, Heidelberg, 2012. Disponível em https://link.springer.com/chapter/10.1007%2F978-3-642-27660-6_3. Acesso em 1º de outubro de 2020. De forma sintética e abrangendo todas as áreas em que possa ser aplicado: "[a]n algorithm is a finite, abstract, effective, compound control structure, imperatively given, accomplishing a given purpose under given provisions". HILL, Robin K. "What an Algorithm Is". *In: Philosophy & Technology* [s.l.], v. 29, 2016, pp. 35–59. Disponível em https://link.springer.com/article/10.1007/s13347-014-0184-5. Acesso em 1º de outubro de 2020. p. 47. Trata-se de conjunto estrutural fruto de atividade humana e comandado a executar tarefas determinadas sob certas circunstâncias. Sempre haverá a raiz humana na construção do algoritmo, ainda que a ordem dada para sua execução seja a de incorporar padrões e atuar de acordo com eles, o que se chama de "machine learning", no âmbito da informática. Mostra-se claro, assim, quão essencial aos provedores de serviços da Internet é manter a salvo de qualquer tipo de controle o modo como são programados os seus algoritmos.

[303] ZUBOFF, Shoshana. "Big other: surveillance capitalism and the prospects of an information civilization". *In: Journal of information technology* [s.l.], nº 30, 2015, pp. 75-89. Disponível em https://link.springer.com/article/10.1057/jit.2015.5. Acesso em 29 de setembro de 2020. p. 75. "Contrariando estas primeiras teorias [de neutralidade dos algoritmos], consegue-se identificar um viés de subjetividade. Ficando a pegada digital de cada utilizador registada, os algoritmos conseguem manipular estes dados – denominados big data – que existem em larga escala e são muito complexos para propósitos específicos que estão definidos e programados". AMARAL, Inês; SANTOS, Sofia José. "Algoritmos e redes sociais: a propagação de fake news na era da pós-verdade". *In:* FIGUEIRA, João; SANTOS, Sílvio (orgs.). *As fake news e a nova ordem (des) informativa na era da pós-verdade*, Coimbra: Universidade de Coimbra, 2019. pp. 63-85. Disponível em https://digitalis.uc.pt/pt-pt/livro/algoritmos_e_redes_sociais_propaga%C3%A7%C3%A3o_de_fake_news_na_era_da_p%C3%B3s_verdade. Acesso em 12 de novembro de 2020. p. 75.

INTERNET, *FAKE NEWS* E RESPONSABILIDADE CIVIL DAS REDES SOCIAIS

A coleta de dados não se restringe ao âmbito específico de cada rede social, mas abrange outros serviços associados, com o compartilhamento recíproco de dados entre eles e as redes sociais[304]

Em interessante estudo com base nos dados coletados de usuários da popular rede social chinesa "Sina Weibo", foi possível identificar a personalidade de cada um, a partir das suas interações, com base nas características psicológicas conhecidas como as cinco grandes: **abertura à experiência**, que reflete o grau de curiosidade, criatividade e preferência pela novidade; **consciência**, relacionada ao nível de organização, confiabilidade e autodisciplina; **extroversão**, consistente na energia, emoções positivas, sociabilidade; **empatia**, vinculada à compaixão e cooperação, à confiança no próximo; e **neuroticismo**, concernente à tendência a sofrer emoções negativas e mensuração da estabilidade emocional[305].

Tal estudo reforça quão valiosa é a informação obtida e mantida pelos provedores. O fato de ter sido realizado na China apenas tem influência quanto ao compartilhamento desses dados com o Governo Central, de caráter permanente e compulsório em razão do regime autoritário vigente no país. Em democracias ou não, a qualidade e quantidade de dados coletados e titularizados

---

[304] "É o que ocorre com a utilização de softwares, programas e aplicativos disponibilizados via APIs. API é um conjunto de rotinas e padrões de programação para acesso a um aplicativo de software ou plataforma baseado na rede mundial de computadores — internet. A sigla API é o acrônimo de *Application Programming Interface* ou, em português, 'Interface de Programação de Aplicativos'. Uma API é criada quando uma empresa de software tem a intenção de que outros criadores de software desenvolvam produtos associados ao seu serviço. Existem vários deles que disponibilizam seus códigos e instruções para serem usados em outros sites da maneira mais conveniente para seus usuários. Por meio das APIs, os aplicativos podem se comunicar uns com os outros sem conhecimento ou intervenção dos usuários. Elas funcionam por meio da comunicação de diversos códigos, definindo comportamentos específicos de determinado objeto em uma interface. A API liga as diversas funções em um site de maneira que possam ser utilizadas em outras aplicações". FERREIRA, Jussara Suzi Assis Borges Nasser; ROSA, André Luis Cateli. "Fornecimento eletrônico de dados pessoas dos consumidores: responsabilidade civil objetiva e solidária e o dano social". *In: Revista de direito do consumidor*, ano 28, v. 122, São Paulo: Revista dos Tribunais, 2019, pp. 233-259. pp. 238-239.

[305] WAN, Danlin [et al]. "Personality Prediction Based on All Characters of User Social Media Information". *In*: HUANG, Heyan [et al] (eds.). *Social Media Processing. SMP 2014. Communications in Computer and Information Science*, v. 489, Springer: Berlin, Heidelberg, 2014, pp. 220-230. Disponível em https://link.springer.com/chapter/10.1007/978-3-662-45558-6_20#citeas. Acesso em 09 de outubro de 2020.

3. REDES SOCIAIS E "FAKE NEWS"

pelos provedores de redes sociais são as mesmas, assim como o modelo de negócios, variando apenas o modo como os dados são requisitados pelas autoridades de cada país e a elas disponibilizados. Assim, as conclusões do estudo chinês podem ser extrapoladas para os países ocidentais democráticos.

Mesmo que os materiais sejam produzidos de forma primária pelos usuários, os provedores de redes sociais abertas manejam a sua forma de exposição conforme os dados de utilização de cada usuário, e fazem, ainda, sugestões de outros conteúdos, patrocinados ou não. Atuam, dessa maneira, como quase editores, em seu próprio benefício, no sentido de manter o usuário interessado no sistema por eles mantido[306].

Assim, o principal ativo dos provedores das redes sociais são os dados infindáveis dos seus bilhões de usuários, com seu proveito otimizado por algoritmos elaborados por aqueles, que se aperfeiçoam com a inserção de cada vez mais dados, sendo claro o valor econômico e de poder que a detenção desses dados possui para os provedores[307].

---

[306] "Usamos as redes sociais tanto para nos conectarmos com amigos e conhecidos como para nos atualizarmos sobre fatos e acontecimentos do dia a dia. No entanto, a quantidade de informações que poderiam aparecer para cada um de nós é gigantesca. Quanto mais amigos adicionamos, mais páginas curtimos e mais perfis seguimos, maior é o número de postagens que aparecem em nosso feed de notícias – aquela tela que mostra as postagens mais recentes (ou mais 'relevantes') de seus amigos ou de páginas que você curte. Alguma organização é necessária. O que pouca gente sabe, porém, é que a própria rede social pode selecionar esse conteúdo. É o que ocorre no Facebook, que criou um mecanismo que seleciona o conteúdo exibido para cada pessoa em seu feed. Isso significa que seu feed de notícias é muito diferente do feed de outras pessoas. Por que há essa diferença? Os feeds não são um mero amontoado de todas as postagens mais recentes, mas uma seleção cuidadosa delas. Mesmo que duas pessoas curtam as mesmas páginas e tenham os mesmos amigos, seus feeds dificilmente serão iguais: o Facebook faz uma verdadeira curadoria de quais conteúdos aparecem para cada um de seus usuários. Essa curadoria de conteúdo é feita por meio de um mecanismo que no jargão técnico é chamado de algoritmo. Ele faz com que algumas postagens sejam apresentadas aos usuários segundo uma série de critérios. Quais são esses critérios?". SORJ, Bernardo [et al]. *Ob. cit.* pp. 21-22.

[307] Sem dúvida os dados gerados diariamente podem ser fonte para estudos relevantes em diversas searas, como a das ciências sociais, desde que devidamente disponibilizados pelos provedores e tratados pelos estudiosos. Cf. HALFORD, Susan [et al]. "Understanding the production and circulation of social media data: towards methodological principles and praxis". *In: New media & Society* [s.l.], v. 20, nº 9, pp. 3.341-3.358, 2017. Disponível em https://journals.sagepub.com/doi/full/10.1177/1461444817748953. Acesso em 09 de outubro de 2020.

Não se vislumbra apenas o poder sob o aspecto econômico, mas político e social de um modo geral, na medida em que os provedores, com a adesão aos seus serviços, tornam-se proprietários do direito à privacidade dos usuários, escudam-se na proteção dessa e da liberdade de expressão, para evitar qualquer tipo de controle de suas atividades.

O usuário é tratado passivamente, como mero produto, e seus dados pessoais fornecidos a uma ampla gama de agentes das quais não tem o mínimo conhecimento[308] e que utilizarão tais dados também de forma desconhecida[309].

O único momento de liberdade do usuário, quanto a direito da personalidade tão sensível como a privacidade, ocorre na adesão aos serviços, perdendo totalmente, a partir de então, o controle sobre as informações particulares subjetivas e objetivas, de uso dos serviços, em todos os níveis, o que somente cessará com o cancelamento dos serviços por parte do usuário.

Do ponto de vista do usuário, apesar dessa quase renúncia de sua privacidade e consequentemente da liberdade, qualquer limitação ao exercício sobre a liberdade de expressão é tratada, majoritariamente, como autoritária, o que se mostra como um contrassenso.

Sob o aspecto dos provedores, porém, faz todo o sentido a oposição, ao permitir-se a eles o controle sozinho e sem competição estatal das vidas privadas

---

[308] Recente problema envolvendo o "Facebook" diz respeito ao compartilhamento de dados dos usuários com a "Cambridge Analytica", cuja atuação se dava na área da propaganda político-eleitoral, de maneira global. "Entenda o escândalo de uso político de dados que derrubou valor do Facebook e o colocou na mira de autoridades", *In*: *BBC*, 20 de março de 2018. Disponível em https://www.bbc.com/portuguese/internacional-43461751. Acesso em 2 de outubro de 2020.

[309] "These arguments suggest that the logic of accumulation that undergirds surveillance capitalism is not wholly captured by the conventional institutional terrain of the private firm. What is accumulated here is not only surveillance assets and capital, but also rights. This occurs through a unique assemblage of business processes that operate outside the auspices of legitimate democratic mechanisms or the traditional market pressures of consumer reciprocity and choice. It is accomplished through a form of unilateral declaration that most closely resembles the social relations of a pre-modern absolutist authority. In the context of this new market form that I call surveillance capitalism, hyperscale becomes a profoundly anti-democratic threat. Surveillance capitalism thus qualifies as a new logic of accumulation with a new politics and social relations that replaces contracts, the rule of law, and social trust with the sovereignty of Big Other. It imposes a privately administered compliance regime of rewards and punishments that is sustained by a unilateral redistribution of rights". ZUBOFF, Shoshana. *Ob. cit*. p. 83.

3. REDES SOCIAIS E "FAKE NEWS"

das pessoas, o que passa pela acumulação cada vez maior de dados, que acontece quanto mais uso e manifestações ocorram por parte dos usuários.

Os mecanismos de controle legal próprios do Estado Democrático de Direito que buscam proteger as pessoas em seus aspectos mais íntimos e a sua autonomia representam um empecilho à maximização dos lucros dos atores provedores de serviços.

As parcerias desses provedores de redes sociais com o Estado, realizadas de forma gratuita[310], sem cunho sancionatório, em variadas questões, sem negar que possam eventualmente ter boas intenções, são forma de diminuir a pressão social e estatal sobre a tomada de medidas relacionadas aos danos que do uso dos serviços podem advir, sem que tais ações se tornem vinculantes e penalizadas em caso de não serem cumpridas, além de manter afastada a possibilidade de supervisão pública mais detida sobre o exercício dessas atividades[311].

Desse modo, compreensível o interesse dos provedores em rechaçar qualquer tipo de fiscalização e responsabilidade externas pelo uso dos seus serviços, com a defesa de mecanismos de autorregulação pouco transparentes, na medida em que o sigilo e a ausência de sanção garantem o aumento de controle sobre os comportamentos das pessoas e, consequentemente, dos ganhos econômicos e de poder advindos da atividade desenvolvida, com pouquíssimos riscos.

Afora essas características intrínsecas do modelo de negócios das redes sociais, que se mostra bastante problemático, não se pode prever, por óbvio, se irão persistir em sua conformação atual, se irão experimentar radical

---

[310] É o caso de recentíssima parceria entre o Facebook/Whatsapp e o Tribunal Superior Eleitoral. BRASIL. Tribunal Superior Eleitoral. "TSE assina parceria com Facebook Brasil e WhatsApp Inc. para combate à desinformação nas Eleições 2020", Brasília, 30 de setembro de 2020. Disponível em http://www.tse.jus.br/imprensa/noticias-tse/2020/Setembro/tse--assina-parceria-com-facebook-brasil-e-whatsapp-inc-para-combate-a-desinformacao-nas--eleicoes-2020. Acesso em 2 de outubro de 2020.

[311] Nos Estados Unidos cresce movimento dentro do Congresso para que a atuação dos Provedores de redes sociais no controle de conteúdos danosos não se baseie somente na voluntariedade, mas passe a ser mandatória. Cf. ROMM, Tony; HARWELL, Drew. "Facebook, Google and Twitter face fresh heat from Congress on harmful online content". *In: The Washinton Post* [s.l.], 18 de setembro de 2019. Disponível em https://www.washingtonpost.com/technology/2019/09/18/facebook-google-twitter-face-fresh-heat-congress-harmful--online-content/. Acesso em 2 de outubro de 2020.

mudança ou se tornarão obsoletas com o passar dos anos, mas fato é que as redes sociais, como fonte de comunicação individual e coletiva, são uma realidade colocada, de utilização em largo espectro, a demandar a intervenção do direito, conformado a essa nova realidade.

As redes sociais, como instrumento de estabelecimento de relações, não são positivas ou negativas, boas ou más, úteis ou inúteis, revelando-se essas características a partir do uso a elas dados. Ao mesmo tempo que as redes sociais permitem o acesso a dados importantes, o contato reiterado com pessoas que vivem distante, a localização rápida e facilitada de lugares, a discussão sobre assuntos relevantes, informações em tempo real sobre o trânsito de veículos, propiciam, ao revés, a ampliação do "bullying", o compartilhamento de conteúdos ilícitos relacionados a discursos de ódio, terrorismo, "fake news", o aprofundamento das cisões ideológicas, dentre outros[312].

Mais problemático, as redes sociais são utilizadas não somente por adultos capazes, mas por adolescentes e crianças ainda em formação, que, sem um grau de maturidade juridicamente reconhecido para celebrar negócios jurídicos simples, com apenas um "clique", fornecem aos provedores o acesso ilimitado a seus dados pessoais, estando expostos a número infindável de conteúdos sem qualquer mediação ou acompanhamento, e podem interagir, ainda, com bilhões de pessoas desconhecidas e anônimas.

O rol de riscos e danos a que crianças e adolescentes estão expostos é grande, podendo-se citar o "cyberbullying" e a perseguição, interações pornográficas, depressão, exposição excessiva a publicidade e estímulo ao consumismo[313], incentivo ao uso de drogas.

O uso excessivo ou inadequado das redes sociais vem sendo associado a maiores taxas de suicídio e tentativas entre crianças, adolescentes e jovens, por conta de inúmeros fatores potencializados por essas ferramentas como

---

[312] Cf. BACCARELLA, Christian V. [et al]. "Social media? It's serious! Understanding the dark side of social media". *In: European Management Journal* [s.l.], v 36, nº 4, pp. 431-438, 2018. Disponível em https://www.sciencedirect.com/science/article/pii/S0263237318300781. Acesso em 2 de outubro de 2020.

[313] O'KEEFFE, Gwenm Schurgin; CLARKE-PEARSON, Kathleen. "The impact of social media on children, adolescents, and families". *In: Pediatrics*, Washington, v 127, nº 4, 2011, pp. 800-804. Disponível em https://pediatrics.aappublications.org/content/127/4/800. Acesso em 05 de outubro de 2020. pp. 801-803.

3. REDES SOCIAIS E "FAKE NEWS"

"cyberbullying", privação de sono, distúrbios de imagem decorrentes da inadequação a padrões aceitos, reforço a comportamentos negativos e destrutivos[314].

Claro que a responsabilidade primária sobre o bem-estar das crianças e dos adolescentes é dos pais, porém a Constituição Federal não exime a sociedade e o Estado de proteger os seus direitos, nos termos do artigo 227, a demandar também o engajamento dos provedores de redes sociais, que lucram com a oferta dos seus serviços às crianças e adolescentes, nessa tarefa, para tornar a utilização desses serviços menos prejudicial a esse grupo específico de pessoas.

Assim, apesar das utilidades trazidas pelas redes sociais, há interesses que se contrapõem à liberdade de expressão muito relevantes, expostos a danos concretizados ou potenciais, e que gozam do mesmo prestígio legal daquela, a exigir respostas jurídicas, normativas e jurisprudenciais adequadas a sua proteção e que fujam de declarações simplistas e pouco refletidas de atribuição de caráter quase absoluto e ilimitado à liberdade de expressão no contexto das redes sociais.

3.3. O fenômeno da desinformação e das "fake news"

A utilização disseminada das redes sociais confere a cada um dos usuários (reais ou não) a possibilidade de criar conteúdos dos mais diversos assuntos e compartilhá-los com um número indeterminado de pessoas, potencialmente a quantidade total de usuários da Internet, quase 5 bilhões de pessoas[315], 3,96 bilhões delas usuárias de redes sociais[316].

---

[314] Cf. SEDGWICK, Rosemary [et al]. "Social media, internet use and suicide attempts in adolescents". *In: Current Opinion in Psychiatry* [s.l.], v. 32, nº 6, 2019, pp 534-541. Disponível em https://journals.lww.com/co-psychiatry/fulltext/2019/11000/social_media,_internet_use_and_suicide_attempts_in.12.aspx. Acesso em 05 de outubro de 2020.

[315] . Dados disponíveis até 30 de junho de 2020. "Internet users distribution in the world". *In: World Stats.* Disponível em https://www.internetworldstats.com/stats.htm. Acesso em 09 de outubro de 2020. A "International Telecommunication Union" tem estimativa para o ano de 2019 de 4.1 bilhões de usuários, com o gráfico em crescimento. *Cit.* Acesso em 8 de outubro de 2020.

[316] Dados disponíveis até julho de 2020. "Social Media". *In: Data Reportal.* Disponível em www.datareportal.com/social-media. Acesso em 09 de outubro de 2020. A magnitude do crescimento da Internet em período curtíssimo é inconteste. Ao final da década de 90 do

Segundo mais recente pesquisa realizada pelo Centro Regional de estudos para desenvolvimento da Sociedade de Informação (CETIC.br), o Brasil conta com 134 milhões de pessoas com acesso frequente à Internet, das quais 76%, ou aproximadamente 102 milhões são usuários de redes sociais[317]. Esses números aumentam a cada segundo.

Possível, assim, imaginar a dimensão do material circulante na rede diariamente e quão poderosa a Internet é, tanto para produção de efeitos benéficos, quanto maléficos.

A Internet confere hoje amplo acesso da população a informações volumosas, de modo rápido, provindas de pontos difusos, sem a necessária intermediação dos órgãos tradicionais de mídia, características que, além de permitirem maior democratização da produção e obtenção de conhecimento, trazem, em seu bojo, como efeito deletério, a possibilidade mais aguda de espraiamento de conteúdos ilícitos, inclusive aqueles não correspondentes, de maneira maliciosa, aos fatos que pretendem retratar, ante a falta de filtros de verificação da realidade[318].

De acordo com pesquisa realizada pelo Senado e pela Câmara dos Deputados no fim de 2019, 79% dos brasileiros têm o "WhatsApp" como principal meio de obtenção de informação, seguido pela televisão, com 50%, "Youtube", com 49%, "Facebook", com 44%, sendo os sites de notícias utilizados por apenas 38%, e o rádio e os jornais impressos por 22% e 8%, respectivamente[319].

---

século XX e início dos danos 2000, havia "no mundo aproximadamente 120 milhões de computadores com acesso à Internet, sendo que o número de usuários deve, no futuro próximo, ultrapassar o limite de 200 milhões. Até julho de 1998, existiam na Alemanha, no Domínio de Primeiro Nível (Top-Level-Domain) 'de', 1,15 milhão de Hosts registrados". DLUSZTUS, Peter Kornelius. "A responsabilidade na Internet conforme as leis alemãs". In: SCHOUERI, Luís Eduardo (org.). *Internet: o direito na era virtual*, 2ª ed., Rio de Janeiro: Forense, 2001, pp. 295-318. p. 297.

[317] "TIC Domicílios". *In: Cetic.br*. Disponível em https://cetic.br/pt/tics/domicilios/2019/individuos/. Acesso em 06 de novembro de 2020.

[318] BODE, Leticia; VRAGA, Emily K. "Related news, that was wrong: the correction of misinformation through related stories functionality in social media". *In: Journal of Communication* [s.l.], v. 65, nº 4, 2015, pp. 619-638. Disponível em https://onlinelibrary.wiley.com/doi/abs/10.1111/jcom.12166. Acesso em 06 de novembro de 2020. p. 622.

[319] BRASIL. Congresso Nacional. "Redes Sociais, Notícias Falsas e Privacidade de Dados na Internet: mais de 80% dos brasileiros acreditam que redes sociais influenciam muito a opinião das pessoas", Brasília, 10 de dezembro de 2019. Disponível em https://www12.senado.leg.br/institucional/datasenado/publicacaodatasenado?

3. REDES SOCIAIS E "FAKE NEWS"

A produção da informação por fontes sem a adoção de critérios técnicos de objetividade e apuração serve como meio propício à desinformação ou má informação dos usuários, com possível repercussão negativa no conhecimento deles sobre os assuntos gerais, especialmente aqueles de cunho político[320].

Como já foi dito, a verdade absoluta, ao menos sob o enfoque tratado na filosofia, é algo inacessível, pois depende do ponto de vista do observador responsável pela narrativa. A verdade há de ser reputada como verossimilhança ou fidedignidade, e consubstancia o produto de relato fático construído a partir da adoção sistemática de critérios objetivos reiteradamente testados e confiáveis na apuração dos dados concretos[321], sobre os quais haja consenso social de adequação, com o afastamento máximo possível da influência do subjetivismo na elaboração desse procedimento, ainda que a isenção total seja inalcançável[322].

---

id=mais-de-80-dos-brasileiros-acreditam-que-redes-sociais-influenciam-muito-a-opiniao--das-pessoas. Acesso em 06 de novembro de 2020.

[320] "Despite these limitations, this study highlights notable relationships between social media use and political knowledge. The ideal goal for citizens in a democracy is to be politically sophisticated, allowing them to participate in societal decision-making. This analysis has shown that those who are most familiar with Facebook (those who have had accounts for longer periods of time) tend to have higher levels of political knowledge. It may be that as people become more familiar with Facebook, they become better equipped to sift through the vast quantities of information available on the social networking platform, making knowledge acquisition easier. Perhaps most importantly, however, we found evidence of negative relationships between both Facebook news consumption and Facebook news sharing on political knowledge, a finding that was replicated using more general measures of social media news consumption and sharing in a Pew dataset. This suggests that a greater reliance on social media and Facebook specifically for news might serve to depress knowledge levels". CACCIATORE, Michael A. [et al]. "Is Facebook Making Us Dumber?: exploring Social Media Use as a Predictor of Political Knowledge" In: *Journalism & Mass Communication Quartely* [s.l.], v. 95, nº 2, pp. 404-424, 2018. Disponível em https://journals.sagepub.com/doi/full/10.1177/1077699018770447. Acesso em 09 de outubro de 2020. p. 419.

[321] A necessidade de objetividade e imparcialidade na apuração dos fatos não é limitada à atividade jornalística, sendo compartilhada por outras áreas científicas do conhecimento, como as biológicas, exatas, história, geografia, sociologia dentre outras, e também a ciência jurídica, ainda que esteja também presente uma finalidade normativa de condicionamento da realidade, em que se permite ao jurista maior espaço para apreciações subjetivas, entretanto os dados factuais devem ser avaliados de maneira objetiva.

[322] "This points to something important about how the concept of reality is inextricably linked to the concept of truth, and how confusion over the concept of objectivity obscures this relationship. If we all accept the existence of a reality independent of thought, then what

INTERNET, *FAKE NEWS* E RESPONSABILIDADE CIVIL DAS REDES SOCIAIS

O consumo de notícias, ou mesmo de informações científicas, tem, ou ao menos tinha, como base a confiança na fonte, compartilhada pelos membros de uma comunidade específica, no sentido de que o produto de sua atividade espelha a realidade sobre os acontecimentos retratados, produzidos de acordo com padrões rígidos de investigação e aferição e que se afastam da mera opinião sobre determinado assunto. Essa confiança é construída e fortalecida à medida que os erros sejam isolados e não decorrentes de visões enviesadas, observando-se reiteradamente o procedimento referido.

Em tempos passados, o fornecimento de notícias era decorrência de forma quase única da atividade jornalística, concentrada em número reduzido de empresas de mídia, que, pelo caráter profissional na apuração dos fatos, acabavam por desfrutar da confiança da sociedade na qual estavam inseridas, eliminando os competidores que não fruíam do mesmo prestígio, principalmente pela falta de exercício criterioso da atividade, sem olvidar que circunstâncias econômicas também podiam ser influentes.

As mesmas considerações são válidas para a atividade científica, na qual também a produção, e mais importante, a discussão sobre as conclusões alcançadas eram restritas a um círculo técnico, disseminadas, após, ao público

---

is truth and what is objectivity? Let us deal with objectivity first. There is much confusion about this and the uses of terms such as 'objective reality' and 'objective truth' only add to the lack of clarity on this issue. Many of these confusions arise from some vagueness about the concept of objectivity itself. Objectivity can be understood as a noun that describes a process where decisions and/or judgements are based, as much as possible, on facts and not personal beliefs or feelings. Being objective means attempting, as much as is possible, to maintain an unbiased stance in making judgements. Absolute objectivity may not be attainable in practice, but academics should aspire to it. Thus, for example, it would be wrong for me to award additional marks for a student essay just because I know that that student supports the same football team as I do, just as it would be wrong for me to mark down a student who supports a football team I dislike. These, of course, are easy examples, and it is often difficult to distinguish the fact that you agree with the political conclusions of an essay from the overall judgement you form of the essay. Nonetheless, I believe all academics do aspire to this kind of objectivity, difficult as it may be to achieve. However, 'objective' is often used to mean something that is beyond dispute; the objective facts, for example; something beyond any and all doubt. We should not confuse the two uses. We aspire towards objectivity, understood as the attempt to not allow our biases to influence our research and judgements, but we can rarely if ever say with absolute certainty that we are in possession of the 'objective' facts". WIGHT, Colin. "Post-truth, postmodernism and alternative facts". *In*: *New perspectives*, Praga, v. 26, nº 3, 2018, pp. 17-29. Disponível em https://journals.sagepub.com/doi/abs/10.1177/2336825X1802600302. Acesso em 09 de outubro de 2020. p. 20.

3. REDES SOCIAIS E "FAKE NEWS"

geral, de maneira acabada, que a recebia na forma de tecnologia empregada concretamente ou como informação didática.

Os rumores, boatos ou falsas conclusões científicas sempre existiram, mas a sua disseminação limitava-se a certa comunidade específica, e, desde que tivessem relevância em termos de interesse público, sua confirmação ou negação era logo realizada pelos órgãos de imprensa ou pela comunidade científica e acadêmica.

Ademais, os erros no exercício das atividades jornalística e científico-acadêmica séria e comprometida, que gozassem de confiança no meio social, apesar de indesejáveis, inevitavelmente se faziam presentes[323]. Em regra, não

---

[323] "A informação equivocada, conhecida no jargão jornalístico como 'barriga', relaciona-se, ainda que não de forma direta, à busca incessante pelo 'furo', outro jargão que indica o fato apresentado em primeira mão (antes da concorrência, portanto) por algum veículo, especialmente no campo das hard news (programas jornalísticos de rádio e TV, portais de notícia e jornais diários). Um episódio bastante comentado entre jornalistas e nos principais cursos de jornalismo do Brasil foi o caso 'Escola Base'. Em 1994, uma instituição de ensino infantil da cidade de São Paulo se viu no centro de um escândalo envolvendo o suposto abuso sexual das crianças que frequentavam a escola. Antes do fim do inquérito policial e tendo como referência apenas as declarações de alguns pais e do delegado responsável pelo caso, vários veículos jornalísticos tornaram a informação pública, provocando uma onda popular de revolta contra os donos da escola, que foram obrigados a fechar o estabelecimento. Apesar da conduta reprovável e irresponsável da imprensa à época, o que ocorreu, nesse caso específico, foi um atropelo de informações sem as devidas comprovações – aliado, como é bom ressaltar, a uma certa dose de sensacionalismo por parte de alguns veículos. Ainda no campo do processo de apuração conduzido de forma inadequada, um outro episódio veio a público quando da campanha presidencial de 2002. Com um comício agendado na cidade de Palmas, no Tocantins, o então presidenciável José Serra teve que desmarcar a viagem que faria àquele estado por causa do mau tempo. Mas uma repórter da Agência Estado já havia produzido o texto sobre o evento a partir de dados prévios coletados junto à assessoria do político. Um erro interno, contudo, fez com que o texto fosse publicado sem que o fato tivesse realmente acontecido. Também, neste caso, nota-se um descuido dos jornalistas responsáveis, sem caracterizar um ato de produção de notícias deliberadamente falsas. Outro episódio de destaque, este mais recente, é o da suposta 'grávida de Taubaté'. Maria Verônica Aparecida, que morava na cidade do interior do estado de São Paulo, conseguiu notoriedade e ajuda financeira ao afirmar que estava grávida de quadrigêmeos. O que poderia ter ficado restrito ao anedotário local ganhou, entretanto, repercussão nacional, pois vários veículos jornalísticos apresentaram o caso como sendo verídico, sem que tenha havido a preocupação de averiguar se a situação era real – como foi descoberto pouco tempo depois, Maria Verônica usava uma barriga falsa de silicone para simular a gravidez. Os casos apresentados anteriormente podem ser atribuídos a vários fatores, alguns dos quais já citados. Imperícia do jornalista, imprudência, busca irresponsável pelo 'furo', pesquisa insuficiente e checagens inapropriadas (ou inexistentes)

INTERNET, *FAKE NEWS* E RESPONSABILIDADE CIVIL DAS REDES SOCIAIS

eram fruto de condutas de má-fé com o intuito de enganar o público ou causar danos a terceiros, pois, se ocorressem dessa forma, a reputação do órgão ou jornalista específico, e dos pesquisadores e instituições envolvidas seria minada, comprometendo o financiamento e desenvolvimento de ambas as atividades.

Os equívocos das pessoas naturais e jurídicas com reputação positiva resultavam, majoritariamente, da falha na utilização dos critérios objetivos necessários à averiguação da realidade fática, e tinham, como consequência, eventuais processos judiciais ou retratações públicas, bem como a revisão dos parâmetros utilizados no esclarecimento dos fatos, sem levarem à perda de confiabilidade do órgão que tinha conceito favorável, desde que pontuais.

A reiteração de erros ou a percepção de condutas enviesadas minavam o consenso social sobre a confiabilidade daquele ator específico, sem colocar em dúvida, porém, todo o ramo da atividade de apuração dos fatos.

De modo geral, a atividade jornalística e a científica não sofriam contestações generalizadas, somente em casos específicos em que se manifestassem as falhas na apuração fática, mas que não prejudicavam a continuidade do seu desenvolvimento e o monopólio na produção e circulação de informações às pessoas.

O jornalismo e a atividade científica podem conviver com as faltas, desde que sejam dos meios e isoladas, não resultantes do desvio da finalidade de escrutínio isento, o máximo possível, da realidade, para levá-la ao conhecimento do público.

Nos dias atuais, entretanto, o cenário apresenta-se bastante diverso. Os órgãos tradicionais de mídia também estão na Internet, todos possuindo portais que não se limitam a reproduzir os materiais veiculados pelos meios habituais próprios de cada qual, fornecendo outros tipos de conteúdos exclusivos e adaptados às funcionalidades que a rede oferece.

É o caso dos jornais impressos, que, em suas páginas na Internet, atualizam, ao longo do dia, as notícias que vão surgindo, além de ofertar maior

---

de dados fornecidos por entrevistados são alguns deles. E todos convergem, obviamente, para problemas relacionados ao exercício inadequado da profissão. Mas, como também já foi salientado, as 'barrigas' jornalísticas não devem ser confundidas com a fabricação deliberada de informações". PAIERO, Denise S; SANTORO, André C. T; SANTOS, Rafael F. "As fake news e os paradigmas do relato jornalístico". *In*: RAIS, Diogo (coord.). *Ob. cit.* pp. 51-59. p. 56.

3. REDES SOCIAIS E "FAKE NEWS"

interatividade aos leitores, que podem comentar os materiais postados e mesmo enviar conteúdos para disponibilização no sítio eletrônico[324].

Ainda que os órgãos tradicionais de mídia tenham grande importância no processo de informação da sociedade em geral, por intermédio dos recursos ordinários ou mesmo pela inserção na Internet, não detêm mais o monopólio no desenvolvimento desse processo.

Do mesmo modo, a pesquisa científica rompeu os muros da academia, sendo a sua produção e discussão levadas ao conhecimento do público antes da sua conclusão, por meio da Internet, fenômeno que acaba por engajar esse público no processo de obtenção dos resultados.

No atual momento de ampla utilização da Internet, pode, qualquer pessoa, sem mínima base técnica, ter acesso e divulgar dados científicos, de qualidade ou não, sendo viável também a criação e disseminação ampla de conteúdos como se científicos fossem, com informações fraudulentas, falsas, distorcidas ou manipuladas.

Antes mesmo da popularização das redes sociais, essa configuração já se apresentava, com as páginas pessoais e os chamados "blogs",[325] cuja criação e manutenção são extremamente facilitadas pela existência de plataformas previamente construídas por provedores de aplicações da Internet, sem a necessidade de que o responsável tenha grandes conhecimentos de informática.

Por meio de tais ferramentas, os usuários da Internet há muito têm ampla liberdade para elaborar e compartilhar os mais variados conteúdos, respeitantes a aspectos comezinhos da vida cotidiana até pontos mais delicados, como aqueles relacionados à agenda política de cada país.

Esses conteúdos podem ter tanto caráter opinativo, quanto narrativo de certos fatos, tudo ao bel-prazer do mantenedor do sítio eletrônico, que pode se preocupar ou não com a adoção de critérios objetivos de apuração ou da ilicitude da manifestação de certos posicionamentos, porque ofensivos aos direitos de outrem, sem nenhum controle editorial por parte dos hospedeiros.

---

[324] Cf., v.g., www.folha.com.br; www.estadao.com.br; www.nyt.com; www.corriere.it; www.lemonde.fr.

[325] Na definição do dicionário "Oxford", os "websites" tipicamente administrados por uma pessoa ou grupos pequenos de pessoas escritos de maneira informal. "Blog". *In: Oxford English and Spanish Dictionary, Thesaurus, and Spanish to English Translator*. Disponível em https://www.lexico.com/en/definition/blog. Acesso em 24 de junho de 2019.

Além dos usuários comuns, muitos jornalistas e cientistas de grande fama nos meios tradicionais, ou neófitos ganhando projeção na rede, mantêm páginas pessoais ou "blogs" pretensamente destinados à difusão da informação no exercício das atividades jornalística e científica, sendo característica marcante da maioria a possibilidade de interação por parte dos leitores e a consequente criação de espaços de discussão sobre o assunto específico tratado pelo autor do material, sistema replicado, como vimos, pelos órgãos tradicionais nas suas páginas na Internet.

Aliás, essa interatividade e reiterada colaboração na criação e aperfeiçoamento de materiais e de ferramentas no âmbito da rede é característica central do que se convenciona denominar "Web 2.0", termo originalmente cunhado por Tim O'Reilly[326], em que não se verifica, ainda, nenhum tipo de hierarquia entre os diversos usuários colaborativos[327], a possibilitar que inúmeras pessoas, até então marginalizadas no debate público, expressem suas ideias[328].

Esse fenômeno intensifica-se com o advento e a larga utilização das redes sociais, aplicações que possibilitam a criação de rede de relacionamentos interpessoais e compartilhamentos mútuos de materiais entre usuários selecionados ou mesmo a todos os demais, conforme as definições de uso estabelecidas por cada utilizador dos serviços.

Dentre as redes sociais mais importantes estão, atualmente, "Facebook", que permite a criação e compartilhamento de conteúdos escritos, sonoros, fotografias, vídeos; "Instagram", com base em vídeos e fotografias, servindo o material escrito como suporte; "Twitter", onde predomina o conteúdo escrito, limitado a certo número de caracteres em cada postagem realizada pelos usuários; "YouTube", plataforma de compartilhamento de vídeos, possibilitando

---

[326] "What is web 2.0: design patterns and business models for the next generation of software" [artigo eletrônico, s.l.], 30 de setembro de 2005. Disponível em https://www.oreilly.com/pub/a/web2/archive/what-is-web-20.html. Acesso em 24 de junho de 2019.

[327] RODEGUERI, Letícia Bodanese; RAMINELLI, Francieli Puntel; OLIVEIRA, Rafael Santos de. "Espaços de conversação: os blogs e a construção da ciberdemocracia no Brasil". *In: Revista Direitos emergentes na sociedade global*, Santa Maria, v. 1. nº 1, 2012, pp. 56-78. Disponível em https://www.academia.edu/3114122/ESPA%C3%87OS_DE_CONVERSA%C3%87%C3%83O_OS_BLOGS_EA_CONSTRU%C3%87%C3%83O_DA_CIBERDEMOCRACIA_NO_BRASIL. Acesso em 24 de junho de 2019. p. 63.

[328] GERBAUDO, Paolo. "Social media and populism: an elective affinity?". *In: Media, Culture & Society* [s.l.], v. 40, nº 5, pp. 745-753. Disponível em: https://journals.sagepub.com/doi/10.1177/0163443718772192. Acesso em 06 de novembro de 2020. p. 749.

3. REDES SOCIAIS E "FAKE NEWS"

aos usuários interação com tais materiais (compartilhamentos, curtidas, comentários); "Whastapp" e "Telegram" , que permitem a comunicação ponto a ponto entre os seus usuários, não só individualmente, mas também com a formação de grupos e compartilhamento em massa.

Muitos dos tradicionais órgãos de imprensa e jornalistas consagrados, assim como instituições científicas e pesquisadores, também se utilizam das redes sociais como meio para circulação do produto da atividade por eles desenvolvida[329]. Mas não só eles.

A facilidade de criação de perfis nas redes sociais e de compartilhamento de materiais favorece ainda mais o uso dessas aplicações por jornalistas independentes, que utilizam, na elaboração dos conteúdos noticiosos, os critérios consolidados de apuração dos fatos e de sua divulgação, bem como por cientistas e acadêmicos.

Entretanto, há usuários não profissionais que atuam na disseminação de conteúdos jornalísticos e científicos e outros na fabricação de materiais supostamente jornalísticos e científicos, sem os rigores técnico-profissionais, e contam, ainda, com outros utilizadores, incautos ou não, para impulsionar a circulação desses conteúdos.

A pandemia de "Sars-Cov-2" provocou aprofundamento da mencionada situação. Afloram na rede divulgadores científicos, vindos da academia ou meros entusiastas, tendo havido também ampliação e facilitação no acesso a publicações científicas[330]. Trabalhos científicos estão sendo disponibilizados antes de sua revisão, sob a forma de "preprints". Agiliza-se o processo de discussão técnica diante da premente necessidade, contudo permite-se aos leigos o compartilhamento de informações, muitas vezes ainda inacabadas e que sequer serão reputadas como fundadas e conclusivas posteriormente, ou com pontos de divergência, como é próprio da atividade científica em

---

[329] A Folha de São Paulo, contra essa tendência, deixou de publicar conteúdo no "Facebook" a partir de fevereiro de 2018. "Folha deixa de publicar conteúdo no Facebook", São Paulo, 8 de fevereiro de 2018. *In: Folha de São Paulo.* Disponível em https://www1.folha.uol.com.br/poder/2018/02/folha-deixa-de-publicar-conteudo-no-facebook.shtml

[330] Cf., v.g., *The New England Journal of Medicine.* Disponível em https://www.nejm.org/coronavirus?query=main_nav_lg; *Journal of the American Medical Association.* Disponível em https://jamanetwork.com/journals/jama. Ambos acessados em 30 de novembro de 2020.

constante desenvolvimento, sem filtros, levando à utilização de muitos dos dados de modo enviesado.

A circulação de qualquer material não se limita à rede social em que criado, pois muitos dos usuários estão em mais de uma, e, além disso, as pesquisas realizadas nos buscadores mais renomados, como "Google" ou "Bing", retornam, como resultados, esses conteúdos e permitem que qualquer pessoa os compartilhe por outro meio na Internet, em redes sociais ou outras páginas como fórum de debates, blogs, dentre outros.

Cria-se uma bolha digital, em que as mesmas informações circulam reiteradamente e, em última análise, poderão se perpetuar na rede, salvo se houver alguma decisão em contrário do provedor da aplicação ou ordem judicial, que pode ter alcance limitado, considerando a vastidão de locais em que os materiais alvo podem se situar na rede.

Tal cenário acaba por conferir as bases instrumentais necessárias para a construção e divulgação em larga escala das chamadas "fake news", fenômeno que está intimamente ligado também à cultura social da pós-verdade, neologismo empregado para descrever as atuais circunstâncias nas quais os fatos objetivos são menos importantes, na conformação da opinião pública, do que o apelo à emoção e a crenças pessoais[331].

O termo pós-verdade, aliás, apesar de ganhar projeção nos tempos atuais por bem caracterizar a era em que se vive, influenciada pela Internet, foi cunhado pela primeira vez em 1992, por Steve Tesich, que, ao analisar o momento político dos Estados Unidos após o "Watergate", a Guerra do Vietnã e a intervenção estadunidense no Golfo Pérsico, identifica o nascimento de um sentimento na população de certa aceitação da mentira como forma de proteção dos efeitos que a verdade pode acarretar, tudo isso, claro, impulsionado pelos próprios governantes[332]

Especificamente no que concerne aos dois episódios mais citados em relação às "fake news", eleição de Donald Trump e o Brexit, e a sua íntima ligação com a cultura social do pós-verdade, Silvio Genesini defende ser equivocado

---

[331] O termo foi descrito no Dicionário Oxford de Língua inglesa ("post-truth") e eleito como a palavra do ano de 2016. Cf. "Post-truth". *In: Oxford English and Spanish Dictionary, Synonyms, and Spanish to English Translator*. Disponível em https://en.oxforddictionaries.com/definition/post-truth. Acesso em 22 de fevereiro de 2021.

[332] TESICH, Steven. "A government of lies". *In: The Nation* [s.l.], nº 254, 1992, pp. 12-13.

3. REDES SOCIAIS E "FAKE NEWS"

considerar que esse fenômeno foi o causador principal de ambos os acontecimentos, porque tal conclusão deixa de considerar a realidade socioeconômica própria dos votantes dos dois países, além do que, segundo ele, anteriormente nunca se viveu em um mundo em que a verdade objetiva tenha prevalecido, e que esse novo fenômeno seja o responsável pela introdução da mentira no mundo[333].

Inegável que vários fatores contribuíram para esses acontecimentos[334], e que a mentira não seja monopólio de nossa época, tendo sido o uso das "fake news", porém, importante nos desfechos observados. Não obstante a mentira, especialmente na política, seja parte indissociável da história, a característica principal de nosso tempo de "pós-verdade" é o uso da fraude de maneira reiteradamente estruturada. Como nos pontua Matthew D'Ancona:

> as mentiras, as manipulações e as falsidades políticas enfaticamente não são o mesmo que a pós-verdade. A novidade não é a desonestidade dos políticos, mas a resposta do público a isso. A indignação dá lugar à indiferença e, por fim, à conivência. A mentira é considerada regra, e não a exceção, mesmo em democracias; como é o caso da Polônia, onde o partido nacionalista no poder, Prawo i Sprawiedliwość (Lei e Justiça), disseminou mentiras de modo rotineiro a respeito de homossexuais, de refugiados que espalhavam doenças e da colaboração entre comunistas e anticomunistas. Não esperamos mais que nossos políticos eleitos falem a verdade: isso, por enquanto, foi eliminado do perfil do cargo ou, no mínimo, relegado de forma significativa da lista de atributos requeridos[335].

Esse movimento não se restringe somente à política, abrangendo a experiência humana como um todo. Há fusão entre crença e conhecimento, com a

---

[333] GENESINI, Silvio. "A pós-verdade é uma notícia falsa". *In: Revista USP*, nº. 116, 2018. pp. 45-58, 2018. São Paulo: ECA/USP. Disponível em: https://www.revistas.usp.br/revusp/article/view/146577/140223. Acesso em 23 de julho de 2020. pp. 47-48.

[334] Giuliano Da Empoli retrata que a forma de populismo atual que se vale de mecanismos como as "fake news" tem raízes no cenário da política italiana. "Os engenheiros do caos", trad. Arnaldo Bloch, São Paulo: Vestígio, 2020. pp. 27-41.

[335] D'ANCONA, Matthew. "Pós verdade", trad. Carlos Szlak, 1ª ed., Barueri: Faro Editorial, 2018. pp. 34-35.

relativização de tudo, e forja-se um processo de desencantamento geral com as bases consensuais existentes.

Os "experts" sobre os diversos assuntos são vistos com desconfiança, na medida em que eles desempenham a delicada tarefa de retratar a realidade, por mais dura que seja, da forma mais objetiva possível, independentemente das preocupações e aspirações sociais, apontando soluções plausíveis de acordo com as premissas, ao invés de outras revolucionárias, sem compromisso com a exequibilidade. Além disso, há uma percepção de que esse grupo técnico seja elitista e pouco responsabilizado pela validação de suas ações[336], sentimento aprofundado por aqueles que desejam capturar o debate público pela emoção, falando às pessoas, em geral, aquilo que desejam ouvir.

Propagam-se os fatos alternativos, nada mais que uma suposta versão da realidade construída a partir de nenhuma espécie de base consensual objetiva, que têm nas "fake news" e na desinformação o seu instrumento mais poderoso. Apresentam-se, retoricamente, como resposta ao "establishment", representado pelo jornalismo, políticos tradicionais, acadêmicos, cientistas, "experts" de um modo geral, desacreditado a partir do aprofundamento da percepção de serem os responsáveis pelo atual estado de coisas, retratado como uma catástrofe, ainda que, na história a humanidade, não tenha conhecido grau de desenvolvimento social e econômico parelho. A verdade é tratada como mero instrumento de dominação criado pelas elites estabelecidas, ponto que está associado ao impulsionamento das mais absurdas teorias da conspiração.

Nos tempos atuais de pandemia de coronavírus, a crença geral do público na verdade produzida sobre os consensos metodológicos da produção jornalística e científica foi substituída pela busca de informações que servissem como válvulas de escape positivas à complexa e dramática situação vivenciada.

Soluções milagrosas e relativizações sobre a gravidade da pandemia, sem qualquer demonstração técnica, ganharam popularidade, além das contestações infundadas acerca de medidas profiláticas adotadas, como o distanciamento social e a utilização de máscaras, partindo tanto da população, quanto de profissionais de saúde e das autoridades governamentais de alguns países.

---

[336] PICCIOTO, Robert. "Is evaluation obsolete in a post-truth world". *In: Evaluation and program planning* [s.l.], v. 73, pp. 88-96, 2019. Disponível em https://www.sciencedirect.com/science/article/pii/S014971891830329X. Acesso em 13 de outubro de 2020. p. 89.

3. REDES SOCIAIS E "FAKE NEWS"

Fala-se na existência de uma "infodemia", ou seja, um afluxo massivo de informações contraditórias, muitas fraudulentas, originadas de fontes diversas sem nenhum cabedal técnico, com sérios danos à saúde mental e física das pessoas[337].

Contribui para o fortalecimento desse fenômeno o declínio financeiro da atividade jornalística, com a eliminação de competidores, a demanda crescente por imediatismo na produção de notícias, a aprofundar a rápida circulação de informações corretas ou não e o aumento da verborragia emocional nos materiais circulantes na Internet, com vistas a engajar de maneira mais acentuada os destinatários.

Ademais, tem peso relevante o número de pessoas que são economicamente beneficiadas com a utilização massiva de algoritmos computacionais pelas redes sociais e mecanismos de buscas, fator que contribui para a identificação das preferências pessoais dos usuários e a disponibilização de materiais de

---

[337] "The biggest problem is in determining which news to trust. Even a pandemic can be used as a political battle, where some will recommend social isolation while others recommend doing nothing that will stop the economy. Who is right, the ones who recommend chloroquine or those who tell you to take your antipyretic medicine and stay home if you have mild symptoms? It is not uncommon to see hundreds of daily texts, videos and even scientific publications in social media groups defending each argument. We are living not just in a pandemic, but also in an 'infodemic' where fake news is becoming more common. These messages and texts always start the same way: they feature a physician, nurse, surgeon, or other authority figure who shares advice—such as holding your breath as a COVID-19 confirmation test, or taking vitamins to decrease the possibility of infection. It is understandable that we all want to protect our families and friends and that the lack of answers regarding this new disease increases the level of anxiety in society. It seems as though evidence of the highest level is not as important as social media experts' texts that are broadly shared on the Internet. Fake news also leads to racism and xenophobia toward Chinese people. In Japan, discrimination against Chinese nationals has become widespread: visitors from China have been called bioterrorists, dirty, and insensitive. Fake news has led desperate Japanese people to besiege pharmacies to buy surgical masks. In Brazil, a similar phenomenon took place with chloroquine, even though scientific studies showed no clear benefits of the use of the drug to treat the COVID-19 infection. It is almost impossible to log in to your social media accounts and not see a suspect text or message on any of these topics". LIMA, Diego Laurentino; LOPES, Maria Antonieta Albanez A. de Medeiros; BRITO, Ana Maria. "Social media: friend or foe in the COVID-19 pandemic?". *In: Clinics*, São Paulo, v. 75, e. 1953, 2020. Disponível em https://www.clinicsjournal.com/article/social-media-friend-or-foe-in-the--covid-19-pandemic/. Acesso em 05 de novembro de 2020. p. 01.

acordo com elas, com a criação de grupos cada vez mais fechados a ideias opostas, em um sistema de retroalimentação pernicioso[338].

Constata-se que o processo de produção e circulação das "fake news", e de desinformação em geral, de alguma maneira, busca emular os padrões das atividades jornalística e científica tradicionais, ainda que colocando em xeque sua credibilidade, para angariar a confiança da comunidade alvo acerca da veracidade de determinada asserção.

A popularização da descrição desvirtuada dos fatos com finalidades das mais variadas depende do ataque, a qualquer custo, aos órgãos tradicionais de apuração da realidade, porque eles, além de serem competidores na atividade de produção de informação, representam um perigo aos próprios alicerces da construção das "fake news".

O sucesso das "fake news" se ancora na crença das pessoas em sua veracidade, e, se alguém confiável segundo o consenso social impugna essa veracidade, gerando dúvida e descrédito, há um desmoronamento claro de tais notícias. Então, a reputação desses sujeitos fiscalizadores e o consenso sobre a verdade devem ser descontruídos, pois, materialmente, já que não são fruto de procedimentos objetivos consagrados, as "fake news" não se sustentam.

Porém, uma imprensa e ciência fortes não são os únicos antídotos contra as "fake news", porque os mecanismos que fazem as pessoas acreditarem nelas são muito mais complexos.

Além disso, atribuir à mídia e a outros órgãos tradicionais o papel de única fonte moral da verdade ignora a nova realidade de descentralização da produção de conhecimento e informação surgida, em que a participação dos sujeitos se mostra ativa, em contraposição à passividade que a atividade tradicional designa e que, em certa medida, configura-se como antidemocrática para os padrões atuais.

Jornalistas, acadêmicos, cientistas, intelectuais têm sua parcela de culpa no ganho de força desse movimento ao invocarem o monopólio do conhecimento nas áreas específicas sem se adaptarem à nova realidade, em atitude iluminista, e ao deixarem de tentar compreender as raízes profundas que levam grande

---

[338] BAKIR, V., & MCSTAY, A. "Fake News and the Economy of Emotions: Problems, Causes, Solutions". *In*: *Digital Journalism* [s.l.], v. 6, nº 2. pp. 154-175, 2018. Disponível em https://www.tandfonline.com/doi/full/10.1080/21670811.2017.1345645?needAccess=true. Acesso em 29 de março de 2019. pp. 157-158.

parte das pessoas a aderir a esse movimento de "pós-verdade"[339], e como a desinformação de fato se propaga. O absolutismo da liberdade de expressão

[339] "Widespread public disenchantment with the state of the world is relatively recent. It contrasts with the widespread triumphalism that characterized the early phases of the mid--20thcentury globalization phenomenon. The implosion of the Soviet Union in 1989 consolidated the hold of market led development doctrines. As a result, power migrated from government to private corporations. Capital crossed borders and the new information technologies combined with trade liberalization allowed the creation of efficient complex supply chains reliant on cheap labour located at the periphery. Fuelled by open trade regimes, the international development enterprise launched in the middle of the twentieth century proved an outstanding success, Emerging market countries reaped enormous benefits from export led economic policies. This induced major shifts in wealth patterns. The developmental states became the engine of global growth and the North-South model of international relations that lumped together emerging middle-income economies with low-income and vulnerable least-developed countries became an anachronism. However, politics remained fragmented across states as national economies became closely interconnected. Thirteen developing countries have been growing for 25 years or more at an average annual rate of seven percent or more using export-led strategies. At this rate, their incomes double every decade. China's gross domestic product already exceeds Japan's.By the year 2020, Brazil's GDP will overtake that of France, and Mexico will replace Italy as the world's 10th largest economy. Underlying these advances has been the dominance of the development idea within emerging market states. By contrast, Western economies have grown slowly. This asymmetrical development process has translated into a gradual but inevitable economic convergence with the western industrial economies. The current post-truth predicament is rooted in the legacy of these trends. They culminated in the 2008 financial crisis when predatory bankers used opaque and worthless financial instruments on such a scale that the entire global financial system collapsed and had to be rescued by massive taxpayer funded bailouts. The consequences of the 2008 financial debacle were especially severe for western countries where millions of citizens lost their homes. A worldwide depression took hold. According to the World Bank, 47–84 million people fell into or became trapped in extreme poverty because of the crisis and an additional 64 million became poor by 2010 and about 28 million people lost their jobs as deteriorating macro-economic and financial conditions dampened economic prospects and impeded job creation worldwide. The catastrophic crisis destroyed the intellectual dominance of free market economics. In parallel, the dark side of globalization came into view as vested interests asserted tighter control over national economic and social policies. PICCIOTTO, Robert. *Ob. cit.* pp. 90-91. Entretanto, a redução do fundamento do impulso inicial deste movimento do pós-verdade, captado pelo populismo, ao aspecto meramente econômico não explica com exatidão a situação no contexto global dos países além das democracias dos países ricos ocidentais, havendo outros fatores agregados e que variam conforme a localidade: "[w]hile this may well be the case in contemporary Western nations, if we look further afield other potential factors immediately arise. For instance, in crime-ridden societies such as the Philippines, Brazil, or Mexico, a 'populism of fear' can sometimes prevail over strictly economic or cultural concerns. During ethnographic research in the Philippines, Curato (2017)

é defendido, e o esclarecimento da população é colocado como única arma capaz de frear os discursos ilícitos[340], argumentos que, isolados, são ineficazes ao enfrentamento do problema.

Angeliki Monnier, analisando como as "fake news" foram debatidas nos principais jornais franceses, Le Monde (de centro), Le Figaro (de direita) e Libération (de esquerda), entre a eleição do presidente Donald Trump, em 8

found that Rodrigo Duterte's electoral success was largely due to his 'penal populism'. This was based on two mutually reinforcing political logics: 'the politics of anxiety and the politics of hope'. Curato takes issue with simplistic dismissals of populist leaders and their voters, for example, Hillary Clinton's 'basket of deplorables' label to refer to Trump supporters. My own informal conversations with Filipinos and Filipinas from different walks of life suggest that even some liberal cosmopolitans are quietly in sympathy with Duterte's harsh handling of drug-related crime. In many localities and countries around the world, the fight against crime can become an ecumenical issue that brings together otherwise disparate constituencies around a perceived existential threat. I observed this first-hand during anthropological fieldwork in the Kuala Lumpur suburb of Subang Jaya, where crime remained a local political staple throughout the 2000s and beyond. The same applies to the fear of terrorism, a fear that is unevenly distributed around the world (e.g. high in Europe, the United States and the Middle East; low in Latin America and the Caribbean). Right-wing populist leaders in countries repeatedly struck by terrorists will often bank on this existential concern for their political fortunes. Therefore, in most countries and localities, the roots of neopopulism are likely to be thick tangles of economic, cultural, existential, and other factors yet to be thoroughly investigated. These factors are not always directly traceable to 'the neoliberal system' except at a high level of abstraction in that in today's world order all roads lead, as it were, to Washington, DC (and Silicon Valley)". POSTILL, John. "Populism and social media: a global perspective". In: Media, Culture & Society [s.l.], v. 40, nº 5, 2018, pp. 754-765. Disponível em https://journals.sagepub.com/doi/full/10.1177/0163443718772186. Acesso em 06 de novembro de 2020. pp. 756-757. No Brasil, o aspecto econômico teve peso importante, mas um pouco atrasado em comparação ao restante do mundo, eis que a deterioração econômica foi observada a partir de 2014, com importante repercussão na classe média, principalmente. Além disso, é possível identificar o combate à criminalidade crescente como bandeira importante, assim como o desgaste ocasionado por sucessivas acusações de corrupção contra o Partido dos Trabalhadores, e seus aliados, ocupante da cadeira presidencial desde 2003. A pauta conservadora-religiosa teve, igualmente, papel relevante.

[340] No Brasil, recente iniciativa do Conselho Nacional de Justiça, agregando diversas entidades dos mais variados setores, inclusive de mídia, com limitação ao âmbito de atuação do Poder Judiciário, direciona-se ao objetivo de alertar as pessoas ao perigo que representam as "fake news" e instruir aquelas à identificação destas, para combater a sua circulação. BRASIL. Conselho Nacional de Justiça. "Painel de checagem de fake news". Disponível em https://www.cnj.jus.br/programas-e-acoes/painel-de-checagem-de-fake-news. Acesso em 25 de junho de 2019. A educação, o esclarecimento pela checagem dos fatos são instrumentos relevantes, porém reduzir a solução do problema da desinformação a eles é inadequado, como se tratará.

3. REDES SOCIAIS E "FAKE NEWS"

de novembro de 2016, até a sua posse, em 20 de janeiro de 2017[341], identificou a existência de 30 artigos, categorizados em três tipos: descritivos, a narrar episódios ocorridos de circulação das "fake news" ou suas características; normativos, em que se discutem as medidas contra as "fake news"; e reflexivos, que tratam centralmente do papel da mídia diante do fenômeno[342].

A autora chega à conclusão de que a posição dos órgãos de mídia na França frente às "fake news" é no sentido de que apenas o jornalismo sério pode combater de maneira eficaz tal fenômeno, todavia critica essa visão, pois estabelece constatação simplista da realidade e ignora outros fatores que reforçam o fenômeno e falha no principal, qual seja reforçar o poder individual de crítica das pessoas no processo de discussão pública[343].

Isso é visto com certa frequência no Brasil, em que todo e qualquer controle judicial da atividade jornalística, ainda que legalmente adequado e que busque evitar danos mais severos a direitos tão importantes quanto a liberdade de expressão, é tratado como censura pelos órgãos de imprensa e pelos próprios órgãos judiciais que eventualmente venham revisar as decisões das instâncias inferiores, ainda que de censura propriamente dita não se trate, como já foi analisado.

Assim, percebe-se que o fenômeno de criação e circulação das "fake news" e da desinformação é complexo e multifatorial, dependendo o seu enfrentamento da construção de conceito claro das "fake news", da compreensão dos mecanismos que levam as pessoas a aderirem a elas, das características atuais dos processos comunicativos e da consequente propositura de medidas que intentem combatê-las de maneira ajustada a esses elementos primordiais.

Soluções jurídicas simplistas e ortodoxas, baseadas em categorias e ideais construídos com base em realidade "offline", delineada de modo totalmente diverso, não são aptas a afastar ou atenuar os efeitos deletérios que esse fenômeno, sobretudo na Internet, ocasiona aos direitos de terceiros e da sociedade.

Identificar a realidade que o torna poderoso e facilita a sua produção e divulgação é um primeiro passo, como se fez até o presente momento.

---

[341] "Narratives of the Fake News Debate in France". *In: IAFOR – Journal of Arts & Humanities*, Nagoya, v. 5, nº 2, 2018, pp. 3-22. Disponível em https://iafor.org/journal/iafor-journal-of-
-arts-and-humanities/volume-5-issue-2/article-1/. Acesso em 17 de abril de 2019. pp. 04-05.
[342]

[343] *Idem.* p. 15.

Cabe, nos próximos itens, entender o que sejam as "fake news" realmente, e tentar elaborar um conceito que abarque os seus traços principais e, a partir daí, analisar o modo de sua disseminação e quais tipos de abordagem podem ser mais eficazes na luta contra esse problema, notadamente no âmbito da responsabilidade civil.

3.4. Conceito de "fake news"

A campanha das eleições presidenciais de 2016, nos Estados Unidos da América, representou a escalada das "fake news" e da desinformação, com claro cunho propagandista dos principais candidatos, Hilary Clinton e Donald Trump, ainda que se possa identificar maior proeminência da utilização das "fake news" favoráveis a esse último, ao menos no "Twitter"[344]. Na campanha das eleições presidenciais de 2020 o cenário repetiu-se[345].

Donald Trump, aliás, pela utilização frequente das redes sociais na comunicação de sua campanha[346], acabou por estimular a propagação das "fake news",

---

[344] Cf. BOVET, Alexandre; MAKSE, Hernán A. "Influence of fake news in Twitter during the 2016 US presidential election". *In: Nature Communications.* v. 10. 2019. Versão eletrônica disponível em https://www.nature.com/articles/s41467-018-07761-2. Acesso em 26 de junho de 2019.

[345] GEORGACOPOULOS, Christina; MORES, Grayce. "How Fake News Could Impact the 2020 Presidential Election. *In: Fight Fake News, Lousiana State University* [s.l.], agosto de 2020. Disponível em https://faculty.lsu.edu/fakenews/elections/twenty.php; Acesso em 05 de novembro de 2020. "Tracking Viral Misinformation", *In: New York Times*, vários locais e datas. Disponível em https://www.nytimes.com/live/2020/2020-election-misinformation--distortions. Acesso em 05 de novembro de 2020.

[346] Veja-se, porém, que o potencial da comunicação via Internet para fins eleitorais foi identificado muito antes, com outras bases, pelo então candidato Barack Obama: "but it was not just Obama's presence on social media that ensured his victory. His political messaging and image branding very much reflected the world of social media. Obama was keen to share his tastes in popular music and television shows. He shared photos of himself in everyday settings. He demonstrated his command of hipster humour and irony, poking fun at himself and never taking himself too seriously. His amiable personality boosted his appeal among the young audience of Facebook users. His interviews and speeches were peppered with memorable, witty lines that were easily disseminated on YouTube. His friendships with numerous celebrities, including Beyoncé, Jay-Z, Bruce Springsteen, Ellen DeGeneres and Oprah Winfrey, demonstrated his unprecedented cool factor. He appeared on The Daily Show with Jon Stewart, a rite of passage for any candidate hoping to establish their credibility with the new

3. REDES SOCIAIS E "FAKE NEWS"

gerando situações no mínimo constrangedoras a sua oponente[347]. Houve investigação para avaliar a participação da Rússia nesse quadro, possivelmente interessada no resultado, tal como ocorrido[348].

Caso bastante rumoroso e que demonstra o potencial danoso das "fake news", além do mero convencimento deturpado dos eleitores, envolveu notícia que acusava Hilary Clinton de participar de uma rede de pedofilia internacional. Após informação de que um encontro dessa organização seria realizado em uma pizzaria de Washington, um homem armado invadiu o local, ameaçando empregado que estava ali em serviço, que conseguiu fugir e chamar a polícia. Nenhum encontro havia, muito menos existia a organização criminosa[349].

Na mesma época, o processo de consulta popular sobre a permanência do Reino Unido na União Europeia sofreu forte influência do mesmo fenômeno, assim como a eleição presidencial na França, logo depois, no início de 2017, principalmente contra o posteriormente eleito Emmanuel Macron[350].

---

generation of young voters. Obama was not an ordinary kind of political candidate. Voting for Obama was like voting for class president, a candidate whose sheer coolness and hipness certified his political ethos. Indeed, Obama's coolness was his credibility". HANNAN, Jason. "Trolling ourselves to death? Social media and post-truth politics". *In: European Journal of Communication* [s.l.], v. 33, nº 2, 2018, pp. 214-216. Disponível em https://journals.sagepub.com/doi/abs/10.1177/0267323118760323. Acesso em 09 de novembro de 2020. p. 218.

[347] O'DONOGHUE, Rachel. "Does Hillary Clinton have CANCER? Rumors rife of terminal illness". *In: Daily Star* [s.l.], 16 de setembro de 2016. Disponível em http://www.dailystar.co.uk/news/latest-news/544999/hillary-clinton-cough-collapse-lung-cancer-september-11--remembrance-pneumonia. Acesso em 22 de fevereiro de 2021.

[348] Cf. série especial de reportagens do New York Times sobre o tema. "Russian Hacking and Influence in the U.S. Election". *In: New York Times*, vários locais e datas. Disponível em https://www.nytimes.com/news-event/russian-election-hacking. Acesso em 26 de junho de 2019.

[349] SILVERMAN, Craig. "How The Bizarre Conspiracy Theory Behind 'Pizzagate' Was Spread". *In: Buzzfeed* [s.l.], 05 de dezembro de 2016. Disponível em https://www.buzzfeed.com/craigsilverman/fever-swamp-election. Acesso em 26 de junho de 2019.

[350] "As eleições presidenciais francesas também se tornaram alvo de destaque na mídia internacional logo após a eleição de Trump. Rapidamente se percebeu que as fake news eram um fenômeno cujo impacto se manifestava com força para além das fronteiras americanas. O candidato à presidência Emmanuel Macron foi o principal alvo da 'indústria de fake news', que disseminou boatos falsos acerca de sua orientação sexual. O ataque também envolveu o vazamento de e-mails fraudulentos que mostravam supostas evidências de atos criminais realizados pelo presidenciável e sua campanha, incluindo evasão fiscal e fraude eleitoral". MACEDO, Ronaldo Porto. *Ob. cit.* p. 131.

No Brasil, em 2014, muito antes da popularização do termo "fake news", notícia foi postada em perfil do "Facebook", relatando que uma mulher estaria sequestrando crianças para utilização em rituais de magia negra, com a colocação de um retrato falado e de uma fotografia da suposta criminosa. Incitado pelo relato, um grupo de pessoas espancou até a morte Fabiane Maria de Jesus[351]. Porém, inexistiam os crimes noticiados, bem como a fotografia e o retrato falado não tinham nenhuma semelhança entre si e tampouco com Fabiane[352].

Em nosso país, as "fake news" foram armas utilizadas em larga escala na recente campanha eleitoral do ano de 2018 pelos apoiadores dos candidatos. Os parâmetros são quase sempre os mesmos, emulação dos padrões de notícias verdadeiras com dados falsos ou distorcidos, tom emotivo, em favor de um dos candidatos, ou catastrófico contra os oponentes[353], forma chamativa, de fácil leitura e tendente à viralização.

O Tribunal Superior Eleitoral, à época do escrutínio, tentou adotar medidas contra as "fake news", como a criação de página específica para esclarecimento de informações falsas[354] e esforço para julgamento rápido das ações judiciais eleitorais que tivessem como objeto tal tema[355].

---

[351] ROSSI, Mariane. "Mulher espancada após boatos em rede social morre em Guarujá, SP". *In: G1*, Santos, 05 de maio de 2014. Disponível em http://g1.globo.com/sp/santos-regiao/noticia/2014/05/mulher-espancada-apos-boatos-em-rede-social-morre-em-guaruja-sp.html. Acesso em 26 de junho de 2019.

[352] CARPANEZ, Juliana. "Veja o passo-a-passo da notícia falsa que acabou em tragédia em Guarujá". *In: Folha de São Paulo*, São Paulo, 27 de setembro de 2018. Disponível em https://www1.folha.uol.com.br/cotidiano/2018/09/veja-o-passo-a-passo-da-noticia-falsa-que-acabou--em-tragedia-em-guaruja.shtml. Acesso em 26 de junho de 2019.

[353] GRAGNANI, Juliana. "Um Brasil dividido e movido a notícias falsas: uma semana dentro de 272 grupos políticos no WhatsApp". *In: BBC Brasil*, Londres, 05 de outubro de 2018. Disponível em https://www.bbc.com/portuguese/brasil-45666742. Acesso em 26 de junho de 2019.

[354] BRASIL. Tribunal Superior Eleitoral. "Fake News: TSE lança página para esclarecer eleitores", Brasília, 11 de outubro de 2018. http://www.tse.jus.br/imprensa/noticias-tse/2018/Outubro/fake-news-tse-lanca-pagina-para-esclarecer-eleitores-sobre-a-verdade. Acesso em 27 de junho de 2019.

[355] *Idem*. "TSE atuou com celeridade no julgamento de processos sobre fake news durante as Eleições 2018", Brasília, 16 de novembro de 2018. http://www.tse.jus.br/imprensa/noticias--tse/2018/Novembro/tse-atuou-com-celeridade-no-julgamento-de-processos-sobre-fake--news-durante-as-eleicoes-2018. Acesso em 27 de junho de 2019.

3. REDES SOCIAIS E "FAKE NEWS"

O assunto ainda acarreta inquietação e continua a merecer atenção da Corte Eleitoral, tendo sido promovido, no mês de maio de 2019, em parceria com a União Europeia, seminário específico sobre as "fake news" e eleições[356] e, mais recentemente, firmado compromisso com o "Facebook" para evitar a disseminação de conteúdo ilícito de cunho eleitoral pelo "WhatsApp" nas eleições municipais de 2020, como também com os provedores da principais redes sociais no que concerne ao pleito de 2022[357].

O uso político das "fake news" desvirtua o debate público, com a adoção de estratégias cada vez mais apelativas e fraudulentas, em detrimento da objetividade que a retratação dos fatos deveria observar e diante da relevância dos interesses em jogo, que vão além das questões ideológicas e envolvem o destino de todas as pessoas de determinado país.

Há claro risco à democracia, que depende enormemente da honestidade na apuração dos relatos fatuais, para que as críticas a certas condutas e as soluções possíveis sejam construídas de maneira clara, objetiva, proporcional e razoável.

No panorama da saúde, as "fake news" turbinam os movimentos antivacinas. Dentre essas informações falsas, estão as que as vacinas causam autismo, trazem mais efeitos colaterais que benefícios, e as doenças abarcadas estão quase erradicadas, a tornar a vacinação desnecessária[358]. O ganho de força desse tipo de movimento acarreta inegável retrocesso na medicina, com o reaparecimento de doenças até então consideradas erradicadas ou bem controladas[359].

---

[356] *Ibidem*. "TSE realiza seminário internacional sobre fake news, com apoio da União Europeia", Brasília, 1º de abril de 2019. http://www.tse.jus.br/imprensa/noticias-tse/2019/Abril/tse-e-uniao-europeia-realizam-seminario-internacional-sobre-fake-news. Acesso em 27 de junho de 2019.

[357] BRASIL. Tribunal Superior Eleitora. "Veja as novidades nos acordos de parceria do TSE com as plataformas digitais", Brasília, 18 de fevereiro de 2022. https://www.tse.jus.br/imprensa/noticias-tse/2022/Fevereiro/veja-as-novidades-nos-acordos-de-parceria-do-tse-com-as-plataformas-digitais. Acesso em 19 de abril de 2022.

[358] BRASIL. Ministério da Saúde. "Saúde sem fake news". Disponível em https://antigo.saude.gov.br/fakenews/?_ga=2.195406698.750582237.1611612984-45212789.1608577196&filter-search=vacina%C3%A7%C3%A3o&start=10. Acesso em 25 de janeiro de 2021.

[359] HUSSAIN A; ALI S; AHMED M; HUSSAIN S. "The Anti-vaccination movement: a regression in modern Medicine". *In: Cureus* [s.l.], v. 10, nº 7, 2018, pp. 1-8. Disponível em https://www.ncbi.nlm.nih.gov/pmc/articles/PMC6122668/pdf/cureus-0010-00000002919.pdf. Acesso em 26 de junho de 2019. p. 3.

Durante a pandemia de coronavírus, relatou-se a profusão de informações fraudulentas circulantes na rede, emulando notícias ou conteúdos científicos, utilizando-se, neste último caso, ainda, de estudos não revisados ou inconclusivos para a defesa de certos fármacos ou condutas.

Mesmo com o caos social e econômico instalado e sem a existência de um tratamento comprovadamente eficaz contra a doença, o próprio movimento antivacinação ganha reforço e visibilidade[360]. Há considerável número de pessoas que se opõem a receber qualquer tipo de vacina contra a COVID-19, ou oriunda de certo país, como a China[361], sem nenhuma base técnica para tal oposição até o momento de redação deste trabalho.

Estudo recente, realizado com base em 126.000 notícias compartilhadas no "Twitter" entre os anos de 2006 e 2017, demonstra que as "fake news" nessa plataforma são difundidas muito mais rapidamente e alcançam um número significativamente maior de pessoas do que notícias reputadas como verdadeiras, observando-se que, dentre as asserções fraudulentas, aquelas de cunho político espalham-se de forma ainda mais rápida e ampla do que as demais. E isso graças não somente aos robôs, ainda que eles potencializem

---

[360] CARDOSO, Thais. "Grupos antivacina mudam foco para covid-19 e trazem sérios problemas à saúde pública". *In*: *Jornal da USP*, Ribeirão Preto, 31 de março de 2021. Disponível em https://jornal.usp.br/ciencias/ciencias-da-saude/grupos-antivacina-mudam-foco-para-covid-19-e-trazem-serios-problemas-a-saude-publica/. Acesso em 05 de novembro de 2020; ALBUQUERQUE, Luciana. "Com fake news, discurso antivacina se espalha nas redes". *In*: *Portal Fiocruz* [s.l.], 08 de setembro de 2020. Disponível em https://portal.fiocruz.br/noticia/com-fake-news-discurso-antivacina-se-espalha-nas-redes. Acesso em 05 de novembro de 2020.

[361] Pesquisa Datafolha realizada em agosto de 2020 mostrava que 89% dos brasileiros queriam receber uma vacina contra a COVID-10, ao passo que, no início de setembro, pesquisa IBOPE retratava que tal índice seria de 75%, apenas. Ainda que provenientes de institutos diversos, a diferença encontrada nos diversos momentos é estatisticamente relevante, sendo bastante provável que tenha havido mesmo queda na adesão da população a uma vacina. "Pesquisa nacional". *Instituto Datafolha*, 08 a 10 de dezembro de 2020. Disponível em http://media.folha.uol.com.br/datafolha/2020/12/14/ad8a599a43kj9u94hu9hv9u94j99no278vc.pdf. Acesso em 25 de janeiro de 2021; CAMBRICOLI, Fabiana. "Um em cada quatro brasileiros resiste à ideia de tomar vacina contra a covid-19". *In*: *O Estado de São Paulo* [s.l.], 05 de setembro de 2020. Disponível em https://saude.estadao.com.br/noticias/geral,um-em-cada-quatro-brasileiros-resiste-a-ideia-de-tomar-vacina-contra-a-covid-19,70003427273. Acesso em 25 de janeiro de 2021.

3. REDES SOCIAIS E "FAKE NEWS"

o compartilhamento de conteúdos em geral, não especificamente das "fake news", mas à atividade humana de maneira preponderante[362].

Confirmando a percepção sobre a ameaça que representam as "fake news", pesquisa realizada pelo "Pew Research Center" mostra que 50% da população dos Estados Unidos consideram esse um grande problema, em quinto lugar na lista das maiores preocupações, à frente dos crimes violentos e do terrorismo. Também, 68% dos estadunidenses acreditam que elas impactam de modo relevante a confiança nas instituições governamentais, e 79% creem que medidas devem ser tomadas para limitar as "fake news"[363].

No Brasil, em pesquisa realizada pelo Instituto de Pesquisas Sociais, Políticas e Econômicas (Ipespe) em conjunto com a Federação Brasileira de Bancos, com resultados divulgados em 1º de outubro de 2020, revelou-se que 86% dos entrevistados revelam algum grau de preocupação com as "fake news", sendo que 54% possuem grande preocupação. Ainda, para 66% das pessoas, as medidas governamentais de combate são insuficientes, e 51% dos entrevistados afirmaram sempre checar a veracidade de notícias, além de 39% terem alegado que somente às vezes realizam tal tarefa[364].

Apesar da larga verificação desse fenômeno, não é tarefa fácil distinguir, de forma precisa, o que vem se convencionando chamar de "fake news", termo que serve não à conceituação de um elemento específico e bem delimitado da realidade, como outras categorias, mas abarca verdadeiro fenômeno social apresentado de muitas formas no atual contexto.

---

[362] VOSOUGHI, Soroush; ROY, Deb; ARAL, Sinan. "The Spread of true and false News online". *In: Science* [s.l.], v. 359, 2018, pp. 1146-1151. Disponível em https://science.sciencemag.org/content/sci/359/6380/1146.full.pdf. Acesso em 26 de junho de 2019. pp. 1.147-1.5150. Para os fins da pesquisa, notícias foram consideradas verdadeiras por meio da checagem realizada por seis agências independentes e desde que de 95 a 98% delas confirmassem a veracidade de cada material analisado. p. 1.146.

[363] MITCHELL, Amy [et al]. "Many americans say made-up News is a critical problem that need to be fixed". *In: Pew Research Center* [s.l.], 05 de junho de 2019. Disponível em https://www.journalism.org/2019/06/05/many-americans-say-made-up-news-is-a-critical-problem--that-needs-to-be-fixed/. Acesso em 26 de junho de 2019.

[364] "Brasil Online". *In: Observatório Febraban (IV)*, setembro de 2020. Disponível em https://cmsportal.febraban.org.br/Arquivos/documentos/PDF/200926_iD_%20 OBSERVAT%C3%93RIO%20FEBRABAN%20IV_%20SETEMBRO%202020%20%23BRA-SILONLINE_final.pdf. Acesso em 17 de novembro de 2020.

Os estudiosos do tema, oriundos dos mais variados campos do conhecimento, como psicologia, comunicações, economia, direito, estabelecem conceituações distintas do fenômeno.

A tradução literal da expressão para o português, notícias falsas, pouco explica a amplitude e complexidade do fenômeno e serve a provocar inclusive confusão com outros tipos de descrições maliciosas da realidade e que se referem a aspectos diversos, como os boatos, que há muito permeiam a nossa vida e não caracterizam um acontecimento novo e particular próprio do atual momento histórico.

O termo "fake news" não se vincula à atividade da imprensa tradicional[365], apesar da narrativa em contrário de governantes com tendências autoritárias[366]. Abarca uma série de materiais circulantes que, a despeito de se apresentarem como notícias de fatos, distanciam-se do exercício do jornalismo profissional, da atividade científica e outras congêneres, por serem produzidos sem a finalidade de aferição da realidade de maneira objetiva e não possuírem como cerne a informação.

A par das eventuais limitações que o termo "fake news" traz, ele se consagrou, fazendo parte da realidade brasileira e mundial, nas mais diversas sociedades, e é útil à captação de um fenômeno potencialmente danoso e que

---

[365] Em visão de cunho mais idealista sobre o papel do jornalismo, Carla de Araújo Risso argumenta contrariamente à utilização do termo "fake news", na medida em que algo não pode ser reputado como notícia se produzida deliberadamente para enganar, com o afastamento dos parâmetros objetivos da atividade jornalística. Não concordamos com essa afirmação, pois notícias são retratos de alguém sobre a realidade, agregando-se o fator fraude ou "fake" exatamente para assinalar que tal retrato se distancia de parâmetros objetivos. Cf. RISSO, Carla de Araújo. "Tipologia da desinformação e a difusão de conteúdo enganoso nas eleições de 2018". *In*: COSTA, Cristina; BLANCO, Patrícia (org). *Liberdade de Expressão: questões da atualidade*. São Paulo: ECA-USP, 2019, pp. 67-83. Disponível em http://www.livrosabertos.sibi.usp.br/portaldelivrosUSP/catalog/book/408. Acesso em 23 de julho de 2020. pp. 68-69.

[366] Em países onde vigoram regimes autoritários, pela falta de um ambiente aberto e público de debate, as "fake news" servem como instrumento secundário dos governos, dando suporte a outras formas de intimidação e sanção com vistas a afastar as narrativas contrárias aos seus interesses. AHMED, K. Anis. "Bangladesh: Direct Control of Media Trumps Fake News". *In: The Journal of Asian studies*, Cambridge, v. 77, nº 4, 2018, pp. 909-922. Disponível em https://www.cambridge.org/core. Acesso em 1º de fevereiro de 2019. p. 919.

3. REDES SOCIAIS E "FAKE NEWS"

demanda regulamentação[367]. Representa o ápice de um quadro mais amplo de poluição informativa[368], ou desinformação, como vem sendo referido no Brasil.

Em vernáculo, poder-se-ia tentar a utilização de notícias fraudulentas, pois a fraude engloba mais aspectos do que a mera mentira ou falsidade, entretanto julgou-se ser mais adequado o uso da afamada expressão em língua inglesa, evitando-se discrepâncias no ponto de partida do entendimento do tema, cuja análise é bastante controversa[369].

---

[367] Expressando certas ressalvas em relação ao termo: "it is tempting to dismiss 'fake news' as a fake concept. The scope of the term is unclear and there is little coherence among the different types of expression that it potentially encompasses. This means that it is of very limited use as an umbrella term. But it would be prudent not to dismiss the term outright, for it is not going to go away in a hurry. It is very much a live issue on the agendas of the Council of Europe, the European Union and the OSCE. Moreover, accusations of peddling 'fake news' can stigmatize and undermine critical media and erode public trust and confidence in the Fourth Estate. These are very good reasons to avoid the term (or at least to keep it within scare quotes) and ignore the false fears it evokes. Instead, the focus needs to be on how to tackle the real concerns lurking behind the term". MCGONAGLE, Tarlach. "'Fake news': false fears or real concerns". *In: Netherlands quarterly of human rights* [s.l.], v. 35, nº 4, 2017, pp. 203-209. Disponível em https://journals.sagepub.com/doi/full/10.1177/0924051917738685 #articleCitationDownloadContainer. Acesso em 09 de novembro de 2020. p. 209. Em nosso estudo o termo somente está entre aspas por ser em língua inglesa.

[368] Abordagem interessante foi proposta por Claire Wardle e Hossein Derakhshan, a fim de melhor enquadrar o fenômeno de poluição informativa em sua globalidade, considerando ainda que o termo "fake news" está sendo usurpado por políticos para atacar a imprensa: "[i] n this report, we refrain from using the term 'fake news', for two reasons. First, it is woefully inadequate to describe the complex phenomena of information pollution. The term has also begun to be appropriated by politicians around the world to describe news organisations whose coverage they find disagreeable. In this way, it's becoming a mechanism by which the powerful can clamp down upon, restrict, undermine and circumvent the free press. We therefore introduce a new conceptual framework for examining information disorder, iden-tifying the three different types: mis-, dis- and mal-information. Using the dimensions of harm and falseness, we describe the differences between these three types of information: ■ Mis-information is when false information is shared, but no harm is meant. ■ Dis-information is when false information is knowingly shared to cause harm. ■ Mal-information is when genuine information is shared to cause harm, often by moving information designed to stay private into the public sphere". WARDLE, Claire; DERAKHSAN Hossein. "Information disorder: toward an interdisciplinary framework for research and policy making". *Council of Europe report*, Strasbourg, 2017. Disponível em https://rm.coe.int/information-disorder--toward-an-interdisciplinary-framework-for-researc/168076277c. Acesso em 10 de novembro de 2020. p. 5. As "fake news", tal como defendido neste trabalho, dizem respeito aos conteúdos inverídicos com risco de produção de dano, inserindo-se no conceito de "mis-information".

[369]

INTERNET, *FAKE NEWS* E RESPONSABILIDADE CIVIL DAS REDES SOCIAIS

As "fake news" não se caracterizam somente por trazer informações falsas[370]. Elas podem veicular dados verdadeiros, não obstante descontextualizados, ou ainda distorcidos, exagerados ou diminuídos.

Costuma-se associar as "fake news" à Internet[371] ou mesmo às redes sociais, de maneira mais particular. Sem dúvidas, por serem as redes sociais atualmente o principal meio de comunicação interpessoal, superando outros, inclusive a televisão, verifica-se que o modo como o debate se realiza nela tem inegável repercussão na criação e fortalecimento de um ambiente favorável ao espraiamento das "fake news", em que prevalece a "trollagem"[372] como fio condutor das comunicações. Nesse cenário, a popularidade e o engajamento grupal rivalizam com as evidências como paradigmas de apuração da realidade[373].

Porém, ainda que a rede se apresente como ambiente favorável à propagação das "fake news" atualmente[374], nada impede que sua circulação ocorra

---

[370] Em sentido diverso: "'[f]ake news' refers to untrue stories, factually warped reports, or otherwise nonexistent events which represent 'statements of fact' as being real, that is, not parody or some form of opinion, in a pseudo-journalistic manner. The most fundamental element of fake news is th at the stories make ssertions which are not based on objectively verifiable fact. This sort of 'reporting' shall be referred to as fake news regardless of whether its deceptiveness arises intentionally, knowingly, or recklessly". KRASKI, Ryan. *Ob. cit.* pp. 923-924.

[371] "For purposes of this article, **we define 'fake news' as the online publication of intentionally or knowingly false statements of fact**". KLEIN. David O; WUELLER, JOSHUA. "Fake News: a legal perspective". *In: Journal of Internet Law* [s.l.], v. 20, nº 10, apr. 2017, pp. 6-13. Disponível em https://papers.ssrn.com/sol3/papers.cfm?abstract_id=2958790. Acesso em 20 de agosto de 2017. p. 6

[372] Derivada da gíria da Internet em língua inglesa "troll", que se refere à atividade de se manifestar na rede com a intenção de irritar ou ofender alguém, com vistas a aborrecer, chamar atenção ou mesmo causar tumultuo, e àquele que pratica estas condutas. "Troll". *In: Cambridge Dictionary.* Disponível em https://dictionary.cambridge.org/dictionary/english/troll. Acesso em 09 de novembro de 2020.

[373] "In a discursive economy in which the basic unit of currency is a status update, popularity often carries more persuasive power than the appeal to impersonal fact. Indeed, being too factual, being too thorough and meticulous in a disagreement on social media, is a recipe for 'tl;dr' ('too long; didn't read'). Lengthy, detailed disquisitions do not fare very well against short, biting sarcasm. They also do not fare well against comments that, however inane, rack up a far greater number of likes. In the mental universe of social media, truth is a popularity contest. And if a troll amasses a substantial following, that popularity can be put to malicious ends, including pushing falsehood as truth and responding to criticism with merciless abuse". HANNAN, Jason. *Ob. cit*, p. 220.

[374] BAKIR, V., & MCSTAY, A. *Ob. cit.* p. 1.

3. REDES SOCIAIS E "FAKE NEWS"

por outras formas[375], não sendo possível integrar aquele vínculo, pertinente, mas não necessário, ao próprio conceito de "fake news".

A produção e divulgação das "fake news" na Internet mostram-se fulcrais, na medida em que se discute a responsabilidade dos usuários e provedores de aplicações, especialmente de redes sociais. Mas a forma de compartilhamento, nesse caso, mesmo que relevante para identificação do regime jurídico aplicável, não determina o conteúdo próprio do conceito de "fake news", composto por outros elementos.

Resumir as "fake news" unicamente como afirmações, no mínimo, distorcidas da realidade que simulam os instrumentos utilizados pelos meios tradicionais não se mostra suficiente. Ainda que a utilização de simulacros de padrões jornalísticos e científicos, no sentido de retratação de fatos, seja um dos fatores que integram o conceito de "fake news", a consideração isolada desse elemento é falha, porque não possibilita separar de tal categoria eventuais erros ocorridos no exercício das atividades mencionadas ou tipos de material diversos como humorísticos, em que não existe a finalidade de enganar os destinatários acerca da realidade.

Desse modo, há de ser agregado à definição das "fake news" um elemento volitivo dos seus produtores e impulsionadores iniciais, no sentido de que a sua construção tem como objetivo ludibriar grande número de pessoas, seu público-alvo, criando nelas falsas crenças sobre determinados fatos ou pessoas, por motivos ideológicos, econômicos, políticos, quaisquer que sejam.

Limita-se esse fator de vontade à origem, porque muitos dos posteriores compartilhadores não possuem a intenção de ludibriar terceiros, ainda que se possa discutir até que ponto é admissível a omissão deliberada na checagem dos fatos.

Conforme já tratado, muitos se utilizam da expressão para qualificar erros, concretos ou supostos (relativos a modos de noticiar que desagradam os alvos das reportagens) dos atores tradicionais. Mas tais erros não são produzidos, na maior parte das vezes, com alguma intenção deliberada de enganar, circunstância que os afasta do conceito de "fake news".

---

[375] RINI, Regina. "Fake News and partisan epistemology". *In: Kennedy Institute of Ethics Journal*, Washington, v. 27, nº 2 Supplement, 2017, pp. 43-64. Disponível em https://muse.jhu.edu/. Acesso em 19 de fevereiro de 2019. p. 45.

Essas ressalvas são importantes para evitar, ao máximo possível, a censura de materiais produzidos no exercício legítimo da liberdade de expressão e de informação que não trazem, em seu bojo, nenhuma desonestidade.

Não se está dizendo que eventuais equívocos jornalísticos não devam ser alvo de impugnação quando acarretem prejuízos, todavia eles devem ser tratados com maior cautela, afastando-se a sua aferição dos parâmetros aplicados às "fake news", cuja percepção se remete à distorção da realidade e à intenção maliciosa.

As "fake news" são projetadas e postas à circulação de forma sistematizada a enganar os receptores em grande volume[376]. Não é a mera veiculação intencional de fatos ao menos distorcidos que, por si só, as caracterizam, mas o seu desenho com vistas a alcançar a finalidade de ludibriar um público indeterminado. São as "fake news" destinadas à viralização.

Desse modo, as "fake news" podem ser definidas como os relatos sobre determinados fatos ou pessoas, produzidos com distorção da realidade em diversas maneiras e postos à circulação por meios que visam a simular os mecanismos usados pelos veículos tradicionais de apuração da realidade sem, contudo, seguir os critérios de investigação objetivos consagrados, distribuídas primariamente pela Internet, através das redes sociais, destinadas à viralização com a finalidade de criar, em um grande número de pessoas e de maneira rápida, falsa crença sobre fatos ou pessoas, independentemente dos motivos dos seus autores.

Segundo Derek Bambauer, Jane R. Bambauer e Mark Verstraete, as "fake news" podem ser divididas em diferentes gêneros, de acordo com a intenção e finalidade de seu emissor. Podem consubstanciar, em linhas gerais, sátira, com finalidade econômica, ainda que indireta, mas sem a intenção de enganar os leitores; "hoaxes", com o mesmo fim, porém com o intuito de ludibriar os receptores; propaganda, com a finalidade de promover uma causa política ou ponto de vista, induzindo ao erro o leitor; e "trolagem", com a intenção de enganar o destinatário para fins humorísticos[377].

---

[376] GELFERT, Alex. "Fake News: a definition". *In: Informal Logic* [s.l.], v. 38, nº 1, 2018. pp. 84-117, Disponível em https://informallogic.ca/index.php/informal_logic/article/view/5068/4350. Acesso em 5 de maio de 2019. pp. 102-103.

[377] "Identifying and Countering Fake News". *In: Arizona legal studies, Discussion paper nº 17-15*, Tucson, 2017, pp. 1-34. Disponível em http://dx.doi.org/10.2139/ssrn.3007971. Acesso em 7 de outubro de 2017. pp. 5-6.

Nos termos do conceito aqui elaborado, essa classificação é falha, ao inserir material que não traz a intenção de ludibriar, elemento-chave, como visto, para qualificação das "fake News".

A categorização proposta por Claire Wardle revela-se mais consentânea com os termos aqui sustentados e abarca uma extensa gama de formas de apresentação das "fake news". Para referida autora, as "fake news", sempre trazendo em seu âmago o projeto de enganar, podem ser divididas em sátiras ou paródias, sem intenção de causar danos, conteúdo distorcido, material impostor, em que fontes verdadeiras são contrafeitas, conteúdo fabricado, ou seja, material totalmente falso e destinado a prejudicar, falsa conexão, quando manchetes ou imagens não correspondem ao conteúdo principal, material descontextualizado e conteúdo genuíno manipulado[378].

Apenas se retirariam a sátira e a paródia dessa classificação, pois não são produzidas com a finalidade precípua de enganar os destinatários das mensagens, mas de criticar, chocar, fazer rir, incomodar.

3.5. A disseminação das "fake news" nas redes sociais e a necessidade de controle prévio

A comunicação humana e a crença sobre os relatos são fundadas no testemunho das pessoas com quem nos relacionamos de alguma forma, íntima ou não, de acordo com certos padrões de trocas interlocutórias existentes em dada comunidade.

O processo de comunicação é facilitado pela comunhão de afinidades entre os participantes, porque esse fator indica, de maneira primária, aos sujeitos envolvidos que os pertencentes a determinado grupo compartilham das mesmas ideias gerais em termos morais. Assim, o indivíduo enxerga no outro com ele mais identificado padrões "corretos" de julgamento sobre os fatos, eis que condizentes com os seus próprios, e tende a dar maior credibilidade ao que lhe é comunicado por aquele[379].

---

[378] "Fake News. It's complicated". *In: First Draft* [s.l.], 16 de fevereiro de 2017. Disponível em https://firstdraftnews.org/fake-news-complicated/. Acesso em 27 de junho de 2019.
[379] MÜLLER, Johannes; TELLIER, Volker Hösel Aurélien. "Filter bubbles, echo chambers, and reinforcement: tracing populism in election data" [artigo eletrônico]. *In: Cornell University,*

Apesar de a adesão de alguém a determinada corrente ideológica facilitar a propagação de ideias e informações disseminadas dentro dos respectivos grupos, isso por si só não revela a concordância "prima facie" e irrestrita da pessoa aos paradigmas ali defendidos. Essa anuência depende da intensidade do grau prévio de afinidade do sujeito com o grupo adepto de certa corrente[380]. Tal assertiva ajuda a explicar por que algumas pessoas repassam mais "fake news" do que outras, mesmo que pertençam, autodeclaradamente, ao mesmo campo ideológico.

Tanto no mundo analógico quanto no mundo digital, o cenário acima descrito se verifica, havendo o que se costuma denominar caixas de ressonância ("eco chambers"), nas quais os mesmos tipos de ideias circulam de forma repetitiva e indefinida dentro de um grupo, com pouca permeabilidade a expressões que se originem de grupos contrapostos com reduzida ou nenhuma afinidade ideológica. Nesse contexto, ideias e condutas previamente estabelecidas são reforçadas constantemente, existindo pouca alteração nos modos comportamentais e de comunicação. Essa situação é aprofundada no contexto digital das redes sociais, pela facilidade de ligação das pessoas com outras sem necessidade de proximidade física ou prévia ligação familiar, de amizade, ou outros tipos de relações sociais que acabam por forçar os sujeitos a terem contato com outras cujas crenças sejam diversas[381].

A arquitetura tecnológica das redes sociais, desenhadas com base em algoritmos, que visando à maior interação por parte dos usuários, buscam personalizar essas redes a partir da captação de suas preferências, favorece a criação das chamadas bolhas de filtro ("filter bubbles"), nas quais as pessoas são expostas a conteúdos identificados com suas experiências anteriores e

---

Physics: Physics and Society [s.l.], 2020. Disponível em https://arxiv.org/abs/2007.03910. Acesso em 12 de novembro de 2020. pp. 11-12.

[380] PETERSEN, Michael Bang., GIESSING, Ann., NIELSEN, Jesper. "Physiological responses and partisan bias: beyond self-reported measures of party identification". *In*: *PLOS ONE*, San Francisco, v. 10, nº 5, 2015, pp. 01-09. Disponível em https://doaj.org/article/576c7523f04c41 2db2c0377ba5d3d2ef. Acesso em 20 de fevereiro de 2019.

[381] SINDERMAN, Cornelia [et al]. "Age, gender, personality, ideological attitudes and individual differences in a person's news spectrum: how many and who might be prone to 'filter bubbles' and 'echo chambers' online?" [artigo eletrônico]. *In*: *Helyon* [s.l.], v. 6, nº 1, 2020. Disponível em https://www.sciencedirect.com/science/article/pii/S2405844020300591?via%3Dihub. Acesso em 12 de novembro de 2020. p. 2.

3. REDES SOCIAIS E "FAKE NEWS"

preditos pelos algoritmos como desejados, sem que os usuários tenham aderido expressamente e possuam conhecimento claro desses mecanismos de seleção[382].

Mesmo havendo alguma divergência na literatura acerca do tema[383], de forma predominante e mais recente as evidências e estudos sobre o assunto demonstram que tais bolhas filtrantes intensificam as caixas de ressonância e a polarização e facilitam a disseminação das "fake news", que possuem, em seu bojo, o reforço de certas opiniões ao invés do retrato objetivo da realidade. Entretanto, os provedores podem adotar estratégias tecnológicas para a

[382] PARISER, Eli. "The filter bubble: how the new personalized web is changing what we read and how we think" [livro eletrônico], New York: Penguin, 2011. pp. 8-9.

[383] "What is the effect of such technological changes on ideological segregation? On one hand, with more options, individuals may choose to consume only content that accords with their previously held beliefs. Commentators such as Sunstein (2009) have thus predicted the rise of 'echo chambers' in which individuals are largely exposed to conforming opinions. Indeed, in controlled experiments, subjects tend to choose news articles from outlets aligned with their political opinions (Garrett 2009; Iyengar and Hahn 2009; Munson and Resnick 2010). Additionally, search engines, news aggregators, and social networks are increasingly personalizing content through machine-learning models (Agichtein, Brill, and Dumais 2006; Das et al. 2007; Hannak et al. 2013), potentially creating "filter bubbles" (Pariser 2011) in which algorithms inadvertently amplify ideological segregation by automatically recommending content an individual is likely to agree with. Moreover, individuals are more likely to share information that conforms to opinions in their local social neighborhoods (Moscovici and Zavalloni 1969; Myers and Bishop 1970; Spears, Lea, and Lee 1990; Schkade, Sunstein, and Hastie 2007). If realized, such information segregation is a serious concern, as it has long been thought that functioning democracies depend critically on voters who are exposed to and understand a variety of political views (Downs 1957; Baron 1994; Lassen 2005). On the other hand, Benkler (2006) and others have argued that increased choice and social networks lead to greater exposure to diverse ideas, breaking individuals free from insular consumption patterns (Obendorf et al. 2007; Goel, Hofman, and Sirer 2012). Providing evidence for this view, Messing and Westwood (2012) show that social endorsements increase exposure to heterogeneous perspectives. Relatedly, Goel, Mason, and Watts (2010) show that a substantial fraction of ties in online social networks are between individuals on opposite sides of the political spectrum, opening up the possibility for diverse content discovery. Moreover, in the context of music consumption, Hosanagar et al. (2013) find that personalized recommendation systems increase withinuser diversity. Taken together, these results suggest that technologies like web search and social networks reduce ideological segregation". FLAXMAN, Seth; GOEL, Sharad; RAO, Justin M. "Filter bubbles, echo chambers, and online news consumption". *In: Public Opinion Quarterly* [s.l.], v. 80, número especial, 2016, pp. 298–320. Disponível em https://academic.oup.com/poq/article/80/S1/298/2223402. Acesso em 12 de novembro de 2020. p. 299.

mitigação desse fenômeno[384], a confirmar a necessidade de seu engajamento compulsório na tarefa de restrição dos discursos ilícitos.

Conceito bastante difundido na área da psicologia e das comunicações é aquele relacionado à percepção do indivíduo sobre como terceiros reagem negativamente a determinada situação ("Third-person perception, TPP"), em comparação a si mesmo. No caso das "fake news", esse conceito é relevante para identificar de que modo as pessoas tendem a enxergar em terceiros a suscetibilidade à manipulação de acordo com as características desses reputadas pelos indivíduos analisados.

Recente estudo, considerando que o aumento da TPP se identifica com o incremento da percepção dos indivíduos sobre a suscetibilidade de terceiros às "fake news", chegou às seguintes conclusões: as pessoas tendem a reputar os pertencentes a outros grupos políticos como mais influenciados por "fake news" do que eles mesmos e os componentes de seu próprio grupo; o aumento da percepção do caráter indesejável das "fake news", assim como o grau de identidade ao grupo aprofunda a TPP; o incremento da TPP aumenta o apoio às medidas de esclarecimento contra as "fake news", porém não o suporte à regulação jurídica[385].

Esses dados confirmam a existência de caixas de ressonância, nas quais as informações criadas em determinado ambiente ideológico tendem a ali permanecer, com a adesão dos indivíduos a essas informações de forma acrítica, baseada na afinidade pessoal e nas ideias subjacentes ao conteúdo disseminado.

As pessoas, de modo geral, como visto, enxergam nos terceiros pertencentes a outros espectros ideológicos uma alta suscetibilidade às "fake news" em contraposição à percepção individual em níveis mais baixos e, por isso, pensam que a restrição legal das "fake news" ocasiona limitação excessiva de sua liberdade de expressão pessoal, preferindo a educação dos "terceiros

---

[384] V.g.. *Idem.* p. 318; CHITRA, Uthsav; MUSCO, Christopher. "Understanding Filter Bubbles and Polarization in Social Networks" [artigo eletrônico]. *In: Cornell University, Computer Science: Social and Information Networks* [s.l.], 2019. Disponível em https://arxiv.org/abs/1906.08772v1. Acesso em 12 de novembro de 2020; SINDERMAN, Cornelia [et al]. *Ob. cit.*; além de outros citados no presente trabalho.

[385] JANG, S. Mo.; KIM, Joon K. "Third person effects of fake News: fake news regulation and media literacy interventions". *In: Computers in Human Behavior* [s.l.], nº 80, 2018, pp. 295-302. Disponível em: www.elsevier.com/locate/comphumbeh. Acesso em 30 de janeiro de 2019.

3. REDES SOCIAIS E "FAKE NEWS"

enganados", o que "resolveria o problema" e não acarretaria sacrifício de seus direitos[386].

A própria imprensa, academia e intelectuais agem da mesma maneira, como já se tratou, ao invocarem o monopólio do conhecimento em suas respectivas áreas de atuação e defenderem que, por si só, o desenvolvimento de sua atividade irá proteger os terceiros incautos contra a desinformação, deixando de apoiar medidas limitadoras da liberdade de expressão, que seriam mais efetivas.

Outro estudo na área da psicologia social[387], com análise de grupo heterogêneo de pessoas, buscava avaliar, em resumo, três fatores que pudessem influenciar na percepção sobre a veracidade de uma afirmação, ainda que falsa: prévia exposição e repetição; advertência sobre a não confiabilidade da informação; e posicionamento ideológico.

Como conclusão geral, fora possível perceber que a prévia exposição e repetição do acesso a um determinado conteúdo representa elemento importante no sentido de criar nos indivíduos a percepção de que aquela informação é efetivamente confiável, mesmo se favorável a grupo ideológico contrário ao do observador, sem anular, porém, a relevância do fator de pertencimento.

Além disso, os efeitos positivos da advertência sobre a não confiabilidade daquele conteúdo são pequenos, neutralizados pela prévia exposição e repetição daquela informação específica, ainda que, em termos gerais e em longo prazo, essas advertências possam levar as pessoas a serem um pouco mais criteriosas acerca da aferição da legitimidade de uma informação.

Em suma, as pessoas tendem a acreditar mais facilmente nas informações originadas de grupos com os quais tenham afinidade mais profunda, porém, possui forte impacto no estabelecimento na crença, ainda, a prévia e intensa exposição ao conteúdo tratado, fator que parece ter mais influência nos indivíduos com menor ligação a qualquer grupo.

Assim, as "fake news" podem ser utilizadas de acordo com ambos os mecanismos, tanto para reforçar as convicções internas nos grupos, quanto para

---

[386] *Idem.* p. 300.
[387] PENNYCOOK, Gordon; CANNON, Tyrone D.; RAND, Dvid. G. "Prior exposure increases perceived accuracy of fake News". *In: Journal of experimental psychology: general*, v. 147, nº 12, 2018, pp. 1865-1880. Disponível em http://dx.doi.org/10.1037/xge00004651865. Acesso em 31 de janeiro de 2018.

capturar a atenção e crença dos sujeitos menos vinculados a qualquer grupo ou ideologia.

Por outro lado, tem relevância, igualmente, a forma de construção das "fake news" no processo de sua disseminação.

O nível de engajamento de determinado conteúdo produzido e disseminado na Internet é avaliado a partir da análise da interação dos usuários com o material estudado, sendo tais informações conhecidas como parâmetros de "viralidade"[388]. No jargão da Internet, com base nessa métrica, um viral é tido como conteúdo que gera alta interação e consequente disseminação, havendo certas características que facilitam esse processo de "viralização".

Do ponto de vista das características formais, o apelo emocional de determinado conteúdo facilita a sua "viralização", inclusive sob o aspecto do convencimento do destinatário, especificamente se relacionado a sentimentos de estímulo como a raiva, o ódio e a ansiedade, assim como, dentro desse espectro, conteúdos com mensagens mais positivas tendem a ser mais virais[389]. Da mesma maneira, conteúdos relacionados a assuntos cotidianos e/ou com finalidades práticas mais concretas são mais virais[390], bem como os que portam elementos visuais mais chamativos[391].

A análise do modo de construção das "fake news" circulantes na rede revela que se valem do tipo de estruturação formal mencionado. São construídas, invariavelmente, tendo por base elementos de impacto visual forte e imediato, com informações relacionadas a situações que estejam em voga em

---

[388] KIM, Ji Won. "They liked and shared: effects of social media virality metrics on perceptions of message influence and behavioral intentions". *In: Computers in Human Behavior* [s.l.], v. 84, 2018, pp. 153-161. Disponível em https://www.sciencedirect.com/science/article/abs/pii/S0 747563218300360#:~:text=Results%20revealed%20that%20high%20shares,message%20 influence%20on%20the%20self. Acesso em 09 de novembro de 2020. p. 153.

[389] BERGER, Jonah; MILKMAN, Katherine L. "What makes online content viral?". *In: Journal of Marketing Research* [s.l.], v. 49, nº 2, 2012. pp. 192-205. Disponível em https://journals.sagepub. com/doi/10.1509/jmr.10.0353. Acesso em 09 de novembro de 2020. p. 201.

[390] BERGER, Jonah; MILKMAN, Katherine L. "The science of sharing and the sharing of science". *In: Proceedings of the National Academy of Sciences,* Washington, v. 111, suplemento nº 4, 2014, pp. 13642-13649. Disponível em https://www.pnas.org/content/111/Supplement_4/13642. Acesso em 09 de novembro de 2020. p. 13.642

[391] TUCKER, Catherine E. "The reach and persuasiveness of viral ads". *In: Marketing Sciences* [s.l], v. 34, nº 2, 2015, pp. 281-296. Disponível em https://pubsonline.informs.org/doi/10.1287/ mksc.2014.0874. Acesso em 09 de novembro de 2020. p. 294.

3. REDES SOCIAIS E "FAKE NEWS"

determinado momento ou ainda referentes a dados que se mostrem úteis às pessoas no dia a dia, como remédios infalíveis para determinadas doenças ou modos facilitados de ganhar dinheiro, por exemplo. Ainda, buscam disparar gatilhos emocionais nas pessoas, apelando a sentimentos de estímulo, como o ódio e o otimismo.

Essas caraterísticas, associadas aos mecanismos de psicologia social envolvidos na disseminação das "fake news", demonstram que a abordagem proposta por uma parcela dos estudiosos de esclarecimento das pessoas por um processo de checagem dos fatos é insuficiente no controle da desinformação e dos prejuízos que essa pode acarretar aos indivíduos e à sociedade[392].

Portanto, a melhor maneira de combater as "fake news" é primariamente evitar rapidamente a sua disseminação, o que perpassa pela adoção de mecanismos prévios de identificação eficientes por parte dos provedores de serviços da Internet, especificamente de redes sociais, sendo imperioso que eles sejam engajados normativamente em tal tarefa, na medida em que o modelo de negócios não os incentiva a tanto.

As medidas de educação digital, legalmente previstas no Marco Civil da Internet[393], e de checagem dos fatos, apesar de relevantes, são, no primeiro caso, estratégia de longo prazo e, no segundo, ineficientes se isoladas, e podem servir mesmo como reforço das "fake news" e da polarização nas caixas de ressonância, por suas fontes serem exatamente os órgãos cuja legitimidade é questionada pelos criadores do processo de desinformação.

Ainda, deve haver transparência por parte dos provedores quanto aos critérios de personalização, bem como de controle das "fake news", a fim de que tanto os usuários quanto a coletividade conheçam que tipo de direcionamento de uso está sendo efetuado e em que medida os critérios usados para identificar, assinalar e remover as "fake news" são consentâneos com aqueles

---

[392] "It would be naïve to think that fact-checking can somehow contain the problem of fake news. The problem, I want to suggest, is much deeper. A focus on the dominant media of our age can go a long way not only in explaining the proliferation of fake news but also the political tribalism currently tearing democratic societies apart at the seams". HANNAN, Jason. *Ob. cit.* p. 224.

[393] "Art. 26. O cumprimento do dever constitucional do Estado na prestação da educação, em todos os níveis de ensino, inclui a capacitação, integrada a outras práticas educacionais, para o uso seguro, consciente e responsável da internet como ferramenta para o exercício da cidadania, a promoção da cultura e o desenvolvimento tecnológico".

INTERNET, *FAKE NEWS* E RESPONSABILIDADE CIVIL DAS REDES SOCIAIS

paradigmas objetivos de apuração dos fatos e não meros instrumentos de consolidação de certas posições ideológicas[394].

No caso de serviços de comunicação interpessoal que não estão sujeitos a tal tipo de "algoritimização", como o "WhatsApp" e o "Telegram", as soluções são um pouco diversas.

Quanto às conversas ponto-a-ponto entre dois indivíduos, assemelham--se às comunicações telefônicas, ou por e-mail, não tendo, de modo isolado, potencial para disseminação ampla de "fake news", devendo o caráter privado ser garantido, sem o mesmo tipo de controle prévio exigido às redes sociais abertas[395].

Todavia, as comunicações grupais que permitem compartilhamentos de conteúdos em massa nesses serviços afastam-se de tal modelo interpessoal e devem ter o mesmo tratamento conferido às redes sociais abertas, sendo exigível por parte do provedor que exerça controle sobre o fluxo das informações,

---

[394] "[E]ntendemos que los gigantes de Internet, como prestadores de servicios de la información, sí tienen responsabilidades que derivan de su inmenso poder informativo y no pueden ser considerados estrictamente como compañías tecnológicas neutrales. Cuando un término de búsqueda da resultados diferentes en función del historial de búsquedas, del navegador que se usa o de la ideología y gustos del usuario hay, sin lugar a dudas, una toma de decisión subyacente y la plataforma está tomando partido por un modo concreto de «servir» las noticias lo que es, en última instancia, una decisión informativa. Esto es lo que ha llevado a que, tímidamente, Facebook haya aceptado desde finales de 2016 un nuevo tipo de responsabilidad que consiste en la creación de un espacio en el que la gente pueda informarse de manera segura y acreditada. En esta posición intermedia se acepta que la red social no puede convertirse en un «árbitro de la verdad» pero sí en un socio indispensable en la lucha contra los bulos manifiestos. Esta aceptación de responsabilidad no es lo mismo que clasificar a las redes sociales como editores. En sentido estricto, las empresas no «publican» nada pero son parte de lo que se ha denominado como «la infraestructura de la libertad de expresión» y como tal, Facebook, Twitter y Google tienen responsabilidades cívicas y democráticas. Esta responsabilidad se concreta en un deber de colaboración para impedir la propagación de las de noticias falsas partiendo siempre de un principio de transparencia, esto es, la obligación de explicar cómo funcionan sus algoritmos y cómo seleccionan las noticias que se van a ver". CHULVI, Cristina Pauner. "Noticias falsas y libertad de expresión e información: el control de los contenidos informativos en la red". *In: Teoría y realidad constitucional*, Madrid, nº 41, 2018, pp. 297-318. Disponível em http://revistas.uned.es/index.php/TRC/article/view/22123. Acesso em 10 de novembro de 2020. p. 302.

[395] Discussão interessante, mas que foge aos limites deste trabalho, é a definição do alcance dessa privacidade, ou seja, se a criptografia tal como estruturada a não permitir o acesso pelas autoridades ao conteúdo das conversas e a anonimidade no acesso a esses serviços não são indesejáveis do ponto de vista de repressão à circulação de conteúdos ilícitos.

3. REDES SOCIAIS E "FAKE NEWS"

com a adoção de ferramentas que visem a identificar, impedir e parar a disseminação em massa de conteúdos ilícitos, especificamente as "fake news".

Outros mecanismos podem ser úteis na tarefa de combate às "fake news", como a limitação de compartilhamento, identificação de robôs ("boots") e inativação de contas respectivas, exigência de mais dados pessoais para uso das plataformas, com vistas a afastar tanto o uso de robôs quanto atenuar a dificuldade de identificação de autores de ilícitos, cuja análise exige trabalhos específicos sobre o seu cabimento e utilidade[396].

---

[396] "Além de uma melhor capacitação dos usuários da rede, parece adequado que as próprias empresas de tecnologia desenvolvam instrumentos e políticas que combatam e desincentivem *fake news*. Assim, elas não só garantirão aos seus usuários acesso a informações provenientes de fontes confiáveis, mas também proporcionarão um ambiente mais seguro e responsável, melhorando a experiência na plataforma ou aplicativo. Em comunicado institucional do Facebook, em abril de 2017, Adam Mosseri afirmou que notícias falsas e rumores eram considerados nocivos para a rede social por tornarem o mundo um lugar menos informado. Segundo ele, o Facebook se concentraria em três áreas-chave: 1. acabar com os incentivos econômicos, já que a maioria das notícias falsas seriam disseminadas por motivação financeira; 2. desenvolver novos produtos para reduzir a propagação de notícias falsas, aumentar a diversidade de informações e facilitar o processo de denúncias de notícias falsas; e 3. ajudar as pessoas a tomar decisões conscientes quando se deparassem com notícias falsas. Em janeiro de 2018, de forma a inibir *fake news*, a plataforma se comprometeu a dar prioridade para notícias de publicações que a comunidade classifique como confiável, notícias que as pessoas achem informativas e notícias relevantes para a comunidade local das pessoas. Mostra-se necessário diminuir os incentivos econômicos que estimulam tanto a produção de *fake news* quanto sites que publicam e espalham tal conteúdo. Um dos caminhos seria afastando o interesse dos anunciantes em inserir publicidade nesses locais e de forma próxima a conteúdos falsos ou enganosos. Além disso, é importante pensar em políticas públicas voltadas para a temática. O Estado poderia, por exemplo, desenvolver campanhas de esclarecimento e combate às *fake news*, qualificar professores e determinados profissionais para tratarem do assunto em salas de aula e em outros locais estratégicos e investir em projetos voltados à *Internet literacy*. As possibilidades são inúmeras, mas devem envolver e seguir necessariamente um modelo *multistakeholder*". TEFFÉ, Chiara Spadacini; SOUZA, Carlos Affonso Pereira de Souza. "*Fake news*: como garantir liberdades e conter notícias falsas na Internet?". *In*: TEPEDINO, Gustavo; MENEZES, Joyceane Bezerra de (coords.). *Autonomia privada, liberdade existencial e direitos fundamentais*, Belo Horizonte: Fórum, 2019, pp. 525-543. pp. 532-533. A autora, porém, no texto, discorda da posição ora adotada de necessidade de restrição de certos conteúdos para preservação da liberdade de expressão, argumentado que "[q]ualquer ação para inibir as chamadas *fake news* deve passar por mais informação e não menos. Assim, propostas que permitam a remoção sem ordem judicial de conteúdos, bem como que prejudiquem a mídia alternativa e criminalizem todo aquele que publicar conteúdo falso, deverão ser evitadas por não se alinharem com a Constituição e a proteção das liberdades fundamentais". *Idem*. p. 538.

Verificou-se, desse modo, quão complexo, além de potencialmente danoso, é o fenômeno das "fake news", circunstâncias que demandam resposta proporcional à magnitude do problema pelo Direito, que perpassa pela adoção de mecanismos que gerem maior engajamento dos provedores de redes sociais no controle dos conteúdos ilícitos mencionados.

4. RESPONSABILIDADE CIVIL DOS PROVEDORES DE REDES SOCIAIS

4.1. Os tipos gerais de regulação normativa da responsabilidade dos provedores de aplicações por conteúdos gerados por seus usuários

4.1.1. Esclarecimentos iniciais

Foi visto, no primeiro capítulo, como os Estados nacionais, em geral, procuram exercer algum tipo de controle das atividades que ocorrem na Internet.

No presente momento, cumpre iniciar a discussão quanto ao tema central deste trabalho para identificar, no Direito comparado, as vertentes gerais de normatização da responsabilidade civil dos provedores de aplicação, mais especificamente de redes sociais, em relação aos conteúdos produzidos e compartilhados por seus usuários.

A avaliação da tipagem regulatória, como elucida Michael Müller, pode se dar em três vertentes: finalidade da regulamentação, se são visados comportamentos específicos no ambiente "online"; se a busca é por reproduzir objetivos do mundo não conectado, utilizando-se as categorias preexistentes; e formas de regulação e a intensidade dessa[397].

Quanto à finalidade, incabível utilizar puramente as concepções do mundo analógico para regulamentação da liberdade de expressão na Internet. As características diversas da comunicação digital, como a possibilidade de

---

[397] MÜLLER, Michael. *Ob. cit.* p. 335.

qualquer pessoa manifestar seu pensamento para um público indeterminado e com alto grau de difusão, sem a necessidade de uso dos canais tradicionais de mídia, potencializam não só a liberdade de expressão, mas as consequências deletérias de seu exercício, especialmente no caso das "fake news". Inequívoco, porém, que vários instrumentos e ideias construídas no universo "offline" são úteis à normatização das condutas no âmbito da Internet, guardadas algumas adaptações. Não se trata de ignorar as bases jurídicas existentes, apenas admitir que são insuficientes sem a consideração de novos e concomitantes parâmetros.

Apesar da referência feita anteriormente sobre outros meios de regulação, importante, para compreensão geral do tema e da construção das ideias que permeiam esta tese, o escopo do trabalho está delimitado ao campo da responsabilidade civil dos provedores de aplicações de redes sociais, com mais ênfase naquelas em que há comunicações estruturadas sobre diversos assuntos e que não contam com moderação explícita[398], sendo possível, contudo, extrapolar algumas conclusões para os provedores de aplicações em geral.

Assim, a aferição dos regimes de normatização proposta considera o modo e a intensidade da responsabilidade civil dos provedores de aplicação da Internet pelos conteúdos danosos gerados por seus usuários, adotados por algumas ordens jurídicas e pelo Brasil.

Esse tema, como analisado, é bastante tormentoso, pois lida com a questão da liberdade de expressão e da proteção dos direitos de terceiros e da sociedade em geral. Suscita frequentes discussões acerca da conciliação entre esses direitos e em que medida a responsabilização dos provedores não representaria estímulo à censura e atenuação desmedida de uma característica primordial da Internet, qual seja a possibilidade de qualquer pessoa participar ativamente na produção de opiniões e narrativas fáticas, sem a necessidade de intermediários.

4.1.2. As principais vertentes gerais de responsabilidade dos provedores de aplicação

Os regimes de obrigações de controle e consequente responsabilização dos provedores de aplicação de Internet quanto aos conteúdos de seus usuários

---

[398] Cf. o item 3.1 "supra", pp. 112-113.

podem ser enquadrados em três categorias principais: ampla imunidade dos provedores, proteção condicional e responsabilidade integral[399].

O regime de ampla imunidade, previsto na seção 230, do "Communications Decency Act" dos Estados Unidos e, para muitos, no artigo 19, do Marco Civil da Internet, estabelece a proteção dos provedores no que concerne à responsabilidade por conteúdos gerados por seus usuários, caso não tenham qualquer interferência ativa na produção do material ou ajam com boa-fé no controle dos materiais circulantes (conceito do "bom samaritano"), a exemplo de quando bloqueiem ou triem determinados conteúdos.

No sistema de proteção condicional, carreado na Diretiva de Comércio Eletrônico da União Europeia, de 2000, concede-se aos provedores uma salvaguarda contra a responsabilidade pelos conteúdos gerados por seus usuários, desde que ajam como meros condutores passivos, perdendo a imunidade se não providenciarem a oportuna remoção do conteúdo ilícito, quando tenham tomado conhecimento dele. Esse é o modelo também adotado pelo "Digital Millennium Copyright Act", dos Estados Unidos, restrito ao tema dos direitos intelectuais e, mais recentemente, não obstante com maior dureza no trato da questão, do "Netzwerkdurchsetzungsgesetz – NetzDG", na Alemanha.

No caso da responsabilidade integral, como na China, os provedores são obrigados ao amplo monitoramento e remoção de conteúdos, respondendo por qualquer material que seja reputado ilícito ou danoso, independentemente das circunstâncias específicas do caso concreto, bem como no dever de informar as autoridades sobre tal fato, podendo ser submetidos não somente à indenização civil, mas a multas administrativas, cassação da autorização para funcionamento e responsabilização criminal. O modo de trato da questão pelos chineses vem recrudescendo nos últimos anos sob o comando de Xi Jinping[400].

---

[399] WENGUANG, Yu. "Internet intermediaries' liability for online illegal hate speech." *In: Frontiers of Law in China*, Beijing, vol. 13, nº 3, 2018, pp. 342-356. Disponível em http://link. galegroup.com/apps/doc/A561511580/AONE?u=capes&sid=AONE&xid=15038f42. Acesso em 13 de março de 2019. pp. 347-348. Ainda que o termo "strict liability" se compare, em linhas gerais, à responsabilidade objetiva, traduzimos, no âmbito específico tratado, como responsabilidade integral, por não admitir excludentes.
[400] MIAO, Weishan; ZHU, Hongjun; CHEN, Zhangmin. *Ob. cit.* p. 5.

INTERNET, *FAKE NEWS* E RESPONSABILIDADE CIVIL DAS REDES SOCIAIS

Regimes de responsabilidade integral são danosos à liberdade de expressão, enquanto os regimes de imunidade trazem risco a temas sensíveis da sociedade, como as questões raciais, de gênero, de proteção à privacidade e à honra, eleitorais, dos direitos das crianças e dos adolescentes, ao não promoverem o engajamento dos provedores em responder às violações concernentes a essas matérias, quando delas tenham ciência ou possam ter, tampouco de tornarem públicos os parâmetros utilizados para lidarem com tais ofensas[401].

Normativas de proteção condicional, a seu turno, são criticadas por conferirem a entes privados tarefa privativa do Estado, no caso o controle da legalidade dos atos de terceiros, ordinariamente exercida jurisdicionalmente, além de incentivarem a censura privada[402], ponderações que podem ser estendidas aos regimes de responsabilidade integral de maneira ampliada[403], e das quais discorda-se, como se verá adiante. Ainda, pode-se acrescentar que esse sistema não lida de maneira rápida e efetiva com os materiais ilícitos circulantes, ao depender da notificação por parte de alguém para o seu tratamento pelos provedores.

Identifica-se, ainda, um movimento de adoção de um quarto gênero, de maior engajamento e responsabilidade dos provedores de redes.

Segundo o modelo proposto neste trabalho[404], fruto do que reputamos a interpretação mais adequada do artigo 19, do Marco Civil da Internet, deve haver a imposição normativa de obrigação de controle de conteúdo aos provedores de redes sociais, consentânea ao tipo de atividade por eles exercida, cada vez menos neutra ao se ampliarem os instrumentos de personalização do

---

[401] THOMPSON, Marcelo. "Beyond gatekeeping: the normative responsability of internet intermediaries". *In: Vanderbilt Journal of Entertainment & Technology Law*, Nashville, v. 18, nº. 4, 2016, pp. 783-848. pp. 794-795.

[402] CUEVA, Ricardo Villas Bôas. "Alternativa para a remoção de *fake news* das redes sociais". *In:* ABBOUD, Georges; NERY JR., Nelson; CAMPOS, Ricardo (coords.). *Ob. cit.*, pp. 167-175. p. 173. EIFERT, Martin. "A Lei Alemã para a Melhoria da Aplicação da Lei nas Redes Sociais (NetzDG) e a Regulação da Plataforma". In: ABBOUD, Georges; NERY JR., Nelson; CAMPOS, Ricardo (coords.). *Ob. cit.*, pp. 59-89. p. 73. REGULES, Juncal Montero. *Ob. cit.*, pp. 26-27. As críticas são especificamente ao NetzDG, mas que podem ser generalizadas ao modelo de proteção condicionada, tendo em vista que a lei alemã é instrumento claramente adequado a essa categoria.

[403] Esses argumentos não convencem, conforme exposto nos capítulos precedentes, quando tratamos da censura privada

[404] Inclui-se no quarto gênero, além do modelo ora proposto, aquele de autorregulação regulada ou proceduralização.

uso e de massificação no compartilhamento dos materiais, com o incremento anormal dos riscos. A falha nessa obrigação de controle pode gerar a responsabilização civil, em caso de conteúdos claramente ilícitos e potencialmente danosos, bem como de remoção indevida de conteúdos, com foco no vício na prestação do serviço.

Também, pode-se cogitar de responsabilidade civil por abuso de direito, quando, cientes de forma inequívoca da existência de material manifestamente ilícito e potencialmente danoso, não ajam para impedir a sua disseminação ou, ainda, promovam a restrição a conteúdos lícitos sem motivação idônea.

Em todo caso, estarão os provedores a salvo de responsabilização, desde que demonstrem, quanto ao controle, a dificuldade técnica ou jurídica, em razão de não ser manifestamente ilícito o material.

Esse modelo afasta-se daqueles de responsabilidade integral, ao limitar a responsabilização ao âmbito civil e possibilitar aos provedores a comprovação de que a ilicitude e potencial danoso do conteúdo não eram aferíveis de plano e/ou não havia condições técnicas de verificação de tais fatores.

Ainda, não afasta a adoção da prática do modelo de proteção condicional, ao estabelecer a possibilidade de que, afora essa obrigação de controle, haja a notificação e verificação privada de ilicitude de conteúdos, sendo responsabilizados os provedores pela falha nessa análise, com a salvaguarda contra responsabilidade, nos mesmos moldes acima descritos.

Observe-se que a atribuição do ônus ao provedor de demonstrar que o conteúdo não era manifestamente ilícito e a consequente impossibilidade técnica na detecção acaba por conferir maior transparência sobre os critérios utilizados na verificação dos materiais e na opção pela manutenção ou exclusão por parte dos provedores.

4.2. Regulação normativa da responsabilidade dos provedores no direito comparado

4.2.1. Ordenamentos jurídicos sem regulação específica

Alguns países não regulam, de forma sistemática do ponto de vista legal, a responsabilidade dos provedores de Internet.

Na Austrália, não há uma definição clara sobre as bases de responsabilização dos provedores por materiais produzidos ou compartilhados por terceiros no âmbito de suas aplicações, apesar da luta dos diferentes atores, legisladores, Tribunais e sociedade civil, para construir uma legislação que regulamente essa matéria de forma adequada. Nota-se uma profusão heterogênea de entendimentos doutrinários sobre o tema e a sua utilização de forma desconexa pela jurisprudência na tomada de decisões dos diversos casos trazidos à apreciação. Sem justificação cabível, os parâmetros utilizados para solução dos casos relacionados a direitos autorais divergem daqueles usados em outros tipos de danos, havendo, ainda, diferença no tratamento da questão conforme o tipo de prejuízo existente e a classe do material controvertido[405].

A Argentina não tem nenhuma lei, até o momento, que normatize a responsabilidade civil dos provedores de Internet de qualquer espécie, estando o tema subsumido ao regramento estabelecido quanto ao regime geral de responsabilidade civil contratual ou extracontratual e sujeito a construções jurisprudenciais acerca do assunto[406].

Entendimento paradigmático foi determinado no julgamento do recurso 522, XLIX, Maria Belén Rodriguez contra Google Inc. e Yahoo de Argentina SRL, Fallos: 337:1174[407], pela Corte Suprema de Justiça da Nação Argentina.

Pretendia a autora a condenação dos requeridos ao pagamento de indenização pela disponibilização, nas suas aplicações de buscas, de resultados vinculando a requerente e sua imagem a páginas de Internet de conteúdo

---

[405] PAPPALARDO, Kylie; SUZOR, Nicolas. "The liability of Australian online intermediaries". *In: Sidney Law review*. Sidney, v. 40, 2018, pp. 469-498. Disponível em https://sydney. edu.au/law/our-research/publications/sydney-law-review.html. Acesso em 25 de fevereiro de 2019. p. 470.

[406] MARTÍNEZ, Adriana Norma; PORCELLI, Adriana Margarita. "Alcances de la Responsabilidad Civil de los Proveedores de Servicios de Internet a nivel internacional, regional y nacional: las disposiciones de Puerto Seguro, Notificación y Deshabilitación". *In: Revista Pensar en Derecho*, Buenos Aires, v. 6, 2015, pp. 117-171. Disponível em http://www.derecho. uba.ar/publicaciones/pensar-en-derecho/revistas/6/alcances-de-la-responsabilidad-civil-de--los-proveedores-de-servicios-de-internet.pdf. Acesso em 18 de junho de 2019. pp. 156-167.

[407] ARGENTINA. Corte Suprema de Justiça da Nação. "Recurso 522, XLIX, Maria Belén Rodriguez contra Google Inc. e Yahoo de Argentina SRL, Fallos: 337:1174", julgado em 28 de outubro de 2014. Disponível em https://sjconsulta.csjn.gov.ar/sjconsulta/documentos/ verDocumentoByIdLinksJSP.html?idDocumento=7162581&cache=1509324967388. Acesso em 2 de dezembro de 2020.

erótico e pornográfico. A Corte Suprema de Justiça da Argentina entendeu pela ausência de responsabilidade objetiva dos provedores de buscas por conteúdo ilícito e danoso gerado por seus usuários. Na fundamentação, ainda, estabeleceu que a responsabilidade seria do tipo subjetiva, sendo necessária, para seu nascimento, a notificação pela autoridade judiciária ou administrativa para remoção do conteúdo e a manutenção dele, salvo nos casos em que for manifesta a ilicitude, a bastar a notificação privada do lesado, com o afastamento de obrigação de monitoramento[408].

Determinou-se, assim, um sistema misto de responsabilização subjetiva para os operadores de serviços de buscas, mas que parece se expandir para outros tipos de serviços, como das redes sociais, pela manifesta similitude das atividades, havendo uma cláusula de abertura para a mera notificação privada[409].

---

[408] São os seguintes os conteúdos manifestamente ilícitos: "son manifiestas las ilicitudes respecto de contenidos dañosos, como pornografía infantil, datos que faciliten la comisión de delitos, que instruyan acerca de éstos, que pongan en peligro la vida o la integridad física de alguna o muchas personas, que hagan apología del genocidio, del racismo o de otra discriminación con manifiesta perversidad o incitación a la violencia, que desbaraten o adviertan acerca de investigaciones judiciales en curso y que deban quedar secretas, corno también los que importen lesiones contumeliosas al honor, montajes de imágenes notoriamente falsos o que, en forma clara e indiscutible, importen violaciones graves a la privacidad exhibiendo imágenes de actos que por su naturaleza deben ser incuestionablemente privados, aunque no sean necesariamente de contenido sexual. La naturaleza ilícita -civil o penal- de estos contenidos es palmaria y resulta directamente de consultar la página señalada en una comunicación fehaciente del damnificado o, según el caso, de cualquier persona, sin requerir ninguna otra valoración ni esclarecimiento". *Idem.* Aplicando esse entendimento, a Câmara Nacional de Apelacões Civis e comerciais entendeu pela responsabilização do Google e do Yahoo, com a condenação ao pagamento de indenização por danos morais, por não removerem dos resultados de buscas sites identificados em cautelar anterior promovida pela autora da ação, que a vinculavam a atividades eróticas e pornográficas. ARGENTINA. Câmara Nacional de Apelações Civis. "Causa nº 7.870/2007, Luna Silvina Noelia contra Yahoo de Argentina SRL e Google Inc.", julgado em 24 de setembro de 2018. Disponível em https://s3.amazonaws. com/public.diariojudicial.com/documentos/000/080/601/000080601.pdf. Acesso em 2 de dezembro de 2020.

[409] "Uma preocupação que fica para o futuro é a exceção prevista pelo tribunal no sentido de quem em casos de manifesta ilicitude a regra poderia ser afastada, gerando uma responsabilidade do provedor ao falhar em atuar depois de ter *inequívoca ciência* do material lesivo. Ao dar exemplos de casos de manifesta ilicitude como 'lesões deliberadas' à honra permanece o perigo de que o julgamento sobre a ilicitude de conteúdo postado online seja extremamente subjetivo. Dependendo de como caminharem as decisões futuras, essa abertura concedida

Existe iniciativa no Congresso argentino no sentido da regulamentação da responsabilidade dos provedores de busca, em trâmite na Câmara dos Deputados, após ser aprovado no Senado, e que estabelece regime de imunidade ampla, com a necessidade da existência de ordem judicial de remoção de conteúdo e descumprimento pelo provedor para que seja responsabilizado, não bastando a comunicação extrajudicial prévia e a falha do provedor em atender ao pedido da parte prejudicada pelo conteúdo ilícito[410].

Há, também, projeto de lei apresentado em 2020, no Senado, que busca impor um regime de proteção condicionada aos provedores dos demais serviços, criando procedimentos de notificação, análise e retirada, bem como de supervisão desses, a exemplo da legislação alemã[411].

4.2.2. A regulamentação geral da União Europeia.

Nos países integrantes da União Europeia, até meados dos anos 1990, verificou-se a adoção de regimes de responsabilização objetiva dos prestadores de serviço de Internet em razão de conteúdos criados e disseminados por usuários, panorama que, posteriormente, foi se modificando no sentido de limitação dessa responsabilidade aos casos em que os provedores tivessem ciência do ilícito[412].

---

pelo tribunal poderia mesmo transformar a exceção em regra". SOUZA, Carlos Affonso Pereira de. "As cinco faces da proteção à liberdade de expressão no Marco Civil da Internet". In: DE LUCCA, Newton; SIMÃO FILHO, Adalberto; LIMA, Cíntia Rosa Pereira de (coords.). *Direito e Internet III – tomo II: Marco Civil da internet (Lei n. 12.965/2014)*, São Paulo: Quartier Latin, 2015, pp. 377-408. p. 402. Como visto, não concordamos que isso seja necessariamente problemático.

[410] SYLVESTER. Pablo. "La responsabilidad de los ISP en la jurisprudencia de los tribunales argentinos (según el derecho de los caballos)". *In: El Derecho*, Buenos Aires, nº 14.440, ano LVI, 2018, pp. 1-4. Disponível em https://pt.scribd.com/document/451475200/Derecho-de--consmumidor-y-derecho. Acesso em 04 de janeiro de 2021. pp. 1-2. ARGENTINA. Congreso. "Proyecto de ley nº 1865/15. Regulando a los proveedores de servicios de enlace y búsqueda de contenidos alojados en Internet". Texto original disponível em https://www.senado.gob.ar/parlamentario/comisiones/verExp/1865.15/S/PL. Acesso em 04 de janeiro de 2021.

[411] ARGENTINA. Senado. "Proyecto de ley nº 848/20. Protección y defensa por publicaciones de contenido ilegal en plataformas de proveedores de servicios de redes sociales –fake news". Disponível em https://www.senado.gob.ar/parlamentario/comisiones/verExp/848.20/S/PL. Acesso em 18 de novembro de 2020.

[412] COSTA, João Pedro Fachana Cardoso Moreira da. "A responsabilidade civil pelos conteúdos ilícitos colocados e difundidos na Internet: em especial da responsabilidade pelos

4. RESPONSABILIDADE CIVIL DOS PROVEDORES DE REDES SOCIAIS

Na regulamentação Comunitária, a responsabilidade civil dos provedores de aplicações da Internet, conforme a legislação brasileira, insere-se no tratamento conferido aos prestadores de serviços de armazenamento ("hosting"). Encontra previsão na Diretiva de Comércio Eletrônico nº 2000/31[413], que, em seu artigo 14[414], imuniza esses prestadores de serviços de responsabilidade, desde que não tenham conhecimento efetivo da ilicitude da atividade do usuário, da informação por eles armazenada ou, a partir do momento em que tenham ciência da ilegalidade, não atuem prontamente na retirada do

---

conteúdos gerados por utilizadores". Dissertação (mestrado em Direito pela Faculdade de Direito da Universidade do Porto), 2011. 160p. Disponível em https://repositorio-aberto.up.pt/handle/10216/63893. Acesso em de 20 de novembro de 2020. pp. 76-79.

[413] A União Europeia está em vias de atualizar as normas da referida Diretiva, por meio do "Digital Services Act", que estabelece uma série de novas obrigações aos provedores de aplicações, inclusive com vistas ao combate à desinformação. O Conselho e o Parlamento Europeus chegaram, em 23 de abril de 2022, a um acordo sobre o texto que será levado à votação em ambos os órgãos. Cf. UNIÃO EUROPEIA. Conselho. "Digital Services Act: Council and European Parliament provisional agreement for making the internet a safer space for European citizens" [s.l.], publicado em 23 de abril de 2022. Disponível em https://www.consilium.europa.eu/en/press/press-releases/2022/04/23/digital-services-act-council-and--european-parliament-reach-deal-on-a-safer-online-space/. Acesso em 25 de abril de 2022. No sítio eletrônico pode ser encontrado o projeto do ato normativo.

[414] "Artigo 14. Armazenagem em servidor. 1. Em caso de prestação de um serviço da sociedade da informação que consista no armazenamento de informações prestadas por um destinatário do serviço, os Estados-Membros velarão por que a responsabilidade do prestador do serviço não possa ser invocada no que respeita à informação armazenada a pedido de um destinatário do serviço, desde que: a) O prestador não tenha conhecimento efectivo da actividade ou informação ilegal e, no que se refere a uma acção de indemnização por perdas e danos, não tenha conhecimento de factos ou de circunstâncias que evidenciam a actividade ou informação ilegal, ou b) O prestador, a partir do momento em que tenha conhecimento da ilicitude, actue com diligência no sentido de retirar ou impossibilitar o acesso às informações. 2. O nº 1 não é aplicável nos casos em que o destinatário do serviço actue sob autoridade ou controlo do prestador. 3. O disposto no presente artigo não afecta a faculdade de um tribunal ou autoridade administrativa, de acordo com os sistemas legais dos Estados-Membros, exigir do prestador que previna ou ponha termo a uma infracção, nem afecta a faculdade de os Estados-Membros estabelecerem disposições para a remoção ou impossibilitação do acesso à informação". UNIÃO EUROPEIA. Parlamento Europeu e Conselho. "Directiva nº 2000/31. Relativa a certos aspectos legais dos serviços da sociedade de informação, em especial do comércio electrónico, no mercado interno («Directiva sobre o comércio electrónico»)". Disponível em https://eur-lex.europa.eu/legal-content/PT/TXT/HTML/?uri=CELEX:320 00L0031&from=EN. Acesso em 04 de janeiro de 2021.

INTERNET, *FAKE NEWS* E RESPONSABILIDADE CIVIL DAS REDES SOCIAIS

conteúdo ou impossibilitem o acesso a ele (o termo no documento em inglês é "act expeditiously").

O artigo 15[415], por sua vez, reforça a imunidade condicionada, ao preconizar que os Estados membros não poderão impor aos provedores dever de vigilância das informações que transmitam ou armazenem, tampouco de buscar ativamente as circunstâncias que indiquem a presença de material ilícito, sendo legítimo, não obstante, que determinem a obrigação dos provedores em informar às autoridades competentes sobre as atividades e conteúdos ilícitos levados a conhecimento, bem como de atender aos pedidos das autoridades de prestação de informações pessoais de usuários.

Estabeleceu-se, assim, um modelo de responsabilidade subjetiva e subsidiária dos provedores quanto aos materiais gerados por seus usuários, remetendo-se a definição da culpa no particular à falha na adoção de medidas corretivas contra o ilícito identificado[416].

Todavia, os considerados nº 47 e nº 48[417] indicam que um Estado Membro pode estabelecer obrigações específicas de vigilância e um dever de cuidado

---

[415] "Artigo 15. Ausência de obrigação geral de vigilância. 1. Os Estados-Membros não imporão aos prestadores, para o fornecimento dos serviços mencionados nos artigos 12.o, 13.o e 14.o, uma obrigação geral de vigilância sobre as informações que estes transmitam ou armazenem, ou uma obrigação geral de procurar activamente factos ou circunstâncias que indiciem ilicitudes. 2. Os Estados-Membros podem estabelecer a obrigação, relativamente aos prestadores de serviços da sociedade da informação, de que informem prontamente as autoridades públicas competentes sobre as actividades empreendidas ou informações ilícitas prestadas pelos autores aos destinatários dos serviços por eles prestados, bem como a obrigação de comunicar às autoridades competentes, a pedido destas, informações que permitam a identificação dos destinatários dos serviços com quem possuam acordos de armazenagem". *Idem.*

[416] SCUDERI, Simona. "La responsabilità dell'internet service provider alla luce della giurisprudenza della Corte di Giustizia Europea (causa c-610/15, 14 giugno 2017)". *In: Diritto Mercato Tecnologia* [s.l.], 2018, pp. 1-16. Disponível em https://www.dimt.it/la-rivista/articoli/la-responsabilita-dell-internet-service-provider-alla-luce-della-giurisprudenza-della-corte-di-giustizia-europea-causa-c-610-15-14-giugno-2018/. Acesso em 14 de junho de 2019. p. 5.

[417] "(47) Os Estados-Membros só estão impedidos de impor uma obrigação de vigilância obrigatória dos prestadores de serviços em relação a obrigações de natureza geral. Esse impedimento não diz respeito a obrigações de vigilância em casos específicos e, em especial, não afecta as decisões das autoridades nacionais nos termos das legislações nacionais. (48) A presente directiva não afecta a possibilidade de os Estados-Membros exigirem dos prestadores de serviços, que acolham informações prestadas por destinatários dos seus serviços, que exerçam deveres de diligência que podem razoavelmente esperar-se deles e que estejam

4. RESPONSABILIDADE CIVIL DOS PROVEDORES DE REDES SOCIAIS

especial no sentido de detectar e prevenir certos tipos de atividades ilícitas[418], bem como as normas da Diretiva não podem afetar as decisões judiciais tomadas de acordo com a legislação nacional sobre a questão.

Não há previsão de procedimento específico de notificação e retirada e consequente obrigação dos provedores em disponibilizar sistema correlato aos usuários para denúncia sobre a existência de material reputado como ilícito, deixando aos Estados membros a possibilidade de elaborar normas regulamentadoras de processo, tal como se verifica no Considerando nº 46[419]. Mesmo assim, não houve a tomada de iniciativa, nesse campo, pela maioria dos Estados membros[420]. A Alemanha é um dos Estados que representa exceção parcial, com a edição do NetzDG relativo a determinados conteúdos.

Há, ainda, no Considerando nº 40 e no artigo 16[421], claro estímulo à autorregulação do setor, constando previsão de incentivo à adoção de mecanismos

---

especificados na legislação nacional, no sentido de detectarem e prevenirem determinados tipos de actividades ilegais". União Europeia. Diretiva de Comércio Eletrônico nº 2000/301. *Cit.*

[418] LAVI, Michal. *Ob. cit.* p. 871.

[419] "(46) A fim de beneficiar de uma delimitação de responsabilidade, o prestador de um serviço da sociedade da informação, que consista na armazenagem de informação, a partir do momento em que tenha conhecimento efectivo da ilicitude, ou tenha sido alertado para esta, deve proceder com diligência no sentido de remover as informações ou impossibilitar o acesso a estas. A remoção ou impossibilitação de acesso têm de ser efectuadas respeitando o princípio da liberdade de expressão. A presente directiva não afecta a possibilidade de os Estados-Membros fixarem requisitos específicos que tenham de ser cumpridos de forma expedita, previamente à remoção ou à impossibilitação de acesso à informação". UNIÃO EUROPEIA. Directiva de Comércio Eletrônico nº 2000/301. *Cit.*

[420] KUCZERAWY, Aleksandra. "Intermediary liability & freedom of expression: recent developments in the EU notice&action initiative". *In: Computer Law & Security Review* [s.l.], v. 31, nº 1, feb. 2015, pp. 46-56. Disponível em https://www.sciencedirect.com/science/article/abs/pii/S0267364914001836. Acesso em 15 de março de 2019. p. 49.

[421] "(40) As divergências actuais ou futuras, entre as legislações e jurisprudências nacionais no domínio da responsabilidade dos prestadores de serviços agindo na qualidade de intermediários, impedem o bom funcionamento do mercado interno, perturbando particularmente o desenvolvimento dos serviços transfronteiriços e produzindo distorções de concorrência. Os prestadores de serviços têm, em certos casos, o dever de agir a fim de evitar ou fazer cessar actividades ilícitas. A presente directiva deve constituir a base adequada para a criação de mecanismos rápidos e fiáveis para remover as informações ilícitas e impossibilitar o acesso a estas. Esses mecanismos poderão ser elaborados com base em acordos voluntários negociados entre todas as partes interessadas e deveriam ser encorajados pelos Estados-Membros. É do interesse de todas as partes que participam na prestação de serviços da sociedade da informação adoptar e aplicar esses mecanismos. As disposições da presente directiva relativas à

pelos provedores de identificação rápida dos materiais ilícitos, remoção e bloqueio de acesso a eles, bem como de elaboração de códigos de conduta.

Os entendimentos doutrinários e jurisprudenciais nos países membros sobre o termo "conhecimento efetivo" variam da necessidade de uma ordem judicial à mera notificação por parte do usuário, desde que fundamentada. Também não há concordância sobre a acepção de resposta pronta, como também acerca da oportunidade da definição mais minuciosa, pela lei, do que seja ela. As decisões jurisprudenciais sobre o tema demonstram grande insegurança no estabelecimento do sentido e extensão desses termos[422].

No âmbito judicial comunitário e mesmo em alguns Estados membros, todavia, verificam-se recentes decisões estabelecendo aos provedores de Internet obrigações preventivas de monitoramento em todas as áreas ligadas à responsabilidade civil quanto a materiais determinados levados a conhecimento das Cortes, como, por exemplo, dos conteúdos de ódio ou perigosos, não se restringindo aos casos afeitos à propriedade intelectual[423].

---

responsabilidade não deveriam constituir obstáculo ao desenvolvimento e aplicação efectiva, pelas diferentes partes envolvidas, de sistemas técnicos de protecção e identificação, bem como de instrumentos de controlo técnico, que a tecnologia digital permite, dentro dos limites previstos pelas Directivas 95/46/CE e 97/66/CE; **Artigo 16**. Código de conduta. 1. Os Estados-Membros e a Comissão incentivarão: a) A redacção, pelas associações e organizações de comerciantes, profissionais ou de consumidores, de códigos de conduta a nível comunitário, destinados a contribuir para a correcta aplicação dos artigos 5° a 15°; b) A transmissão voluntária dos projectos de códigos de conduta, a nível nacional ou comunitário, à Comissão; c) A acessibilidade, por via electrónica, dos códigos de conduta nas línguas comunitárias; d) A comunicação aos Estados-Membros e à Comissão, pelas associações e organizações de comerciantes, de profissionais ou de consumidores, das avaliações da aplicação dos seus códigos de conduta e o impacto desses códigos nas práticas, usos ou costumes relativos ao comércio electrónico; e) A redacção de códigos de conduta em matéria de protecção dos menores e da dignidade humana. 2. Os Estados-Membros e a Comissão incentivarão a participação das associações e organizações representativas dos consumidores no processo de elaboração e aplicação dos códigos de conduta que dizem respeito aos seus interesses e sejam elaborados de acordo com a alínea a) do n.o 1. Sempre que adequado, as associações representativas dos deficientes visuais e outros deverão ser consultadas para ter em conta as necessidades específicas destes". UNIÃO EUROPEIA. Directiva de Comércio Eletrônico nº 2000/301. *Cit.*

[422] KUCZERAWY, Aleksandra. *Ob. cit.* p. 51.

[423] FROSIO, Giancarlo F. "Why keep a dog and bark yourself? From intermediary liability to responsibility". *In: International Journal of Law and Information Technology* [s.l.], v. 26, nº1, 2018, pp. 1–33. Disponível em https://academic.oup.com/ijlit/article-abstract/26/1/1/4745804. Acesso em 13 de março de 2019. pp. 22-23.

4. RESPONSABILIDADE CIVIL DOS PROVEDORES DE REDES SOCIAIS

É o tipo de abordagem vista, por exemplo, no caso Max Mosley contra Google França. O antigo chefe da Fórmula 1, Max Mosley, foi filmado durante uma sessão de orgia sadomasoquista, com o vídeo publicado no "website" "News of the World", contra o qual Max Mosley conseguiu uma ordem de retirada do conteúdo.

Ocorre que várias imagens extraídas do vídeo "viralizaram" na Internet, podendo ser encontradas com mera pesquisa no Google e consequente direcionamento aos respectivos sítios. Por conta disso, Max Mosley processou o Google perante diversas jurisdições, inclusive na França, pretendendo tornar indisponível qualquer resultado na ferramenta de busca que direcionasse às citadas imagens.

No ano de 2013, o Tribunal de Grande Instância de Paris deu procedência à ação e determinou ao Google que retirasse e fizesse cessar os resultados de buscas que levassem às imagens do evento, por um prazo de cinco anos, estabelecendo, assim, uma obrigação de monitoramento ativo ao provedor de aplicações[424].

Ressalve-se que mesmo esse dever de controle somente fora imposto após a notificação por parte do ofendido e o não atendimento ao pedido pelo provedor de aplicação de busca, não se exigindo a esse que, antes da notificação, tivesse tomado atitudes para remover ou tornar inacessíveis os resultados.

Apesar de terem sido percebidos movimentos por parte da União Europeia, em termos legislativos, para construção de um sistema geral de notificação e ação[425], esse não vingou até o momento, e, aparentemente, tais esforços serão atenuados, por conta da ideia cada vez mais forte de criação de um modelo de

---

[424] FRANÇA. Tribunal de Grande Instance de Paris. "17e ch., RG 11/07970, Max Mosley c. Google Inc et Google France", julgado em 6 de novembro de 2013. Houve ações também na Inglaterra e na Alemanha, com decisões favoráveis a Max Mosley. Cf. FROSIO, Giancarlo. F. "The Death of 'No Monitoring Obligations': a Story of Untameable Monsters". *In*: *JIPITEC* [s.l.], v. 8, nº 3, 2017, pp. 199-215. Disponível em https://www.jipitec.eu/issues/jipitec-8-3-2017/4621. Acesso em 10 de junho de 2019. pp. 208-209. As partes chegaram a um acordo, de modo que não houve pronunciamento dos Tribunais Superiores dos países, ou dos órgãos judiciais da União Europeia sobre a questão. DAUER, Ulrike; FLEISHER, Lisa. "Former Formula One chief Max Mosley settles legal dispute with Google: harbinger of battles to come in Europe's developing 'right to be forgotten'". *In*: *Wall Street Journal*, New York, atualizada em 15 de maio de 2015. Disponível em https://www.theregister.co.uk/2015/05/17/google_settles_max_mosley_legal_spat/. Acesso em 14 de janeiro de 2020.

[425] KUCZERAWY, Aleksandra. *Ob. cit.* p. 55.

monitoramento ativo, ao menos para questões mais sensíveis como infrações à propriedade intelectual, xenofobia e racismo, bem como pedofilia[426]. Nesse tipo de sistema, a salvaguarda dos provedores seria limitada, impondo-lhes uma obrigação de agir no enfrentamento de certos problemas, o que representa a evolução para um sistema de autorregulação, baseado em algoritmos de identificação e tratamento de conteúdos[427].

Em termos concretos, é o que se nota, por exemplo, na recente Diretiva de Direitos Autorais[428], aprovada pelo Parlamento Europeu no início de 2019. No artigo 17[429], do ato normativo, estabelece-se um regime de responsabilidade

---

[426] Cf. http://europa.eu/rapid/press-release_IP-18-1169_en.htm. Último acesso em 17 de junho de 2019.

[427] FROSIO, Giancarlo F. "From horizontal to vertical: an intermediary liability earthquake in Europe". *In: Journal of Intellectual Property Law & Practice*, [s.l.], v. 12, nº. 7, 2017, pp. 565-575. Disponível em https://academic.oup.com/jiplp/article-abstract/12/7/565/3823281. Acesso em 5 de abril de 2019. pp. 573-574.

[428] UNIÃO EUROPEIA. Parlamento Europeu e Conselho. "Diretiva 2019/790. Relativa aos direitos de autor e direitos conexos no mercado único digital e que altera as Diretivas 96/9/CE e 2001/29/CE". Disponível em https://eur-lex.europa.eu/legal-content/PT/TXT/PDF/?uri=CELEX:32019L0790&from=EN. Acesso em 17 de junho de 2019.

[429] "Artigo 17º. Utilização de conteúdos protegidos por prestadores de serviços de partilha de conteúdos em linha. 1. Os Estados-Membros devem prever que os prestadores de serviços de partilha de conteúdos em linha realizam um ato de comunicação ao público ou de colocação à disponibilização do público para efeitos da presente diretiva quando oferecem ao público o acesso a obras ou outro material protegido por direitos de autor carregados pelos seus utilizadores. Os prestadores de serviços de partilha de conteúdos em linha devem, por conseguinte, obter uma autorização dos titulares de direitos a que se refere o artigo 3º, nº 1 e 2, da Diretiva 2001/29/CE, por exemplo, através da celebração de um acordo de concessão de licenças, a fim de comunicar ao público ou de colocar à disposição do público obras ou outro material protegido. 2. Os Estados-Membros devem prever que, caso um prestador de serviços de partilha de conteúdos em linha obtenha uma autorização, por exemplo, através da celebração de um acordo de concessão de licenças, essa autorização compreenda também os atos realizados pelos utilizadores dos serviços abrangidos pelo âmbito de aplicação do artigo 3.o da Diretiva 2001/29/CE se estes não agirem com caráter comercial ou se a sua atividade não gerar receitas significativas. 3. Quando os prestadores de serviços de partilha de conteúdos em linha realizam atos de comunicação ao público ou colocação à disposição do público nas condições estabelecidas na presente diretiva, a limitação da responsabilidade prevista no artigo 14.o, nº 1, da Diretiva 2000/31/CE não se aplica às situações abrangidas pelo presente artigo O disposto no primeiro parágrafo do presente número, não prejudica a possível aplicação do artigo 14.o, nº 1, da Diretiva 2000/31/CE a esses prestadores de serviços para fins não abrangidos pelo âmbito de aplicação da presente diretiva. 4. Caso não seja concedida nenhuma autorização, os prestadores de serviços de partilha de conteúdos em linha são responsáveis

4. RESPONSABILIDADE CIVIL DOS PROVEDORES DE REDES SOCIAIS

por atos não autorizados de comunicação ao público, incluindo a colocação à disposição do público, de obras protegidas por direitos de autor e de outro material protegido, salvo se os prestadores de serviços demonstrarem que: a) Envidaram todos os esforços para obter uma autorização; e b) Efetuaram, de acordo com elevados padrões de diligência profissional do setor, os melhores esforços para assegurar a indisponibilidade de determinadas obras e outro material protegido relativamente às quais os titulares de direitos forneceram aos prestadores de serviços as informações pertinentes e necessárias e, em todo o caso; c) Agiram com diligência, após receção de um aviso suficientemente fundamentado pelos titulares dos direitos, no sentido de bloquear o acesso às obras ou outro material protegido objeto de notificação nos seus sítios Internet, ou de os retirar desses sítios e envidaram os melhores esforços para impedir o seu futuro carregamento, nos termos da alínea b). 5. Para determinar se o prestador de serviço cumpriu as obrigações que lhe incumbem por força do n.º 4, e à luz do princípio da proporcionalidade, devem ser tidos em conta, entre outros, os seguintes elementos: a) O tipo, o público-alvo e a dimensão do serviço e o tipo de obras ou material protegido carregado pelos utilizadores do serviço; e b) A disponibilidade de meios adequados e eficazes, bem como o respetivo custo para os prestadores de serviços. 6. Os Estados-Membros devem prever que, relativamente a novos prestadores de serviços de partilha de conteúdos em linha cujos serviços tenham sido disponibilizados ao público na União por um período inferior a três anos e cujo volume de negócios anual seja inferior a 10 milhões de EUR, calculado nos termos da Recomendação 2003/361/CE da Comissão (20), as condições por força do regime de responsabilidade previsto no n.º 4 se limitem à observância do disposto no n.º 4, alínea a), e à atuação com diligência, após a recessão de um aviso suficientemente fundamentado, no sentido de bloquear o acesso às obras ou outro material protegido objeto de notificação ou de remover essas obras ou outro material protegido dos seus sítios Internet. Caso o número médio mensal de visitantes individuais desses prestadores de serviços seja superior a 5 milhões, calculado com base no ano civil precedente, os referidos prestadores devem igualmente demonstrar que envidaram os melhores esforços para impedir outros carregamentos das obras e outro material protegido objeto de notificação sobre os quais os titulares tenham fornecido as informações pertinentes e necessárias. 7. A cooperação entre os prestadores de serviços de partilha de conteúdos em linha e os titulares de direitos não resulta na indisponibilidade de obras ou outro material protegido carregado por utilizadores que não violem os direitos de autor e direitos conexos, nomeadamente nos casos em que essas obras ou outro material protegido estejam abrangidos por uma exceção ou limitação. Os Estados-Membros asseguram que os utilizadores em cada Estado-Membro possam invocar qualquer uma das seguintes exceções ou limitações existentes ao carregar e disponibilizar conteúdos gerados por utilizadores em serviços de partilha de conteúdos em linha: a) Citações, crítica, análise; b) Utilização para efeitos de caricatura, paródia ou pastiche. 8. A aplicação do presente artigo não implica qualquer obrigação geral de monitorização. Os Estados-Membros devem prever que os prestadores de serviços de partilha de conteúdos em linha facultem aos titulares de direitos, a pedido destes, informações adequadas sobre o funcionamento das suas práticas no que respeita à cooperação referida no n.º 4 e, caso sejam concluídos acordos de concessão de licenças entre prestadores de serviços e titulares de direitos, informações sobre a utilização dos conteúdos abrangidos pelos acordos. 9. Os Estados-Membros devem prever que os prestadores de serviços de partilha de conteúdos ampla dos provedores de Internet a respeito de materiais disponibilizados por seus usuários sem autorização dos titulares de direitos autorais, salvo se demonstrarem ter envidado esforços para obter autorização do titular do direito no compartilhamento, atuado diligentemente no sentido de tornar indisponível o material ilícito, quando os titulares tenham fornecido informações adequadas ao provedor para cumprimento de tal encargo, ou quando avisados de forma fundamentada sobre a violação específica.

em linha criem um mecanismo de reclamação e de recurso eficaz e rápido, disponível para os utilizadores dos respetivos serviços em caso de litígio sobre o bloqueio do acesso a obras ou outro material protegido por eles carregado, ou a respetiva remoção. Sempre que solicitem o bloqueio do acesso às suas obras ou outro material protegido específicos ou a remoção dessas obras ou desse material protegido, os titulares de direitos devem justificar devidamente os seus pedidos. As queixas apresentadas ao abrigo do mecanismo previsto no primeiro parágrafo são processadas sem demora injustificada e as decisões de bloqueio do acesso a conteúdos carregados ou de remoção dos mesmos são sujeitas a controlo humano. Os Estados-Membros asseguram também a disponibilidade de mecanismos de resolução extrajudicial de litígios. Esses mecanismos permitem a resolução de litígios de forma imparcial e não privam o utilizador da proteção jurídica conferida pelo direito nacional, sem prejuízo do direito dos utilizadores a recursos judiciais eficazes. Em especial, os Estados-Membros asseguram que os utilizadores tenham acesso a um tribunal ou a outro órgão jurisdicional pertinente para reivindicar a utilização de uma exceção ou limitação no que se refere às regras em matéria de direitos de autor e direitos conexos. A presente diretiva não prejudica de modo algum as utilizações legítimas, como as utilizações abrangidas pelas exceções ou limitações previstas no direito da União, nem conduz a qualquer identificação de utilizadores individuais nem ao tratamento de dados pessoais, exceto nos termos da Diretiva 2002/58/CE e do Regulamento (UE) 2016/679. Os prestadores de serviços de partilha de conteúdos em linha informam os seus utilizadores, nas suas condições gerais, da possibilidade de utilizarem obras e outro material protegido ao abrigo de exceções ou limitações aos direitos de autor e direitos conexos previstas no direito da União. 10. A partir de 6 de junho de 2019, a Comissão, em cooperação com os Estados-Membros, deve organizar diálogos entre as partes interessadas com vista a debater as melhores práticas para a cooperação entre os prestadores de serviços de partilha de conteúdos em linha e os titulares de direitos. A Comissão, em consulta com os prestadores de serviços de partilha de conteúdos em linha, os titulares de direitos, as organizações de utilizadores e outras partes interessadas pertinentes, e tendo em conta os resultados dos diálogos entre as partes interessadas, emite orientações sobre a aplicação do presente artigo, nomeadamente no que diz respeito à cooperação a que se refere o nº 4. Aquando do debate sobre melhores práticas, devem ser tidos em especial consideração, entre outros aspetos, os direitos fundamentais e a utilização de exceções e limitações. Para efeitos desse diálogo entre as partes interessadas, as organizações de utilizadores têm acesso a informações adequadas dos prestadores de serviços de partilha de conteúdos em linha sobre o funcionamento das suas práticas no que diz respeito ao nº 4". *Idem*.

4. RESPONSABILIDADE CIVIL DOS PROVEDORES DE REDES SOCIAIS

Ainda que não haja uma obrigação de monitoramento, como ressalvado pelo item 8, do dispositivo em comento, na prática, desde que o provedor tenha sido informado suficientemente sobre a titularidade de direito autoral, poderá responder, caso falhe em reconhecer e remover determinado material que ofenda dito direito. Basta informação geral e embasada, para ativar o controle por parte do provedor, pois a Diretiva coloca também, como visto, a responsabilidade nos casos em que haja conduta imprópria do provedor na retirada de conteúdo violador após notificação.

Assim, a normatização comunitária do tema caminha no sentido da evolução de um sistema de proteção condicionada, ou de responsabilidade subjetiva subsidiária, para um modelo de controle ativo dos materiais circulantes na Internet, ao menos parcialmente quanto a certos materiais, efetuado pelos provedores de aplicações, que permitem a distribuição desses conteúdos, não como meros condutores, mas como atores ativos que criam as arquiteturas de suas plataformas com vistas a estimular a propagação das comunicações interpessoais para um público potencialmente indeterminado.

4.2.3. Direito francês

A França, submetida à Diretiva Europeia sobre o tema, buscou regulamentar internamente e de maneira específica as obrigações dos provedores em relação aos conteúdos de terceiros em caso de infrações a direitos autorais, por meio da Lei n° 2009-669[430], conhecida como Lei HADOPI[431], que criou referido órgão estatal, emendando o Código de Propriedade Intelectual e considerada uma das mais enérgicas respostas legais existentes contra violações à propriedade intelectual[432].

---

[430] FRANÇA. "Loi n° 2009-664 du 12 juin 2009. Favorisant la diffusion et la protection de la création sur internet" Disponível em https://www.legifrance.gouv.fr/affichTexte.do?cidT exte=JORFTEXT000020735432&categorieLien=id. Acesso em 18 de junho de 2019.

[431] Sigla para "Haute Autorité pour la Diffusion des Œuvres et la Protection des droits d'auteur sur Internet", agência de regulação do setor criada pela lei.

[432] SEGURADO, Rosemary; LIMA, Carolina Silva Mandú de; AMENI, Cauê S. "Regulamentação da internet: perspectiva comparada entre Brasil, Chile, Espanha, EUA e França". *In*: *História, Ciências, Saúde – Manguinhos*, Rio de Janeiro, v. 22, supl.., 2015, pp.1551-1571. Disponível em http://www.egov.ufsc.br/portal/conteudo/regulamenta%C3%A7%

O mecanismo instaurado pela lei possuía três fases: em caso de violação, a "HADOPI" notificaria o provedor, com a requisição dos dados do usuário responsável pelo material. O usuário identificado seria advertido e, em caso de reiteração, nova advertência seria expedida, com alerta sobre as consequências que previam a aplicação de multa ou mesmo suspensão do acesso do usuário aos serviços de Internet.

Sobre a atribuição à HADOPI dessas funções de restrição ou impedimento do acesso à Internet por usuários considerados violadores da propriedade intelectual de terceiros, o Conselho Constitucional considerou-a incompatível com a liberdade de expressão a todos garantida pelo artigo 11, da Declaração de Direitos do Homem e do Cidadão[433]. De todo modo, a disposição foi revogada em 2013.

Mais importante mostra-se outra disposição introduzida, na espécie o artigo L336-2[434], do Código de Propriedade Intelectual, modificado parcialmente pela Ordonnance n° 2019-738, de 17 julho de 2019, que permite, no âmbito dos serviços de Internet, a tomada de todas as medidas possíveis com vistas a cessar a violação a um direito autoral ou correlato contra qualquer pessoa suscetível de contribuir à ofensa ou a sua reparação, regra que abre flanco para atuação forçada de bloqueio contra os provedores que hospedem material atentatório à propriedade intelectual.

C3%A3o-da-internet-perspectiva-comparada-entre-brasil-chile-espanha-eua-e--fran%C3%A7a. Acesso em 7 de maio de 2019. p. 1564.

[433] FRANÇA. Conseil Constitutionnel. "Décision nº 2009-580 DC du 10 de juin 2009". Disponível em https://www.conseil-constitutionnel.fr/decision/2009/2009580DC.htm. Acesso em 5 de agosto de 2020.

[434] "L. 336-2. En présence d'une atteinte à un droit d'auteur ou à un droit voisin occasionnée par le contenu d'un service de communication au public en ligne, le président du tribunal judiciaire statuant selon la procédure accélérée au fond peut ordonner à la demande des titulaires de droits sur les œuvres et objets protégés, de leurs ayants droit, des organismes de gestion collective régis par le titre II du livre III ou des organismes de défense professionnelle visés à l'article L. 331-1, toutes mesures propres à prévenir ou à faire cesser une telle atteinte à un droit d'auteur ou un droit voisin, à l'encontre de toute personne susceptible de contribuer à y remédier. La demande peut également être effectuée par le Centre national du cinéma et de l'image animée. FRANÇA. "Code de la propriété intellectuelle". Disponível em https://www.legifrance.gouv.fr/codes/id/LEGIARTI000038791094/2020-01-01. Acesso em 04 de janeiro de 2021.

4. RESPONSABILIDADE CIVIL DOS PROVEDORES DE REDES SOCIAIS

Por sua vez, a regulamentação geral da responsabilidade dos provedores se dá pela Lei nº 2004-575, de 21 de junho de 2004[435].

Segundo seu artigo 6º[436], os prestadores de serviços de armazenamento de dados na Internet (categoria em que se enquadram os prestadores de serviço

---

[435] FRANÇA. "Loi nº 2004-575 du 21 juin 2004. Pour la confiance dans l'économie numérique". Disponível em https://www.legifrance.gouv.fr/loda/id/JORF-TEXT000000801164/2020-11-20/. Acesso em 20 de novembro de 2020.

[436] "Article 6. I.-1. Les personnes dont l'activité est d'offrir un accès à des services de communication au public en ligne informent leurs abonnés de l'existence de moyens techniques permettant de restreindre l'accès à certains services ou de les sélectionner et leur proposent au moins un de ces moyens.les personnes visées à l'alinéa précédent les informent également de l'existence de moyens de sécurisation permettant de prévenir les manquements à l'obligation définie à l'article L. 336-3 du code de la propriété intellectuelle et leur proposent au moins un des moyens figurant sur la liste prévue au deuxième alinéa de l'article L. 331-26 du même code. 2. Les personnes physiques ou morales qui assurent, même à titre gratuit, pour mise à disposition du public par des services de communication au public en ligne, le stockage de signaux, d'écrits, d'images, de sons ou de messages de toute nature fournis par des destinataires de ces services ne peuvent pas voir leur responsabilité civile engagée du fait des activités ou des informations stockées à la demande d'un destinataire de ces services si elles n'avaient pas effectivement connaissance de leur caractère manifestement illicite ou de faits et circonstances faisant apparaître ce caractère ou si, dès le moment où elles en ont eu cette connaissance, elles ont agi promptement pour retirer ces données ou en rendre l'accès impossible. L'alinéa précédent ne s'applique pas lorsque le destinataire du service agit sous l'autorité ou le contrôle de la personne visée audit alinéa. 3. Les personnes visées au 2 ne peuvent voir leur responsabilité pénale engagée à raison des informations stockées à la demande d'un destinataire de ces services si elles n'avaient pas effectivement connaissance du caractère manifestement illicite de l'activité ou de l'information ou si, dès le moment où elles en ont eu connaissance, elles ont agi promptement pour retirer ces informations ou en rendre l'accès impossible. L'alinéa précédent ne s'applique pas lorsque le destinataire du service agit sous l'autorité ou le contrôle de la personne visée audit alinéa. 4. Le fait, pour toute personne, de présenter aux personnes mentionnées au 2 un contenu ou une activité comme étant illicite dans le but d'en obtenir le retrait ou d'en faire cesser la diffusion, alors qu'elle sait cette information inexacte, est puni d'une peine d'un an d'emprisonnement et de 15 000 Euros d'amende. 5. La connaissance des faits litigieux est présumée acquise par les personnes désignées au 2 lorsqu'il leur est notifié les éléments suivants: –-si le notifiant est une personne physique : ses nom, prénom, adresse électronique ; si le notifiant est une personne morale : sa forme sociale, sa dénomination sociale, son adresse électronique ; si le notifiant est une autorité administrative : sa dénomination et son adresse électronique. Ces conditions sont réputées satisfaites dès lors que le notifiant est un utilisateur inscrit du service de communication au public en ligne mentionné au même 2, qu'il est connecté au moment de procéder à la notification et que l'opérateur a recueilli les éléments nécessaires à son dentification; -la description du contenu litigieux, sa localisation précise et, le cas échéant, la ou les adresses électroniques auxquelles il est rendu accessible ; ces conditions sont réputées satisfaites dès

lors que le service de communication au public en ligne mentionné audit 2 permet de procéder précisément à cette notification par un dispositif technique directement accessible depuis ledit contenu litigieu; -les motifs légaux pour lesquels le contenu litigieux devrait être retiré ou rendu inaccessible ; cette condition est réputée satisfaite dès lors que le service de communication au public en ligne mentionné au même 2 permet de procéder à la notification par un dispositif technique proposant d'indiquer la catégorie d'infraction à laquelle peut être rattaché ce contenu litigieux; -la copie de la correspondance adressée à l'auteur ou à l'éditeur des informations ou activités litigieuses demandant leur interruption, leur retrait ou leur modification, ou la justification de ce que l'auteur ou l'éditeur n'a pu être contacté ; cette condition n'est pas exigée pour la notification des infractions mentionnées au troisième alinéa du 7 du présent I ainsi qu'à l'article 24 bis et aux troisième et quatrième alinéas de l'article 33 de la loi du 29 juillet 1881 sur la liberté de la presse. 6. Les personnes mentionnées aux 1 et 2 ne sont pas des producteurs au sens de l'article 93-3 de la loi n° 82-652 du 29 juillet 1982 sur la communication audiovisuelle. 7. Les personnes mentionnées aux 1 et 2 ne sont pas soumises à une obligation générale de surveiller les informations qu'elles transmettent ou stockent, ni à une obligation générale de rechercher des faits ou des circonstances révélant des activités illicites. Le précédent alinéa est sans préjudice de toute activité de surveillance ciblée et temporaire demandée par l'autorité judiciaire.Compte tenu de l'intérêt général attaché à la répression de l'apologie des crimes contre l'humanité, de la provocation à la commission d'actes de terrorisme et de leur apologie, de l'incitation à la haine raciale, à la haine à l'égard de personnes à raison de leur sexe, de leur orientation sexuelle, de leur identité de genre ou de leur handicap ainsi que de la pornographie enfantine, de l'incitation à la violence, notamment l'incitation aux violences sexuelles et sexistes, ainsi que des atteintes à la dignité humaine, les personnes mentionnées ci-dessus doivent concourir à la lutte contre la diffusion des infractions visées aux cinquième, septième et huitième alinéas de l'article 24 de la loi du 29 juillet 1881 sur la liberté de la presse et aux articles 222-33, 225-4-1, 225-5, 225-6, 227-23 et 227-24 et 421-2-5 du code pénal. A ce titre, elles doivent mettre en place un dispositif facilement accessible et visible permettant à toute personne de porter à leur connaissance ce type de données. Elles ont également l'obligation, d'une part, d'informer promptement les autorités publiques compétentes de toutes activités illicites mentionnées à l'alinéa précédent qui leur seraient signalées et qu'exerceraient les destinataires de leurs services, et, d'autre part, de rendre publics les moyens qu'elles consacrent à la lutte contre ces activités illicites. Compte tenu de l'intérêt général attaché à la répression des activités illégales de jeux d'argent, les personnes mentionnées aux 1 et 2 mettent en place, dans des conditions fixées par décret, un dispositif facilement accessible et visible permettant de signaler à leurs abonnés les services de communication au public en ligne tenus pour répréhensibles par les autorités publiques compétentes en la matière. Elles informent également leurs abonnés des risques encourus par eux du fait d'actes de jeux réalisés en violation de la loi. Les personnes mentionnées aux 1 et 2 informent leurs abonnés de l'interdiction de procéder en France métropolitaine et dans les départements d'outre-mer à des opérations de vente à distance, d'acquisition, d'introduction en provenance d'un autre Etat membre de l'Union européenne ou d'importation en provenance de pays tiers de produits du tabac manufacturé dans le cadre d'une vente à distance, ainsi que des sanctions légalement encourues pour de tels actes. Tout manquement aux obligations définies aux quatrième, cinquième et avant-dernier alinéas du présent 7 est puni des peines prévues au 1 du VI. 8. L'autorité judiciaire peut prescrire en référé ou sur requête, à toute personne mentionnée au 2 ou, à défaut, à toute personne mentionnée au 1, toutes mesures propres à prévenir un dommage ou à faire cesser un dommage occasionné par le contenu d'un service de communication au public en ligne. II.-Les personnes mentionnées aux 1 et 2 du I détiennent et conservent les données de nature à permettre l'identification de quiconque a contribué à la création du contenu ou de l'un des contenus des services dont elles sont prestataires. Elles fournissent aux personnes qui éditent un service de communication au public en ligne des moyens techniques permettant à celles-ci de satisfaire aux conditions d'identification prévues au III. L'autorité judiciaire peut requérir communication auprès des prestataires mentionnés aux 1 et 2 du I des données mentionnées au premier alinéa. Les dispositions des articles 226-17,226-21 et 226-22 du code pénal sont applicables au traitement de ces données. Un décret en Conseil d'Etat, pris après avis de la Commission nationale de l'informatique et des libertés, définit les données mentionnées au premier alinéa et détermine la durée et les modalités de leur conservation. III.-1. Les personnes dont l'activité est d'éditer un service de communication au public en ligne mettent à disposition du public, dans un standard ouvert: a) S'il s'agit de personnes physiques, leurs nom, prénoms, domicile et numéro de téléphone et, si elles sont sujetties aux formalités d'inscription au registre du commerce et des sociétés ou au répertoire des métiers, le numéro de leur inscription ; b) S'il s'agit de personnes morales, leur dénomination ou leur raison sociale et leur siège social, leur numéro de téléphone et, s'il s'agit d'entreprises assujetties aux formalités d'inscription au registre du commerce et des sociétés ou au répertoire des métiers, le numéro de leur inscription, leur capital social, l'adresse de leur siège social ; c) Le nom du directeur ou du codirecteur de la publication et, le cas échéant, celui du responsable de la rédaction au sens de l'article 93-2 de la loi n° 82-652 du 29 juillet 1982 précitée ; d) Le nom, la dénomination ou la raison sociale et l'adresse et le numéro de téléphone du prestataire mentionné au 2 du I. 2. Les personnes éditant à titre non professionnel un service de communication au public en ligne peuvent ne tenir à la disposition du public, pour préserver leur anonymat, que le nom, la dénomination ou la raison sociale et l'adresse du prestataire mentionné au 2 du I, sous réserve de lui avoir communiqué les éléments d'identification personnelle prévus au 1.Les personnes mentionnées au 2 du I sont assujetties au secret professionnel dans les conditions prévues aux articles 226-13 et 226-14 du code pénal, pour tout ce qui concerne la divulgation de ces éléments d'identification personnelle ou de toute information permettant d'identifier la personne concernée. Ce secret professionnel n'est pas opposable à l'autorité judiciaire. IV.-Toute personne nommée ou désignée dans un service de communication au public en ligne dispose d'un droit de réponse, sans préjudice des demandes de correction ou de suppression du message qu'elle peut adresser au service. La demande d'exercice du droit de réponse est adressée au directeur de la publication ou, lorsque la personne éditant à titre non professionnel a conservé l'anonymat, à la personne mentionnée au 2 du I qui la transmet sans délai au directeur de la publication. Elle est présentée au plus tard dans un délai de trois mois à compter de la mise à disposition du public du message justifiant cette demande.

Le directeur de la publication est tenu d'insérer dans les trois jours de leur réception les réponses de toute personne nommée ou désignée dans le service de communication au public en ligne sous peine d'une amende de 3 750 Euros, sans préjudice des autres peines et dommages-intérêts auxquels l'article pourrait donner lieu.

INTERNET, *FAKE NEWS* E RESPONSABILIDADE CIVIL DAS REDES SOCIAIS

de aplicações, como visto) não respondem civilmente por material produzido ou disponibilizado por seus usuários, se não tinham conhecimento da natureza ilícita manifesta ou de fatos e circunstâncias que o indicassem, ou ainda, se, a partir do conhecimento dessas condições, agiram prontamente para remoção do material ou impedimento a seu acesso. Não se estabelece, porém, obrigação de controle ativo generalizada, podendo a autoridade judiciária estabelecer controle temporário.

Ainda, não há exigência de ordem judicial de remoção de conteúdo para a responsabilização dos provedores, com a disciplina de procedimento para notificação, resposta e eventual retirada ou impedimento de acesso, não obstante, mesmo nesse caso, somente responderá o provedor, caso o conteúdo

---

Les conditions d'insertion de la réponse sont celles prévues par l'article 13 de la loi du 29 juillet 1881 précitée. La réponse sera toujours gratuite. Un décret en Conseil d'Etat fixe les modalités d'application du présent IV. V.-Les dispositions des chapitres IV et V de la loi du 29 juillet 1881 précitée sont applicables aux services de communication au public en ligne et la prescription acquise dans les conditions prévues par l'article 65 de ladite loi. VI.-1. Est puni d'un an d'emprisonnement et de 250 000 Euros d'amende le fait, pour une personne physique ou le dirigeant de droit ou de fait d'une personne morale exerçant l'une des activités définies aux 1 et 2 du I, de ne pas satisfaire aux obligations définies aux quatrième et cinquième alinéas du 7 du I du présent article ni à celles prévues à l'article 6-1 de la présente loi, de ne pas avoir conservé les éléments d'information visés au II du présent article ou de ne pas déférer à la demande d'une autorité judiciaire d'obtenir communication desdits éléments. Les personnes morales peuvent être déclarées pénalement responsables de ces infractions dans les conditions prévues à l'article 121-2 du code pénal. Elles encourent une peine d'amende, suivant les modalités prévues par l'article 131-38 du même code, ainsi que les peines mentionnées aux 2° et 9° de l'article 131-39 de ce code. L'interdiction mentionnée au 2° de cet article est prononcée pour une durée de cinq ans au plus et porte sur l'activité professionnelle dans l'exercice ou à l'occasion de laquelle l'infraction a été commise. 2. Est puni d'un an d'emprisonnement et de 75 000 Euros d'amende le fait, pour une personne physique ou le dirigeant de droit ou de fait d'une personne morale exerçant l'activité définie au III, de ne pas avoir respecté les prescriptions de ce même article. Les personnes morales peuvent être déclarées pénalement responsables de ces infractions dans les conditions prévues à l'article 121-2 du code pénal. Elles encourent une peine d'amende, suivant les modalités prévues par l'article 131-38 du même code, ainsi que les peines mentionnées aux 2° et 9° de l'article 131-39 de ce code. L'interdiction mentionnée au 2° de cet article est prononcée pour une durée de cinq ans au plus et porte sur l'activité professionnelle dans l'exercice ou à l'occasion de laquelle l'infraction a été commise". *Idem.*

4. RESPONSABILIDADE CIVIL DOS PROVEDORES DE REDES SOCIAIS

disputado seja manifestamente ilícito, conforme decisão do Conselho Constitucional, nº 2004-496, de 10 de junho[437].

A Lei n° 2020-766 de 24 de junho de 2020[438], na parte que alterava vários dispositivos da norma acima citada, para determinar aos provedores de serviços obrigações de análise de conteúdo de ódio e de cunho sexual ou terrorista, em prazos diminutos, sob pena de responsabilização penal em caso de falha, com aplicação de pesadas multas, foi considerada inconstitucional pelo Conselho Constitucional, sob o principal argumento de desmesurada restrição à liberdade de expressão[439].

No âmbito das "fake news", houve a aprovação da Lei n° 2018-1202, de 22 dezembro de 2018, relativa à luta contra a manipulação da informação[440], com algumas alterações importantes no Código Eleitoral e na Lei relativa à liberdade de comunicação, inclusive o estabelecimento de obrigações gerais aos provedores, nesses dois últimos casos ainda pendente de regulamentação.

Quanto ao aspecto eleitoral, determina aos provedores de serviço de Internet, a partir de três meses antes das eleições nacionais, regionais, europeias, ou referendos, e até o seu final, que forneçam aos usuários informações completas sobre todos aqueles que remunerem o operador pela promoção de conteúdos de interesse geral, com os respectivos valores e de como os dados dos usuários são utilizados em relação à promoção dos conteúdos mencionados.

---

[437] FRANÇA. Conseil Constitutionnel. "Décision n° 2004-496 DC du 10 juin 2004". Disponível em https://conseil-constitutionnel.fr/decision/2004/2004496DC.htm. Acesso 23 de novembro de 2020.

[438] FRANÇA. "Loi nº 2020-766 du 24 juin 2020. Visant à lutter contre les contenus haineux sur internet". Disponível em https://www.legifrance.gouv.fr/jorf/id/JORFARTI000042031978. Acesso em 20 de novembro de 2020.

[439] FRANÇA. Conseil Constitutionnel. "Décision n° 2020-801 DC du 18 juin 2020". Disponível em https://www.conseil-constitutionnel.fr/actualites/communique/decision-n-2020--801-dc-du-18-juin-2020-communique-de-presse#:~:text=Par%20sa%20d%C3%A9cision%20n%C2%B0,par%20plus%20de%20soixante%20s%C3%A9nateurs. Acesso em 20 de novembro de 2020.

[440] FRANÇA. "Loi nº 2018-1202 du 22 decembre 2018. Relative à la lutte contre la manipulation de l'information". Disponível em https://www.legifrance.gouv.fr/jorf/id/JORFARTI000037847565. Acesso em 20 de novembro de 2020.

INTERNET, *FAKE NEWS* E RESPONSABILIDADE CIVIL DAS REDES SOCIAIS

Caso haja a difusão de informações inexatas ou enganosas, pela Internet, tendentes a influenciar o escrutínio, e difundidas de maneira deliberada, artificial ou automatizada, mediante requerimento do Ministério Público, de candidato, partido, grupo político e qualquer pessoa que demonstre interesse de agir, poderá o Juiz competente, necessariamente de Tribunal de Grande Instância ou de uma Corte de Apelação, determinar aos provedores medidas proporcionais e necessárias para fazer cessar tal difusão.

O descumprimento das obrigações estabelecidas ensejará a pena de até um ano de prisão e aplicação de multa de 75.000 Euros.

Em relação à Lei de liberdade de comunicação, prevê que o Conselho Audiovisual poderá, no período eleitoral anteriormente citado, suspender os serviços de operadores de serviço de Internet estrangeiros ou controlados por pessoa estrangeira, caso haja a difusão de informações manipuladas com intento de influenciar o processo e, de modo geral, cassar a autorização para funcionamento na França, em caso de a atividade atentar contra os interesses nacionais, dentre os quais o funcionamento de suas instituições, especialmente pela difusão de informação fraudulenta.

Por fim, estabelece um dever de cooperação aos provedores de serviços da Internet, que terão de disponibilizar mecanismo facilitado aos seus usuários para denúncia de informações fraudulentas, tornar transparentes os seus algoritmos, combater as contas que propaguem em massa informações fraudulentas, fornecer os dados completos daqueles que os remuneram para a difusão de conteúdos relativos a assuntos de interesse geral e sobre a natureza, origem e modalidade de difusão de conteúdos, bem como promover a educação digital e informação correta dos usuários. Anualmente, deverão esclarecer as medidas tomadas para desempenho dessas obrigações ao Conselho Superior de Audiovisual, que poderá expedir recomendações aos operadores para melhoramento das ferramentas contra a desinformação.

Os provedores que se utilizarem de algoritmos para recomendação, classificação ou referenciamento de conteúdos deverão apresentar estatísticas periódicas de acesso à informação diretamente ou por meio desses mecanismos mencionados.

A aprovação da lei foi acompanhada de controvérsias, com manifestações contrárias, no sentido de que representaria risco à liberdade de expressão e de informação, realizada profissionalmente pela imprensa, bem como de que

4. RESPONSABILIDADE CIVIL DOS PROVEDORES DE REDES SOCIAIS

as disposições já existentes seriam suficientes ao tratamento do problema, e que a lei não estaria levando em conta a dimensão internacional da questão[441].

Mesmo com as críticas, o Conselho Constitucional entendeu pela constitucionalidade da lei, sob o principal argumento de que a restrição à liberdade de expressão nela entabulada era adequada e proporcional à proteção dos outros direitos invocados com grande relevância, como a integridade do processo eleitoral e a preservação dos interesses nacionais fundamentais[442].

4.2.4. Direito italiano

Na Itália, o Decreto Legislativo nº 70/2003[443] regulamenta, em âmbito interno, a Diretiva da União Europeia, e quanto à responsabilidade dos provedores, em seus artigos 14, 15 e 16, estabelece regimes diversos quanto às atividades exercidas: mero transporte, guarda temporária ("caching") e guarda de informações permanente ("hosting").

Havendo atividade de "hosting", armazenamento não temporário de dados, nosso foco de estudos, afastada estará a responsabilidade, caso o provedor não tenha conhecimento da ilicitude do conteúdo ou não seja manifesta a ilegalidade, de acordo com as circunstâncias concretas, bem como tendo ciência da ilicitude ou mediante comunicação da autoridade competente, atue prontamente para remover o material ou desabilitar o acesso a ele, conforme o artigo 16[444].

---

[441] PONTHOREAU, Marie-Claire. *Ob. cit.* pp. 30-31.

[442] FRANÇA. Conseil Constitutionnel. "Décision n° 2018-773 DC du 20 decembre 2018". Disponível em https://www.conseil-constitutionnel.fr/decision/2018/2018773DC.htm. Acesso em 20 de novembro de 2020. Há uma ressalva na decisão, importante para o caso de atividades na Internet, no parágrafo 23, no sentido de que as medidas de controle de difusão de conteúdos deverão ser implementadas caso a falsidade ou a influência sobre a integridade do processo eleitoral sejam manifestas.

[443] ITÁLIA. "Decreto Legislativo nº 70/2003. Attuazione della direttiva 2000/31/CE relativa a taluni aspetti giuridici dei servizi della societa' dell'informazione nel mercato interno, con particolare riferimento al commercio eletrônico". Disponível em https://www.normattiva. it/uri-res/N2Ls?urn:nir:stato:decreto.legislativo:2003;070. Acesso em 18 de junho de 2019.

[444] "Art. 16 (Responsabilita' nell'attiva' di memorizzazione di informazioni –hosting-). 1. Nella prestazione di un servizio della societa' dell'informazione, consistente nella memorizzazione di informazioni fornite da un destinatario del servizio, il prestatore non é responsabile delle informazioni memorizzate a richiesta di um destinatario del servizio, a condizione che detto prestatore: a) non sia effettivamente a conoscenza del fatto

O artigo 17 preconiza a inexistência de uma obrigação de vigilância, mas estabelece aos provedores o dever de comunicar as autoridades competentes, caso tenham ciência de conteúdos ilícitos no âmbito da rede, e de fornecer os dados de identificação de seus usuários para fins de reprimir ou prevenir uma atividade ilegal, respondendo civilmente pelo descumprimento desses encargos[445].

Na seara jurisprudencial, em caso recente, a Corte de Cassação analisou pedido da "Reti Televisive Italiane S.p.A" para condenação do "Yahoo" ao pagamento de indenização de danos por armazenar vídeos de seus programas televisivos, postados pelos usuários desse, alegando a infringência de direitos autorais, bem como impor ao provedor mencionado obrigação de controle prévio de materiais semelhantes[446].

che l'attivita' o l'informazione e' illecita e, per quanto attiene ad azioni risarcitorie, non sia al corrente di fatti o di circostanze che rendono manifesta l'illiceita' dell'attivita' o dell'informazione; b) non appena a conoscenza di tali fatti, su comunicazione dele autorita' competenti, agisca immediatamente per rimuovere le informazioni o per disabilitarne l'accesso. 2. Le disposizioni di cui al comma 1 non si applicano se ildestinatario del servizio agisce sotto l'autorita' o il controllo del prestatore. 3. L'autorita' giudiziaria o quella amministrativa competente può; esigere, anche in via d'urgenza, che il prestatore, nell'esercizio delle attivitá di cui al comma 1, impedisca o ponga fine alle violazioni commesse". *Idem.*
[445] "Art. 17 (Assenza dell'obbligo generale di sorveglianza). 1. Nella prestazione dei servizi di cui agli articoli 14, 15 e 16, il prestatore non è assoggettato ad un obbligo generale di sorveglianza sulle informazioni che trasmette o memorizza, nè ad um obbligo generale di ricercare attivamente fatti o circostanze che indichino la presenza di attivita' illecite. 2. Fatte salve le disposizioni di cui agli articoli 14, 15 e 16, il prestatore e' comunque tenuto: a) ad informare senza indugio l'autorita' giudiziaria o quella amministrativa avente funzioni di vigilanza, qualora sia a conoscenza di presunte attivita' o informazioni illecite riguardanti un suo destinatario del servizio della società dell'informazione; b) a fornire senza indugio, a richiesta delle autorita' competenti, le informazioni in suo possesso che consentano l'identificazione del destinatario dei suoi servizi con cui ha accordi di memorizzazione dei dati, al fine di individuare e prevenire attivita' illecite. 3. Il prestatore e' civilmente responsabile del contenuto di tali servizi nel caso in cui, richiesto dall'autorità giudiziaria o amministrativa avente funzioni di vigilanza, non ha agito prontamente per impedire l'accesso a detto contenuto, ovvero se, avendo avuto conoscenza del carattere illecito o pregiudizievole per un terzo del contenuto di un servizio al quale assicura l'accesso, non há provveduto ad informarne l'autorita' competente". *Ibidem.*
[446] ITÁLIA. Corte di Cassazione. "Sentenza nº 7708/2019, sul ricorso 911/2015, Reti Televisive Italiane S.p.a. c. Yahoo!. Inc., Yahoo! Italia S.r.l.", julgado em 19 de março de 2019. Disponível em http://www.italgiure.giustizia.it/xway/application/nif/clean/hc.dll?verbo=attach&db=s nciv&id=./20190319/snciv@s10@a2019@n07708@tS.clean.pdf. Acesso em 04 de janeiro de

No julgamento, diferenciou os provedores de serviços de "hosting" ativo e passivo, limitando a proteção condicional de responsabilidade por conteúdo gerado pelos usuários a esse, respondendo aquele de acordo com as normas ordinárias de responsabilidade. Consignou que a configuração de "hosting" ativo deve avaliar, no caso concreto, a interferência do provedor no sentido do estabelecimento de atividade de filtro, seleção, catalogação, agregação, valoração, uso, modificação, extração ou promoção dos materiais realizada no interesse empresarial do serviço, assim como a utilização de técnicas de personalização de uso para incrementar a fidelidade dos usuários, gerando o efeito de completar e enriquecer o acesso de conteúdos por usuários indeterminados de forma não passiva. Entendeu que o "Yahoo", na lide em questão, configurava-se como "hosting" passivo, respondendo apenas no caso de não remoção dos materiais ilegais, quando ciente dessa circunstância, sendo suficiente que tal ocorra pela via extrajudicial.

A Corte definiu, ainda, o cabimento de obrigação específica de controle de materiais, que não se equipararia a uma obrigação de vigilância geral, pois calcada no estabelecimento de critérios claros sobre o tipo de material a ser controlado, sendo possível determinar ao provedor que adotasse mecanismos de filtragem e identificação.

A Corte de Apelação de Roma estabeleceu também importante entendimento quanto à responsabilidade do provedor de Internet em relação a conteúdo ofensivo à honra gerado por usuário. No caso, a "Wikimedia", mantenedora da "Wikipedia", fora demandada por informações relativas a Cesare Previti alegadas como difamatórias, e o Tribunal não acolheu a tese de que a "Wikimedia" seria provedor de conteúdo, e que, por conta disso, haveria uma obrigação de controle preventivo. Ao revés, entendeu que a responsabilidade dependeria da omissão em remover ou bloquear o conteúdo ofensivo, desde que o provedor tivesse recebido comunicação precisa e séria sobre a ilicitude[447].

2021. No caso em questão a "Reti Televisive Italiane S.p.A." buscava a condenação do "Yahoo", por armazenar vídeos de seus programas televisivos postados pelos usuários deste, alegando a infringência de direitos autorais.

[447] MASSIMEI, Gianluca. "Responsabilità dell'internet hosting provider per i contenuti pubblicati da terzi: il Caso Wikipedia" [arigo eletrônico, s.l.], 2018. Disponível em https://

Assim, o modelo Italiano, especificando o quadro-geral da Diretiva Europeia, adota um sistema de responsabilidade subjetiva, em que os provedores de aplicações têm a obrigação de promover a remoção de conteúdos ilícitos gerados por seus usuários, caso tenham ciência de sua existência ou devessem ter, de acordo com as circunstâncias fáticas específicas, respondendo pela negligência no trato do problema dos materiais danosos, sem necessidade de que sua notificação seja judicialmente determinada.

Porém, do ponto de vista jurisprudencial, verifica-se o início de mudança para restringir a incidência do mencionado entendimento apenas quando os provedores atuem passivamente. Nos casos em que os provedores ajam, em seu interesse empresarial, de forma a manipular a disponibilização de conteúdo, conforme defendido neste trabalho, podem deixar de fazer jus à proteção condicional e passar a responder de acordo com as regras gerais de responsabilidade, possivelmente com fulcro no artigo 2.050, do Código Civil[448], que trata do perigo da atividade.

4.2.5. A regulação portuguesa

Em Portugal, a diferenciação do regime de responsabilidade aplicável conforme o tipo de serviço prestado pelo operador é quase idêntica àquela definida na legislação italiana acima mencionada, conforme os artigos 14º a 17º, do Decreto-Lei nº 7/2004[449], apenas com o acréscimo específico da responsabilidade dos prestadores de serviços de associação de conteúdos, como sites de busca.

---

www.diritto.it/la-responsabilita-dellinternet-hosting-provider-contenuti-pubblicati-terzi-
-caso-wikipedia/. Acesso em 19 de junho de 2019.

[448] "Art. 2050. (Responsabilita' per l'esercizio di attivita' pericolose). Chiunque cagiona danno ad altri nello svolgimento di un'attivita' pericolosa, per sua natura o per la natura dei mezzi adoperati, e' tenuto al risarcimento, se non prova di avere adottato tutte le misure idonee a evitare il danno". ITÁLIA. "Codice Civile". Disponível em https://www.normattiva. it/uri-res/N2Ls?urn:nir:stato:regio.decreto:1942-03-16;262. Acesso em 14 de janeiro de 2021.

[449] PORTUGAL. "Decreto-Lei nº 7/2004. Transpõe para a ordem jurídica nacional a Directiva n.º 2000/31/CE, do Parlamento Europeu e do Conselho, de 8 de junho de 2000, relativa a certos aspectos legais dos serviços da sociedade de informação, em especial do comércio electrónico, no mercado interno". Disponível em www.pgdlisboa.pt/leis/lei_mostra_articulado.php?nid=1399&tabela=leis&so_miolo=. Acesso em 23 de novembro de 2020.

4. RESPONSABILIDADE CIVIL DOS PROVEDORES DE REDES SOCIAIS

Ainda, o artigo 12º afasta o dever geral de vigilância, e o artigo 13º determina obrigações gerais a todos os provedores de informar às autoridades competentes o conhecimento de atividades ilícitas, de cumprir as determinações de identificação dos usuários e as destinadas a prevenir ou a findar um ilícito, especialmente de retirada de conteúdo ou impedimento de acesso, e de fornecer lista de titulares de sites que hospedem quando ordenado[450].

No caso dos provedores de armazenagem principal, em que se enquadram os provedores de aplicações, nos termos dos itens 1 e 2, do artigo 16º, exsurgirá sua responsabilidade por conteúdo dos usuários, sempre que, diante das circunstâncias concretas, tenham ou deveriam ter conhecimento da ilicitude manifesta do material e não promovam a retirada ou impossibilitem o acesso a ele prontamente[451].

Na lição de João Pedro Fachana Cardoso Moreira da Costa, extensível ao Direito brasileiro, mesmo na sua conformação atual, a responsabilidade entre o usuário e o intermediário será solidária, entretanto,

> o intermediário será apenas responsável pelos danos causados pela permanência do conteúdo ilícito no seu servidor depois do seu conhecimento efectivo. Assim, à primeira vista pode parecer que o regime da solidariedade se encontra afastado. No entanto, entendemos que

---

[450] "Artigo 12.º Ausência de um dever geral de vigilância dos prestadores intermediários de serviços Os prestadores intermediários de serviços em rede não estão sujeitos a uma obrigação geral de vigilância sobre as informações que transmitem ou armazenam ou de investigação de eventuais ilícitos praticados no seu âmbito; Artigo 13.º Deveres comuns dos prestadores intermediários dos serviços. Cabe aos prestadores intermediários de serviços a obrigação para com as entidades competentes: a) De informar de imediato quando tiverem conhecimento de actividades ilícitas que se desenvolvam por via dos serviços que prestam; b) De satisfazer os pedidos de identificar os destinatários dos serviços com quem tenham acordos de armazenagem; c) De cumprir prontamente as determinações destinadas a prevenir ou pôr termo a uma infracção, nomeadamente no sentido de remover ou impossibilitar o acesso a uma informação; d) De fornecer listas de titulares de sítios que alberguem, quando lhes for pedido". *Idem.*

[451] "Artigo 16.º Armazenagem principal. 1 –O prestador intermediário do serviço de armazenagem em servidor só é responsável, nos termos comuns, pela informação que armazena se tiver conhecimento de actividade ou informação cuja ilicitude for manifesta e não retirar ou impossibilitar logo o acesso a essa informação. 2 –Há responsabilidade civil sempre que, perante as circunstâncias que conhece, o prestador do serviço tenha ou deva ter consciência do carácter ilícito da informação". *Ibidem.*

INTERNET, *FAKE NEWS* E RESPONSABILIDADE CIVIL DAS REDES SOCIAIS

não. O utilizador primitivo será sempre responsável por todos os danos que forem causados pelo conteúdo por si colocado na rede. Nada obsta a que o intermediário, mesmo que só seja responsável a partir do momento em que tem conhecimento do conteúdo ilícito e nada faz para o remover, não possa ser responsabilizado solidariamente com o utilizador no pagamento da indemnização total ao lesado. Posteriormente, terá direito de regresso relativamente ao montante indemnizatório pago em excesso quanto à parcela dos danos e da culpa que apenas recairiam sobre o utilizador[452].

No artigo 18º, o Decreto-Lei português criou um interessante procedimento de solução provisória de litígios, de modo administrativo. Possibilita ao lesado provocar o prestador de serviços à retirada ou impedimento de acesso a conteúdo, podendo esse recusar ao pleito, caso o conteúdo não seja manifestamente ilícito[453].

Em caso de não retirada ou impedimento de acesso, poderá o interessado interpor recurso à autoridade administrativa supervisora, *in casu* a ICP-ANA-COM (Autoridade Nacional de Comunicações). De igual maneira, quando

---

[452] *Ob. cit.* p. 94.

[453] "Artigo 18.º Solução provisória de litígios. 1 –Nos casos contemplados nos artigos 16.º e 17.º, o prestador intermediário de serviços, se a ilicitude não for manifesta, não é obrigado a remover o conteúdo contestado ou a impossibilitar o acesso à informação só pelo facto de um interessado arguir uma violação. 2 –Nos casos previstos no número anterior, qualquer interessado pode recorrer à entidade de supervisão respectiva, que deve dar uma solução provisória em quarenta e oito horas e logo a comunica electronicamente aos intervenientes. 3 –Quem tiver interesse jurídico na manutenção daquele conteúdo em linha pode nos mesmos termos recorrer à entidade de supervisão contra uma decisão do prestador de remover ou impossibilitar o acesso a esse conteúdo, para obter a solução provisória do litígio. 4 –O procedimento perante a entidade de supervisão será especialmente regulamentado. 5 –A entidade de supervisão pode a qualquer tempo alterar a composição provisória do litígio estabelecida. 6 –Qualquer que venha a ser a decisão, nenhuma responsabilidade recai sobre a entidade de supervisão e tão-pouco recai sobre o prestador intermediário de serviços por ter ou não retirado o conteúdo ou impossibilitado o acesso a mera solicitação, quando não for manifesto se há ou não ilicitude. 7 –A solução definitiva do litígio é realizada nos termos e pelas vias comuns. 8 –O recurso a estes meios não prejudica a utilização pelos interessados, mesmo simultânea, dos meios judiciais comuns". PORTUGAL. "Decreto-Lei nº 7/2004". *Cit.*

4. RESPONSABILIDADE CIVIL DOS PROVEDORES DE REDES SOCIAIS

haja remoção ou impedimento de acesso, o interessado na manutenção do conteúdo terá à sua disposição o mesmo tipo de recurso.

Em qualquer caso, a decisão da autoridade administrativa será provisória, e a solução definitiva do litígio será efetuada pela via judicial, que poderá ser acessada em concomitância à via administrativa.

Apesar de muito interessante, tal procedimento administrativo carece de regulamentação, necessária conforme previsto no item 4, do artigo 18º.

Por fim, o item 6, do artigo 18º, acrescenta, também, que não haverá a responsabilidade do prestador de serviços da Internet, caso tenha ou não efetuado a remoção ou impedido o acesso ao conteúdo, quando não seja clara a licitude ou ilicitude dele.

4.2.6. Direito no Reino Unido: o atual "Defamation Act"

Em 2014 entrou em vigor, no Reino Unido, o novo "Defamation Act[454]", após quatro anos de tramitação. A finalidade declarada da nova lei seria afastar a censura e remover restrições desproporcionais à liberdade de expressão que não se coadunariam com uma moderna sociedade democrática[455].

A lei anterior, de 1996, não trazia previsão específica sobre os provedores de Internet, entretanto, a partir da Diretiva de Comércio Eletrônico nº 2000/31, introduziu-se, como acima comentado, o sistema de salvaguardas em todos os países da União Europeia, inclusive no Reino Unido, que, agora, não faz mais parte da Comunidade.

De acordo com essa previsão da Diretiva, a partir do julgamento do caso "Tamiz x Google", a Corte de Apelação da Inglaterra e do País de Gales fixou o entendimento de que o Google, assim como outros provedores, responderia por conteúdos produzidos por seus usuários, caso não efetuasse

---

[454] REINO UNIDO. "Defamation Act (2013)". Disponível em http://www.legislation.gov. uk/ukpga/2013/26/contents/enacted. Acesso em 04 de janeiro de 2021.

[455] MULLIS, Alastair; SCOTT, Andrew. "Tilting at Windmills: the Defamation Act 2013". *In*: *The modern law review* [s.l.], v. 77, nº 1, jan. 2014, pp. 87-109. Disponível em https://onlinelibrary. wiley.com/doi/epdf/10.1111/1468-2230.12057. Acesso em 3 de abril de 2019. p. 87.

INTERNET, *FAKE NEWS* E RESPONSABILIDADE CIVIL DAS REDES SOCIAIS

tempestivamente a remoção do material ilícito depois de receber a notificação sobre a sua existência[456][457].

Por outro lado, substituindo as defesas anteriormente existentes, a nova lei insere três novas hipóteses, baseadas em justificativas distintas, que podem isentar de responsabilidade alguém em casos de supostos danos ocasionados ao se proferir uma manifestação: verdade, interesse público e reconhecimento como opinião[458].

No caso dos provedores de aplicação da Internet, o artigo 5º[459] da lei estabelece a sua irresponsabilidade quanto aos conteúdos postados por terceiros,

---

[456] BENNIS, Amanda. "Realism about Remedies and the Need for a CDA Takedown: A Comparative Analysis of §230 of the CDA and the U.K. Defamation Act 2013". *In: Florida Journal of International Law.* v. 27, nº. 3, 2015, pp. 297-332. Disponível em https://heinonline.org/HOL/LandingPage?handle=hein.journals/fjil27&div=15&id=&page=&t=1562011358. Acesso em 15 de junho de 2019. p. 315.

[457] O litígio diz respeito a oito comentários postados no blog "London Muslim" reputados por Payam Tamiz como difamatórios a ele. Após tomar ciência desses comentários, notificou o Google, provedor do serviço Blogger, no início de julho de 2011, tendo sido o blog removido em 14 de agosto de 2011. Apesar de o Tribunal reconhecer a procedência dos argumentos de Tamiz, entendeu que entre a data de notificação e a remoção do blog não mediou tempo suficiente para agravamento do dano, tendo em vista que os comentários alegadamente ofensivos foram postados no final de abril. INGLATERRA E PAÍS DE GALES. Court of Appeal (Civil Division). "Tamiz v Google Inc., [2013] EWCA Civ 68", julgado em 14 de fevereiro de 2013. Disponível em http://www.bailii.org/ew/cases/EWCA/Civ/2013/68.html. Acesso em 04 de janeiro de 2021.

[458] MULLIS, Alastair Mullis; Scott, Andrew. *Ob. cit.* p. 88.

[459] "5. Operators of websites. (1)This section applies where an action for defamation is brought against the operator of a website in respect of a statement posted on the website. (2)It is a defence for the operator to show that it was not the operator who posted the statement on the website. (3)The defence is defeated if the claimant shows that— (a)it was not possible for the claimant to identify the person who posted the statement, (b)the claimant gave the operator a notice of complaint in relation to the statement, and (c)the operator failed to respond to the notice of complaint in accordance with any provision contained in regulations. (4)For the purposes of subsection (3)(a), it is possible for a claimant to "identify" a person only if the claimant has sufficient information to bring proceedings against the person. (5)Regulations may—(a)make provision as to the action required to be taken by an operator of a website in response to a notice of complaint (which may in particular include action relating to the identity or contact details of the person who posted the statement and action relating to its removal); (b)make provision specifying a time limit for the taking of any such action; (c)make provision conferring on the court a discretion to treat action taken after the expiry of a time limit as having been taken before the expiry; (d)make any other provision for the purposes of this section. (6)Subject to any provision made by virtue of subsection (7),

4. RESPONSABILIDADE CIVIL DOS PROVEDORES DE REDES SOCIAIS

exceto se a pretensa vítima do material ilícito demonstrar, cumulativamente, que não poderia identificar o autor do conteúdo, reclamou junto ao provedor sobre o caráter ilícito e danoso do material, e esse não respondeu adequadamente à notificação de acordo com a Regulamentação. Já o artigo 10[460] estabelece o descabimento de ação judicial contra os editores secundários, incluídos os provedores de aplicação, exceto se for impraticável exercer a pretensão contra o autor do material[461].

A lei, nesse ponto, amplia, em grande medida, a isenção de responsabilidade dos provedores de aplicações, pois, mesmo que tenham conhecimento do material e ciência sobre a sua ilicitude, caso seja possível identificar o autor e ter acesso a ele, não responderão pelos danos causados, não tendo, ainda, a obrigação de remover o material, exceto por ordem judicial, conforme a regra do artigo 13[462].

---

a notice of complaint is a notice which—(a)specifies the complainant's name, (b)sets out the statement concerned and explains why it is defamatory of the complainant, (c)specifies where on the website the statement was posted, and (d)contains such other information as may be specified in regulations. (7)Regulations may make provision about the circumstances in which a notice which is not a notice of complaint is to be treated as a notice of complaint for the purposes of this section or any provision made under it. (8)Regulations under this section—(a)may make different provision for different circumstances; (b)are to be made by statutory instrument. (9)A statutory instrument containing regulations under this section may not be made unless a draft of the instrument has been laid before, and approved by a resolution of, each House of Parliament. (10)In this section "regulations" means regulations made by the Secretary of State. (11)The defence under this section is defeated if the claimant shows that the operator of the website has acted with malice in relation to the posting of the statement concerned. (12)The defence under this section is not defeated by reason only of the fact that the operator of the website moderates the statements posted on it by others". *Cit.*

[460] "10. Action against a person who was not the author, editor etc. (1)A court does not have jurisdiction to hear and determine an action for defamation brought against a person who was not the author, editor or publisher of the statement complained of unless the court is satisfied that it is not reasonably practicable for an action to be brought against the author, editor or publisher. (2)In this section 'author', 'editor' and 'publisher' have the same meaning as in section 1 of the Defamation Act 1996". *Idem.*

[461] MULLIS, Alastair Mullis; Scott, Andrew. *Ob. cit.* p. 100.

[462] "13. Order to remove statement or cease distribution etc. (1)Where a court gives judgment for the claimant in an action for defamation the court may order—(a)the operator of a website on which the defamatory statement is posted to remove the statement, or (b)any person who was not the author, editor or publisher of the defamatory statement to stop distributing, selling or exhibiting material containing the statement. (2)In this section 'author', 'editor' and

INTERNET, *FAKE NEWS* E RESPONSABILIDADE CIVIL DAS REDES SOCIAIS

Por outro lado, foi editado o regulamento da lei, ou seja, o "Defamation (Operator of Websites) Regulations 2013"[463], a ser seguido pelos provedores de aplicações da Internet. O §3º(1) determina que, após o recebimento de uma reclamação sobre certo conteúdo, atendidos os requisitos da legislação, não tendo o provedor meios de contatar o gerador do material, deve removê-lo em até 48h[464].

Na situação contrária, porém, o provedor deve notificar o gerador do conteúdo, avisando-o de que haverá a remoção, a menos que ele responda contrariamente, consoante o §2º[465]. Nesse último caso, nos termos do §8º[466], caberá

'publisher' have the same meaning as in section 1 of the Defamation Act 1996. (3)Subsection (1) does not affect the power of the court apart from that subsection". *Cit.*

[463]   REINO UNIDO. "Defamation (Operator of Websites) Regulations 2013". Disponível em http://www.legislation.gov.uk/uksi/2013/3028/pdfs/uksi_20133028_en.pdf. Acesso em 04 de janeiro de 2021.

[464]   "Where the operator has no means of contacting the poster paragraph 2 does not apply and the operator must, within 48 hours of receiving a notice of complaint, remove the statement from the locations on the website which were specified in the notice of complaint". *Idem.*

[465]   "2.—(1) Unless paragraph 3 or 9 applies, the operator must, within 48 hours of receiving a notice of complaint, send the poster— (a) a copy of the notice of complaint, altered to conceal the complainant's name and address if the operator has received confirmation that the complainant does not consent to the operator providing this information to the poster; (b) notification in writing that the statement complained of may be removed from the locations on the website which were specified in the notice of complaint unless— (i) the operator receives a response in writing from the poster by midnight at the end of the date specified in the notification as the deadline for responding (which must be the 5th day after the day on which the notification is sent); and (ii) that response complies with sub-paragraph (2); and (c) notification in writing that the information mentioned in sub-paragraph (2)(b)(i) or (ii) will not be released to the complainant unless— (i) the poster consents; or (ii) the operator is ordered to do so by a court. (2) To comply with this sub-paragraph the response must— (a) inform the operator whether or not the poster wishes the statement to be removed from the locations on the website which were specified in the notice of complaint; and (b) where the poster does not wish the statement to be removed from those locations— (i) provide the poster's full name; (ii) provide the postal address at which the poster resides or carries on business; and (iii) inform the operator whether the poster consents to the operator providing the complainant with the details mentioned in paragraphs (i) or (ii)". *Ibidem.*

[466]   "Response to notice of complaint: poster does not wish statement to be removed from website locations. 8.—(1) This paragraph applies where— (a) the operator acts in accordance with paragraph 2 in respect of a notice of complaint; (b) the poster responds to the operator within the period specified in paragraph 2(1)(b)(i); and (c) the poster does not wish the statement to be removed from the locations on the website specified in the notice of complaint. 5 (2) Where this paragraph applies the operator must, within 48 hours of receiving

4. RESPONSABILIDADE CIVIL DOS PROVEDORES DE REDES SOCIAIS

ao provedor cientificar o reclamante sobre a oposição do gerador e de que não haverá a retirada do material, o que poderá ser resolvido judicialmente, inclusive para fins de obtenção dos dados do gerador do conteúdo, caso este se recuse a fornecê-los. Se não houver resposta, essa for falha, ou ainda, houver a concordância do gerador, a remoção deverá ser feita também em 48h, a teor dos §§5º, 6º e 8º[467].

A lei britânica, em seu regulamento, apesar da preocupação em não tolher de forma desproporcional a liberdade de expressão e criar um procedimento de notificação e retirada, o que se mostra louvável, foi tímida no trato

---

the response— (a) inform the complainant in writing— (i) that the poster does not wish the statement to be removed; and (ii) that the statement has not been removed from the locations on the website specified in the notice of complaint; and (b) where the poster— (i) has consented to the operator providing the poster's name or address to the complainant, provide that information to the complainant in writing or (ii) has not so consented, notify the complainant in writing of that fact". *Idem.*

[467] "**Response to notice of complaint: poster fails to respond.** 5.—(1) This paragraph applies where the operator acts in accordance with paragraph 2 in respect of a notice of complaint and the poster fails to respond within the period specified in paragraph 2(1)(b) (i). (2) Where this paragraph applies the operator must, within 48 hours of the end of that period— (a) remove the statement from the locations on the website which were specified in the notice of complaint; and (b) send the complainant notice in writing that the statement has been removed from those locations on the website. **Response to notice of complaint: response does not include all required information.** 6.—(1) This paragraph applies where— (a) the operator acts in accordance with paragraph 2 in respect of a notice of complaint; (b) the poster responds to the operator within the period specified in paragraph 2(1)(b)(i); and (c) the response does not comply with paragraph 2(2). (2) Where this paragraph applies the operator must, within 48 hours of receiving the response— (a) remove the statement from the locations on the website which were specified in the notice of complaint; and (b) send the complainant notice in writing that the statement has been removed from those locations on the website. (3) For the purpose of this paragraph a response does not include the information mentioned in paragraph 2(2)(b) if a reasonable website operator would consider the name or postal address provided under paragraph 2(2)(b)(i) or (ii) to be obviously false. **Response to notice of complaint: poster wishes statement to be removed from website locations.** 7.—(1) This paragraph applies where— (a) the operator acts in accordance with paragraph 2 in respect of a notice of complaint; (b) the poster responds to the operator within the period specified in paragraph 2(1)(b)(i); and (c) the poster wishes the statement to be removed from the locations on the website specified in the notice of complaint. (2) Where this paragraph applies the operator must, within 48 hours of receiving the response— (a) remove the statement from the locations on the website which were specified in the notice; and (b) send the complainant notice in writing that the statement has been removed from those locations". *Ibidem.* Grifo no original.

da responsabilidade dos provedores de Internet, ampliando a imunidade já existente[468].

Potencializam-se as violações de direitos, ao se permitir a manutenção de conteúdos patentemente ilícitos, desde que seja conhecido o gerador e nos casos em que haja a oposição por parte dos autores acerca da sua retirada.

A edição do ato normativo em comento reflete um movimento à época, em meados da década de 2010, de ampliação da imunidade dos provedores, talvez por conta da força crescente das redes sociais naquele momento, sendo reflexo disso também o regime pretensamente adotado pelo Marco Civil da Internet.

Não obstante, atualmente se percebe que o "Defamation Act" vai de encontro aos protestos jurídicos e políticos de maior engajamento dos provedores no controle de conteúdos ilícitos produzidos ou compartilhados por seus usuários, a fim de eliminar, ou ao menos atenuar, os danos provocados por eles e que podem alcançar, de modo rápido, grande número de pessoas, como é típico na Internet.

4.2.7. Especificidades do Direito alemão: o NetzDG.

A nova legislação alemã sobre as atividades dos provedores de Internet, que entrou em vigor em janeiro de 2018[469], tem sido alvo de críticas doutrinárias, escoradas no argumento de que acarretaria graves danos à liberdade de expressão na rede, havendo, inclusive, questionamentos judiciais sobre a sua constitucionalidade e pedidos de anulação total ou parcial junto ao Parlamento Alemão[470]. Por enquanto a lei continua vigente.

Também há impugnações à lei lastradas no argumento de que violaria os preceitos da Diretiva de Comércio Eletrônico nº 2000/31, ao fixar prazos aos provedores para ação, quando a norma transacional apenas se referiu ao termo "prontamente" para não haver tratamentos gerais díspares entre os Estados

---

[468] ERDOS, David. "Data protection and the right to reputation: filling the 'gaps' after the defamation act 2013". *In: Cambridge Law Journal*, Cambridge, v. 73, nº 3, 2014, pp. 536–569. Disponível em https://www.cambridge.org/core. Acesso em 15 de junho de 2019. P. 554.
[469] ALEMANHA. "Netzdurchsetzunggesetz, (NetzDG)". Versão em inglês disponível em https://www.bmjv.de/SharedDocs/Gesetzgebungsverfahren/Dokumente/NetzDG_engl. pdf?__blob=publicationFile&v=2. Acesso 04 de janeiro de 2021.
[470] EIFERT, Martin. *Ob. cit.*. p. 60.

4. RESPONSABILIDADE CIVIL DOS PROVEDORES DE REDES SOCIAIS

membros, bem como ao determinar a nomeação de um agente nacional para recebimento das reclamações, obstando a liberdade de estabelecimento prevista no artigo 3º e nos tratados constitutivos da União Europeia[471].

Apesar das críticas, a lei germânica, em virtude de seu caráter inovador na regulamentação da atividade dos provedores de Internet, vem servindo de base para as formulações de legislação na mesma seara em outros países, inclusive na França[472], onde, porém, a iniciativa não obteve sucesso.

Na legislação anterior, Teledientegesetz, TDG, vigente a partir de 1997, a responsabilidade dos provedores de Internet de armazenamento de dados, em que se enquadra a atividade dos provedores de redes sociais, estava ligada ao conhecimento de evidentes ilicitudes e falta de adoção de medidas adequadas para tratamento da questão, ausente qualquer obrigação de monitoramento, conforme o seu artigo 5º[473], aliás, em consonância com a Diretiva de Comércio Eletrônico 2000/31, da União Europeia[474].

Regra parecida foi estabelecida na legislação substituta, Telemediengesetz, TMG, que continua em vigor quanto à responsabilidade civil, em seu artigo 10. Com o decorrer do tempo, a jurisprudência no país evoluiu no sentido de uma crescente responsabilização dos provedores em razão da omissão em removerem conteúdos quando tivesse havido a prática de ilícitos comprovados e danos a terceiros, especialmente vinculados a direitos da personalidade, após a notificação do usuário atingido[475].

Nesse contexto é que o "NetzDG" estabelece novas orientações para o controle de conteúdos ofensivos, desde que o material se refira a determinadas

---

[471] SCHULZ, Wolfgang. "Regulating Intermediaries to Protect Privacy Online: the Case of the German NetzDG". *In: High Discussion paper series* [s.l.], nº 1, 2018, pp. 3-14. Disponível em https://www.hiig.de/wp-content/uploads/2018/07/SSRN-id3216572.pdf. Acesso em 11 de junho de 2019. p. 7.

[472] TWOREK, Heidi. "An Analysis of Germany's NetzDG Law". *In: Transatlantic High Level Working Group on Content Moderation Online and Freedom of Expression* [s.l.], 2019, pp. 1-11. Disponível em https://www.ivir.nl/publicaties/download/NetzDG_Tworek_Leerssen_April_2019.pdf. Acesso em 14 de junho de 2019. p. 2.

[473] DLUSZTUS, Peter Kornelius. *Ob. cit.* pp. 308-309.

[474] TWOREK, Heidi. *Ob. cit.* pp. 61-62.

[475] HIRATA, Alessandro "Internetrecht: aspectos de direito comparado alemão". *In*: DE LUCCA, Newton; SIMÃO FILHO, Adalberto; LIMA, Cíntia Rosa Pereira de (coords.). *Direito e Internet III – tomo II: Marco Civil da internet (Lei n. 12.965/2014)*, *ob. cit.*, pp. 609-618. p. 616.

práticas tipificadas penalmente[476], como, por exemplo, disseminação de propaganda de organizações vetadas constitucionalmente, manipulação de dados fatuais com risco à segurança nacional, incitação ao ódio, disseminação de violência, formação de organização terrorista, aquisição, armazenamento ou distribuição de pornografia infantil, difamação (ofensas à honra em geral), discriminação religiosa com distúrbio à paz social, falsificação de dados para produzir prova processual[477].

No caso das ofensas à honra, mais difíceis de serem apreciadas e que poderiam suscitar questionamentos incisivos em relação à liberdade de expressão, a Lei Fundamental Alemã, em seu artigo 5º, imuniza o autor das alegadas ofensas quando provenientes de mera opinião, exceto na hipótese restrita de dolo de ofender por parte do agente. No caso das afirmações fatuais, a responsabilidade depende da prova, pelo ofendido, de sua falsidade, sendo legítimo ao suposto ofensor se eximir da responsabilidade, caso comprove ter procedido a uma investigação séria sobre o tema antes da publicação. Esses critérios, assim, servem como pontos de segurança para os provedores de Internet quanto à decisão pela remoção ou não de um determinado conteúdo[478] e diminuem o risco de remoção de conteúdos lícitos e que representem mera crítica.

Conforme artigo 1º, incisos 1 e 2, o NetzDG apenas se aplica aos provedores de Internet fornecedores de aplicações que permitam aos seus usuários compartilhar qualquer material com outros ou com o público em geral, e que contem com mais de dois milhões de usuários registrados na Alemanha[479].

---

[476] Crimes previstos nos artigos 86, 86a, 89a, 91, 100a, 111, 126, 129 a 129b, 130, 131, 140, 166, 184b em conjunto com as seções 184d, 185 a 187, 241 ou 269, do Código Criminal Alemão, com versão em inglês disponível em https://www.gesetze-im-internet.de/englisch_stgb/englisch_stgb.html. Acesso em 14 de junho de 2019.

[477]

[478] KRASKI, Ryan. *Ob. cit.* pp. 949-950.

[479] "Section 1. **Scope.** (1) This Act shall apply to telemedia service providers which, for profit-making purposes, operate internet platforms which are designed to enable users to share any content with other users or to make such content available to the public (social networks). Platforms offering journalistic or editorial content, the responsibility for which lies with the service provider itself, shall not constitute social networks within the meaning of this Act. The same shall apply to platforms which are designed to enable individual communication or the dissemination of specific content. (2) The provider of a social network shall be exempt

4. RESPONSABILIDADE CIVIL DOS PROVEDORES DE REDES SOCIAIS

Verifica-se que a legislação visa a um nicho específico, as grandes empresas de Internet que mantêm redes sociais de larga utilização, como Facebook e Google.

Em seu artigo 3º, a lei determina o procedimento a ser adotado pelo lesado, devendo notificar o provedor de aplicações acerca de um conteúdo ofensivo, cabendo a esse decidir sobre a ilicitude e necessidade de retirada, no prazo inicial de 24h, sem prejuízo de eventual extensão por até sete dias, desde que previamente liberada essa ampliação pela autoridade competente[480].

from the obligations stipulated in sections 2 and 3 if the social network has fewer than two million registered users in the Federal Republic of Germany". *Ob. cit.* Grifo no original.

[480] "Section 3. **Handling of complaints about unlawful content.** (1) The provider of a social network shall maintain an effective and transparent procedure for handling complaints about unlawful content in accordance with subsections (2) and (3). The provider shall supply users with an easily recognisable, directly accessible and permanently available procedure for submitting complaints about unlawful content. (2) The procedure shall ensure that the provider of the social network: 1. takes immediate note of the complaint and checks whether the content reported in the complaint is unlawful and subject to removal or whether access to the content must be blocked, 2. removes or blocks access to content that is manifestly unlawful within 24 hours of receiving the complaint; this shall not apply if the social network has reached agreement with the competent law enforcement authority on a longer period for deleting or blocking any manifestly unlawful content, 3. removes or blocks access to all unlawful content immediately, this generally being within 7 days of receiving the complaint; the 7-day time limit may be exceeded if a) the decision regarding the unlawfulness of the content is dependent on the falsity of a factual allegation or is clearly dependent on other factual circumstances; in such cases, the social network can give the user an opportunity to respond to the complaint before the decision is rendered; b) the social network refers the decision regarding unlawfulness to a recognised selfregulation institution pursuant to subsections (6) to (8) within 7 days of receiving the complaint and agrees to accept the decision of that institution, 4. in the case of removal, retains the content as evidence and stores it for this purpose within the scope of Directives 2000/31/EC and 2010/13/EU for a period of ten weeks, 5. immediately notifies the person submitting the complaint and the user about any decision, while also providing them with reasons for its decision, (3) The procedure shall ensure that each complaint, along with the measure taken to redress the situation, is documented within the scope of Directives 2000/31/EC and 2010/13/EU. (4) The handling of complaints shall be monitored via monthly checks by the social network's management. Any organisational deficiencies in dealing with incoming complaints shall be immediately rectified. The social network's management shall offer the persons tasked with the processing of complaints training courses and support programmes delivered in the German language on a regular basis, this being no less than once every six months. (5) The procedures in accordance with subsection (1) may be monitored by an agency tasked to do so by the administrative authority named in section 4. (6) An institution shall be recognised as a self-regulation institution within the meaning of this Act if 1. the independence and expertise

Além disso, os prazos definidos podem ser excedidos, desde que a decisão sobre a retirada dependa da aferição acerca da veracidade de uma alegação de fato ou de outras circunstâncias factuais, devendo o provedor, nessa hipótese, conceder ao responsável pelo material controverso a oportunidade de responder à reclamação antes da decisão, ou ainda quando o provedor, nesse ponto específico, submeta a atribuição decisória a um órgão de autorregulação, cuja previsão de funcionamento encontra respaldo na própria lei. O procedimento específico de notificação e de decisão deve ser documentado, e o conteúdo removido, caso haja decisão nesse sentido, há de ser armazenado por dez semanas.

Apesar de fixar alguns requisitos mínimos, a lei confere aos provedores ampla liberdade na definição dos mecanismos para implementação de tal sistema de notificação e aferição da ilicitude, devendo eles, por sua vez, periodicamente, avaliar o funcionamento do sistema, em relação à sua adequação aos parâmetros legais no que concerne aos critérios utilizados para estabelecimento da ilicitude e retirada ou não de determinado conteúdo.

Mesmo que não haja menção específica, quanto às situações abarcadas pela lei, na falta de seguimento do procedimento estabelecido, em que restará clara a ciência do provedor acerca da existência de conteúdo ilícito, e havendo a consumação de danos, responderá civilmente o provedor, na forma do "Telemediengesetz".

---

of its analysts are ensured, 2. appropriate facilities are in place and prompt analysis within a 7-day period is guaranteed, 3. it has rules of procedure which regulate the scope and structure of the analysis, stipulate the submission requirements of the affiliated social networks, and provide for the possibility to review decisions, 4. a complaints service has been set up, and 5. the institution is funded by several social network providers or establishments, guaranteeing that the appropriate facilities are in place. In addition, the institution must remain open to the admission of further providers, of social networks in particular. (7) Decisions leading to the recognition of self-regulation institutions shall be rendered by the administrative authority named in section 4. (8) Recognition can be wholly or partly withdrawn or tied to supplementary requirements if any of the conditions for recognition are subsequently no longer met. (9) The administrative authority named in section 4 can also stipulate that the possibility for a social network provider to refer decisions in accordance with subsection (2) number (3) letter (b) is barred for a specified period if there is a reasonable expectation that the provider in question will not fulfil the obligations under subsection (2) number (3) by affiliating itself with the system of self-regulation". *Idem*. Grifo no original.

4. RESPONSABILIDADE CIVIL DOS PROVEDORES DE REDES SOCIAIS

No artigo 2º, ainda, preconiza-se que os provedores que tiverem mais de 100 reclamações recebidas a cada seis meses deverão elaborar um relatório sobre o manejo desses protestos, a ser obrigatoriamente publicado no Diário Oficial e no sítio eletrônico do próprio provedor, com fácil acesso, em até um mês depois do término do semestre respectivo[481].

Tal relatório deverá conter, de modo geral, informações sobre os esforços do provedor em combater atividades criminalmente punidas na aplicação mantida por ele, descrição dos mecanismos para gerenciamento das reclamações e os critérios utilizados para decidir sobre o bloqueio ou remoção dos materiais, o número de reclamações e de bloqueios ou remoções, com sua categorização em parâmetros específicos, a quantidade de reclamações

---

[481] "Section 2. **Reporting obligation.** (1) Providers of social networks which receive more than 100 complaints per calendar year about unlawful content shall be obliged to produce half-yearly German-language reports on the handling of complaints about unlawful content on their platforms, covering the points enumerated in subsection (2), and shall be obliged to publish these reports in the Federal Gazette and on their own website no later than one month after the half-year concerned has ended. The reports published on their own website shall be easily recognisable, directly accessible and permanently available. (2) The reports shall cover at least the following points: 1. general observations outlining the efforts undertaken by the provider of the social network to eliminate criminally punishable activity on the platform, 2. description of the mechanisms for submitting complaints about unlawful content and the criteria applied in deciding whether to delete or block unlawful content, 3. number of incoming complaints about unlawful content in the reporting period, broken down according to whether the complaints were submitted by complaints bodies or by users, and according to the reason for the complaint, 4. organisation, personnel resources, specialist and linguistic expertise in the units responsible for processing complaints, as well as training and support of the persons responsible for processing complaints, 5. membership of industry associations with an indication as to whether these industry associations have a complaints service, 6. number of complaints for which an external body was consulted in preparation for making the decision, 7. number of complaints in the reporting period that resulted in the deletion or blocking of the content at issue, broken down according to whether the complaints were submitted by complaints bodies or by users, according to the reason for the complaint, according to whether the case fell under section 3 subsection (2) number (3) letter (a), and if so, whether the complaint was forwarded to the user, and whether the matter was referred to a recognised self-regulation institution pursuant to section 3 subsection (2) number (3) letter (b), 8. time between complaints being received by the social network and the unlawful content being deleted or blocked, broken down according to whether the complaints were submitted by complaints bodies or by users, according to the reason for the complaint, and into the periods "within 24 hours"/"within 48 hours"/"within a week"/"at some later point", 9. measures to inform the person who submitted the complaint, and the user for whom the content at issue was saved, about the decision on the complaint". *Ibidem*. Grifo no original.

INTERNET, *FAKE NEWS* E RESPONSABILIDADE CIVIL DAS REDES SOCIAIS

submetidas previamente a órgão consultivo externo para embasamento das decisões, o tempo decorrido entre cada reclamo e a ordem de retirada ou bloqueio, e as medidas tomadas para cientificar os reclamantes e os reclamados sobre as decisões realizadas, além de outras previsões sobre os parâmetros técnicos do sistema.

As multas por descumprimento das obrigações previstas na lei podem chegar até 50 milhões de euros e são passíveis de incidência, mesmo que a ofensa não tenha sido originada na Alemanha por não se situar a sede do provedor no país.

Ao contrário das críticas que avultam, no sentido de que os provedores, diante das pesadas sanções, optariam por simplesmente remover ou bloquear o acesso aos conteúdos reclamados, essas multas são aplicadas somente quando haja falha sistemática no cumprimento dos requisitos procedimentais e de controle das decisões estabelecidos pela lei, não se destinando a casos isolados de eventual remoção indevida de conteúdo.

Isso porque resulta do artigo 4º, §§ 2º e 3º[482] que a sanção somente será levada a efeito quando os procedimentos não sejam executados de forma correta, ou efetuados de maneira incompleta ou não disponibilizados os mecanismos pertinentes pelo provedor[483].

A liberdade aos provedores e o controle dos procedimentos permitem que o sistema inserido pelo "NetzDG" não sirva como barreira intransponível à liberdade de expressão, antes funcione como um limitador razoável diante de agressões a direitos que recebem proteção especial da lei penal, mais restritiva, e cuja tutela exige maior agilidade, sob pena de potencialização dos seus efeitos deletérios.

De certa maneira, a lei germânica encampa a ideia de proceduralização do Direito, cuja vertente doutrinária que a defende enxerga a superação do atual modelo jurídico existente, baseado na centralidade do Estado como criador

---

[482] "Section 4. **Provisions on regulatory fines.** (1) A regulatory offence shall be deemed to have been committed by any person who, intentionally or negligently, 2. in contravention of section 3(1) sentence 1, fails to provide, to provide correctly or to provide completely, a procedure mentioned therein for dealing with complaints submitted by complaints bodies or by users whose place of residence or seat is located in the Federal Republic of Germany, 3. in contravention of section 3(1) sentence 2, fails to supply a procedure mentioned therein or to supply it correctly". *Idem.* Grifo no original.

[483] EIFERT, Martin. *Ob. cit.* p. 69.

4. RESPONSABILIDADE CIVIL DOS PROVEDORES DE REDES SOCIAIS

e aplicador definitivo do Direito e na construção desse com fundamento em princípios abstratos mediatizados pela jurisdição constitucional, diante da complexidade social, com a criação de campos descentralizados de produção de informação[484].

Defende-se a autorregulação regulada da rede[485], com a normatização procedimental pela ordem jurídica e controle da observância desses procedimentos, reservando-se a análise das condutas individuais a casos singulares e extremos. A ordem jurídica abre-se a essa nova realidade, a fim de garantir o desenvolvimento da rede de maneira mais benéfica, com a preservação dos direitos individuais e coletivos[486].

Há, sem dúvidas, privatização da atividade de controle da liberdade de expressão, o que não é necessariamente problemático, como tratado adiante, justificada pelos contornos únicos das redes sociais e das ofensas a direitos através dela perpetradas, que demandam resposta pronta, agilidade que não se coaduna com a judicialização. Além disso, tal solução pode engajar, de forma mais intensa, os provedores na colocação de mecanismos prévios de prevenção, sendo eles detentores da capacidade técnica a tanto.

De qualquer forma, sempre remanescerá a possibilidade de recurso ao Poder Judiciário, eis que o acesso à Justiça permanece como garantia na ordem jurídica alemã, e cujos posicionamentos, aliás, podem servir ao aperfeiçoamento do sistema construído pelo "NetzDG", com a introdução de parâmetros

---

[484] ABBOUD, Georges; CAMPOS, Ricardo. "A autorregulação regulada como modelo do Direito proceduralizado: regulação de redes sociais e proceduralização". *In*: ABBOUD, Georges; NERY JR., Nelson; CAMPOS, Ricardo (coords.). *Ob. cit.* pp. 19-39. p. 26.

[485] Cf. MARANHÃO, Juliano; CAMPOS, Ricardo. "Fake news e autorregulação regulada das redes sociais no Brasil: fundamentos constitucionais". *In*: ABBOUD, Georges; NERY JR., Nelson; CAMPOS, Ricardo (coords.). *Ob. Cit.* pp.215-231.

[486] "Isso seria também válido para a ubiquidade de violações aos direitos de personalidade nas redes sociais. Estas não devem ser aceitas a longo prazo em razão dos efeitos *spillover* exercidos sobre os meios de comunicação em massa tradicionais. Uma legislação parlamentar poderia também participar de tal "governance", mas ela precisaria, pois, experimentar com novas formas jurídicas de uma regulação que seja adequada para as redes. Nesse contexto também deve ser aceito que o controle parcial do Estado pode funcionar apenas nas bases de uma auto-organização social e tecnológica abrangente, que, ademais, deveria incluir uma ampla 'privatização' da função da justiça e da Administração Pública". VESTING, Thomas. "A mudança da esfera pública pela inteligência artificial". *In*: ABBOUD, Georges; NERY JR., Nelson; CAMPOS, Ricardo (coords.). *Ob. cit.*, pp. 91-108. p. 106.

para a construção das novas decisões a serem proferidas nas disputas sobre determinados materiais[487].

Ato contínuo à entrada em vigor do "NetzDG", várias retiradas de conteúdos manifestamente lícitos foram efetuadas, com o acirramento das críticas ao ato normativo. Essa tendência de bloqueio desmedido, porém, não continuou a se propagar, indicando que pode ter havido uma atuação concertada dos provedores de aplicação contra a lei, para intensificar e fortificar os ataques da sociedade[488].

Ainda é muito cedo para determinar os reais efeitos do "NetzDG" sobre os comportamentos ilícitos que se busca reprimir e sobre o exercício da liberdade de expressão, mas os primeiros relatórios lançados indicam algumas tendências positivas, principalmente no sentido de que não houve censura ampla por parte dos provedores de redes sociais.

O número de remoções e bloqueios reportados pelas maiores plataformas, apesar da reação inicial mencionada, é mínimo diante do massivo nível de material gerado a cada semestre na Internet, e a maior parte deles dizia respeito à violação dos termos de uso da própria aplicação, que, de qualquer maneira, independentemente da existência da lei, com base contratual, poderia ter se tornado indisponível, caso levados a conhecimento dos provedores[489].

---

[487] Para Karl-Heiz Ladeur, o NetzDG nasceu insuficiente a lidar com os problemas advindos da utilização das redes sociais e dos conteúdos ilícitos distribuídos por meios destas: "[a] Lei Alemã de Melhoria da Aplicação da Lei nas Redes Sociais – NetzDG, que basicamente obriga provedores como o *Facebook* a retirar ou bloquear comunicações ilícitas, já não faz jus à nova racionalidade da rede, precisamente porque ela gera uma pressão unilateral para, "em caso de dúvida", apagar ou retirar a comunicação, pois, nessa perspectiva da Lei, não haveria riscos – o que seria diferente em casos de omissão de bloqueios. A introdução, proposta aqui, de uma espécie de caráter de tribunal arbitral privado possivelmente não seria capaz de represar o fluxo de ofensas (ou *fake News*) na Internet de forma significativa. De suma importância, contudo, é a formação de *regras sociais* para a comunicação na Internet – algo que não é possível sem um processo de comunicação e entendimento social". "Por um novo direito das redes digitais: digitalização como objeto contratual, uso contratual de 'meios sociais', proteção de terceiros contra violações a direitos da personalidade por meio de *Cyber Courts*". *In:* ABBOUD, Georges; NERY JR., Nelson; CAMPOS, Ricardo (coords.). *Ob. cit.*, pp. 41-58. p. 51.

[488] EIFERT, Martin. *Ob. cit.* p. 80; Cf. ECHIKSON, William; KNODT, Olivia. "Germany's NetzDG: a key test for combatting online hate". *Relatório do Centre for European Policy Studies* [s.l.], 2018. Disponível em https://www.counterextremism.com/sites/default/files/CEP--CEPS_Germany%27s%20NetzDG_020119.pdf. Acesso em 04 de janeiro de 2021. pp. 8-9.

[489] TWOREK, Heidi. *Ob. cit.* pp. 4-6.

4. RESPONSABILIDADE CIVIL DOS PROVEDORES DE REDES SOCIAIS

Interessante notar, também, que o número de reclamações feitas ao Google ("Youtube") e Twitter, individualmente, é muito maior do que as efetuadas ao Facebook, àqueles acima de 200.000, em ambos os relatórios, e a esse de 846 e de 500. Duas possíveis causas dessa discrepância são o acesso ao formulário de reclamação fornecido pelos provedores, sendo bastante dificultoso no caso do Facebook, e a advertência tecida por esse ao usuário de que eventual reclamação falsa será punida na forma da lei, apesar do "NetzDG" nada dizer a respeito. Esses fatores indicam que o Facebook não pretende incentivar os seus usuários a aderirem ao sistema de reclamações sob o manto do "NetzDG"[490], revelando mais uma vez a contradição do provedor em pleitear publicamente maior regulamentação do setor de Internet, ainda que sob a forma de autorregulação.

Portanto, a iniciativa alemã confere instrumentos mais efetivos de proteção à violação a direitos no âmbito da Internet, sem que isso acarrete inexoravelmente restrição indevida à liberdade de expressão, favorecendo que o uso da rede ocorra de forma mais civilizada e gerando maior engajamento dos provedores.

Entretanto, além de não alterar o regime de responsabilidade civil, mostra-se parcialmente incompatível com a atual conformação dos serviços das redes sociais, em que os provedores se afastam da configuração como meros intermediários passivos, e insuficiente para evitar a propagação de conteúdos ilícitos e deveras danosos.

4.2.8. O modelo jurídico dos Estados Unidos

A análise do sistema jurídico de responsabilidade dos provedores de Internet dos Estados Unidos, estabelecido principalmente pelo artigo 230, do "Communications Act of 1934. 'Communications Decency Act'"[491][492], em sua atual

---

[490] HELDT, Amelie. "Reading between the lines and the numbers: an analysis of the first NetzDG reports". *In: Internet policy review* [s.l.], v. 8, nº 2, 2019, pp. 1-18. Disponível em https://policyreview.info/articles/analysis/reading-between-lines-and-numbers-analysis-first-netzdg-reports. Acesso em 17 de junho de 2019. pp. 11-13.

[491] A alteração legislativa ocorreu no ano de 1996, e comumente se refere a ela como "Communications Decency Act (CDA)", o que será observado no trabalho.

[492] "SEC. 230. PROTECTION FOR PRIVATE BLOCKING AND SCREENING OF OFFENSIVE   MATERIAL.`(a) Findings.--The Congress finds the following: `(1) The rapidly

developing array of Internet and other interactive computer services available to individual Americans represent an extraordinary advance in the availability of educational and informational resources to our citizens. `(2) These services offer users a great degree of control over the information that they receive, as well as the potential for even greater control in the future as technology develops. `(3) The Internet and other interactive computer services offer a forum for a true diversity of political discourse, unique opportunities for cultural development, and myriad avenues for intellectual activity. `(4) The Internet and other interactive computer services have flourished, to the benefit of all Americans, with a minimum of government regulation. `(5) Increasingly Americans are relying on interactive media for a variety of political, educational, cultural, and entertainment services.`(b) Policy.--It is the policy of the United States--`(1) to promote the continued development of the Internet and other interactive computer services and other interactive media; `(2) to preserve the vibrant and competitive free market that presently exists for the Internet and other interactive computer services, unfettered by Federal or State regulation; `(3) to encourage the development of technologies which maximize user control over what information is received by individuals, families, and schools who use the Internet and other interactive computer services; `(4) to remove disincentives for the development and utilization of blocking and filtering technologies that empower parents to restrict their children's access to objectionable or inappropriate online material; and `(5) to ensure vigorous enforcement of Federal criminal laws to deter and punish trafficking in obscenity, stalking, and harassment by means of computer. `(c) Protection for `Good Samaritan' Blocking and Screening of Offensive Material.--`(1) Treatment of publisher or speaker.--No provider or user of an interactive computer service shall be treated as the publisher or speaker of any information provided by another information content provider. `(2) Civil liability.--No provider or user of an interactive computer service shall be held liable on account of--`(A) any action voluntarily taken in good faith to restrict access to or availability of material that the provider or user considers to be obscene, lewd, lascivious, filthy, excessively violent, harassing, or otherwise objectionable, whether or not such material is constitutionally   protected; or `(B) any action taken to enable or make available to information content providers or others the technical means to restrict access to material described in paragraph (1). `(d) Effect on Other Laws.--   `(1) No effect on criminal law.--Nothing in this section shall be construed to impair the enforcement of section 223 of this Act, chapter 71 (relating to obscenity) or 110 (relating to sexual exploitation of children) of title 18, United States Code, or any other Federal criminal statute. `(2) No effect on intellectual property law.--Nothing in this section shall be construed to limit or expand any law pertaining to intellectual property.   `(3) State law.--Nothing in this section shall be construed to prevent any State from enforcing any State law that is consistent with this section. No cause of action may be brought and no liability may be imposed under any State or local law that is inconsistent with this section. `(4) No effect on communications privacy law.--Nothing in this section shall be construed to limit the application of the Electronic Communications Privacy Act of 1986 or any of the amendments made by such Act, or any similar State law. `(e) Definitions.--As used in this section: `(1) Internet.--The term `Internet' means the international computer network of both Federal and non-Federal interoperable packet switched data networks. `(2) Interactive computer service.--The term `interactive computer service' means any information service, system, or access software provider that provides

4. RESPONSABILIDADE CIVIL DOS PROVEDORES DE REDES SOCIAIS

redação conferida em 1996, mas também por outras leis e pela jurisprudência, é de suma relevância para melhor compreender o tipo de normatização aparentemente encampada pelo Brasil no Marco Civil da Internet, pois, nesse tema específico, inspira-se inequivocamente no modelo estadunidense[493], apesar das claras diversidades constitucionais e das leis civis em ambos os países, que tornam a opção legislativa brasileira, na atua interpretação sobre o regime de responsabilidade dos provedores de aplicações defendida pela doutrina majoritária, em muitos aspectos, questionável[494].

or enables computer access by multiple users to a computer server, including specifically a service or system that provides access to the Internet and such systems operated or services offered by libraries or educational institutions. `(3) Information content provider.--The term `information content provider' means any person or entity that is responsible, in whole or in part, for the creation or development of information provided through the Internet or any other interactive computer service. `(4) Access software provider.--The term `access software provider' means a provider of software (including client or server   software), or enabling tools that do any one or more of the following: `(A) filter, screen, allow, or disallow content; `(B) pick, choose, analyze, or digest content; or `(C) transmit, receive, display, forward, cache, search, sbset, organize, reorganize, or translate content.". ESTADOS UNIDOS. "Telecommunicatios Act of 1934. 'Communications Decency Act'". Disponível em https://www.congress.gov/bill/104th-congress/senate-bill/652/text/enr. Acesso em 05 de janeiro de 2021.

[493] Em sentido contrário: "o sistema regulatório da internet no Brasil aproxima-se do modelo europeu de regulamentação de mídias, previsto na Diretiva 2000/31/CE do Parlamento Europeu, a qual trata de aspectos legais dos serviços da sociedade de informação. A regulamentação brasileira, tal como a europeia optou, no artigo acima transcrito [artigo 19], por uma forma de remoção de conteúdo forçado, sendo que o fato que fixa a ilegalidade deste é a ordem judicial específica determinadora da supressão do conteúdo tido por ilegal, a qual determinará prazo para as providências". ZUFELATO, Camilo; SPONCHIADO NETO, Sílvio. "Marco Civil da Internet: implicações jurídico-processuais da lei nº 12.965/14. *In*: DE LUCCA, Newton; SIMÃO FILHO, Adalberto; LIMA, Cíntia Rosa Pereira de (coords.). *Direito e Internet III – tomo II: Marco Civil da internet (Lei n. 12.965/2014), ob. cit.*, pp. 497-521. pp. 506-507. Equivocada a constatação, pois o modelo europeu, comum e local, como vimos, baseia-se na notificação privada, não sendo necessária ordem judicial descumprida para nascimento da responsabilidade civil do provedor por conteúdo produzido por usuário.

[494] Em nosso entendimento, a Espanha adota norma semelhante à dos Estados Unidos, conforme os artigos 16 e 17, da Lei nº 34/2002, na medida em que os provedores de armazenamento de dados respondem apenas por materiais produzidos por seus usuários quando tenham conhecimento de sua ilicitude, entendido o conhecimento quando autoridade competente haja declarado tal ilicitude, ordenado a sua retirada ou impedimento de acesso ou tenha reconhecido a existência de lesão a interesse de outrem e o provedor haja tomado ciência da respectiva decisão, ainda que se deixe aberta a via de criação de procedimentos de detecção e retirada voluntários e de outros meios de conhecimento que se poderiam estabelecer: "Artículo 16. **Responsabilidad de los prestadores de servicios de alojamiento o almacenamiento**

É preciso entender como funciona, no referido país, o regime de responsabilidades por conteúdos de terceiros no mundo "offline", quando representem ofensa a direitos, especialmente atentados contra a honra, que entendemos servir adequadamente à definição da responsabilidade por outros materiais danosos não regulamentados especificamente, ao contrário do que acontece com a lesão a direitos autorais, que tem normatização específica.

Antes de 1964, um discurso difamatório com base factual poderia ser definido, nos Estados Unidos, como a declaração destinada a depreciar uma

de datos. 1. Los prestadores de un servicio de intermediación consistente en albergar datos proporcionados por el destinatario de este servicio no serán responsables por la información almacenada a petición del destinatario, siempre que: a) No tengan conocimiento efectivo de que la actividad o la información almacenada es ilícita o de que lesiona bienes o derechos de un tercero susceptibles de indemnización, o b) Si lo tienen, actúen con diligencia para retirar los datos o hacer imposible el acceso a ellos. Se entenderá que el prestador de servicios tiene el conocimiento efectivo a que se refiere el párrafo a) cuando un órgano competente haya declarado la ilicitud de los datos, ordenado su retirada o que se imposibilite el acceso a los mismos, o se hubiera declarado la existencia de la lesión, y el prestador conociera la correspondiente resolución, sin perjuicio de los procedimientos de detección y retirada de contenidos que los prestadores apliquen en virtud de acuerdos voluntarios y de otros medios de conocimiento efectivo que pudieran establecerse. 2. La exención de responsabilidad establecida en el apartado 1 no operará en el supuesto de que el destinatario del servicio actúe bajo la dirección, autoridad o control de su prestador. **Artículo 17. Responsabilidad de los prestadores de servicios que faciliten enlaces a contenidos o instrumentos de búsqueda**. 1. Los prestadores de servicios de la sociedad de la información que faciliten enlaces a otros contenidos o incluyan en los suyos directorios o instrumentos de búsqueda de contenidos no serán responsables por la información a la que dirijan a los destinatarios de sus servicios, siempre que: a) No tengan conocimiento efectivo de que la actividad o la información a la que remiten o recomiendan es ilícita o de que lesiona bienes o derechos de un tercero susceptibles de indemnización, o b) Si lo tienen, actúen con diligencia para suprimir o inutilizar el enlace correspondiente. Se entenderá que el prestador de servicios tiene el conocimiento efectivo a que se refiere el párrafo a) cuando un órgano competente haya declarado la ilicitud de los datos, ordenado su retirada o que se imposibilite el acceso a los mismos, o se hubiera declarado la existencia de la lesión, y el prestador conociera la correspondiente resolución, sin perjuicio de los procedimientos de detección y retirada de contenidos que los prestadores apliquen en virtud de acuerdos voluntarios y de otros medios de conocimiento efectivo que pudieran establecerse. 2. La exención de responsabilidad establecida en el apartado 1 no operará en el supuesto de que el proveedor de contenidos al que se enlace o cuya localización se facilite actúe bajo la dirección, autoridad o control del prestador que facilite la localización de esos contenidos". ESPANHA. "Ley 34/2002, de 11 de julio, de servicios de la sociedad de la información y de comercio electrónico". Disponível em https://www.boe.es/buscar/act.php?id=BOE-A-2002-13758. Acesso em 20 de novembro de 2020. Grifo no original.

4. RESPONSABILIDADE CIVIL DOS PROVEDORES DE REDES SOCIAIS

pessoa perante os membros de uma comunidade ou fazê-los afastar-se dela ou evitá-la. Necessário que fosse demonstrada a intenção de publicar tal ofensa sem nenhum controle da veracidade ou ao menos em conduta negligente na apuração dos fatos, bem como a ocorrência de danos à reputação da vítima, admitindo-se a exceção da verdade[495].

Na análise do caso "New York Times Co v. Sullivan", a Suprema Corte decidiu que as leis estaduais de difamação estavam sujeitas à Primeira Emenda da Constituição, que proíbe a violação da liberdade de expressão e de imprensa. Com base nisso, estabeleceu que vítimas ocupantes de posições na administração pública, em geral, deveriam provar que o autor do material sabia da falsidade ou agiu negligentemente de forma deliberada na aferição da veracidade ("actual malice")[496].

No julgamento de "Curtis Public Co v. Butts", a Suprema Corte ampliou mencionado entendimento para abarcar pessoas públicas em geral, estabelecendo critério ainda mais restritivo. Nesse caso, a responsabilidade por danos nascerá quando se demonstrar que a conduta seja altamente reprovável no sentido do afastamento de forma extrema dos padrões de investigação jornalística ordinários e seguidos por editores responsáveis[497].

---

[495] ANGELOTTI, Ellyn M. "Twibel law: what defamation and its remedies look like in the age of twitter". In: *Journal of High Technology Law*, Boston, v. XIII, nº 2, 2013, pp. 430-507. Disponível em https://sites.suffolk.edu/jhtl/. Acesso em 20 de fevereiro de 2019. pp. 442-443.

[496] O "New York Times" no período do movimento pelos direitos civis publicou material contendo algumas referências sobre ação policial em Montgomery, Alabama, contra manifestantes, reputadas inverídicas em algumas partes. Sullivan, que era funcionário estatal encarregado da supervisão do serviço policial, sentiu-se ofendido e pediu retratação por parte do New York Times, negada. Após, ingressou com ação para indenização dos danos, tanto na forma compensatória, quanto punitiva, tendo sucesso inicial em primeiro grau e junto à Suprema Corte Estadual. A Suprema Corte dos Estados Unidos deu provimento ao recurso do "New York Times", afastando a sua condenação. ESTADOS UNIDOS. Supreme Court. "New York Times Co. v. Sullivan, 376 U.S. 254 (1964)", julgado em 9 de março de 1964. Disponível em https://supreme.justia.com/cases/federal/us/376/254/. Acesso em 05 de janeiro de 2021.

[497] Butts era diretor de esportes da Universidade da Geórgia e ingressou com ação com pedido de indenizações compensatórias e punitivas por conta de artigo publicado na revista mantida pela "Curtis Public Co" acusando-o de combinar a atuação das equipes em jogo de futebol americano entre a Universidade do Alabama e a Universidade da Geórgia. Alegou que a matéria era falsa. O júri acolheu os pedidos do autor, entendendo pela inaplicabilidade do precedente fixado em "New York Times v. Sullivan", por não ser o requerente funcionário público. A sentença fora mantida pela Corte de Apelação do Texas e pela Suprema Corte Estadual. A Suprema Corte dos Estados Unidos definiu que o caso deveria ser julgado de

Entretanto, a demonstração concreta da ciência da falsidade ou negligência deliberada na sua apuração, ou de afastamento dos parâmetros investigativos ordinários, é bastante dificultosa, havendo, ainda, pouca clareza na definição do que seja uma pessoa pública, não tendo as Cortes, de um modo geral, obtido sucesso em tal tarefa, mesmo antes da Internet[498].

Em relação à responsabilidade dos intermediários na propagação do discurso de terceiros, são eles separados em três categorias: editores, distribuidores e condutores.

Os editores são responsáveis pelo material por eles publicados, caso tenham sido os criadores ou tenham conhecimento desse conteúdo, respondendo de maneira ampla, pois têm a capacidade de identificar eventuais ilicitudes e evitar a publicação do material[499].

Já os condutores não são responsáveis pelos materiais por eles transmitidos, ainda que tenham conhecimento da eventual ilicitude, porque não possuem controle sobre eles e não têm a prerrogativa de negar a transmissão. É o caso, por exemplo, das operadoras de telefonia.

Os distribuidores, ou editores secundários, por sua vez, podem recusar a distribuição de certo material e, nessa medida, têm ingerência, mesmo que limitada, sobre a circulação. Por tal omissão no controle, somente respondem, caso saibam da ilicitude do material ou tenham razões para ciência[500].

Compreendidos de maneira geral os conceitos, passa-se ao mundo "online". A atual redação do artigo 230, do "Communications Decency Act", fora aprovada em 1996, quando a Internet comercial dava seus primeiros passos, não tendo ainda a extensão e relevância atuais. Naquela época, as redes

---

acordo com o precedente citado, a determinar a necessidade da discussão sobre a ciência da falsidade ou negligência deliberada. ESTADOS UNIDOS. Supreme Court. "Curtis Pub. Co. v. Butts, 388 U.S. 130 (1967)", julgado em 12 de junho de 1967. Disponível em https://supreme.justia.com/cases/federal/us/388/130/. Acesso em 05 de janeiro de 2021.

[498] ANGELOTTI, Ellyn M. *Ob. cit.* pp. 443-444.

[499] BUTLER, Andrea. "Protecting tje democratic role of the press. A legal solution to fake news". *In: Washington University Law Review*, Washington, v. 96, nº 2, 2018, pp. 419-440. Disponível em https://openscholarship.wustl.edu/law_lawreview/vol96/iss2/5/. Acesso em 12 de fevereiro de 2019. p. 430.

[500] WU, Felix T. "Collateral Censorship and the Limits of Intermediary Immunity". *In: Notre Dame Law Review*, Notre Dame, v. 87, 2013, pp. 293-350. Disponível em http://scholarship.law.nd.edu/ndlr/vol87/iss1/6. Acesso em 12 de março de 2019. pp. 309-310.

sociais existentes tinham alcance limitado, e o fluxo de informações que transitava na rede era ainda diminuto.

Nesse contexto, a referida norma foi editada, com a finalidade de superar os primeiros entendimentos jurisprudenciais, dentre os quais os estabelecidos nos casos "Stratton Oakmont, Inc. v. Prodigy Services Co"[501] e "Cubby, Inc v. CompuServe, Inc"[502], que criaram um sistema em que os provedores que monitoravam o material publicado em seus "websites" eram responsáveis por eles, e os que não exerciam controle estavam isentos de responsabilidade, bem como atendendo ao lobby dos provedores[503].

O objetivo declarado pelo Congresso, porém, foi de que a norma introduzida visava a incentivar a ampliação da Internet, baseada na visão tratada sobre a necessidade de preservação da liberdade de expressão, bem como promover a entrada de novos prestadores de serviços e a consolidação do ambiente de livre mercado que se desenhava.

---

[501] Em 1994, no Fórum mantido pela "Prodigy", denominado "Money Talk", fora postada informação por usuário não identificado que a "Stratton Oakmont", e seu presidente Danny Porush, cometeram atos criminosos e fraudulentos, razão pela qual ingressaram com ação indenizatória contra a "Prodigy" e o autor da postagem não identificado por difamação. A Corte entendeu que a "Prodigy" era responsável, na medida em que, ao contrário da "CompuServe", exercia manifesto controle editorial sobre o fórum em comento, moderando os conteúdos, como ela própria afirmava em seus termos de uso. ESTADOS UNIDOS. Supreme Court of New York. "Stratton Oakmont, Inc. v. Prodigy Services Co., 1995 WL 323710 (N.Y. Sup. Ct. 1995)", julgado em 24 de maio de 1995. Disponível em https://h2o.law.harvard.edu/cases/4540. Acesso em 05 de janeiro de 2021.

[502] A "CompuServe", mediante um sistema de assinatura, disponibilizava aos usuários diversos fóruns relacionados a diferentes assuntos, compostos por materiais produzidos por terceiros. Um desses fóruns era dedicado ao jornalismo e gerenciado pela "Cameron Communications, Inc", contratada pela CompuServe. Determinada publicação denominada "Rumorville USA", consistente em "newsletter", era disponibilizada no fórum de jornalismo, e algumas informações foram reputadas como ofensivas pela "Cubby Inc.", de modo que ingressou com ação indenizatória contra a "CompuServer". Entretanto, o pedido foi rejeitado, sob o argumento de que a "CompuServe" não tinha controle editorial sobre o fórum, nem indiretamente, porque a "Cameron" não era por aquela controlada. ESTADOS UNIDOS. District Court for the Southern District of New York. "Cubby, Inc. v. CompuServe Inc, 776 F. Supp. 135 (S.D.N.Y. 1991)", julgado em 29 de outubro de 1991. Disponível em https://law.justia.com/cases/federal/district-courts/FSupp/776/135/2340509/. Acesso em 05 de janeiro de 2021.

[503] BUTLER Andrea. *Ob. cit.* p. 431.

O dispositivo em análise estabelece, primeiramente, que nenhum provedor de serviços computacionais interativos deverá ser tratado como editor ou autor de qualquer informação fornecida por outro provedor de conteúdo.

Ainda, preconiza que nenhum provedor de serviços computacionais interativos será responsabilizado por qualquer ação tomada em boa-fé para restringir o acesso ou a disponibilidade de material que o provedor considere obsceno, libidinoso, lascivo, sujo, excessivamente violento, ofensivo ou de qualquer maneira objetável, sendo o material protegido ou não constitucionalmente, ou em razão de qualquer conduta realizada para permitir ou disponibilizar aos provedores de conteúdo de informação ou outras pessoas os meios técnicos para restringir o acesso ao material descrito acima.

Assim, literalmente, o dispositivo legal apenas determina a impossibilidade de imputar a um provedor conteúdo produzido por outro e a ausência de sanções para os provedores, caso tenham atuado no sentido de remover ou tornar indisponível conteúdo o qual acreditem, de boa-fé, ser ilícito ou ofensivo a alguém.

Não há isenção de responsabilidade ampliada a qualquer caso de material produzido ou compartilhado por terceiros, especialmente usuários.

Apesar disso, a Jurisprudência, a partir do caso "Zeran x American Online"[504], um dos primeiros a ser apreciado sob a égide do artigo 230,

---

[504] Kenneth M. Zeran teve seu nome e telefone divulgados em propagandas de camisetas de apoio ao terrorista autor dos atentados à bomba de Oklahoma City postadas em fórum mantido pela "America Online". Após sofrer inúmeras consequências prejudiciais em virtude desse fato e diante da inação da "America Online" frente a suas reclamações, processou-a com pedido de indenização. A Corte, entendendo pela aplicação do artigo 230, do DCA, apesar de os fatos serem anteriores, decidiu que o objetivo da norma era proteger de maneira irrestrita os provedores em relação a conteúdos de terceiros: "clearly, then, distributor liability discourages Internet providers from engaging in efforts to review online content and delete objectionable material, precisely the effort Congress sought to promote in enacting the CDA. Indeed, the most effective means by which an Internet provider could avoid the inference of a 'reason to know' of objectionable material on its service would be to distance itself from any control over or knowledge of online content provided by third parties. This effect frustrates the purpose of the CDA and, thus, compels preemption of state law claims for distributor liability against interactive computer service providers. See, e.g., English, 496 U.S. at 79, 110 S. Ct. at 2275. In sum, although the CDA does not preempt all state law causes of action concerning interactive computer services, it does preempt Zeran's claim. This is so because his "negligence" cause of action conflicts with both the express language and the purposes of the CDA". ESTADOS UNIDOS. District Court for the Eastern District of Virginia. "Zeran

4. RESPONSABILIDADE CIVIL DOS PROVEDORES DE REDES SOCIAIS

interpretou essa norma de maneira diversa, no sentido do estabelecimento de imunidade irrestrita aos provedores de Internet[505].

Contrariamente ao entendimento consolidado no âmbito "offline", os provedores foram afastados de qualquer responsabilidade por materiais ofensivos de terceiros compartilhados nas suas plataformas, como editores ou distribuidores, mesmo que não tenham corretamente removido o conteúdo após serem cientificados sobre a ilicitude ou acerca do caráter prejudicial. Para tal fim, não importa se os provedores exerçam controle editorial, pois, em qualquer caso, estarão isentos de responsabilidade[506].

Apenas algumas decisões isoladas se afastaram dessa interpretação, como no caso "Doe v GTE Corp"[507], em que a Corte de Apelação do Sétimo Circuito sustentou que a imunidade seria cabível somente para preservar as finalidades do ato normativo, nas situações em que o provedor exercesse o controle editorial e, de boa-fé, agindo como o "bom samaritano", optasse por remover o material[508].

Em última análise, a interpretação prevalente nos Estados Unidos, também consolidada em nosso país com o Marco Civil da Internet, não traz nenhum incentivo à atuação diligente dos provedores de Internet quanto à fiscalização sobre a existência e à retirada de materiais ilícitos, permitindo-lhes ampla discricionariedade na análise do que devem ou não manter publicado[509].

---

v. America Online, Inc., 958 F. Supp. 1124 (E.D. Va. 1997)", julgado em 21 de março de 1997. Disponível em https://law.justia.com/cases/federal/district-courts/FSupp/958/1124/1881560/. Acesso em 05 de janeiro de 2021.

[505] FERRIS, Colby, "Communication indecency: why the Communications Decency Act and the judicial Interpretation of It, has led to a lawless Internet in the area of defamation". *In: Barry Law Review*, Miami Shores, v. 14, 2010, pp. 123-136. Disponível em https://lawpublications.barry.edu/cgi/viewcontent.cgi?referer=https://www.google.com/&httpsredir=1&article=1031&context=barrylrev. Acesso em 23 de março de 2019. pp. 129-130.

[506] LAVI, Michal. *Ob. cit.* p. 869.

[507] Uma série de vídeos foi gravada em vestiários e banheiros de diversos times esportivos, mostrando os atletas nus, sem o seu consentimento. Tais materiais foram postados em sites hospedados pela "GTE Corp". A Corte entendeu pela isenção de responsabilidade da GTE, atuando como mera condutora do material. ESTADOS UNIDOS. Court of Appeals, Seventh Circuit. "Doe v. GTE Corp, 347 F.3d 655 (7th Cir. 2009)", julgado em 21 de outubro de 2003. Disponível em https://caselaw.findlaw.com/us-7th-circuit/1227232.html. Acesso em 05 de janeiro de 2021.

[508] BUTLER, Andrea. *Ob. cit.* p. 434.

[509] QUARMBY, Ben. "Protection from online libel: a discussion and comparison of the legal and extrajudicial recourses available to individual and corporate plaintiffs". *In: New England*

Para Jason C. Miller, a aplicação de entendimento que considere os provedores, especialmente as redes sociais, como distribuidores de conteúdo, seria mais apropriada no sentido da preservação dos direitos de terceiros, sem o risco de tolhimento desmedido da liberdade de expressão[510].

Nesse sentido, a doutrina jurídica estadunidense discute há muito, ainda sem sucesso em termos legislativos, a possibilidade de superação do artigo 230, do "Communications Decency Act", com o estabelecimento de sistemas mais justos de responsabilidade e engajamento dos provedores de Internet na identificação e remoção de conteúdos ilícitos.

Isso porque essa forma de atuação se apresenta como mais eficaz na atenuação do potencial danoso dos respectivos materiais[511], acessíveis a um número indeterminado de pessoas, de rápido espraiamento e extremamente duráveis[512].

Também, a busca de cada usuário criador e compartilhador de materiais ilícitos, além de morosa, revela-se, na prática, de difícil implementação e, em muitas situações, inócua, porque, atualmente, é cada dia maior a utilização

---

Law Review, Boston, v. 42, nº 2, 2008, pp. 275-297. Disponível em https://newenglrev.com/archive/volume-42/issue-2/v42b2quarmby/. Acesso em 5 de abril de 2019. p. 282.

[510] MILLER, Jason C. "Who's exposing John Doe: distinguishing between public and private figure plaintiffs in subpoenas to ISPS in anonymous online defamation Suits". *In: Journal of Technology Law & Policy*, Gainesville, v. 13, nº 1, 2008, pp. 230-260. Disponível em https://www.researchgate.net/publication/228141646_Who's_Exposing_John_Doe_Distinguishing_Between_Public_and_Private_Figure_Plaintiffs_in_Subpoenas_to_ISPs_in_Anonymous_Online_Defamation_Suits. Acesso em 17 de março de 2019. p. 237

[511] Ressalve-se que há muitos defensores, ainda, do regime de imunidade dos provedores. Para Jack M. Balkin, "people who deliver Internet traffic, like broadband companies, cannot be held liable for the traffic that flows through their networks. Even more important, people who operate websites or online services on which other people provide content, like chat rooms, blogging services, website hosting services, search engines, bulletin boards, or social networking sites like Facebook and Myspace, cannot be held liable for what other people say when others use these networks, services, or sites". BALKIN, Jack M. "The future of free expression in a digital age". *In: Pepperdine Law Review*, Los Angeles, nº 36, 2009, pp. 427-444. Disponível em https://heinonline.org/HOL/LandingPage?handle=hein.journals/pepplr36&div=18&id=&page=&t=1562014724. Acessado em 24 de março de 2019. p. 433.

[512] BERNSTEIN, Anita. "Real remedies for virtual injuries". *In: North Carolina Law Review*, Chapel Hill, v. 90, nº 5, jun. 2012, pp. 1457-1490. Disponível em http://link.galegroup.com/apps/doc/A297135663/AONE?u=capes&sid=AONE&xid=d05eb874. Acesso em 22 de fevereiro de 2019. p. 1.480.

de robôs na geração e publicação de conteúdos na Internet, muitas vezes localizados em outros países[513].

Grande parte dos que advogam a tese da necessidade de restringir a imunidade dos provedores, tal como hoje construída, defende a adoção de um sistema de notificação e retirada aos moldes daquele existente no âmbito dos direitos de propriedade intelectual, inserido na ordem jurídica pelo "Digital Millenium Copyright Act" ("DMCA")[514].

De acordo com essa posição, além de acarretar um sistema mais justo de engajamento dos provedores, tal tipo de abordagem traria resposta mais efetiva às vítimas de material ilícito, que pode ser até mesmo a sociedade, no caso das "fake news", em relação à mera reparação pecuniária, qual seja a pronta remoção ou indisponibilidade do conteúdo ilegítimo[515].

Nos termos do § 512, do DCMA[516], os provedores de Internet que apenas sirvam como meros repositórios de material alegado como violador de direitos de propriedade intelectual não responderão pela infração, caso adiram ao mecanismo estabelecido pela norma e o respeitem.

De acordo com o citado sistema, recebida a notificação pelo provedor, deve remover ou tornar inacessível o material prontamente, caso contrário poderá ser responsabilizado. Ato contínuo, necessário que haja a pronta notificação do suposto infrator e, caso esse realize contranotificação, o provedor deve dar ciência ao reclamante. Nesse caso, se o alegado titular do direito de

---

[513] GARATTONI, Bruno. "Robôs já superam humanos na Internet: mais da metade do tráfego de dados na web foi gerado por robôs em 2016". *In: Super Interessante* [s.l.], 24 de agosto de 2017. Disponível em https://super.abril.com.br/tecnologia/robos-ja-superam-humanos-na--internet/. Acesso em 17 de junho de 2019.

[514] Cf., v.g., MILLER, Jason C. *Ob. cit.* pp. 238-239; FERRYS, Colby. *Ob. cit.* p. 135; BUTLER, Andrea. *ob. cit.* pp. 437-438.

[515] VODOVIS, Maayan Y. "Look over your figurative shoulder: how to save individual dignity and privacy on the internet". *In: Hofstra Law review*, Hempstead, v. 40, nº 3, 2012, pp. 811-850. Disponível em https://scholarlycommons.law.hofstra.edu/hlr/vol40/iss3/8. Acesso em 25 de fevereiro de 2019. pp. 837-838

[516] ESTADOS UNIDOS. "Digital Millenium Copyright Act". Disponível em https://www.govinfo.gov/content/pkg/PLAW-105publ304/pdf/PLAW-105publ304.pdf. Acesso em 25 de novembro de 2020. Neste caso específico não transcrevemos o teor integral, por conta de sua grande extensão e por não dizer diretamente respeito ao tema analisado, apesar da relevância em conhecer o sistema adotado.

INTERNET, *FAKE NEWS* E RESPONSABILIDADE CIVIL DAS REDES SOCIAIS

propriedade intelectual violado não promover ação judicial no prazo de 14 dias úteis, o provedor há de restabelecer o acesso ao material.

Em caso de decisão judicial negando o direito do reclamante, esse responderá pelos danos ocasionados pela errônea reclamação. Ainda, o provedor é requisitado a responder a violações frequentes, inclusive com a possibilidade de extinção de contas de acesso, devendo inserir, nos termos de uso da aplicação, a possibilidade de tomada de tal medida. A caracterização de violações frequentes pode se dar pela repetição de reclamações de notícia e retirada contra um usuário específico ou mediante ordem judicial.

O procedimento criado pela "DMCA" traz alternativa interessante aos regimes de responsabilidade integral e de imunidade plena, carreando aos provedores maiores obrigações quanto ao controle dos materiais ilícitos circulantes por meio das aplicações por eles mantidas, apesar das mesmas limitações indicadas quando da análise do "NetzDg".

Esse mecanismo tem como pontos positivos o fato de estabelecer critérios seguros a serem seguidos pelos reclamantes, provedores e alegados ofensores, no que diz respeito à forma e ao conteúdo, eis que as reclamações e contranotificações devem atender a requisitos mínimos, assim como a ação dos provedores. Exemplo disso é a necessidade de que as reclamações sejam instruídas com documentação sobre a titularidade do direito e acerca da própria violação. Igualmente, a possibilidade de que o reclamado requeira a manutenção do material e a imposição de responsabilidade ao reclamante, em caso de notificação equívoca e danos dela decorrentes, atenuam os riscos de uso deturpado do sistema e afastam a responsabilidade do provedor ao tornar disponível novamente o material controvertido, dependendo a nova remoção de ordem judicial[517].

Contudo, existem críticas ao sistema construído pelo DMCA. A mais contundente é de que a quantidade de erros e reclamações tendenciosas, com objetivos outros que não a defesa dos direitos de propriedade intelectual, representa um problema estrutural, pois há extrema facilidade em se produzirem reclamações, e o mecanismo incentiva a remoção, ainda que haja

---

[517] BARCELÓ-JULIÁ, Rosa; KOELMAN, Kamiel J. "Intermediary liability in the e-commerce directive: so far so good, but it's not enough". *In: Computer Law & security report* [s.l.], v. 16, nº 4, 2000, pp. 231-239. Disponível em https://www.sciencedirect.com/science/article/pii/S0267364900891293. Acesso em 25 de abril de 2019. p. 235.

4. RESPONSABILIDADE CIVIL DOS PROVEDORES DE REDES SOCIAIS

dúvida quanto à sua ilicitude, ao afastar a responsabilidade do provedor nos termos analisados[518].

Segundo estudo realizado entre 2000 e 2005, com a análise das reclamações recebidas pelo GOOGLE com fundamento no DMCA, ao menos 30% delas eram falhas, formal ou materialmente, ou seja, o conteúdo alegadamente ofensivo não violava direitos de propriedade intelectual, identificando-se que muitas delas advinham de competidores de mercado do reclamado, a indicar finalidade deturpada de prejudicar a concorrência[519].

Há, ainda, outros casos concretos de utilização maliciosa do procedimento do DMCA com vistas a reprimir a liberdade de expressão sob o falso argumento da proteção de direitos autorais.

É a situação, por exemplo, do grupo ativista "Yes Men", que, após tecer críticas contra a atuação da "Dow Chemical", utilizando-se do logo da empresa no website "dow-chemical.com", foi vítima de reclamação da Companhia com base na utilização indevida da marca e outros sinais dela identificadores junto ao provedor "Verio", que hospedava o "website"[520]. Aqui, percebe-se hialina tentativa de calar o direito de crítica, o que não se coaduna com a finalidade do DMCA e com a proteção ampla da liberdade de expressão conferida pela Constituição dos Estados Unidos.

Segundo alguns críticos, a ampliação desse sistema a outras áreas é descabida, porque a identificação de conteúdo em violação a direitos autorais é muito menos problemática em termos jurídicos do que o reconhecimento de outros tipos de conteúdos ilícitos[521], que dependeria, em muitos casos, de juízo de valor sobre a inadequação de uma notícia aos fatos comprovados ou acerca da manipulação tendenciosa dos dados para dar suporte a determinado ponto de vista. Tal objeção, porém, não configura óbice intransponível, mas serve à determinação de critérios de calibração da responsabilidade, para separar os conteúdos duvidosos de outros manifestamente ilícitos.

---

[518] SELTZER, Wendy. "Free speech unmoored in copyright's safe harbor: chilling effects of the DMCA on the first amendment". *In: Harvard Journal of Law & Technology*, Cambridge, v. 24, nº 1, 2010, pp. 171-232. Disponível em jolt.law.harvard.edu/articles/pdf/v24/24HarvJLTech171. pdf. Acesso em 5 de abril de 2019. p. 175.

[519] BERNSTEIN, Anita. *Ob. cit.* pp. 1482-1483.

[520] SELTZER, Wendy. *Ob. cit.* p. 213.

[521] MILLER, Jason. *Ob. cit.* p. 239.

Outra parte dos doutrinadores, anuindo com as imperfeições do uso isolado dos mecanismos de notificação e retirada, sugere a criação de modelos alternativos.

Michael Lavi propõe a adoção de diferentes modelos de regulação, variáveis de acordo com o contexto e o objeto a ser regulado, indicando, porém, como premissas básicas, a imposição de transparência aos provedores sobre os procedimentos para lidar com as violações de direitos no seu âmbito de atuação e a necessidade de facilitar a participação dos usuários no sistema regulatório[522].

Para Anita Bernstein, aperfeiçoando os sistemas de notificação e retirada, deveria ser arquitetado um procedimento opcional de arbitragem, mais informal e barato, com garantia de privacidade, ampla defesa e contraditório às partes, para se determinar se específico conteúdo é ou não ofensivo. A esse órgão privado caberia, caso entenda pela prática de um ato ilícito danoso, estabelecer as medidas aplicáveis, como a remoção do conteúdo e acompanhamento posterior sobre eventual reiteração do reclamado[523], afastando-se da mera composição pecuniária dos danos.

Verifica-se, assim, mesmo no país que preza fortemente pela liberdade de expressão, a existência atual de discussão relevante sobre a possibilidade de ampliar a responsabilidade dos provedores de Internet por materiais danosos de seus usuários, na medida em que a imunidade atualmente estabelecida, além de criar um regime iníquo em relação ao que ocorre com outros prestadores de serviço no âmbito "offline", favorece a criação e continuidade dos discursos ilícitos e prejudiciais aos direitos das pessoas e da sociedade como um todo.

A problemática indica não se coadunar com as exigências atuais a manutenção de um mecanismo legal estabelecido em outra época, digitalmente muito longínqua, diante da velocidade dos avanços tecnológicos, quando a Internet ainda era uma rede de alcance diminuto e em desenvolvimento, em que a conexão entre as pessoas era limitada, reproduzindo apenas os vínculos construídos no âmbito "offline", e os prestadores de serviços concernentes à rede configuravam-se como empresas iniciantes, sem poderio econômico.

[522] *Ob. cit.* pp. 887-888.
[523] *Ob. cit.* pp. 1484-1490.

4. RESPONSABILIDADE CIVIL DOS PROVEDORES DE REDES SOCIAIS

Naquele tempo, era de alguma maneira coerente a adoção de um sistema que incentivasse a entrada de novos atores no mercado, bem como o uso cada vez maior da Internet pelas pessoas.

Hoje, contudo, a liberdade de expressão é acessível a todos, mas o controle individual dos discursos extremamente danosos que se originaram dessa ampla disponibilidade é ineficaz[524]. Em contrassenso inequívoco, estão isentos de responsabilidade os atores que, além de auferirem as vantagens econômicas da atividade, são tecnicamente mais aptos à gestão do fluxo informacional e à contenção dos prejuízos.

Diante desses pontos, adequado o debate colocado pelos juristas estadunidenses sobre a revisão do sistema de responsabilidade civil, com enfoque também nos provedores de serviços de Internet, inexistindo motivos para que tal movimento não se reproduza em nosso país, como se pretende neste trabalho.

4.3. Panorama atual da responsabilidade dos provedores de aplicações no Direito brasileiro[525]

As redes sociais, em regra, são provedores de hospedagem[526], em contraposição ao provedor de conteúdo, na medida em que, originalmente, não criam material próprio, ainda que depois manipulem a sua forma de apresentação,

---

[524] Adotando uma postura de defesa do sistema vigente no Brasil, basicamente nos termos dos argumentos expostos, cf. LEONARDI, Marcel. "Marco civil da internet, plataformas digitais e redes sociais". *In*: ARTESE, Gustavo (coord.). *Marco civil da internet: análise jurídica sob uma perspectiva empresarial*, São Paulo: Quartier Latin, 2015, pp. 277-298. pp. 278-280 e 286-294.

[525] Há inúmeros projetos de lei sobre a regulação da atividade dos provedores de aplicações na Internet quanto ao tema das "fake news", sendo o mais proeminente o Projeto de Lei nº 2630/2020, inspirado no "NetzDG", com aprovação no Senado Federal e atualmente em tramitação na Câmara dos Deputados. BRASIL. Projeto de lei nº 2630/2020. Disponível em https://www.camara.leg.br/proposicoesWeb/fichadetramitacao?idProposicao=2256735. Acesso em 08 de janeiro de 2021.

[526] "Esses serviços consistem, em suma, em colocar à disposição de um usuário pessoa física ou de um provedor de conteúdo espaço em equipamento de armazenagem, ou servidor. para divulgação das informações que esses usuários ou provedores queiram ver exibidos em seus sites". BRABGALO, Erica. *Ob. cit.* p. 346.

mas disponibilizam a estrutura necessária para que os usuários elaborem seus materiais e os disseminem na rede[527].

Antes da entrada em vigor do Marco Civil da Internet, a jurisprudência brasileira tinha posicionamentos divergentes acerca da responsabilidade dos provedores de serviços na Internet, por material gerado por seus usuários[528].

Esses entendimentos, inicialmente, variavam entre a irresponsabilidade dos provedores, sob o argumento de que seriam meros intermediários entre o autor da conduta e a vítima do ilícito, a responsabilidade objetiva do provedor, tanto com base no risco da atividade segundo o artigo 927, parágrafo único, do Código Civil, quanto na aplicação do Código de Defesa do Consumidor e do conceito de defeito do serviço, e a responsabilidade subjetiva, com a necessidade de aferição de culpa do provedor, configurada com a mera ciência do conteúdo ilícito extrajudicialmente sem adoção de medidas de remoção, em parte dos julgados, ou descumprimento de ordem judicial de retirada, para outra parcela[529].

---

[527] RODRIGUES JUNIOR, Otávio Luiz. "Internet: problemas de qualificação e classificação de conflitos nas redes sociais". *In*: ANDRIGHI, Fátima Nancy (coord.). *Responsabilidade civil e inadimplemento no direito brasileiro*, São Paulo: Atlas, 2014, pp. 283-301. p. 288. Veja-se, porém, que há entendimento diverso sobre a classificação: "[n]o caso de responsabilidade civil decorrente de conteúdo disponibilizado na internet é necessário estabelecer uma distinção prévia entre provedores de conteúdo e provedores de informação. Ainda que usualmente sejam apresentados com sinônimos, o provedor de informação é aquele que, por meios próprios, cria ou gera as informações, sendo estas armazenadas por um provedor de conteúdo – ou de hospedagem – que oferece ao primeiro a plataforma tecnológica necessária para a divulgação das referidas informações na Rede Mundial de Computadores. Reconhecendo a possibilidade dos provedores oferecerem diversos serviços aos seus usuários nada impede que um provedor de conteúdo possa ser também o próprio provedor de informações que são disponibilizadas desde seus serviços". ROCHA, Francisco Ilídio Ferreira. "Da responsabilidade por danos decorrentes de conteúdo gerado por terceiros". *In*: LEITE, George Salomão; LEMOS, Ronaldo (coords.). *Marco Civil da Internet*, São Paulo: Atlas, 2014, pp. 817-845. p. 827. Importa, a par da terminologia, compreender que os provedores de redes sociais, em regra, não criam materiais próprios, mas permitem, por seus serviços, a disponibilização na rede, pelos usuários, dos conteúdos por eles criados,

[528] BIAR, Emmanuel. "A responsabilidade civil e a Internet: uma abordagem expositiva sobre a posição da jurisprudência pátria e breves considerações sobre o direito comparado". *In*: *Revista da SJRJ*, Rio de Janeiro, nº 26, 2009, pp. 221-236. p. 231.

[529] ZANINI, Leonardo Estevam de Assis. "Responsabilidade civil dos provedores de Internet e a proteção da imagem". *In*: *Revista Jurídica Luso-Brasileira*, Lisboa, ano 4, nº 3, 2018, pp. 679-717. Disponível em https://www.cidp.pt/revistas/rjlb/2018/3/2018_03_0679_0717.pdf. Acesso em 25 de novembro de 2020. pp. 689-690.

4. RESPONSABILIDADE CIVIL DOS PROVEDORES DE REDES SOCIAIS

Em momento posterior, a jurisprudência do Superior Tribunal de Justiça, subordinando os provedores ao Código de Defesa do Consumidor, sedimentou-se para afastar a responsabilidade objetiva dos provedores, em razão de danos ocasionados por material produzido por usuários, sob o entendimento de que o serviço dos provedores compreenderia a disponibilização das informações, a garantia do sigilo, da segurança e da inviolabilidade dos dados, não se inserindo no risco da atividade a fiscalização das condutas dos usuários[530].

Assim, passou-se a um regime de responsabilidade subjetiva, com a predominância do entendimento de que, para a caracterização da culpa, bastaria mera ciência do provedor acerca do conteúdo ilícito e ausência de retirada do material, sem necessidade de descumprimento de ordem judicial específica[531].

---

[530] MORAES, Thiago Guimarães. "Responsabilidade Civil de provedores de conteúdo da Internet". *In: Revista Brasileira de Direito Civil*, Rio de Janeiro, v. 4, n° 2, 2015, pp. 81-100. pp. 93-96.

[531] "CIVIL E CONSUMIDOR. INTERNET. RELAÇÃO DE CONSUMO. INCIDÊNCIA DO CDC. GRATUIDADE DO SERVIÇO. INDIFERENÇA. PROVEDOR DE CONTEÚDO. FISCALIZAÇÃO PRÉVIA DO TEOR DAS INFORMAÇÕES POSTADAS NO SITE PELOS USUÁRIOS. DESNECESSIDADE. MENSAGEM DE CONTEÚDO OFENSIVO. DANO MORAL. RISCO INERENTE AO NEGÓCIO. INEXISTÊNCIA. CIÊNCIA DA EXISTÊNCIA DE CONTEÚDO ILÍCITO. RETIRADA IMEDIATA DO AR. DEVER. DISPONIBILIZAÇÃO DE MEIOS PARA IDENTIFICAÇÃO DE CADA USUÁRIO. DEVER. REGISTRO DO NÚMERO DE IP. SUFICIÊNCIA. 1. A exploração comercial da internet sujeita as relações de consumo daí advindas à Lei n° 8.078/90. 2. O fato de o serviço prestado pelo provedor de serviço de internet ser gratuito não desvirtua a relação de consumo, pois o termo 'mediante remuneração', contido no art. 3°, § 2°, do CDC, deve ser interpretado de forma ampla, de modo a incluir o ganho indireto do fornecedor. 3. A fiscalização prévia, pelo provedor de conteúdo, do teor das informações postadas na web por cada usuário não é atividade intrínseca ao serviço prestado, de modo que não se pode reputar defeituoso, nos termos do art. 14 do CDC, o site que não examina e filtra os dados e imagens nele inseridos. 4. O dano moral decorrente de mensagens com conteúdo ofensivo inseridas no site pelo usuário não constitui risco inerente à atividade dos provedores de conteúdo, de modo que não se lhes aplica a responsabilidade objetiva prevista no art. 927, parágrafo único, do CC/02. 5. Ao ser comunicado de que determinado texto ou imagem possui conteúdo ilícito, deve o provedor agir de forma enérgica, retirando o material do ar imediatamente, sob pena de responder solidariamente com o autor direto do dano, em virtude da omissão praticada.6. Ao oferecer um serviço por meio do qual se possibilita que os usuários externem livremente sua opinião, deve o provedor de conteúdo ter o cuidado de propiciar meios para que se possa identificar cada um desses usuários, coibindo o anonimato e atribuindo a cada manifestação uma autoria certa e determinada. Sob a ótica da diligência média que se espera do provedor, deve este adotar as providências que, conforme as circunstâncias específicas de cada caso, estiverem ao seu alcance para a individualização dos usuários do site, sob pena de responsabilização subjetiva por *culpa in omittendo*.7. Ainda que não exija os dados pessoais dos seus usuários, o provedor

de conteúdo que registra o número de protocolo (IP) na internet dos computadores utilizados para o cadastramento de cada conta mantém um meio razoavelmente eficiente de rastreamento dos seus usuários, medida de segurança que corresponde à diligência média esperada dessa modalidade de provedor de serviço de internet. 8. Recurso especial provido". BRASIL. Superior Tribunal de Justiça. "REsp. nº 1186616/MG", Rel. Ministra Nancy Andrighi, Terceira Turma, julgado em 23 de agosto 2011, DJe de 31 de agosto de 2011; PROCESSUAL CIVIL. AGRAVO REGIMENTAL NO AGRAVO EM RECURSO ESPECIAL. RESPONSABILIDADE CIVIL. AÇÃO DE INDENIZAÇÃO. PROVEDOR DE CONTEÚDO DA INTERNET. RESPONSABILIDADE SUBJETIVA. OMISSÃO. SÚMULA N. 7/STJ. 1. Os provedores de conteúdo da internet não se submetem ao art. 927 do CC/2002, que trata da responsabilidade objetiva, pois a inserção de mensagens com conteúdo ofensivo no site não constitui um risco inerente à atividade, nem tampouco ao art. 14 do CDC, por não se tratar de produto defeituoso. 2. Possuem responsabilidade subjetiva por omissão os provedores de internet que, após serem notificados sobre a existência de página com conteúdo ofensivo, permanecem inertes. 3. No caso concreto, o Tribunal de origem, analisando a prova dos autos, concluiu pela configuração do dano moral, em virtude da inércia da recorrente em bloquear a página da rede social com conteúdo ofensivo, condenando-a ao pagamento de danos morais. 4. O recurso especial não comporta o exame de questões que impliquem revolvimento do contexto fático-probatório dos autos, a teor do que dispõe a Súmula n. 7/STJ.5. O valor da indenização foi fixado de forma a preservar a dupla finalidade da condenação, considerando as peculiaridades subjetivas do caso. Rever tal entendimento implicaria o reexame de fatos e provas, o que é vedado pelo óbice da referida Súmula. 6. Agravo regimental desprovido". *Idem.* "AgRg. no AREsp. Nº 137.944/RS", Rel. Ministro Antonio Carlos Ferreira, Quarta Turma, julgado em 21 de março de 2013, DJe de 08 de agosto de 2013. Há julgado da 2ª Turma, isolado, no qual se afirmou a obrigação de controle prévio de conteúdo gerado pelos usuários, por parte dos provedores, dentro do escopo de sua atividade: "PROCESSUAL CIVIL. ORKUT. AÇÃO CIVIL PÚBLICA. BLOQUEIO DE COMUNIDADES. OMISSÃO. NÃO-OCORRÊNCIA. INTERNET E DIGNIDADE DA PESSOA HUMANA. ASTREINTES. ART. 461, §§ 1º e 6º, DO CPC. INEXISTÊNCIA DE OFENSA. 1. Hipótese em que se discutem danos causados por ofensas veiculadas no Orkut, ambiente virtual em que os usuários criam páginas de relacionamento na internet (= comunidades) e apõem (= postam) opiniões, notícias, fotos etc.. O Ministério Público Estadual propôs Ação Civil Pública em defesa de menores uma delas vítima de crime sexual que estariam sendo ofendidas em algumas dessas comunidades. 2. Concedida a tutela antecipada pelo Juiz, a empresa cumpriu as determinações judiciais (exclusão de páginas, identificação de responsáveis), exceto a ordem para impedir que surjam comunidades com teor semelhante. 3. O Tribunal de Justiça de Rondônia reiterou a antecipação de tutela e, considerando que novas páginas e comunidades estavam sendo geradas, com mensagens ofensivas às mesmas crianças e adolescentes, determinou que o Google Brasil as impedisse, sob pena de multa diária de R$ 5 mil, limitada a R$ 500 mil. 4. Inexiste ofensa ao art. 535 do CPC. No mérito, o Google impugna a fixação das astreintes, suscitando ofensa ao art. 461, §§ 1º e 6º, do CPC ao argumento de sua ineficácia, pois seria inviável, técnica e humanamente, impedir de maneira prévia a criação de novas comunidades de mesma natureza. No mais, alega que vem cumprindo as determinações de excluir as páginas indicadas pelo MPE e identificar os responsáveis. 5. A internet é o espaço por excelência da liberdade, o que não significa dizer

4. RESPONSABILIDADE CIVIL DOS PROVEDORES DE REDES SOCIAIS

Diante desse cenário, desde o final da década de 1990 existiam inúmeros projetos de regulação legislativa da Internet no Brasil, dentre eles o Projeto de Lei nº 84/1999, conhecido como Lei Azeredo, remetendo a seu autor, o Senador Eduardo Azeredo, com escopo basicamente criminal. Após certo período de latência e não tendo nenhum projeto anterior logrado êxito, a Lei Azeredo teve sua tramitação retomada no ano de 2007, mas contou com forte oposição do Poder Executivo Federal, após pressão de setores da sociedade civil. Tal oposição levou aos primeiros movimentos para criação de uma lei de regulação civil da Internet no Brasil, tendo sido a primeira proposta de diretrizes gerais apresentada em 2009, e que acabou redundando no Marco Civil da Internet[532].

que seja um universo sem lei e infenso à responsabilidade pelos abusos que lá venham a ocorrer. 6. No mundo real, como no virtual, o valor da dignidade da pessoa humana é um só, pois nem o meio em que os agressores transitam nem as ferramentas tecnológicas que utilizam conseguem transmudar ou enfraquecer a natureza de sobreprincípio irrenunciável, intransferível e imprescritível que lhe confere o Direito brasileiro. 7. Quem viabiliza tecnicamente, quem se beneficia economicamente e, ativamente, estimula a criação de comunidades e páginas de relacionamento na internet é tão responsável pelo controle de eventuais abusos e pela garantia dos direitos da personalidade de internautas e terceiros como os próprios internautas que geram e disseminam informações ofensivas aos valores mais comezinhos da vida em comunidade, seja ela real, seja virtual.8. Essa co-responsabilidade parte do compromisso social da empresa moderna com a sociedade, sob o manto da excelência dos serviços que presta e da merecida admiração que conta em todo mundo? é aceita pelo Google, tanto que atuou, de forma decisiva, no sentido de excluir páginas e identificar os gângsteres virtuais. Tais medidas, por óbvio, são insuficientes, já que reprimir certas páginas ofensivas já criadas, mas nada fazer para impedir o surgimento de outras tantas, com conteúdo igual ou assemelhado, é, em tese, estimular um jogo de Tom e Jerry, que em nada remedia, mas só prolonga a situação de exposição, de angústia e de impotência das vítimas das ofensas. 9. O Tribunal de Justiça de Rondônia não decidiu conclusivamente a respeito da possibilidade técnica desse controle eficaz de novas páginas e comunidades. Apenas entendeu que, em princípio, não houve comprovação da inviabilidade de a empresa impedi-las, razão pela qual fixou as astreintes. E, como indicado pelo Tribunal, o ônus da prova cabe à empresa, seja como depositária de conhecimento especializado sobre a tecnologia que emprega, seja como detentora e beneficiária de segredos industriais aos quais não têm acesso vítimas e Ministério Público. 10. Nesse sentido, o Tribunal deixou claro que a empresa terá oportunidade de produzir as provas que entender convenientes perante o juiz de primeira instância, inclusive no que se refere à impossibilidade de impedir a criação de novas comunidades similares às já bloqueadas. 11. Recurso Especial não provido". *Ibidem.* "REsp 1117633/RO", Rel. Ministro Herman Benjamin, Segunda Turma, julgado em 09 de março de 2010, DJe de 26 de março de 2010.

[532] LEMOS, Ronaldo. "Uma breve história da criação do Marco Civil". In: DE LUCCA, Newton; SIMÃO FILHO, Adalberto; LIMA, Cíntia Rosa Pereira de (coords.). *Direito e*

Nessa primeira proposta já constava que "'a aplicação da responsabilidade objetiva expõe os provedores a um regime demasiadamente amplo de responsabilização civil, o que não apenas aumenta custos, como gera incerteza jurídica e prejuízos à inovação. Novos serviços *online* surgidos Brasil não têm como avaliar com segurança a extensão do risco jurídico incorrido'"[533].

Ora, em 2009, quando já se desenhava o cenário de extrema rentabilidade das atividades desenvolvidas na Internet[534] e de consolidação tecnológica e empresarial dos grandes grupos, bem diferente daquele existente no período da edição do artigo 230, do "DCA", nos Estados Unidos, em 1996[535], a invocação desses problemas de custos e prejuízos à inovação, como fundamentos do regime de responsabilização estabelecido, não se mostra adequadamente fundamentada.

Ainda, a afirmação da incerteza jurídica decorrente de outro regime de responsabilidade não parece cabível. A responsabilidade objetiva por atividade dos usuários não traria, em seu bojo, nenhuma dificuldade interpretativa, pois esse tipo de responsabilidade civil conta com base sólida doutrinária e jurisprudencial de aplicação prática

A fundamentação quanto aos critérios para elaboração da lei mostra-se menos cabível ainda em 2014, data de sua entrada em vigor, quando o processo de consolidação técnica e econômica dos provedores havia se estabelecido

---

Internet III – tomo I: Marco Civil da internet (Lei n. 12.965/2014), São Paulo: Quartier Latin, 2015, pp. 79-100. pp. 82-98.

[533] *Idem*. p. 96. Lembrando que o autor citado foi um dos responsáveis, em coautoria, pela formulação de dita proposta.

[534] O Facebook já tinha quase 6 anos e mostrava-se como a rede social mais acessada em 2009, ocupando, o "Twitter", o terceiro lugar. KAZENIAC, Andy. "Social networks: Facebook takes over top spot. Twitter Climbs", 2009. Originalmente disponível em http://blog.compete.com/2009/02/09/facebook-myspace-twitter-social-network/. Atualmente disponível em https://techlifecolumbus.wordpress.com/2009/02/10/social-networks-facebook-takes-over--top-spot-twitter-climbs-to-3-from-22/. Acesso em 03 de dezembro de 2020.

[535] "[D]iante do enorme fluxo de dados e informações que circulam nas rotas cibernéticas, é mais dificultoso pretender que haja um monitoramento total dos dados, pois tal tarefa exigiria grandes recursos humanos e técnicos, o que fatalmente poderia encarecer o serviço prestado e até poderia deixá-lo mais lento. Por isso, quando se pretendeu legislar a respeito nos Estados Unidos, foi intenso o lobby dos provedores para que não fossem compelidos a ter um dever geral de vigilância, mais preocupados por certo com as dificuldades operacionais em realizar tal tipo de controle, argumento que, de certa maneira, sensibilizou os congressistas estadunidenses". ALMEIDA, Luiz Antônio Freitas de. *Ob. cit.* p. 235.

4. RESPONSABILIDADE CIVIL DOS PROVEDORES DE REDES SOCIAIS

definitivamente, com a descabida alocação do risco da atividade não ao seu beneficiário econômico, mas aos consumidores, diretos ou equiparados, eventualmente lesados[536].

De qualquer modo, mesmo o regime de responsabilidade civil subjetiva pelo conhecimento do ilícito e pela falta de tomada de medidas apropriadas para cessação dentro do escopo de suas atividades, consagrado pela jurisprudência e pouco gravoso aos provedores, fora abandonado.

A partir de uma leitura isolada do artigo 19, o Marco Civil da Internet, a pretexto de proteger a liberdade de expressão, criou-se uma figura totalmente nova e criticável no sistema jurídico brasileiro, qual seja a responsabilidade subjetiva dos provedores por culpa decorrente de descumprimento de ordem judicial de retirada ou indisponibilidade em razão de danos causados por conteúdos gerados pelos usuários, verdadeiro privilégio em relação a todas as outras pessoas naturais e jurídicas[537].

---

[536] "Nesse caminho, portanto, até que a decisão chegue através de recurso ao colendo STJ, não existe mais a possibilidade de levar a vítima ofendida ao status quo ante, como se o dano não tivesse ocorrido, como preceitua o princípio da responsabilidade civil do nosso sistema pátrio. Por tudo o que foi aqui estudado, finalmente, conclui-se que o Marco Civil da Internet (Lei nº 12.695/2014) já nasceu antiquado, baseado no sistema norte-americano de vinte e quatro anos atrás, que por sua vez também já era defeituoso. Onerou ainda mais o usuário lesado ao deixar para trás o sistema de notificações adotado pela lei americana, obrigando o ofendido a procurar a justiça, o que lhe traz mais ônus, mais custos e mais demora no deslinde da questão. Sob esse enfoque, portanto, no que tange à responsabilidade civil dos provedores de aplicações por ato ilícito causado por terceiro, trouxe mais problemas do que soluções". BARRETO JUNIOR, Irineu Francisco; LEITE, Beatriz Salles Ferreira. "Responsabilidade civil dos provedores de aplicações por ato de terceiro na lei nº 12.965/14 (Marco civil da internet). *In*: *Revista brasileira de estudos políticos*, Belo Horizonte, nº 115, jul./dez. 2017, pp. 391-438. pp. 432-433.

[537] "O que o Marco Civil traz, portanto, é um instrumento que promove a conduta irrazoável e irresponsável de provedores de serviços na internet. Isto porque, mesmo provedores de serviços que ajam com negligência — ou até mesmo com malícia — na manutenção de conteúdo de cuja existência têm ciência, não poderão ser de qualquer forma responsabilizados, senão pelo descumprimento de ordem judicial extemporânea e, muitas vezes, jurisdicionalmente distante. O Marco Civil, assim, promove também um amplo desincentivo ao desenvolvimento de boas práticas, de direito e de fato. Provedores que direcionam (target) seus serviços ao mercado brasileiro, por exemplo, não têm qualquer responsabilidade de fazê-lo de acordo com as leis que protegem os cidadãos brasileiros. O Marco Civil, em outras palavras, transforma a defesa da vida privada e da honra dos cidadãos brasileiros — sem mencionar os direitos da criança e do adolescente em casos que não envolvam pornografia — em meros assuntos de responsabilidade social corporativa". THOMPSON, Marcelo. "Marco civil ou demarcação de

Os defensores dessa leitura do dispositivo invocam quatro argumentos básicos para justificar a opção do legislador: impedimento a controle prévio da liberdade de expressão, bem como a sua delegação a entes privados, com prejuízo à reserva de jurisdição[538], que gerariam um incentivo a esses em suprimirem conteúdos para não sofrerem a responsabilização[539], e a impossibilidade técnica de controle de todo o material circulante[540].

Os dois primeiros argumentos, que, aliás, fazem parte daqueles levantados nos Recursos Extraordinários nº 660.861 e 1.057.258, paradigmas do reconhecimento da repercussão geral da matéria envolvendo a responsabilidade dos provedores pelos conteúdos gerados pelos usuários, a constitucionalidade do artigo 19, da Lei nº 12.965/14 e da obrigação de monitoramento de conteúdos

---

direitos? Democracia, razoabilidade e as fendas na internet do Brasil". *In: Revista de Direito Administrativo*, Rio de Janeiro, v. 261, 2012, pp. 203-251. p. 215. Apesar de o autor ter escrito essa passagem quando da discussão sobre o projeto de lei que redundaria no Marco Civil da Internet, não houve modificação na proposta por ele criticada, que se transformou no artigo 19, ora comentado.

[538] "[O] Marco Civil assegurou o respeito à Constituição, mantendo o Poder Judiciário como intérprete exclusivo da lei e dos contornos de cada situação concreta, confirmando que apenas o Poder Judiciário pode exercer a dificílima missão de equilibrar os interesses e valores jurídicos — tais como a liberdade de expressão, a vedação à censura, a proteção à honra, à vida privada e a intimidade — envolvidos em cada situação concreta de uso conflituoso dos espaços livres para compartilhamento na internet". SIVIERO, Fabiana; SANCHEZ, Guilherme Cardoso. "O novo regime de responsabilidade civil dos provedores de aplicações de internet". In: ARTESE, Gustavo (coord.). *Marco Civil da Internet: análise jurídica sob uma perspectiva empresarial*, São Paulo: Quartier Latin, 2015, pp. 159-182. p. 160.

[539] "[O] desenho do regime de responsabilidade civil por ato de terceiros no Marco Civil da Internet visa a assegurar que a liberdade de expressão não sofra restrições indevidas, sendo a mesma alçada a parâmetro de interpretação teleológica de todo o sistema de responsabilização previsto na Lei nº 12.965/14. Sabe se que diferentes regimes de responsabilidade podem gerar distintos impactos no modo pelo qual a liberdade de manifestação do pensamento é exercida. Um sistema de responsabilidade objetiva, por exemplo, ao tornar o provedor de aplicações diretamente responsável pelo conteúdo exibido incentiva o dever ativo de monitoramento e exclusão de conteúdos potencialmente controvertidos. Como consequência desta medida, a manifestação do pensamento sofre uma indevida restrição gerada pelo receio por parte dos intermediários de que venham a ser responsabilizados por conteúdo alheios. Na dúvida, caso identificado, conteúdo crítico, polêmico, contestador, ainda que lícito, seria removido". SOUZA, Carlos Affonso Pereira de. *Ob. cit.*, pp. 377-408. p. 398.

[540] RODRIGUES JUNIOR, Otávio Luiz. "Internet: problemas de qualificação e classificação de conflitos nas redes sociais". p. 297.

4. RESPONSABILIDADE CIVIL DOS PROVEDORES DE REDES SOCIAIS

pelos provedores de aplicação, não se sustentam juridicamente e ignoram a realidade de maneira frontal, como tratado no decorrer da obra.

Reitere-se que as situações conflituosas privadas concernentes à liberdade de expressão são, na quase totalidade das vezes, dirimidas fora do Poder Judiciário, sem colocar em risco tal liberdade. Esse argumento é ilustrado com alguns exemplos, além daqueles desenvolvidos no capítulo 2.

Nos conflitos escolares entre alunos relacionados à prática de "bullying", diante dos graves danos que podem ser produzidos e da consequente necessidade de solução rápida e eficaz da questão, à direção do estabelecimento de ensino compete estabelecer regras de convivência entre os alunos e tomar medidas de prevenção e de remoção do ilícito (retirar cartazes difamatórios, por exemplo), bem como disciplinares, exercendo a tarefa de conformar a liberdade de expressão a outros interesses legalmente protegidos.

Idêntica situação ocorre nas questões condominiais. Ao síndico são atribuídos vários poderes frente aos condôminos, especialmente para fazer cumprir a convenção, o regimento interno e as determinações da assembleia, e impor e cobrar multas pelo descumprimento das obrigações condominiais, conforme o artigo 1.348, incisos IV e VII, do Código Civil. Muito comum que, nas regras condominiais, existam obrigações de respeito ao sossego, de modo que, se alguém realizar um discurso que perturbe esse sossego, caberá ao síndico efetuar as medidas coercitivas para fazer cessar a conduta e eventualmente sancioná-las.

Em ambas as situações o Poder Judiciário somente intervirá caso uma das partes envolvidas não se conforme com as decisões tomadas, mas, frise-se bem, já efetuadas, no sentido de cessação da conduta reputada ilícita, sem que se possa dizer que há infringência de vedação à censura prévia, conceito não aplicável "prima facie" às relações privadas e, abstratamente, como sustenta o Supremo Tribunal Federal majoritariamente, acerca das medidas antecipatórias, de violação ao direito da personalidade da liberdade de expressão.

Pode-se objetar, nos exemplos citados, que há um vínculo perene e especial de certa sujeição entre os envolvidos, que justifica a plausibilidade de controle mais rígido das condutas.

Observe-se, então, o artigo 932, inciso IV, do Código Civil, que determina a responsabilidade civil dos estabelecimentos de hospedagem por danos causados pelos seus hóspedes, caso de responsabilidade por fato de outrem, situação em que não existe nenhum vínculo de sujeição entre eles, e que se aproxima, assim, das relações entre provedores e usuários. Basta que o dano a terceiro estranho à relação decorra de atividade do hóspede e nessa condição, para que o estabelecimento seja responsabilizado, sem prejuízo do exercício do direito de regresso[541].

Assim, impõe-se ao estabelecimento, de forma mediata, obrigação de controlar a conduta de seus hóspedes, inclusive em questões relativas à liberdade de expressão[542], para que não seja responsabilizado civilmente.

Em qualquer contexto resta claro que garantido está o acesso à jurisdição, no caso de uma das partes envolvida no conflito discordar das ações da outra.

As situações arroladas não diferem ontologicamente das relações mantidas entre os provedores de redes sociais e seus usuários, nos dois primeiros casos, e desses com terceiros, no último, que venham a sofrer danos em razão da atividade desenvolvida.

Ainda, retomam-se, nesse ponto, as críticas ao entendimento do Supremo Tribunal Federal e reforça-se o entendimento pela ausência de configuração de censura prévia vedada constitucionalmente nas relações privadas e admissão somente de medidas posteriores.

Portanto, impor aos provedores de aplicações o monitoramento dos conteúdos ilícitos ou danosos de seus usuários não vulnera, "a priori", a liberdade de expressão e a cláusula de reserva da jurisdição.

A alegada impossibilidade técnica de controle de conteúdos não é obstáculo intransponível atualmente, tendo os provedores de redes sociais ampla capacidade de verificação, controle e manipulação dos conteúdos, a partir da construção de algoritmos sofisticados e de rápida adaptação pelos mecanismos de inteligência artificial, que se aperfeiçoam diuturnamente, principalmente no caso das "fake news".

Esse trabalho de descoberta e tratamento das "fake news" segue o fluxo computacional da mineração, composto das etapas de captura dos dados, pré-processamento, análise e validação, sendo que os dados a serem minerados são os conteúdos disseminados pelos usuários das redes sociais e as interações

---

[541] FARIAS, Cristiano Chaves de; BRAGA NETTO, Felipe Peixoto; ROSENVALD, Nelson. "Novo tratado de responsabilidade civil", 3ª ed., São Paulo: Saraiva Educação, 2018. p. 741.

[542] Caso o hóspede profira xingamentos a pessoas na via pública da sacada de seu apartamento em hotel, haverá a responsabilização do estabelecimento.

4. RESPONSABILIDADE CIVIL DOS PROVEDORES DE REDES SOCIAIS

dele derivadas, partindo-se daí para a classificação como efetivamente fraudulentos ou não[543].

De acordo com Kai Shu [et al], a mineração dos dados para detecção das "fake news" deve ser feita em duas etapas, para maior acurácia: a primeira, de extração das características formais e do conteúdo em si, com a análise da fonte de produção do material, texto, imagens, inclusive vídeos, considerando os parâmetros de linguagem próprios das "fake news", como se tratou anteriormente (v.g., mensagens exageradas ou apelativas, com recursos visuais chamativos e tendentes a despertar sentimentos negativos de raiva, ansiedade); e a segunda, de extração das características do contexto social, isto é, relacionadas ao engajamento gerado pelo material analisado[544].

A classificação do material como "fake news" também deve ser feita com base nos mesmos parâmetros, ou seja, a partir do conteúdo e das interações geradas. No caso da classificação pelo conteúdo, podem ser divididas em abordagens pelo conhecimento e pelo estilo. No primeiro caso a avaliação toma por base o processo de checagem de fatos, que pode ser feito por atividade direta humana ou a partir de algoritmos, isoladamente[545] ou como filtro prévio a ser complementado pela atividade humana, com o cotejo do material circulante com as informações produzidas por fontes externas como órgãos de imprensa e de pesquisa científica, por exemplo. No segundo, a análise é

---

[543] CASTRO, Leandro Nunes de. "Computação e desinformação: tecnologias de detecção de desinformação online". In: RAIS, Diogo (coord.). *Fake News: a conexão entre a desinformação e o direito*, São Paulo: Thomson Reuters Brasil, 2018, pp. 61-73. p. 66.

[544] SHU, Kai [et al]. "Fake News Detection on Social Media: A Data Mining Perspective" [artigo eletrônico]. In: *ACM SIGKDD Explorations Newsletter* [s.l.], v. 19, nº 1, 2017, pp. 22-36. Disponível em http://users.wpi.edu/~kmus/ECE579M_files/ReadingMaterials/fake_news%5B1828%5D.pdf. Acesso em 03 de dezembro de 2020. pp. 26-27.

[545] CASTRO, Leandro Nunes de. *Ob. cit.* p. 67. Em sentido semelhante: "[i]n this survey, two major categories of methods emerge: 1. *Linguistic Approaches* in which the content of deceptive messages is extracted and analyzed to associate language patterns with deception; and 2. *Network Approaches* in which network information, such as message metadata or structured knowledge network queries can be harnessed to provide aggregate deception measures. Both forms typically incorporate machine learning techniques for training classifiers to suit the analysis". CONROY, Nadia K; RUBIN, Victoria L; CHEN, Yimin. "Automatic deception detection: methods for finding fake news" [artigo eletrônico]. In: *Proceedings of the Association for Information Science and Technology* [s.l.], v. 52, nº 1, 2016, pp. 1-4. Disponível em https://asistdl.onlinelibrary.wiley.com/doi/full/10.1002/pra2.2015.145052010082. Acesso em 14 de janeiro de 2021.

efetuada a partir de técnicas de detecção de estilos de escrita destinados a enganar ou reduzir a objetividade[546].

A classificação com base nas interações leva em conta a postura do usuário, em que se analisa sua conduta com relação a conteúdos anteriores relevantes, como curtidas, compartilhamentos, colocação de "emojis", dentre outros, com os quais tenha interagido, para inferir a veracidade de novos materiais circulantes, e a maneira de propagação do material[547].

Diante desses variados parâmetros objetivos relacionados à forma do conteúdo e ao modo de sua disseminação, vinculados às condições de viralização das "fake news", aliados ao alto desenvolvimento tecnológico computacional, é possível detectá-las com rapidez e precisão, não sendo o argumento de ordem técnica, sobre a impossibilidade de monitoramento, cabível no atual estado da arte.

Mas vale uma advertência, para incremento da confiabilidade do processo de identificação e de tratamento das "fake news". Os instrumentos computacionais automatizados devem servir para potencializar e tornar mais objetivo o julgamento, não substituir inteiramente a atividade humana, tendo em vista que determinados materiais irão demandar avaliações mais sutis quanto à sua ilicitude, além de ser imperiosa a transparência quanto aos critérios empregados na construção dos mecanismos automatizados de detecção e de avaliação[548], para que não redunde a atividade dos provedores em impedimentos excessivos ou abusivos de certos discursos[549].

---

[546] SHU, Kai [et al]. *Ob. cit.* p. 28.

[547] *Idem.* p. 28.

[548] CONROY, Nadia K; RUBIN, Victoria L; CHEN, Yimin. *Ob. cit.* p. 04.

[549] A realidade confirma essa constatação sobre a possibilidade de efetivo controle das "fake news", conforme medidas atuais tomadas pelo Facebook, respeitantes às eleições e sobre vacinas. Cf. COLEMAN, Alistair. "Covid-19: "Facebook to take down false vaccine claims". *In*: *BBC,* London, 3 de dezembro de 2020. Disponível em https://www.bbc.com/news/technology-55175222. Acesso em 4 de dezembro de 2020; PARAGUASSU, Lisandra. "Facebook exclui 140 mil posts com fake news sobre eleições no Brasil". *In*: *Uol Tilt,* São Paulo, 23 de novembro de 2020. Disponível em https://www.uol.com.br/tilt/noticias/reuters/2020/11/23/facebook-exclui-140-mil-publicacoes-com-informacoes-falsas-sobre-eleicoes-municipais-no--brasil.htm. Acesso em 4 de dezembro de 2020. Sobressai, também, a falta de transparência, pois não se conhecem os critérios utilizados para controle do caráter fraudulento das informações, afastando a supervisão social sobre essa atividade, a confirmar que o artigo 19, do

4. RESPONSABILIDADE CIVIL DOS PROVEDORES DE REDES SOCIAIS

Desse modo, sem motivos jurídicos e práticos plausíveis, em uma interpretação isolada e restrita do artigo 19, do Marco Civil da Internet, os provedores de redes de aplicações, em específico de redes sociais, são agraciados com a desobrigação de terem de apurar e decidir sobre a legalidade dos conteúdos gerados por seus usuários, mesmo que a estruturação de seus serviços permita e potencialize os danos, além de maximizar os seus ganhos econômicos. Estão totalmente livres, também, para removerem conteúdos, caso entendam pela violação dos seus termos de uso[550], de forma obscura, sem supervisão e auditoria. Em nenhum dos casos respondem civilmente pelos prejuízos causados.

Os provedores, então, somente seriam responsabilizados pelo descumprimento de ordem judicial, o que, aliás, é óbvio, porque, no contexto do Estado Democrático de Direito, a autoridade das determinações judiciais é pressuposto, e o seu descumprimento é sancionado penalmente, pelo crime de desobediência[551], processualmente, por ato atentatório à dignidade da Justiça e litigância de má-fé, bem como civilmente, pela cláusula geral de indenizar, consoante os artigos 186 e 927, do Código Civil.

Apesar de tal dispositivo do Marco Civil da Internet colocar a liberdade de expressão em posição preferencial em relação a outros direitos, como os da personalidade e outros coletivos, da necessidade de veracidade dos discursos de fato, elemento básico a essa mesma liberdade de expressão, que, da leitura

---

Marco Civil da Internet, por sua leitura atualmente efetuada, serve apenas de proteção aos provedores de redes sociais, não à liberdade de expressão em si.

[550] "[C]aso recebam notificações privadas apontando que um conteúdo é ilícito, o provedor tem a liberdade de decidir se mantém o conteúdo ou se o remove conforme solicitado". Ainda segundo o autor, como "gozam de isenção de responsabilidade no *caput* do artigo 19, com as referidas exceções, devem os provedores tomar o exercício da liberdade de expressão como vetor de suas atividades e apenas tomar medidas para filtrar, bloquear, ou remover conteúdos quando, fora das hipóteses previstas em lei, razões muito evidentes assim determinem". SOUZA, Carlos Affonso Pereira de. *Ob. cit.* p. 404.

[551] "Se a vítima da lesão ao seu direito fundamental precisa recorrer ao Poder Judiciário, pleiteando uma ordem judicial, a ser expedida à empresa, o art. 19 lhe é inteiramente inútil pela simples razão de que a possibilidade de recorrer ao Poder Judiciário sempre existiu no direito brasileiro e o descumprimento de ordem judicial, independentemente de qualquer consideração sobre responsabilidade civil, configura crime de desobediência (CP, art. 330)". SCHREIBER, Anderson. "Marco Civil da Internet: avanço ou retrocesso?: a responsabilidade civil por dano derivado do conteúdo gerado por terceiro". *In*: DE LUCCA, Newton; SIMÃO FILHO, Adalberto; LIMA, Cíntia Rosa Pereira de (coords.). *Direito e Internet III – tomo II: Marco Civil da internet (Lei n. 12.965/2014), ob. cit.*, pp. 277-305. p. 290.

da Constituição deveriam gozar do mesmo grau de proteção, a colocação é meramente retórica. Na realidade, a base para a elaboração do artigo é, de forma geral, meramente econômica, com vistas a atenuar aos provedores as consequências negativas de eventuais externalidades econômicas que decorreriam normalmente do exercício de sua atividade, como a responsabilização por danos causados por seus usuários[552].

4.4. Os danos (concretos ou possíveis) relacionados às "fake news"

4.4.1. Danos individuais e coletivos

Ao longo do trabalho tratou-se de vários tipos de danos que podem ocorrer a partir da disseminação de conteúdos na Internet. A lista é interminável, mas serão retomados ou citados alguns novos exemplos.

Do ponto de vista individual, são constantes as vulnerações de direitos da personalidade como a honra, a imagem, a privacidade, pela realização de "cyberbullying", "cyberstalking[553]", uso de dados pessoais por alguém passando-se por outrem, pedofilia, exposição de nudez e práticas sexuais sem consentimento, difamação e calúnia, que podem atingir tanto adultos como crianças e adolescentes.

No âmbito coletivo, pode-se mencionar, dentre outros, a organização de atos terroristas, materiais de cunho racista ou de intolerância religiosa e propagação de "brincadeiras" e desafios de cunho físico que levam a sequelas graves[554].

---

[552] PODESTÀ, Fabio Henrique. "Marco Civil da Internet e Direitos da Personalidade". *In*: DE LUCCA, Newton; SIMÃO FILHO, Adalberto; LIMA, Cíntia Rosa Pereira de (coords.). *Direito e Internet III – tomo I: Marco Civil da internet (Lei n. 12.965/2014), ob. cit.*, pp. 385-403. p. 397. No mesmo sentido: "[e]m suma, para os usuários da internet e pessoas humanas que possam ser afetadas por conteúdo lesivo aos seus direitos fundamentais, o art. 19 não traz qualquer benefício. Muito ao contrário, representa um flagrante retrocesso se comparado aos caminhos que vinham sendo trilhados pela jurisprudência brasileira nesta matéria. Trata-se de uma norma de blindagem das sociedades empresárias que exploram serviços de internet, em especial por meio de redes sociais e outros espaços de comunicação virtual". SCHREIBER, Anderson. "Marco Civil da Internet: avanço ou retrocesso? *Ob. cit.* p. 292.

[553] Prática reiterada de ameaças realizada na Internet.

[554] V.g. desafio da baleia azul, cuja descrição se encontra disponível na "Wikipedia" em https://pt.wikipedia.org/wiki/Baleia_Azul_(jogo). Acesso em 08 de dezembro de 2020.

4. RESPONSABILIDADE CIVIL DOS PROVEDORES DE REDES SOCIAIS

Em relação às "fake news", constatou-se que, de igual modo, podem elas levar a prejuízos individuais ou coletivos diretamente identificáveis, como no caso do linchamento de Fabiane Maria de Jesus, e daquele ocorrido no Irã sobre a "eficácia de ingestão de álcool" em quantidades excessivas contra o Coronavírus, que levou à morte inúmeras pessoas.

Porém, nesse âmbito coletivo, mesmo que se constate a prática de ato ilícito, nem sempre haverá danos diretamente identificáveis, sendo tal fenômeno bastante presente nas situações relacionadas às "fake news". É o que ocorre com a disseminação de informações fraudulentas sobre eleições ou mesmo sobre a saúde, hipóteses em que não é possível vincular, de maneira imediata, o resultado desses materiais às condutas do público por eles atingido. Mas, em tal caso, a própria desinformação pode ser tratada como prejuízo, diante da quebra das bases de consenso social que servem à estabilidade da convivência coletiva.

Nesse campo, exsurgem os maiores problemas quanto à identificação dos prejuízos e tomadas de medidas de responsabilização e de inibição ou remoção do ilícito, que, por outro lado, também se mostram os mais importantes, diante dos interesses lesados, na medida em que servem à erosão dos fundamentos de confiança entre os integrantes da sociedade, reciprocamente, e nas instituições, que colocam em risco a sociedade em si.

Claro que os interesses individuais e coletivos diretamente identificáveis e os consequentes prejuízos a eles são relevantes e gozam de ampla proteção na ordem jurídica, merecendo efetiva tutela de qualquer gênero, inibitória, de remoção ou ressarcitória, entretanto, por essa característica de verificação imediata, a sua apreciação e a justificação das medidas legais cabíveis serão menos problemáticas.

Diante de tais constatações, surgem como importantes os conceitos de dano moral coletivo e de dano social, brevemente analisados nos itens seguintes[555].

---

[555] Reconhecendo a existência do denominado dano sociomoral, que seria vinculado à ofensa à solidariedade social e se diferenciaria do dano moral coletivo e do dano social, cf. CASTRO JÚNIOR, João Batista de. "Dano moral coletivo e dano sociomoral: distinção dada pela construtura hermenêutica constitucional". *In: Revista de direito civil contemporâneo*, v. 3, São Paulo: Thomson Reuters Brasil, 2015, pp. 185-205. Ainda, não se ignora que há posição na doutrina e na jurisprudência negando a existência desses danos, mas, como se verá nos tópicos seguintes,

4.4.2. Danos morais coletivos

Há bastante controvérsia sobre a própria definição do que seja o dano moral, sendo as principais vertentes a sua identificação com a dor psíquica, a sua redução às ofensas à dignidade da pessoa humana, a vinculação à lesão a direitos da personalidade e a ampliação conceitual destas duas últimas categorias como qualquer prejuízo não suscetível de avaliação econômica direta, em que o termo mais adequado seria danos extrapatrimoniais[556].

Conforme tratado de passagem no Capítulo 2, aderimos ao entendimento de reconhecer o dano moral como lesão a determinados interesses juridicamente tutelados pelos direitos da personalidade, sem necessária menção à dignidade da pessoa humana e independentemente de eventual abalo psicológico, atribuíveis às pessoas jurídicas e à coletividade.

O fundamento legal para o reconhecimento do dano moral coletivo está na previsão do artigo 1º, da Lei nº 7.347/1985, que determina o cabimento da ação civil pública para a responsabilização decorrente de danos morais e patrimoniais causados a qualquer interesse difuso ou coletivo ali previstos, além de haver cláusula de abertura no inciso IV, bem como nas disposições

dos argumentos expostos na construção dos respectivos conceitos, estamos convencidos da existência desses tipos de prejuízos. Para críticas ao reconhecimento do dano moral coletivo, que seria utilizado como instrumento de introdução de função punitiva à responsabilidade civil sem previsão legal, cf. CRESPO, Danilo Leme; FORTUNA, Marcelo F. "A função punitiva do dano moral individual e coletivo: uma análise crítica de viés lógico-jurídico". *In: Revista de Direito Privado*, v. 79, São Paulo: Revista dos Tribunais, 2017, pp. 131-161.

[556] "Antes de iniciar o presente tópico, necessário se faz um alerta. Utilizar-se-á a distinção dano patrimonial/dano extrapatrimonial, em vez da dicotomia dano material/dano moral, mais comum na doutrina, pois entende-se estar inserido no conceito de dano extrapatrimonial não apenas o dano moral, como também o dano à imagem. Colocar o dano à imagem fora da dicotomia ora proposta é entendê-lo como um dano *sui generis*, nem patrimonial, nem extrapatrimonial, o que não parece correto". PAMPLONA FILHO, Rodolfo. "Novos danos da responsabilidade civil. Danos morais coletivos, danos sociais ou difusos e danos por perda de uma chance". *In:* SALOMÃO, Luís Felipe; TARTUCE, Flávio (coords.). *Diálogos entre a doutrina e a jurisprudência*, São Paulo: Atlas, 2018, pp. 417-438. p. 423. Apesar de se entender pela reparação autônoma dos danos à imagem, sabe-se que tal diferenciação apenas tem cunho prático-operacional, e não conceitual de diversificação ontológica quanto aos danos morais, pois, em ambos os casos, há lesão a direitos da personalidade. Ainda que a Constituição faça referência, em seu artigo 5º, inciso V, ao dano à imagem de forma separada do dano moral, isso apenas reflete o entendimento, à época prevalente, de identificação do dano moral com a dor psicológica, posição que se encontra em larga medida superada.

do artigo 6º, incisos VI e VII, da Lei nº 8.078/90, que instituem como direitos básicos do consumidor a prevenção e reparação os prejuízos patrimoniais, morais, coletivos e difusos, e a garantia de acesso judicial e administrativo para concretização desses direitos.

A partir da definição dos direitos da personalidade efetuada, pode-se dizer que a sua proteção visa a assegurar, contra lesões injustas, certos atributos, reputados como básicos e essenciais pelo ordenamento jurídico, das pessoas consideradas de forma singular, como também nas relações com os demais integrantes da sociedade.

Nessa segunda feição, identificam-se certos valores que, somados e compartilhados, podem ser reputados como interesses juridicamente titularizados pela coletividade autorreferenciada aos seus componentes, daí sua ligação aos direitos da personalidade, de modo indivisível[557].

Na lição de Carlos Alberto Bittar Filho, a lesão infundada do ponto de vista jurídico aos referidos interesses que compõem a esfera moral de uma coletividade, com violação da cultura em seu aspecto imaterial, caracterizará o dano moral coletivo, podendo a reparação ser pecuniária ou não pecuniária[558].

---

[557] POLI, Fabrício Angerami. "O dano social". Dissertação (mestrado em Direito pela Faculdade de Direito da Universidade de São Paulo), São Paulo, 2015. 300p. p. 78. "Cumpre distinguir os direitos individuais dos coletivos. Entre os direitos, há uns cujo titular é o indivíduo considerado isoladamente; outros, cujo titular é o indivíduo considerado como membro do grupo; finalmente, há ainda alguns direitos cujo titular é o grupo. Daí a classificação dos direitos em individuais e coletivos. Na primeira categoria, alinham-se aqueles cujo titular é o indivíduo, considerado em si ou como membro da coletividade. Na outra, situam-se os direitos que assistem à coletividade, com abstração dos indivíduos que a compõem". ROMITA, Arion Sayão. "Dano moral coletivo". *In*: *Repertório de Jurisprudência do IOB*, São Paulo, v. 11, nº 14, 2007, pp. 432-429. p. 431.

[558] BITTAR FILHO, Carlos Alberto. "A coletivização do dano moral no Brasil". *In*: BITTAR, Eduardo Carlos Blanca Bittar; CHINELATO, Silmara Juny (coords.). *Estudos de direito de autor, direitos da personalidade, direito do consumidor e danos morais em homenagem ao Professor Carlos Alberto Bittar*, Rio de Janeiro: Forense Universitária, 2002, pp. 178-183. p. 180. Em concepção ligada a certos resultados concretamente perceptíveis, influenciada pelo entendimento à época de publicação do texto sobre os danos morais e a sua referência à dor psicológica: "[a]ssim, é preciso sempre enfatizar o imenso dano moral coletivo causado pelas agressões aos interesses transindividuais. Afeta-se a boa-imagem da proteção legal a estes direitos e afeta-se a tranqüilidade do cidadão, que se vê em verdadeira selva, onde a lei do mais forte impera. Tal intranqüilidade e sentimento de desapreço gerado pelos danos coletivos, justamente por serem indivisíveis, acarreta lesão moral que também deve ser reparada coletivamente. Ou será que alguém duvida que o cidadão brasileiro, a cada notícia de lesão a seus direitos, não se vê

Tais interesses corporificam valores jurídicos fundamentais, não possuindo caráter patrimonial, e a caracterização do dano moral coletivo consiste na sua lesão sem necessidade de qualquer demonstração de vulneração de interesses individuais morais, ainda que eles possam, no caso concreto, mostrar-se presentes[559].

Visto por esse ângulo, o dano moral coletivo refere-se à categoria dos direitos difusos e coletivos, afastando-se dos direitos individuais homogêneos, exatamente por serem diretamente vinculados a sujeitos singularmente considerados e não a uma coletividade à qual pertencem, com a ligação estabelecida apenas por uma situação fática contingencial, de modo que a lei busca facilitar, pela tutela coletiva, a proteção dos seus interesses[560].

Entretanto, a fim de evitar uma exagerada configuração de prejuízos indenizáveis e a consequente desmedida responsabilização, que tornariam insustentável o regular desenvolvimento das relações socias ao acirrar os conflitos, incentivar a busca incessante de mecanismos heterônimos de resolução e a paralisação dos indivíduos frente aos riscos agravados, somente as lesões a interesses fundamentais da coletividade e que tenham grave repercussão serão dignas de gerar a caracterização do dano moral coletivo[561].

---

desprestigiado e ofendido no seu sentimento de pertencer a uma comunidade séria, onde as leis são cumpridas? A expressão popular o Brasil é assim mesmo deveria sensibilizar todos os operadores do Direito sobre a urgência na reparação do dano moral coletivo". RAMOS, André de Carvalho. "A ação civil pública e o dano moral coletivo". *In*: STOCO, Rui (org.). *Doutrinas essenciais: dano moral: volume II: dano moral nas relações de consumo*, (originalmente publicado na Revista de Direito do Consumidor, nº. 25, 1998, pp. 80-98), São Paulo: Revista dos Tribunais, 2015, pp. 1.203-1.228. p. 1.207.

[559] MEDEIROS NETO, Xisto Tiago de. "O dano moral coletivo e sua reparação". *In*: DOS ANJOS FILHO, Robério Nunes (org.). *10 anos do Código Civil: edição comemorativa*, Brasília: ESMPU, 2014, pp. 118-149. pp. 122-123.

[560] BESSA, Leonardo Roscoe. "Dano moral coletivo". *In*: STOCO, Rui (org.). *Doutrinas essenciais: dano moral:- volume II: dano moral nas relações de consumo*, (originalmente publicado na Revista de Direito do Consumidor, nº. 59, 2006, pp. 78-108). *Ob. cit.* pp. 1.229-1.262. pp. 1.235-1239. Em sentido diverso, pela possibilidade de configuração de dano moral coletivo em relação à ofensa de direitos individuais homogêneos: MARTINS, Guilherme Magalhães. "Dano moral coletivo nas relações de consumo". *In*: STOCO, Rui. *Doutrinas essenciais: dano moral: volume II: dano moral nas relações de consumo*, (originalmente publicado na Revista de Direito do Consumidor, v. 21, nº. 82, 2012, pp. 87-109). *Ob. cit.* pp. 1.311-1.333. p. 1.318 e pp. 1.329-1.330.

[561] MEDEIROS NETO, Xisto Tiago de. *Ob. cit.* p. 125.

Na jurisprudência do Superior Tribunal de Justiça havia divisão quanto à adequação jurídica de reconhecimento do dano moral coletivo[562], contudo a verificação dos mais recentes julgados das Turmas dedicadas à análise dos casos de Direito Privado (1ª, 2ª e 3ª Turmas), demonstra a unificação no sentido de, em tese, reconhecer-se fundamento jurídico aos danos morais coletivos[563].

Existe viva discussão sobre a natureza da sanção por dano moral coletivo, se compensatória ou punitiva[564].

A Lei de Ação Civil Pública prevê a possibilidade de se exigir condenação em dinheiro ou cumprimento de obrigação de fazer ou não fazer (artigo 3º), com a utilização dos variados tipos de tutela adequados à proteção dos interesses ali previstos (artigo 83). Além disso, estabelece, em caso de indenização do prejuízo, seja o produto destinado à reconstituição dos bens lesados (artigo 13). Há constante referência aos danos acerca da solução jurídica pertinente. Tais fatores, acrescidos da ligação do dano moral coletivo a certos valores singularmente considerados e da regra do artigo 944, do Código Civil, fazem-nos concluir pela natureza primariamente compensatória[565].

Possível se identificar, também, a natureza preventiva, na medida em que está o ordenamento a reconhecer, com o sancionamento do dano moral

---

[562] ASSIS, Guilherme Bacelar Patrício de. "O dano moral coletivo". *In: II Jornada de direito civil do Tribunal Regional da 1ª Região*, Brasília: ESMAF, 2012, pp. 191-194. pp. 193-194.

[563] Cf. BRASIL. Superior Tribunal de Justiça. "AgInt no AREsp 538.308/SP", Rel. Ministro Sérgio Kukina, Primeira Turma, julgado em 31 de agosto de 2020, DJe de 04 de setembro de 2020; "AREsp 1676242/SC", Rel. Ministro Francisco Falcão, Segunda Turma, julgado em 24 de novembro de 2020, DJe de 01 de dezembro de 2020; "AgInt nos EDcl no AREsp 1618776/GO", Rel. Ministra Nancy Andrighi, Terceira Turma, julgado em 24 de agosto de 2020, DJe de 27 de agosto de 2020.

[564] OLIVEIRA, Júlia Costa de. "Dano moral coletivo e o discurso de ódio: a responsabilização pelo *hate speech* é solução ou excesso? *In*: SOUZA, Eduardo Nunes de; SILVA, Rodrigo da Guia. *Controvérsias atuais em responsabilidade civil*, São Paulo: Almedina, 2018, pp. 335-363. pp. 343-345.

[565] Na análise concreta pode ser verificado pelo intérprete o recurso efetivo, não meramente retórico, à função punitiva da responsabilidade civil e consequente arbitramento de indenização que exceda o montante estimado para reparação do prejuízo moral. No entanto, pelos objetivos deste trabalho, não se entrará na discussão sobre a adequação do cabimento dessa solução. Defendendo a função primariamente punitiva, que é majoritária: BESSA, Leonardo Roscoe. *Ob. cit.* pp. 1.257-1.260; MARTINS, Guilherme Magalhães. *Ob. cit.* pp. 1.323-1.325. Admitindo a cumulação das funções compensatória e sancionatória, com proeminência desta: AUGUSTIN, Sérgio; ALMEIDA, Ângela. "A indefinição jurisprudencial em face do dano moral coletivo". *In: Revista da Ajuris*, Porto Alegre, nº 115, 2019, pp. 269-281. pp. 277-279.

coletivo, que certos interesses da sociedade, ainda que de dificultosa identificação concreta e de caráter mais fluido, revelam-se dignos de especial proteção e, portanto, os comportamentos violadores não devem ser repetidos[566].

A propagação de conteúdos ilícitos na Internet, incluídas as redes sociais, pela diversidade de temas expostos e alcance massivo, pode ocasionar a violação de certos interesses sociais coletivos relevantes a configurar o dano moral coletivo.

No caso das "fake news", a própria difusão de materiais fraudulentos relativos a assuntos essenciais e gerais revela violação ao necessário consenso sobre as bases de construção da verdade legitimada pelo procedimento, alicerce da cultura democrática que confere segurança às relações sociais, com agressão à boa-fé, essencial, do ponto de vista ético jurídico, à prática social[567].

Além disso, possível vislumbrar a lesão a outros interesses transindividuais como o meio ambiente, a exemplo das informações fraudulentas sobre o aquecimento global e outros assuntos[568], à saúde, como tratado acima acerca da pandemia de Sars-Cov2-2019, e à democracia participativa, com vistas a turvar o debate público e as escolhas dos cidadãos nos processos eleitorais, dentre outros, desequilibrando-os de maneira ilícita.

Desse modo, constatada a disseminação em larga escala de "fake news" que digam respeito a interesses coletivos fundamentais, revela-se clara a possibilidade de configuração do dano moral coletivo a determinar o cabimento da imposição de medidas inibitórias, de remoção e indenizatórias, para coibir a referida prática e conter os relevantes prejuízos.

---

[566] Como se verá abaixo, o próprio reconhecimento desses danos pode ter como fundamento as funções sancionatórias e preventivas.

[567] PINTO JÚNIOR, Amaury Rodrigues. "A função social dissuasória da indenização por dano moral coletivo e sua incompatibilidade com a responsabilidade civil objetiva". In: *Juris Plenum*, ano X, nº 55, Caxias do Sul: Editora Plenum, 2014, pp. 53-68. p. 56.

[568] Cf. MÜZEL, Lúcia. "Aquecimento global não existe? Tem muita terra para pouco índio? Essas e outras fake news ambientais". In: *RFI* [s.l.], 11 de junho de 2020. Disponível em https://www.rfi.fr/br/brasil/20200611-aquecimento-global-n%C3%A3o-existe-tem--muita-terra-para-pouco-%C3%ADndio-essas-e-outras-fake-news-ambientais. Acesso em 16 de dezembro de 2020; MESQUITA, João Lara. "Fake news climáticas nas redes sociais disparadas por robôs". In: *Portal d'O Estado de São Paulo Mar sem fim*, 27 de fevereiro de 2020. Disponível em https://marsemfim.com.br/fake-news-climaticas-nas-redes-sociais-por-robos/. Acesso em 16 de dezembro de 2020.

4.4.3. Danos sociais

A primeira referência a danos sociais como uma espécie autônoma foi feita por Antônio Junqueira de Azevedo, tendo em vista a sua preocupação em conferir subsídios conceituais para que a responsabilidade civil pudesse servir como fator de penalização ou de desestímulo, quando certos interesses coletivos fossem violados[569].

O autor identificava a segurança como valor primordial à sociedade, estabelecendo uma relação proporcional entre o aumento daquela e o nível de qualidade dessa, de modo que a violação de um dever de segurança imposto a todos poderia causar o rebaixamento do nível de vida da coletividade, a caracterizar o dano social. Apesar de tratar da indenização a esse tipo de dano como pena, fê-lo com reservas, deixando claro que, em realidade, apesar das funções do dano social acima mencionadas, serviria, em última análise, à reposição dos níveis coletivos de tranquilidade e qualidade de vida afetados, a afastar a objeção de descumprimento do artigo 944, do Código Civil, que limita a indenização ao montante do dano.

O reconhecimento do dano social teria como base de fundamentação a necessidade de sancionamento de certas condutas, bem como o seu desestímulo, por atentarem de forma grave à segurança social. Porém, o eventual montante condenatório tem como referência a extensão desse prejuízo[570].

Antônio Junqueira de Azevedo entendia pela possibilidade da propositura de ação por qualquer pessoa que tenha sofrido um prejuízo individual concomitante à produção de um dano social, com a indenização a ser destinada à vítima que ingressou em juízo e teve sucesso na tutela do direito social pretendida[571], posição controversa na doutrina[572]. A jurisprudência do Superior

---

[569] AZEVEDO, Antonio Junqueira. "Por uma nova categoria de dano na responsabilidade civil: o dano social". *In: Novos estudos e pareceres de direito privado*, São Paulo: Saraiva, 2004, pp. 377-384. pp. 378-380.

[570] Reis Friede e Luciano Aragão defendem que o reconhecimento dos danos sociais pode assumir tanto um caráter compensatório quanto pedagógico-inibitório. "Dos danos sociais". *In: Revista da Escola da Magistratura do TRF da 4ª Região*, Porto Alegre, nº 5, 2016, pp. 59-84. pp. 71-81.

[571] AZEVEDO, Antonio Junqueira. *Ob. cit.* pp. 382-383.

[572] Há bastante divergência doutrinária e jurisprudencial sobre a legitimação e acerca do destino da indenização. Para um panorama bastante completo, Cf. POLI, Fabrício Angerami. *Ob. cit.* pp. 267-278.

Tribunal de Justiça caminha para considerar que a ação somente pode ser manejada pelos legitimados às ações coletivas[573], adotando o enunciado nº 456, do Conselho da Justiça Federal[574].

Apesar das tentativas doutrinárias posteriores em reconhecer a autonomia do dano social[575], inclusive em separação ao dano moral coletivo[576], parece-

---

[573] No julgamento da Reclamação nº 12.062, admitida como representativa de controvérsia para fixação de tese vinculante, restou decidido ser "nula, por configurar julgamento *extra petita*, a decisão que condena a parte ré, de ofício, em ação individual, ao pagamento de indenização a título de danos sociais em favor de terceiro estranho à lide". Na fundamentação, constou que "mesmo que a autora formulasse eventual pedido de condenação em danos sociais na ação em exame, o pleito não haveria de ser julgado procedente, porquanto esbarraria na ausência de legitimidade para postulá-lo. Os danos sociais são admitidos somente em demandas coletivas e, portanto, somente os legitimados para propositura de ações coletivas têm legitimidade para reclamar acerca de supostos danos sociais decorrentes de ato ilícito, motivo por que não poderiam ser objeto de ação individual". BRASIL. Superior Tribunal de Justiça. "Rcl. 12.062/GO", Rel. Ministro Raul Araújo, Segunda Seção, julgado em 12 de novembro de 2014, DJe de 20 de novembro de 2014. Esse entendimento foi reiterado: "PROCESSO CIVIL. AGRAVO INTERNO. RAZÕES QUE NÃO ENFRENTAM O FUNDAMENTO DA DECISÃO AGRAVADA. AÇÃO DE INDENIZAÇÃO POR DANOS MORAIS. DEMANDA INDIVIDUAL. CONDENAÇÃO POR DANOS SOCIAIS DE OFÍCIO. JULGAMENTO ULTRA PETITA. AUSÊNCIA DE LEGITIMIDADE. PRECEDENTES. 1. As razões do agravo interno não enfrentam adequadamente o fundamento da decisão agravada. 2. Conforme jurisprudência pacífica desta Corte, é permitido ao magistrado extrair dos autos o provimento jurisdicional que mais se adeque à pretensão autoral, sanando eventual impropriedade técnica da parte autora ao formular os pedidos, o que, decerto, não o autoriza a aumentar ou cumular o pleito realizado com aqueles que sequer foram trazidos para debate e que não é decorrência lógica do primeiro, fugindo dos limites objetivos da demanda. 3. Nos termos do Enunciado 456 da V Jornada de Direito Civil do CJF/STJ, os danos sociais, difusos, coletivos e individuais homogêneos devem ser reclamados pelos legitimados para propor ações coletivas. 4. Agravo interno a que se nega provimento". *Idem*. "AgInt no REsp 1598709/SP", Rel. Ministra Maria Isabel Gallotti, Quarta Turma, julgado em 10 de setembro de 2019, DJe de 02 de outubro de 2019.

[574] "A expressão 'dano' no art. 944 abrange não só os danos individuais, materiais ou imateriais, mas também os danos sociais, difusos, coletivos e individuais homogêneos a serem reclamados pelos legitimados para propor ações coletivas". BRASIL. Conselho da Justiça Federal. Enunciado nº 456. Disponível em https://www.cjf.jus.br/enunciados/enunciado/403. Acesso em 17 de dezembro de 2020.

[575] Conceituando o dano social de forma mais abrangente, a integrar o dano-evento, e com necessária referência à culpa: "o dano social é a lesão causada a toda a sociedade – assumindo, portanto, a dimensão dos interesses difusos –, aos seus direitos metaindividuais ou transindividuais, de maneira isolada ou repetida, mediante a ruptura, complementar ou alternativamente, da lealdade, da boa-fé, da segurança e da solidariedade, que acarrete o rebaixamento

4. RESPONSABILIDADE CIVIL DOS PROVEDORES DE REDES SOCIAIS

-nos que aquele, conforme a base legal brasileira[577], configura-se como espécie desse[578]. Em ambos os casos há a vulneração de certos valores essenciais da coletividade, que deve receber o adequado tratamento do Direito[579]. A especialidade do dano social diz respeito à vinculação, de forma mais precisa, ao rebaixamento do nível de vida geral da sociedade.

Fica evidente que ponto relevante da tese de Antonio de Azevedo Junqueira é bem explicar que o mero reconhecimento de um dano existente, que foge ao esquema individual, mas de difícil delimitação no plano concreto, mostra-se como aplicação das funções sancionatória e preventiva da responsabilidade civil –sem prejuízo da função compensatória e ainda que a indenização seja medida pela extensão do dano, conformando-se ao artigo 944, do Código Civil.

De qualquer maneira, do ponto de vista prático, a fim de melhor manejar as situações, precisando-se o tipo específico de prejuízo coletivo que se está

---

do patrimônio moral ou diminuição da qualidade de vida social, praticado com culpa grave ou dolo do agente". POLI, Fabrício Angerami. *Ob. cit.* pp. 212-213.

[576] FLUMIGNAN, Silvano José Gomes. "A distinção entre dano moral, dano social e *punitive damages* a partir do conceito de dano-evento e dano-prejuízo". *In: Revista Acadêmica*, Recife, v. 87, nº 1, 2015, pp. 190-219. pp. 205-206.

[577] Veja-se que, na Costa Rica, por exemplo, há referência a dano social no Código de Processo Penal, porém com conotação diversa daquela propugnada atualmente no Brasil, assumindo o sentido amplo dos prejuízos difusos, coletivos ou individuais homogêneos, de caráter moral ou patrimonial. Cf. CHACÓN, Mario Peña. "Daño social, daño moral colectivo y daños punitivos". *In: Revista de direito ambiental*, ano 17, v. 68, São Paulo: Revista dos Tribunais. 2012, pp. 103-126.

[578] Segundo Lady Ane de Paula Santos della Rocca, os danos moral coletivo e social, ontologicamente, referem-se ao mesmo fenômeno, comungando de idênticos pressupostos, razão pela qual sugere a adoção da expressão "dano extrapatrimonial coletivo", além de admitir, quando da sua existência, a imposição de sanção complementar de cunho punitivo. Além disso, demonstra que a jurisprudência não desenvolve de maneira suficientemente estruturada a diferenciação entre os conceitos. "Dano social: estudo da viabilidade de construção de um conceito do instituto a partir das decisões judiciais", Dissertação (mestrado em direito pela Faculdade de Direito de Ribeirão Preto da Universidade de São Paulo), Ribeirão Preto, 2017. 204p. p. 185.

[579] Mesmo que atreladas ao dano social possam existir lesões a bens materiais, o que se indeniza quando configurado aquele é o rebaixamento do nível de qualidade de vida da coletividade, circunstância que se relaciona a aspectos imateriais, sem prejuízo de que, cumulativamente, haja, também, reparação dos outros prejuízos patrimoniais existentes de cunho individual, difuso ou coletivo.

a tratar, serve o dano social como recurso descritivo útil dentro da categoria do dano moral coletivo.

A configuração do dano social é clara, por exemplo, nas situações em que se configure a prática do ilícito lucrativo, ou seja, quando os benefícios econômicos obtidos por certa conduta ou atividade suplantam os possíveis prejuízos ordinários que venham a ser suportados, e o agente, assim, continua a se comportar da mesma maneira. Também ocorre nas reiteradas microlesões causadas por certo tipo de conduta ou atividade, cuja repercussão individual é diminuta, sem estímulo à propositura de ações pelos afetados, entretanto, com graves consequências à coletividade. Serve a indenização, assim, como fator de punição e de desestímulo à continuidade das práticas ilícitas e/ou danosas, que, pelas vias comuns, não cessariam[580].

Essas hipóteses podem ser cogitadas nos casos das "fake news", em que a sua propagação, por gerar engajamento massivo, acompanhado de ganhos econômicos correspondentes, não seja efetivamente controlada por seus beneficiários, no caso os provedores das redes sociais, além de poder servir como meio para lesões não relevantes, do ponto de vista individual, a direitos da personalidade, mas que, somadas, representam grave ofensa a valores fundamentais da sociedade consubstanciados no princípio do "neminem laedere".

Pode-se dizer, ainda, que a circulação desenfreada de informações fraudulentas serve como fator de rebaixamento de qualidade da vida, porque torna as pessoas menos preparadas para lidar com os diferentes assuntos sobre os quais precisam tomar decisões importantes – vacinação, por exemplo – que afetarão negativamente a coletividade, além da vulneração evidente da confiança necessária para o alcance de mínimos padrões desejáveis de estabilidade e segurança nas relações sociais, como reiteradas vezes se fez referência neste trabalho.

Mais importante que a discussão sobre a autonomia dos danos sociais em relação aos danos morais coletivos é identificar os graves efeitos deletérios que as "fake news" trazem à sociedade, colocando-a em risco, assim como a democracia, ao vulnerar os seus pilares.

Portanto, exige-se que o Direito, destinado à regulação das relações sociais, ofereça respostas adequadas, eficazes e proporcionais a tal gravidade.

---

[580] POLI, Fabrício Angerami. *Ob. cit.* pp. 232-235.

4. RESPONSABILIDADE CIVIL DOS PROVEDORES DE REDES SOCIAIS

Nos próximos itens, avaliar-se-á como essa tarefa poder ser mais bem empreendida no âmbito da responsabilidade civil dos provedores de redes sociais.

4.5. A adequada interpretação do artigo 19, do Marco Civil da Internet

4.5.1. A atividade dos provedores de redes sociais e a indução de riscos especiais no atual contexto de personalização e incentivo ao compartilhamento em massa

Conforme reiteradamente tratado, o artigo 19, da Lei nº 12.965/14 enuncia que, com fim de assegurar a liberdade de expressão e impedir a censura, os provedores somente responderão civilmente pelos danos causados por seus usuários após descumprimento de ordem judicial específica para tornar certo conteúdo indisponível, constando ao final, porém, "ressalvadas as disposições em contrário"[581].

Foram tecidas, nos capítulos anteriores, inúmeras críticas ao modo como vem sendo tratada a liberdade de expressão no sistema jurídico brasileiro, especialmente na jurisprudência, bem como o conceito de censura prévia, alargado de maneira desmedida. Esses reparos demonstram ser injustificado o dispositivo em comento que abre margem a interpretações equivocadas de que estão isentos os provedores de responsabilidade.

Não obstante, o dispositivo está posto e sua interpretação há de ser feita com fundamento na Constituição e nas relações estabelecidas entre ele e outros dispositivos do próprio Marco Civil e de leis que se apliquem no mesmo campo.

A atividade prestada pelos provedores de redes sociais, consistente no encadeamento de operações e disponibilização de facilidades aos usuários da Internet, mediante remuneração indireta, caracteriza-se como serviço, a teor

---

[581] "Art. 19. Com o intuito de assegurar a liberdade de expressão e impedir a censura, o provedor de aplicações de internet somente poderá ser responsabilizado civilmente por danos decorrentes de conteúdo gerado por terceiros se, após ordem judicial específica, não tomar as providências para, no âmbito e nos limites técnicos do seu serviço e dentro do prazo assinalado, tornar indisponível o conteúdo apontado como infringente, ressalvadas as disposições legais em contrário".

do artigo 3º, § 2º, da Lei nº 8.078/90[582], a fazer incidir a disciplina da lei tanto nas relações entre os provedores e usuários e entre aqueles e a coletividade de pessoas que sofram as consequências dos serviços, tidas como consumidoras por equiparação (ou "by stander"), na forma do artigo 2º, parágrafo único[583].

No artigo 6º, incisos VI e VIII, constam como direitos básicos do consumidor a efetiva prevenção e reparação de danos patrimoniais, morais, individuais, coletivos e difusos, e a facilitação da defesa de seus direitos, com a possibilidade inclusive de inversão do ônus da prova.

Da leitura do artigo 7º, "caput", extrai-se que a lei não exclui outros direitos do consumidor previstos em diversos instrumentos normativos, tais como tratados ou convenções internacionais firmadas pelo Brasil e a legislação interna ordinária, o que permite a incidência dos dispositivos do Código Civil, especialmente dos artigos 186, 187 e 927, nos casos não abarcados pelo Código de Defesa do Consumidor[584], e, no parágrafo único, fica estabelecida a responsabilidade solidária, caso eventual violação a direito de outrem tenha mais de um autor.

Nesse contexto normativo, excluída por ora a consideração do artigo 19, do Marco Civil da Internet, a responsabilidade civil dos provedores de redes sociais pelos danos ocasionados por conteúdos de seus usuários poderia ser enquadrada como hipótese de responsabilidade pelo fato, ou defeito, do serviço, conforme o artigo 14, do Código de Defesa do Consumidor, no regime geral de responsabilidade civil culposa do artigo 927, do Código Civil, ou de responsabilidade objetiva pelo risco da atividade, consoante o artigo 927, parágrafo único, da mesma lei.

No aspecto consumerista, defeituoso será o produto ou serviço quando não atenda à justa expectativa de segurança do consumidor pelo seu uso normal

---

[582] MARTINS, Guilherme Magalhães. "Responsabilidade civil por acidente de consumo na Internet", 2ª ed., São Paulo: Saraiva, 2014. p. 102.

[583] MARQUES, Claudia Lima. "Campo de Aplicação do CDC". *In*: BENJAMIN, Antônio Herman de Vasconcellos.; MARQUES, Cláudia Lima; BESSA, Leonardo Roscoe. *Manual de Direito do Consumidor*, 4ª ed. São Paulo: Editora Revista dos Tribunais, 2012. pp. 85-116. p. 104

[584] Não se adere à teoria do diálogo das fontes, especialmente no que concerne à constante aplicação da norma mais benéfica ao consumidor. Apenas se sustenta que será passível a incidência das demais normas do sistema quando o próprio Código de Defesa do Consumidor não traga regramento específico para a questão tratada.

4. RESPONSABILIDADE CIVIL DOS PROVEDORES DE REDES SOCIAIS

e, em decorrência disso, cause prejuízo[585]. A responsabilização do fornecedor depende de que a insegurança existente na prestação de qualquer produto ou serviço seja acrescida de anormalidade e imprevisibilidade, caracterizando-se a violação de um dever de segurança[586].

De maneira mais abrangente, para que eventual elemento do produto ou serviço seja caracterizado como defeito, cuja existência gera a obrigação de indenizar em caso de dano à incolumidade física dos consumidores, necessário que seja capaz de provocar acidente de consumo e não esteja em conformidade com a expectativa legítima quanto à segurança do serviço específico, ou seja, que se trate de periculosidade adquirida[587].

A aferição das referidas anormalidade e imprevisibilidade, com lastro na justa expectativa, deve levar em conta, considerada a época em que prestado o serviço, as circunstâncias relevantes concernentes ao modo de fornecimento, e os riscos e resultados de riscos que ordinariamente dele se esperam[588].

A utilização de redes sociais pressupõe o estabelecimento de amplas comunicações entre os usuários, variando sua exposição conforme o tipo de plataforma analisada, estando, na origem, os usuários livres para a criação de materiais a seu bel-prazer.

Em redes sociais como o "Facebook" e o "Twitter", os conteúdos têm maior abertura aos demais usuários, pois não destinados a pessoas específicas, ainda que seja possível a limitação de destinação e acesso conforme as configurações de privacidade.

---

[585] Para Rizzatto Nunes, diversamente, "o defeito tem ligação com o vício, mas em termos de dano causado ao consumidor, é mais devastador. Temos, então, que o vício pertence ao próprio produto ou serviço, jamais atingindo a pessoa do consumidor ou outros bens seus. O defeito vai além do produto ou do sérvio para atingir o consumidor em seu patrimônio jurídico mais amplo (seja moral, material, estético ou da imagem)". "Curso de direito do consumidor", 9ª ed., São Paulo: Saraiva, 2014. p. 228.

[586] CAVALIERI FILHO, Sérgio. "Programa de responsabilidade civil", 11ª ed., São Paulo: Atlas, 2014. pp. 548-552.

[587] BENJAMIN, Antônio Herman de Vasconcellos. "Fato do produto e do serviço". *In*: BENJAMIN, Antonio Herman de Vasconcellos; MARQUES, Cláudia Lima; BESSA, Leonardo Roscoe *Manual de direito do consumidor*, 1ª ed., São Paulo: Revista dos Tribunais, 2008, pp. 112-139. pp. 115-119.

[588] BDINE JÚNIOR, Hamid Charaf. "Responsabilidade civil pelo fato do serviço". In: LOTUFO, Renan; MARTINS, Fernando Rodrigues (coords.). *20 anos do Código de Defesa do Consumidor: conquistas, desafios e perspectivas*, São Paulo: Saraiva, 2011, pp. 379-393. p. 382.

Por outro lado, em aplicações como o "Whatsapp" e o "Telegram", a lógica é inversa, sendo as comunicações dirigidas a usuários certos, mesmo que seja possível a ampliação pelos mecanismos de criação de grupos e compartilhamentos em massa.

Contudo, em ambos os casos, diante de liberdade na criação original própria dessas aplicações, esperado razoavelmente que ditos conteúdos possam trazer, em seu bojo, discursos violadores de interesses alheios, de modo que tais acontecimentos não podem ser caracterizados como defeitos adquiridos, sendo o caso de periculosidade inerente.

O dever de segurança imposto aos provedores, e cujo desrespeito gera a incidência do artigo 14, da Lei nº 8.078/90, refere-se à garantia do sigilo e da inviolabilidade dos dados dos usuários, bem como à manutenção do funcionamento adequado das contas e comunidades criadas por esses usuários, não se vinculando, assim, aos conteúdos disseminados[589]

A jurisprudência do Superior Tribunal de Justiça trilhava esse caminho, ao afastar a responsabilidade dos provedores de redes sociais por danos causados pelos usuários do esquema previsto no Código de Defesa do Consumidor por defeito na prestação dos serviços, e atribuir a eles responsabilidade subjetiva, exigindo-se a negligência dos provedores no tratamento dos conteúdos ilícitos, quando efetivamente tomassem conhecimento deles.

Distanciavam-se os julgados da Corte Superior da responsabilidade objetiva carreada no artigo 927, parágrafo único, do Código Civil, sob o argumento de que as atividades dos prestadores de redes sociais seriam de mera intermediação neutra, consistente no armazenamento e disponibilização dos conteúdos gerados pelos usuários e, assim, não implicariam risco maior do que aqueles encontrados em outras atividades comerciais, afastando, também, a monitorização ativa por essa razão e outras já tratadas neste trabalho[590].

---

[589] ANDRIGHI, Fátima Nancy; GUARIENTO, Daniel Bittencourt. "A responsabilidade civil das redes sociais virtuais pelo conteúdo das informações veiculadas". *In*: ANDRIGHI Fátima Nancy (coord.). *Responsabilidade civil e inadimplemento no Direito brasileiro*, São Paulo: Atlas, 2014, pp. 233-247. p. 237.

[590] "DIREITO CIVIL E DO CONSUMIDOR. INTERNET. RELAÇÃO DE CONSUMO. INCIDÊNCIA DO CDC. GRATUIDADE DO SERVIÇO. INDIFERENÇA. PROVEDOR DE CONTEÚDO. FISCALIZAÇÃO PRÉVIA DO TEOR DAS INFORMAÇÕES POSTADAS NO SITE PELOS USUÁRIOS. DESNECESSIDADE. MENSAGEM DE CONTEÚDO OFENSIVO. DANO MORAL. RISCO INERENTE AO NEGÓCIO. INEXISTÊNCIA. CIÊNCIA

Nos moldes atuais de desenvolvimento da atividade dos provedores de redes sociais, nas suas múltiplas variações, tal constatação mostra-se equivocada, em nosso juízo.

Não se ignora que há disputa doutrinária sobre o alcance do artigo 927, parágrafo único, do Código Civil, especialmente acerca do conceito da expressão "quando a atividade normalmente desenvolvida pelo autor do dano

DA EXISTÊNCIA DE CONTEÚDO ILÍCITO. RETIRADA IMEDIATA DO AR. DEVER. DISPONIBILIZAÇÃO DE MEIOS PARA IDENTIFICAÇÃO DE CADA USUÁRIO. DEVER. REGISTRO DO NÚMERO DE IP. SUFICIÊNCIA. 1. A exploração comercial da internet sujeita as relações de consumo daí advindas à Lei nº 8.078/90. 2. O fato de o serviço prestado pelo provedor de serviço de internet ser gratuito não desvirtua a relação de consumo, pois o termo "mediante remuneração" contido no art. 3º, § 2º, do CDC deve ser interpretado de forma ampla, de modo a incluir o ganho indireto do fornecedor. 3. A fiscalização prévia, pelo provedor de conteúdo, do teor das informações postadas na web por cada usuário não é atividade intrínseca ao serviço prestado, de modo que não se pode reputar defeituoso, nos termos do art. 14 do CDC, o site que não examina e filtra os dados e imagens nele inseridos. 4. O dano moral decorrente de mensagens com conteúdo ofensivo inseridas no site pelo usuário não constitui risco inerente à atividade dos provedores de conteúdo, de modo que não se lhes aplica a responsabilidade objetiva prevista no art. 927, parágrafo único, do CC/02. 5. Ao ser comunicado de que determinado texto ou imagem possui conteúdo ilícito, deve o provedor agir de forma enérgica, retirando o material do ar imediatamente, sob pena de responder solidariamente com o autor direto do dano, em virtude da omissão praticada. 6. Ao oferecer um serviço por meio do qual se possibilita que os usuários externem livremente sua opinião, deve o provedor de conteúdo ter o cuidado de propiciar meios para que se possa identificar cada um desses usuários, coibindo o anonimato e atribuindo a cada manifestação uma autoria certa e determinada. Sob a ótica da diligência média que se espera do provedor, deve este adotar as providências que, conforme as circunstâncias específicas de cada caso, estiverem ao seu alcance para a individualização dos usuários do site, sob pena de responsabilização subjetiva por culpa *in omittendo*. 7. Ainda que não exija os dados pessoais dos seus usuários, o provedor de conteúdo, que registra o número de protocolo na internet (IP) dos computadores utilizados para o cadastramento de cada conta, mantém um meio razoavelmente eficiente de rastreamento dos seus usuários, medida de segurança que corresponde à diligência média esperada dessa modalidade de provedor de serviço de internet. 8. Recurso especial a que se nega provimento". BRASIL. Superior Tribunal de Justiça. "REsp 1193764/SP", Rel. Ministra Nancy Andrighi, Terceira Turma, julgado em 14 de dezembro de 2010, DJe de 08 de agosto de 2011. No julgado, acrescentou-se que haveria violação ao sigilo das comunicações de dados em caso de controle prévio, entretanto não se justifica tal ressalva de forma ampliada, pois consubstancia pressuposto do próprio funcionamento das redes sociais o acesso dos provedores aos dados dos usuários, concordando eles, na adesão ao sistema, com essa possibilidade. Ademais, sendo os próprios provedores parte nas comunicações, os dados também a eles dizem respeito, a permitir o controle.

implicar, por sua natureza, risco para os direitos de outrem" e de qual teoria do risco fora adotada[591].

Não obstante, firme na lição de Claudio Luiz Bueno de Godoy, o entendimento mais apropriado é considerar que o artigo 927, parágrafo único, do Código Civil, terá aplicação nos casos em que a sequência de atos concatenados e habitualmente exercidos, destinados a um fim (atividade), gere um risco especial e destacado, inclusive concernente a aspectos específicos da organização da atividade em comparação a outras atividades, aos direitos de outrem, e que os prejuízos advenham exatamente dessa circunstância[592], podendo haver sua incidência nas relações consumeristas em que não se esteja diante do defeito.

Tal posição, ao limitar a imputação aos casos de riscos especiais, tem a vantagem de não tornar inviável o exercício de qualquer atividade e impor a certos agentes ônus desproporcional em relação aos demais sujeitos, pois, em todas as situações da vida em sociedade, haverá um risco inerente à produção de danos. Ainda, não se restringe ao conceito de proveito econômico, abarcando todas as atividades que se caracterizem pela série de atos concatenados e habituais destinados a um fim, circunstância que demonstra a preocupação em se reparar o dano, quando produzido por circunstâncias anormais, atribuindo tal encargo a quem deu ensejo a elas.

Assim, o dispositivo em comento não se restringe a certas atividades perigosas em si ou de periculosidade adquirida, à semelhança do defeito na prestação dos serviços prevista no Código de Defesa do Consumidor, mas não se amplia demasiadamente para abarcar o mero exercício de atividades organizadas que geram algum tipo de risco ordinário e consequente dano[593].

[591] MORAES, Maria Celina Bodin de. "Risco, solidariedade e responsabilidade objetiva". *In*: *Revista dos Tribunais*, ano 95, v. 854, São Paulo: Revista dos Tribunais, 2006, pp. 11-37. pp. 15-17.

[592] GODOY, Claudio Luiz Bueno de. "Responsabilidade civil pelo risco da atividade", 2ª ed., São Paulo: Saraiva, 2015. pp. 109-116.

[593] Além dos julgados do Superior Tribunal de Justiça já analisados, confira-se o enunciado nº 38, do Conselho da Justiça Federal: "a responsabilidade fundada no risco da atividade, como prevista na segunda parte do parágrafo único do art. 927 do novo Código Civil, configura-se quando a atividade normalmente desenvolvida pelo autor do dano causar a pessoa determinada um ônus maior do que aos demais membros da coletividade". BRASIL. Conselho da Justiça Federal. "Enunciado nº 38". Disponível em https://www.cjf.jus.br/enunciados/enunciado/699. Acesso em 14 de dezembro de 2020; e, também, o enunciado nº 448: "a regra do art. 927, parágrafo único, segunda parte, do CC aplica-se sempre que a atividade normalmente

4. RESPONSABILIDADE CIVIL DOS PROVEDORES DE REDES SOCIAIS

A atividade dos prestadores de serviços de redes sociais atualmente não se configura, em modo geral, como de mera intermediação passiva entre emissor e receptor. Os provedores adotam ativamente instrumentos tecnológicos de personalização de uso e de compartilhamento em massa, que induzem maior alcance aos conteúdos ilícitos e/ou danosos, especialmente das "fake news", e podem criar, por tal forma de organização da atividade, maior risco aos direitos de outrem do que aqueles ordinários esperados no caso de mera intermediação passiva[594].

desenvolvida, mesmo sem defeito e não essencialmente perigosa, induza, por sua natureza, risco especial e diferenciado aos direitos de outrem. São critérios de avaliação desse risco, entre outros, a estatística, a prova técnica e as máximas de experiência". BRASIL. Conselho da Justiça Federal. Enunciado nº 448. Disponível em https://www.cjf.jus.br/enunciados/enunciado/377. Acesso em 14 de dezembro de 2020.

[594] "Em regra, parece ser a teoria do risco a mais adequada para a solução dos problemas digitais, podendo, sim, incidir o art. 927, parágrafo único, do Código Civil. Todavia, não se pode dizer que manter um *lugar digital*, por si só, implica riscos. Ilustrando, não é possível afirmar que ter um blog para a veiculação de notícias representa riscos a outrem, No entanto, manter e administrar uma grande comunidade digital de relacionamentos gera riscos de lesão à intimidade alheia". TARTUCE, Flávio Murilo "Teoria do risco concorrente na responsabilidade objetiva". Tese (doutorado em Direito pela Faculdade de Direito da Universidade de São Paulo), São Paulo, 2010, 370p. p. 191; "[i]nicialmente, saliento que não há falar em ausência de responsabilidade por inexistência de vínculo jurídico entre aquele que posta a informação lesiva e o mantenedor desta no âmbito da rede mundial de computadores. Em meu entender, a inexistência de uma verificação prévia do conteúdo dos dados atende a uma necessidade da dinâmica da atividade prestada pelo provedor, da qual ele mesmo se beneficia, razão pela qual não pode o provedor pretender uma artificiosa decomposição do negócio visando a transferência total dos ônus e riscos ao particular, pois se está a usufruir dos bônus (maximização da atividade em face da mídia utilizada e da desnecessidade de prévio controle do conteúdo da informação), deve arcar também com seus ônus, mantendo-se uma relação de equivalência. O operador não é um completo estranho à transmissão e publicação da mensagem, pois é com o concurso de sua atividade (sistema digital) que a comunicação eletrônica é tornada possível. Se não pratica ou executa o ilícito, nem por isso deixa de fornecer os meios (tecnológicos) para a transmissão da mensagem danosa. Desta feita, é possível, em face das peculiaridades concretas, enquadrar alguns serviços de comunicação através da Internet no contexto de exercício de atividade de risco e, nessa condição, como hipóteses sujeitas à responsabilização objetiva". KIRCHNER, Felipe. "A responsabilidade civil objetiva no art. 927, parágrafo único, do CC/2002". *In*: NERY JÚNIOR, Nelson; NERY, Rosa Maria Barreto Borriello de Andrade (orgs.). *Doutrinas essenciais: responsabilidade civil: volume II: direito de obrigações e direito negocial* (publicado originalmente na Revista dos Tribunais, v. 871, 2008, pp. 36-66), São Paulo: Revista dos Tribunais, 2010, pp. 617-657. pp. 650-651.

INTERNET, *FAKE NEWS* E RESPONSABILIDADE CIVIL DAS REDES SOCIAIS

Então, afora a previsão do artigo 19, do Marco Civil da Internet, a responsabilidade dos provedores de redes sociais por conteúdos criados e disseminados pelos usuários, de acordo com a sua conformação hodierna, pode determinar a produção de riscos especiais aos interesses de terceiros individualizados e da coletividade. Essas circunstâncias justificariam a responsabilidade objetiva na forma do artigo 927, parágrafo único, do Código Civil, e, por consequência, a obrigação de monitoramento ativo de conteúdos ou de propagação em massa de materiais, de acordo com as características específicas de cada serviço.

Não é a simples possibilidade conferida pela Internet de propagação ampla de conteúdos ilícitos que gera o incremento dos riscos, mas a forma de estruturação das redes sociais adotadas pelos provedores, que foge ao normal e esperado desenvolvimento das atividades. Nos casos das redes abertas, a manipulação da forma de apresentação dos conteúdos, afastando-se da neutralidade[595], e no caso daquelas de comunicação interpessoal, escopo primário do serviço, a criação de ferramentas de compartilhamento em massa.

Sob o aspecto da aplicação jurídica, a obrigação de monitoramento justifica-se, em adição, pelos tipos de danos, concretos e potenciais, gerados pela disseminação de conteúdos ilícitos na rede, especificamente as "fake news", como discutido no item 4.4., e por representar a melhor forma de conter esses riscos a tomada de medidas antecipatórias, conforme tratado no capítulo 3.

Os princípios da responsabilidade objetiva mais proeminentes que informam tal interpretação são os do risco extraordinário, ou seja, que foge à normalidade e tendo em vista o grande potencial danoso dos conteúdos disseminados nas redes sociais e da causa do risco, porque as redes sociais e seu modo de estruturação acabam sendo a fonte de ampliação da referida potencialidade danosa, estando os provedores em melhores

---

[595] Ricardo Luis Lorenzetti, ainda que entenda pelo descabimento de obrigação de monitoramento, em relação aos buscadores, defende sua responsabilidade nos casos de omissão frente a conteúdo ilícito quando tomem conhecimento e na hipótese de adotarem uma conduta ativa, como, exemplificativamente, a edição, modificação ou criação, o que está em sintonia com a posição ora defendida. "La responsabilidad de los buscadores de Internet". *In*: DE LUCCA, Newton; SIMÃO FILHO, Adalberto; LIMA, Cíntia Rosa Pereira de (coords.). *Direito e Internet III – tomo II: Marco Civil da internet (Lei n. 12.965/2014), ob. cit.*, pp. 557-567. p. 562.

4. RESPONSABILIDADE CIVIL DOS PROVEDORES DE REDES SOCIAIS

condições de controlar os riscos. Esses princípios vão se ligar, ainda, ao da prevenção[596].

Nesse ponto, exsurge uma questão importante acerca da cada vez mais defendida função preventiva da responsabilidade civil[597] –lato senso a abarcar também a precaução[598] –que, no caso das redes sociais, está concretamente embasada no artigo 6º, inciso VI, do Código de Defesa do Consumidor.

A função preventiva perpassa pelo reconhecimento de que a gravidade de certas condutas, pela importância ou extensão dos possíveis interesses lesados, exige do Direito da Responsabilidade Civil a adoção de mecanismos adequados a evitar que haja a violação desses interesses, ou ao menos a

---

[596] Sobre a identificação e conceituação desses princípios, cf. PÜSCHEL, Flavia Portella. "Funções e princípios justificadores da responsabilidade civil e o art. 927, § único do Código Civil". *In*: *Revista Direito GV*, São Paulo, v. 1, nº 1, 2005, pp. 91-107. pp. 97-99.

[597] "Para além da dissuasão propriamente dita, a função de prevenção e igualmente posta à frente hoje para uma parte da doutrina que insiste na emergência do 'princípio da precaução' que é reconhecido como fundamental em direito ambiental, mas que poderia ser transposto a todos os domínios nos quais a segurança estiver em causa ou houver risco de dano grave e sobretudo irreversível. Esse princípio que determina aos agentes econômicos conhecer todos os riscos plausíveis, mesmo quando eles não sejam ainda cientificamente demonstrados, figura hoje em numerosos textos de alcance internacional e foi inscrito em 2005 na Carta do Ambiente adicionada a Constituição francesa. Permanece, no momento, orientado principalmente para a ação política, mas não é impossível que venha a influenciar o direito da responsabilidade civil. Ele poderia, em primeiro lugar, levar os juízes a acentuar a tendência, já perceptível em certos direitos, de assimilar uma simples ameaço de dano, a um dano, suscetível de franquear à pessoa ameaçada uma ação judicial, permitindo-lhe obter a cessação da atividade potencialmente perigosa. O princípio de precaução poderia igualmente influenciar a definição da culpa, assimilando a uma imprudência ou a uma negligência o simples fato de não se ter levado em coma as suspeitas sérias emitidas por alguns, sobretudo cientistas, sobre a inocuidade de um produto ou procedimento". BARBAGALO, Erica B. "As tendências atuais do direito da responsabilidade civil". *In*: TEPEDINO, Gustavo (org.). *Direito civil contemporâneo: novos problemas a luz da legalidade constitucional: anais do Congresso Internacional de Direito Civil-Constitucional da Cidade do Rio de Janeiro*, São Paulo: Atlas, 2008, pp. 42-56. p. 55.

[598] A prevenção baseia-se em uma maior certeza de certos danos vinculados ao exercício de uma atividade conforme ordinariamente exercida. Já a precaução envolve a tomada de medidas nos casos em que os prejuízos potenciais são graves, mas não há, ainda, a definição precisa de sua conexão com aquela atividade analisada. Em nossa dissertação de mestrado tivemos a oportunidade de analisar o tema com mais profundidade. BIOLCATI, Fernando Henrique de Oliveira. *Ob cit*. pp. 115-118. Recomenda-se a leitura da obra de Teresa Ancona Lopez, "Princípio da precaução e evolução da responsabilidade civil", São Paulo: Quartier Latin, 2010.

atenuar a lesão, inclusive a responsabilidade pelos danos morais coletivos e sociais, como visto.

Como nos ensina Nelson Rosenvald, à finalidade clássica compensatória da responsabilidade civil deve ser agregada a função de prevenção de ilícitos. Passa ela de um modelo retrospectivo a um prospectivo, em que a adequação das condutas para a proteção de certos interesses relevantes mostra-se mais pronunciada, calcando-se a imposição das medidas de prevenção na necessidade de seleção dos comportamentos ilícitos e dos mecanismos de gestão do risco e das consequências dos comportamentos ilegais[599].

Assim, inegável que a responsabilidade civil dos provedores de redes sociais pode ser tratada sob o viés da geração de riscos excepcionais a interesses jurídicos relevantes, individuais ou coletivos em sentido amplo, bem como da necessidade de indução de medidas preventivas para evitar a vulneração de tais interesses, fundamentos esses dos quais se distanciou sobremaneira o artigo 19, do Marco Civil da Internet, pela interpretação que a ele se vem dando no âmbito da jurisprudência e da doutrina dominantes.

4.5.2. Notificação extrajudicial, ausência de análise de conteúdos manifestamente ilícitos, remoção indevida e abuso de direito.

Segundo o artigo 187, do Código Civil, também comete ato ilícito, portanto sujeito à responsabilização civil, o titular de um direito que, no seu exercício, ultrapassa de modo manifesto os limites estabelecidos pelos fins econômicos ou sociais, pela boa-fé ou pelos bons costumes.

A redação do dispositivo, sem nenhuma menção à culpa do agente, tal como previsto no anterior artigo 186, revela a clara adoção da teoria objetiva sobre o abuso do direito[600], sob a modalidade do exercício irregular em oposição às suas finalidades. Afasta-se a perquirição sobre a presença de interesse motivado ou de quebra dos diversos interesses, bem como acerca da intenção

---

[599] ROSENVALD, Nelson. "As funções da responsabilidade civil: a reparação e a pena civil". *Ob. cit.* p. 117.

[600] MUNARO, Franciel. "A cláusula geral do abuso de direito como função *longa manus* do instituto da responsabilidade civil", *In: Scientia Juris*, Londrina, v. 11, 2007, pp. 57-72. Disponível em http://www.uel.br/revistas/uel/index.php/iuris/article/view/4147 Acesso em 28 de dezembro de 2020. p. 62.

4. RESPONSABILIDADE CIVIL DOS PROVEDORES DE REDES SOCIAIS

lesiva do autor do ilícito e da falta de utilidade no exercício para a sua caracterização, requisitos tidos como necessários para as correntes subjetivas[601].

Incorre, pois, em abuso de direito quem pratica um ato a princípio permitido por certo dispositivo legal, todavia em desconformidade a outros deveres jurídicos elementares não escritos no próprio texto normativo que confere o direito ao titular, mas que impõem restrições a certas condutas[602].

A incidência do artigo 187, do Código Civil, ocorre, então, sempre que o exercício de um direito juridicamente assegurado exceder de forma marcante a restrição imposta pela própria ordem jurídica e prevista no dispositivo mencionada, qual seja a compatibilização do exercício aos fins econômicos e sociais, à boa-fé e aos bons costumes, independentemente do intuito de lesar os interesses alheios por parte do agente[603].

A identificação desses limites e a consequente incidência da responsabilidade civil são indubitavelmente tormentosas, entretanto, valendo-nos da lição de Alvino Lima, devem ter por base o interesse coletivo:

> o maior prejuízo social constitui, pois, o critério fixador do exercício abusivo de um direito. Daí se poder concluir que a culpa não reside, no caso do abuso do direito causando dano a terceiro, num erro de conduta imputável moralmente ao agente, mas no *exercício de um direito causador de um dano socialmente mais apreciável*. A responsabilidade surge justamente porque a proteção do exercício deste direito é menos útil socialmente do que a reparação do dano causado pelo titular deste mesmo direito[604].

---

[601] LIMA, Alvino. "Culpa e risco", 2ª ed., São Paulo: Revista dos Tribunais, 1998. pp. 212-227. O autor trata de forma ampla os debates doutrinários sobre a natureza e os requisitos do abuso do direito, expondo as teorias subjetiva e objetiva.

[602] DIAS, José de Aguiar. "Da responsabilidade civil", v. II, 10ª ed., Rio de Janeiro: Forense, 1995. p. 461.

[603] FARIAS, Cristiano Chaves de; BRAGA NETTO, Felipe Peixoto; ROSENVALD, Nelson. *Ob. cit.* pp. 270-272.

[604] LIMA, Alvino. *Ob. cit.* p. 257. Apesar do autor mencionar culpa, como se vê, o termo não se refere ao estado subjetivo do agente. Apenas utiliza a expressão para marcar a diferença entre a base de reprovabilidade dos atos ilícitos comuns, qual seja a intenção do agente ou a violação de um dever objetivo de cuidado, e do abuso de direito, consistente na mera causação de um prejuízo a interesse socialmente mais relevante.

O próprio dispositivo legal analisado, reconhecendo tal dificuldade e a fim de conter restrições injustificadas a exercícios legítimos de direitos, impõe como requisito essencial à configuração do abuso de direito que haja ostensiva ultrapassagem dos limites impostos, ou seja, somente nas situações em que o exercício anormal de um direito exceda de maneira notória os parâmetros estabelecidos pela norma[605].

No caso específico dos provedores de aplicações, segundo o artigo 19, do Marco Civil da Internet, estão protegidos de serem responsabilizados em casos de danos causados por conteúdos gerados por seus usuários, exceto pela desobediência a ordem judicial, o que lhes confere, a princípio, o direito de se manterem inertes diante do conhecimento extrajudicial de determinado material ilícito e mesmo, paradoxalmente, agirem como desejarem frente a ele.

Contudo, e sempre lembrando a cláusula de abertura do artigo 19 ("ressalvadas as disposições legais em contrário")[606], quando determinado conteúdo gerado por usuário seja claramente ilícito e concreta ou potencialmente danoso, a inação dos provedores frente ao conhecimento dessa circunstância, que pode ocorrer por notificação extrajudicial ou outros meios idôneos, não pode ser tolerada, na medida em que atentatória aos fins sociais do dispositivo em comento, qual seja o declarado intuito de proteção à liberdade de expressão, que não resguarda, como visto, materiais claramente ilícitos.

Além disso, pode-se cogitar também do desrespeito à boa-fé objetiva, que impõe deveres de lealdade e confiança nas relações sociais, de modo que há uma justa expectativa de que todos, e especificamente os provedores de aplicações, atuem diligentemente no sentido de atenuar a disseminação de condutas ilícitas, não sendo legítimo que ignorem, de maneira deliberada, a atuação, quando os conteúdos circulantes por meio de seus serviços sejam manifestamente ilegais ou danosos.

O interesse social de não circulação dos conteúdos ostensivamente ilegais prevalece sobre o direito dos provedores em tratarem como bem entenderem os materiais disseminados por seus usuários, de modo que a ausência de

---

[605] CAVALIERI FILHO, Sérgio. *Ob. cit.* pp. 207-208.

[606] No caso do abuso de direito, independentemente da ressalva prevista no dispositivo, incidiria nas situações por ele reguladas, já que aplicável sempre quando o exercício do direito específico ultrapassar de forna anormal os limites impostos pelo próprio ordenamento e previstos no artigo 187, do Código Civil, como tratamos.

4. RESPONSABILIDADE CIVIL DOS PROVEDORES DE REDES SOCIAIS

medidas adequadas frente a conteúdos manifestamente ilícitos configura-se como abuso de direito.

No caso das "fake news", essa constatação mostra-se cristalina, porque a aferição do caráter fraudulento das notícias de fatos de interesse geral pode ser feita de maneira facilitada, pela mera consulta às inúmeras fontes confiáveis de informação. Além disso, a disseminação de tais materiais fraudulentos não está amparada pela liberdade de informação, que se baseia na veracidade legitimada pelo procedimento e na finalidade de retratar objetivamente a realidade.

Nesse sentido, segundo dados referentes às eleições municipais de 2020, apenas 34% das recomendações do Tribunal Superior Eleitoral sobre "fake news" receberam algum tratamento por parte dos provedores das redes sociais "Twitter", "Facebook", "Instagram", "YouTube" e "TikTok"; 21% dos materiais foram sinalizados como controversos; e 13% indisponibilizados, apesar de acordo anteriormente firmado com o órgão jurisdicional no sentido do combate a esse tipo de conteúdo ilícito[607].

Referida situação ilustra, de forma cristalina, o abuso de direito por parte dos provedores, ao ignorarem a grande maioria das advertências feitas pelo Tribunal Superior Eleitoral, com quem tinham se comprometido a atuar contra as informações fraudulentas.

De igual modo, a remoção injustificada de conteúdos lícitos pode caracterizar o abuso de direito, quando haja vulneração ilícita da liberdade de expressão enunciada como finalidade de incidência da regra do artigo 19, da Lei nº 12.965/2014. Essa constatação retira força das críticas tecidas de que a responsabilização dos provedores geraria, como efeito colateral, a maior propensão desses a removerem conteúdos ("chilling efect")[608], porque, agindo dessa forma somente para se protegerem de eventuais responsabilidades, sem aferição acurada da ilicitude dos materiais, incorrem também em abuso de direito.

---

[607] MONNERAT, Alessandra. "Redes sociais ignoraram 66% dos alertas do TSE". *In*: *O Estado de São Paulo* [s.l.], 27 de dezembro de 2020. Disponível em https://politica.estadao.com.br/noticias/geral,redes-sociais-ignoraram-66-dos-alertas-do-tse,70003563468. Acesso em 06 de janeiro de 2021.

[608] Lembrando que esta crítica é bastante questionável do ponto de vista prático, tendo em vista a experiência Alemã após o primeiro ano de vigência do NetzDg que não revelou a concretização deste efeito.

Portanto, a falta de tratamento adequado às reclamações extrajudiciais sobre os conteúdos gerados pelos usuários pode levar à configuração do abuso de direito por parte dos provedores e permitir a sua responsabilização civil em caso de danos, abrindo-se essa possibilidade no próprio artigo 19, do Marco Civil da Internet, como se verá.

4.5.3. Limitação do alcance do artigo 19, do Marco Civil da Internet a partir da sua adequação à Constituição Federal e compatibilização com dispositivos do próprio Marco Civil e de outras leis ordinárias

Referimos que há pendente, no Supremo Tribunal Federal, a análise dos Recursos Extraordinários nº 660.861 e 1.037.396, admitidos com repercussão geral para julgamento sobre a responsabilidade civil dos provedores pelo conteúdo gerado pelos usuários, a constitucionalidade do artigo 19, do Marco Civil da Internet e da obrigação de monitoramento.

Da decisão que reconheceu a repercussão geral do Recurso Extraordinário nº 1.037.396, interposto sob a égide da Lei nº 12.965/2014, consta que a "discussão em pauta resvala em uma série de princípios constitucionalmente protegidos, contrapondo a dignidade da pessoa humana e a proteção aos direitos da personalidade à liberdade de expressão, à livre manifestação do pensamento, ao livre acesso à informação e à reserva de jurisdição".

No decorrer deste trabalho manifestamos reiteradamente que a imposição aos provedores de obrigação de monitoramento de conteúdos ilícitos gerados pelos usuários, especialmente "fake news", ou o tratamento extrajudicial pelo sistema de notificação e retirada, caso pertinente, não se caracterizam como censura prévia vedada constitucionalmente, tampouco atentam contra a liberdade de expressão, "a priori", nem acarretam qualquer vulneração da reserva de jurisdição.

Com base em tais premissas, importante analisar a interpretação compatível do artigo 19, da Lei nº 12.965/2014 com a Constituição e com as outras regras e princípios presentes na própria lei e no ordenamento normativo como um todo.

Anderson Schreiber entende que a responsabilização dos provedores por conteúdos gerados por usuários, somente após o descumprimento de ordem judicial específica, é inconstitucional. Segundo o autor, há afronta ao artigo

4. RESPONSABILIDADE CIVIL DOS PROVEDORES DE REDES SOCIAIS

5º, incisos X e XXXV, da Constituição, ao condicionar a reparação de danos a direitos da personalidade a fator não previsto na Carta Magna, bem como violação do acesso à jurisdição ao transformar esse em dever, não direito da vítima dos danos. Além disso, entende que o dispositivo em comento implica retrocesso quanto ao entendimento jurisprudencial anterior de responsabilidade após ciência da ilicitude do conteúdo, vedado em razão de ser matéria concernente a direitos fundamentais. Defende, ainda, ter havido inversão axiológica injustificável ao conferir aos direitos de autor proteção mais ampla do que aos outros direitos da personalidade, e incoerência, porque os direitos da personalidade relativos à nudez são mais protegidos do que os mesmos direitos em outras situações[609].

Na mesma linha, a posição de João Quinelato de Queiroz, que defende a inconstitucionalidade por afronta à garantia de reparação integral dos danos à honra, à privacidade e à imagem, à dignidade da pessoa humana, por ser dada preferência à tutela do direito patrimonial de autor e por vulneração do livre acesso à Justiça[610].

Cláudio Luiz Bueno de Godoy argumenta ser inconstitucional a maior proteção "a priori" da liberdade de expressão conferida pelo artigo 19, do Marco Civil da Internet, em relação a outros direitos da personalidade, por todos gozarem da mesma hierarquia na Constituição. Ademais, apregoa ofensa ao imperativo de defesa do consumidor, carreada no artigo 5º, inciso XXXII, da Constituição, e no artigo 2º, da Lei nº 12.965/2014, ao estabelecer regime menos protetivo do que o previsto no Código de Defesa do Consumidor. Em tal ponto, aliás, sua crítica abarca também a previsão de responsabilidade subsidiária do provedor prevista no artigo 21, do Marco Civil da Internet, quanto aos conteúdos relativos à nudez[611].

Todos os autores defendem que o sistema de notificação e retirada é constitucionalmente adequado, não havendo que se falar, a princípio, em obrigação

---

[609] SCREIBER, Anderson. "Marco Civil da Internet: avanço ou retrocesso?: a responsabilidade civil por dano derivado do conteúdo gerado por terceiro". *Ob. cit.* pp. 293-297.

[610] QUEIROZ, João Quinelato de. *Ob. cit.*, p. 147.

[611] GODOY, Claudio Luiz Bueno de. "Uma análise crítica da responsabilidade civil dos provedores na lei nº 12.965/14 (Marco Civil da Internet)". *In*: DE LUCCA, Newton; SIMÃO FILHO, Adalberto; LIMA, Cíntia Rosa Pereira de (coords.). *Direito e Internet III – tomo II: Marco Civil da internet (Lei n. 12.965/2014), ob. cit.*, pp. 307-320. pp. 314-319.

de monitoramento ativo dos provedores, o que parece, aliás, apontar para uma posição doutrinária predominante entre os críticos do artigo 19, da Lei nº 12.965/2014.

Apesar do argumento de Anderson Schereiber e João Quinelato de Queiroz, não se vislumbra vulneração à garantia de acesso à Justiça prevista no artigo 5º, inciso XXXV, porque ali se busca, exatamente, possibilitar a provocação dos órgãos judiciais sem obstáculos, não havendo nenhum impedimento a tanto no artigo 19, do Marco Civil da Internet.

As demais críticas apresentadas pelos três autores citados são pertinentes, apesar de algumas ressalvas, e servem como ponto de partida de reflexão para se tentar identificar a correta interpretação do dispositivo legal, de modo a compatibilizá-lo com as regras e princípios apontados como vulnerados, ao mesmo tempo que se busca garantir a liberdade de expressão na Internet.

O dispositivo em análise não determina a supressão da garantia de reparação da imagem, honra e privacidade, apenas prevê situação especial de responsabilidade. Tendo a liberdade de expressão o caráter de direito fundamental, legítimo, a princípio, que o legislador ordinário estabeleça regime especial de responsabilidade para efetiva proteção dela, tarefa que, acaso não existente a norma, seria atribuída ao Poder Judiciário, com atribuições também derivadas do Poder Constituinte. O mesmo raciocínio aplica-se à proteção mais ampla dos direitos de autor e dos direitos da personalidade relativos à nudez.

Entretanto, há de ser aferido se, e, em caso positivo, de que maneira o sistema de responsabilidade especial se coaduna com o efetivo asseguramento da liberdade de expressão e com outras disposições constitucionais, do próprio Marco Civil da Internet e de outros instrumentos normativos.

Do mesmo modo, concernente à vulneração da defesa do consumidor, há o estabelecimento de regime menos protetivo, de fato, opção legítima, "a priori", nos moldes acima expostos.

Em todo caso, a constitucionalidade do dispositivo será possível de ser afirmada, desde que o regime ali estabelecido não signifique a total irresponsabilidade do prestador de serviços de acordo com os fatos a ele imputáveis por sua própria conduta[612]. A pedra angular dessa análise é a necessidade de

---

[612] É o que ocorre, por exemplo, nas hipóteses de responsabilidade do comerciante, previstas no artigo 13, do Código de Defesa do Consumidor. Apesar da responsabilidade solidária dos

4. RESPONSABILIDADE CIVIL DOS PROVEDORES DE REDES SOCIAIS

não se gerar lesão às garantias de proteção dos direitos da personalidade e da defesa do consumidor, que também constam da Lei nº 12.965/2014, e ao princípio constitucional de responsabilidade geral, fatores que conformarão a interpretação adequada da norma.

Segundo o artigo 2º, da Lei 12.965/14, a disciplina do uso da Internet no Brasil tem como fundamento, dentre outros, o respeito à liberdade de expressão ("caput"), os direitos humanos e o desenvolvimento da personalidade (inciso II), bem como a livre iniciativa e a defesa do consumidor (inciso V). De acordo com o artigo 3º, os princípios da garantia da liberdade de expressão, comunicação e manifestação de pensamento (inciso I) e de responsabilização dos agentes de acordo com suas atividades, nos termos da lei (inciso VI), são pertinentes à regulação.

Nenhuma hierarquia há entre esses fundamentos e princípios da livre iniciativa, da liberdade de expressão, da defesa do consumidor e da responsabilidade por danos, todos constitucionalmente previstos, na forma dos artigos 1º, inciso IV, 5º, incisos IV, V, X e XXXII, 170, "caput" e inciso V.

A parte final do artigo 19, do Marco Civil da Internet, de ressalva às disposições legais em contrário, exige, então, sejam todos os fundamentos e princípios considerados na sua interpretação, quando haja situações em que se torne cabível a incidência deles.

Quanto à responsabilização dos agentes de acordo com suas atividades, a referência aos "termos da lei" há de ser entendida como relativa a todo ordenamento jurídico, não somente à lei nº 12.965/2014. Essa interpretação, além de consentânea com os demais princípios estabelecidos na Constituição e em diversas leis, baseia-se na própria forma de redação adotada, pois, quando se desejou limitar a vinculação ao Marco Civil, optou-se pela expressão "nos termos desta Lei"[613].

---

integrantes da cadeia de fornecimento, quanto ao comerciante entendeu o legislador pela limitação de sua responsabilidade aos casos em que não seja possível ou se mostra dificultosa a identificação do fabricante, do construtor, do produtor ou do importador de produtos, bem como nos casos em que não conservar adequadamente os produtos perecíveis. Há uma restrição da responsabilidade com base na naquilo que deve ser razoavelmente imputável ao comerciante, sem restrição total dela, de modo que não se falar em inconstitucionalidade deste dispositivo.

[613] Cf. Artigos 5º, "caput", 6º, 9º, §1º, 29 e 31.

Além disso, o princípio de responsabilidade geral é inerente ao ordenamento e possui caráter fundamental na Constituição, apesar de não referido textualmente. A Internet, assim, não está imune ao referido princípio, de modo que a sua enunciação sequer seria necessária, como esclarece Lênio Luiz Streck[614].

De acordo com Maria Celina Bodin de Moraes, a responsabilidade subjetiva encontra-se de tal modo enraizada nas culturas ocidentais, que não se demandam explanações sobre o motivo de seu acolhimento pelas ordens jurídicas, sendo a própria culpa a razão suficiente[615].

Em realidade, como leciona Alvino Lima, o sancionamento de condutas culposas que atentem a direitos de terceiro está intimamente vinculado ao fundamento básico do Direito, de regulação das relações sociais, com a acomodação dos diversos interesses[616].

Caio Mário da Silva Pereira, ampliando a fundamentação da responsabilidade em geral, escreve que ela se baseia no sentimento social, ou seja, não é cabível à ordem jurídica tolerar que uma pessoa faça mal a outra, e no sentimento humano, de aversão necessária da ordem jurídica a que o causador fique impune frente ao dano da vítima[617].

Ainda, a reparação civil do dano, sob qualquer viés, encontra fundamento nos princípios da justiça e da solidariedade, conforme o artigo 3º, inciso I, da Constituição Federal, porque a produção do prejuízo gera uma desigualdade que há de ser suprimida pela ordem jurídica[618].

Os pressupostos da responsabilidade civil, conduta, dano, nexo causal, culpa ou risco ou periculosidade, atuam na concretização desses princípios, servindo como fatores de vinculação das consequências do dano a alguém que

---

[614] STRECK, Lenio Luiz. "Apontamentos hermenêuticos sobre o Marco Civil regulatório da Internet". *In*: LEITE, George Salomão; LEMOS, Ronaldo (coords.). *Ob. cit.*, pp. 333-345. pp. 340-341.

[615] MORAES, Maria Celina Bodin. "Risco, solidariedade e responsabilidade objetiva". *Ob. cit.*, p. 22.

[616] LIMA, Alvino. *Ob. cit.*, p. 55.

[617] PEREIRA, Caio Mário da Silva. "Responsabilidade civil", 12ª ed., rev. atual. e ampl. por Gustavo Tepedino [livro eletrônico sem paginação], São Paulo: Forense, 2018. posição 475.

[618] GODOY, Cláudio Luiz Bueno de. "Responsabilidade civil pelo risco da atividade". *Ob. cit.*, p. 24.

4. RESPONSABILIDADE CIVIL DOS PROVEDORES DE REDES SOCIAIS

esteja relacionado fática e juridicamente de modo relevante àquele, afastando a aplicação de critérios arbitrários[619].

Como visto, atualmente, a maior parte dos provedores de redes sociais abertas ("Facebook", "Instagram", "Twitter" e "YouTube", por exemplo) manipula a forma de apresentação dos conteúdos gerados por seus usuários de acordo com as suas preferências, manifestadas ou inferidas, obtidas tanto no uso do serviço próprio do provedor quanto de terceiros. Trata-se do denominado procedimento de personalização, destinado a gerar cada vez mais engajamento e ganhos econômicos e que acaba por potencializar a disseminação das "fake news" e outros conteúdos ilícitos.

No caso das redes fechadas, como o "WhatsApp" e "Telegram", há instrumentos que determinam a possibilidade de compartilhamento em massa de conteúdos, exemplificativamente a criação de grupos, ferramentas de facilitação de encaminhamento, habilitação de contas por robôs e possibilidade de criação de contas comerciais. Fogem, assim, em tais situações, ao esquema tradicional de uso para meras comunicações interpessoais.

Além disso, esses mesmos provedores, no exercício das faculdades concedidas pelos termos de serviço adesivos e por necessidade de melhoria de sua imagem, de modo a mantê-las economicamente lucrativas e a salvo de maior regulação estatal, estão implementando mecanismos de detecção e tratamento de "fake news" e outros conteúdos danosos, com sua remoção ou esclarecimento sobre a veracidade, bem como no controle de compartilhamento de materiais em massa.

Tendo isso em vista, não restam dúvidas de que os provedores das principais redes sociais não são meros agentes neutros de transmissão de conteúdo,

---

[619] Uma das grandes questões envolvidas é a conceituação e identificação do nexo causal, havendo algumas teorias principais a respeito. A fim de evitar repetições sobre assunto que encontra bastante produção qualificada e de obtenção de um panorama geral, remete-se o leitor a nossa dissertação de mestrado. BIOLCATI, Fernando Henrique de Oliveira Biolcati. *Ob. cit.* pp. 152-154. Acrescenta-se às teorias ali citadas aquela denominada de "teoria do escopo de proteção da norma", para a qual diante de um dano, a responsabilidade civil nascerá caso o fato analisado viole os interesses jurídicos que se encontram no âmbito de salvaguarda do direito específico atuante no caso concreto. Para uma análise completa, Cf. REINIG, Guilherme Henrique Lima. "O problema da causalidade na responsabilidade civil – a teoria do escopo de proteção da norma (*Schutzzwecktheorie*) e sua aplicabilidade no direito civil brasileiro". Tese (doutorado em Direito pela Faculdade de Direito da Universidade de São Paulo), São Paulo, 2015. 293p.

INTERNET, *FAKE NEWS* E RESPONSABILIDADE CIVIL DAS REDES SOCIAIS

ao contrário, interferem, desde a origem, ativamente no fluxo de informações que transitam em suas plataformas e no modo e amplitude da disseminação de conteúdos produzidos pelos seus usuários.

Sua conduta, que incrementa os riscos, pode-se somar a dos usuários na propagação do dano e configurar tanto a causalidade plural comum, ou seja, o concurso de condutas atuantes no fato causador do dano tal como ocorrido[620], quanto a causalidade cumulativa, em que cada qual pratica um fato diferente e ocasiona parte delimitada do prejuízo[621].

Exemplificando, a postagem, por si só, de conteúdo ilícito no "Facebook", com a posterior produção de danos, diante da interferência ativa do provedor na forma de sua disponibilização e amplificação, ou seja, que aumenta os riscos, caracteriza a causalidade plural comum; já a disseminação em massa pelo "Whatsapp", cuja habilitação de mecanismos a tanto pelo provedor também serve ao aumento dos riscos, dá azo à causalidade cumulativa.

Nessas circunstâncias, na presença de prejuízos, individuais ou coletivos, devem responder de acordo com a participação na causação do dano como ocorrido, inclusive quanto à sua extensão[622], incidindo a solidariedade do artigo 942, do Código Civil, quando não seja possível a identificação exata da participação[623].

---

[620] NORONHA, Fernando. "Direito das obrigações", v. I, São Paulo: Saraiva, 2003. p. 640.

[621] *Idem.* p. 647.

[622] "Em relação aos provedores de internet, note-se que divergência há entre os que indicam-lhe a condição de responsáveis (com fundamento na causalidade alternativa, no risco da atividade desenvolvida, ou na violação de um dever de vigilância) e aqueles que os compreendem como meros transmissores ou repassadores de informações de terceiros. cujo conteúdo não se deve imputar responsabilidade em face da ausência de violação de um dever legal. Ao se considerar a hipótese de responsabilidade solidária dos diversos autores do dano. esta há de atingir, igualmente. quem tenha contribuído para a maior extensão dos danos, como no caso de quem, tendo tido acesso, via Internet, a informações cujo conteúdo ou o modo de obtenção caracterizem uma ilicitude, tenham repassado ao conhecimento de outras pessoas, quando esta atitude não estiver protegida por outro interesse de maior relevo (como por exemplo, quem divulga as informações para órgãos públicos, visando a apuração do ilícito)". MIRAGEM, Bruno. "Responsabilidade por danos na sociedade de informação e proteção do consumidor: desafios atuais da regulação jurídica da Internet". *In: Revista e direito do consumidor*, ano 18, nº 70, São Paulo: Revista dos Tribunais, 2009, pp. 41-92. p. 88.

[623] TARTUCE, Flavio Murilo. *Ob cit.* p. 207.

4. RESPONSABILIDADE CIVIL DOS PROVEDORES DE REDES SOCIAIS

O dano, tal como verificado no caso concreto, não é produzido apenas pelo usuário, contando, também, com a participação do provedor, por ação e/ou omissão.

A imputação do dever de indenizar, sem vinculação ao desrespeito a ordem judicial de remoção, alicerça-se no princípio da responsabilização dos agentes de acordo com as suas atividades, especificação no Marco Civil da Internet de princípio constitucional, e na ressalva de aplicação das disposições em contrário, previstas no artigo 19, da Lei.

A participação dos provedores e sua consequente responsabilização podem se dar tanto pela não remoção dos conteúdos ilícitos, quando seja evidente tal circunstância, quanto, no caso das "fake news", na falta de esclarecimento sobre a veracidade de determinada declaração de fato, quando sejam efetivas e razoáveis as controvérsias sobre ele.

Entendimento diverso, de que o artigo 19 dotaria os provedores de ampla salvaguarda quanto a qualquer conteúdo gerado por usuários, independentemente de sua participação na causação ou propagação do dano, afronta diretamente o princípio de responsabilização por sua própria atividade, de modo que, sob um juízo constitucional e de acordo com as disposições do próprio Marco Civil da Internet, não pode prevalecer.

Tal posição, ainda, possibilita a adequada defesa dos consumidores, usuários ou não das redes sociais, vítimas individual ou coletivamente de materiais ilícitos circulantes nelas, princípio, como visto, previsto na Lei nº 12.965/2014 em repetição dos artigos 5º, inciso XXXII e 170, inciso V, da Constituição Federal.

O mesmo raciocínio tem valia aos casos em que os provedores, frente ao conhecimento de conteúdos manifestamente ilícitos, não atuem no sentido de remoção deles, hipótese em que incorrerão em exercício abusivo de direito, na forma do artigo 187, do Código Civil, cuja incidência também possui fundamento na abertura conferida pela parte final do artigo 19, do Marco Civil da Internet, e conforme os demais princípios acima analisados.

A objeção manifestada de que, diante de responsabilidade por conteúdos gerados pelos usuários, os provedores seriam incentivados a remoção de materiais não procede.

No caso de remoção indevida de conteúdos ou sinalização de controvérsia sobre eles, sem nenhuma justificação objetiva na ilicitude, a responsabilidade dos provedores é passível de ser caracterizada por vício de qualidade do serviço, porque haverá uma inadequação a sua destinação ordinária esperada pelo usuário, na forma do artigo 20, do Código de Defesa do Consumidor. Ademais, pode ser caracterizada como exercício abusivo de direito, exatamente por ferir a liberdade de expressão, cuja proteção é proclamada como fator de embasamento da incidência do artigo 19, da Lei nº 12.965/2014.

Em qualquer caso, a dúvida razoável quanto à ilicitude e potencial danoso do conteúdo e a impossibilidade técnica demonstrada de sua detecção por essa circunstância poderão determinar a ausência de responsabilidade do provedor, exatamente por não se enquadrar o material no conceito de risco anormal ou afastar-se a conduta do abuso de direito, tendo em vista a necessidade de ilegalidade manifesta.

Contudo, mesmo nessa situação de dúvida sobre eventual "fake news", poderá haver a responsabilização, caso os provedores falhem na tarefa de esclarecer os usuários de que a veracidade da asserção de fato em análise seja disputada, quando seja evidente a controvérsia.

Desse modo, a responsabilidade civil dos provedores, somente após a ordem judicial, tem aplicação restrita aos casos em que a sua atividade não tenha nenhuma interferência no modo de disponibilização do conteúdo dos usuários ou na estruturação de mecanismos tecnológicos que, fugindo ao escopo principal do serviço analisado, permitam a disseminação de materiais ilícitos em massa, e, quando tendo conhecimento do material, exista razoável dúvida quanto à ilicitude e potencial danoso, ou haja a demonstração de impossibilidade técnica de detecção dos conteúdos pelas mesmas circunstâncias.

CONCLUSÃO

A Internet fora concebida originalmente para fins militares, tendo o seu uso logo se estendido para a área acadêmica e para entusiastas, que vislumbraram nela uma importante ferramenta à troca livre de informações sem qualquer tipo de mediação e controle, a possibilitar às pessoas o enriquecimento intelectual, fora do alcance da regulação estatal.

Somente em momento posterior, a Internet sofreu maior atenção do setor empresarial, transformando-se em ramo explorado economicamente, de início por meio de pequenos desenvolvedores e depois por grandes grupos. Seu uso, então, espraiou-se para toda a sociedade, a atrair a atenção estatal para sua regulação.

Os ideais libertários virtuosos dos primórdios da Internet não se realizaram, sendo observado crescente número de problemas relacionados à ampliação do seu uso, que demandam a intervenção estatal para sua moderação.

Contudo, esses ideais ainda moldam retoricamente as discussões sobre a regulação estatal do setor e servem, paradoxalmente, até mesmo como argumento contrário –especialmente a necessidade da proteção da liberdade de expressão – das grandes corporações que controlam a maior parte das atividades rentáveis na rede e manipulam a liberdade dos usuários através da coleta e uso dos dados.

Não há dúvidas de que a liberdade de expressão constitui um dos pilares democráticos, ao garantir às pessoas a possibilidade de se manifestarem sobre os mais diversos assuntos, desde os mais comezinhos aos de interesses coletivos essenciais, e se presta ao exercício de controle tanto das atividades

INTERNET, *FAKE NEWS* E RESPONSABILIDADE CIVIL DAS REDES SOCIAIS

governamentais, quanto das demais que tenham reflexos na vida dos sujeitos, individual ou coletivamente.

De maneira específica, é possível identificar, dentro da liberdade de expressão considerada em sentido amplo, a liberdade de informação em seu triplo aspecto, direito de informar, de ser informado e de se informar, calcada na descrição factual dos acontecimentos e que pressupõe a veracidade.

A veracidade deve ser entendida a partir do modo de apuração da realidade. Se a perquirição dos fatos for efetuada de boa-fé e baseada em parâmetros objetivos compartilhados como pertinentes a essa tarefa de forma coletiva, presente estará a veracidade como fator de legitimação da liberdade de informação.

No plano constitucional, a liberdade de expressão, em sentido amplo, está prevista como direito fundamental, sendo vedada a censura prévia.

Como direito fundamental, as concepções da liberdade de expressão e da vedação à censura prévia referem-se, primariamente, às relações mantidas entre o indivíduo e o Estado, ou outro ente a ele equiparado, em que se verifique a subordinação jurídica normativamente reconhecida.

A incidência direta dos direitos fundamentais às relações privadas, tal como majoritariamente defendida no contexto brasileiro, não se sustenta, pois acaba por vulnerar, de maneira indevida, a livre iniciativa, também prevista na Constituição Federal como direito fundamental.

As disposições normativas específicas às relações entre particulares têm aplicação preferencial, desde que compatíveis com a Constituição, por óbvio, com a incidência dos direitos fundamentais, quando as categorias do direito privado não consigam, por si, resolver os problemas surgidos, o que se dá por meio de aberturas do próprio sistema de direito privado.

No campo da liberdade da expressão, a sua incidência nas relações privadas se dá por meio da consagrada categoria dos direitos da personalidade, na medida em que consiste em atributo conferido pela ordem jurídica referenciado às pessoas por tal condição, naturais, primariamente, e jurídicas, de modo instrumental, nas suas relações gerais com a coletividade.

Importante situar a liberdade de expressão nesses termos, porque, nas relações entre particulares tratadas neste trabalho, entre as redes sociais e usuários ou a coletividade, não existindo subordinação normativamente reconhecida, a margem às restrições do seu exercício é maior, sendo descabido

CONCLUSÃO

falar, também, em vedação à censura prévia, limitada aos vínculos em que haja referida subordinação.

A regulação normativa da liberdade de expressão e das limitações ao seu exercício encontra maior espaço nas legislações europeias ocidentais, do que nos Estados Unidos da América, onde, de fato, conforme a Constituição e a tradição jurisprudencial estabelecida, tem a liberdade de expressão posição preferencial no sistema jurídico. Porém, mesmo nesse país, há disputas acirradas sobre a conveniência ou não de maior intervenção estatal sobre a liberdade de expressão, opondo, respectivamente, os adeptos do republicanismo cívico e do liberalismo individual. A própria Suprema Corte Estadunidense reflete tal movimento, sendo vacilante quanto ao tema, ao estabelecer critérios de constitucionalidade das regulações estatais sobre a liberdade de expressão nem sempre claros.

No Brasil, apesar da maior proximidade jurídica com os países europeus, o Supremo Tribunal Federal concede à liberdade de expressão uma posição preferencial de proteção e amplia o conceito de vedação à censura prévia às relações privadas e à atividade jurisdicional.

Entretanto, dogmaticamente, além de não se aplicar às relações entre os particulares, como visto, a vedação à censura prévia é pertinente ao Estado na sua atividade executiva, não dizendo respeito à jurisdicional. Isso porque, em razão das atribuições típicas conferidas pela Constituição, cumpre ao Poder Judiciário, diante dos casos concretos em que haja conflito de interesses envolvendo a liberdade de expressão, analisá-los e tomar as medidas adequadas e necessárias com vista a impedir a produção de danos àqueles considerados mais dignos de defesa na situação determinada.

Ademais, há restrições à liberdade de expressão que são destinadas à censura e, inconstitucionais, quando baseadas na influência que determinados conteúdos terá nas pessoas e que buscam limitar a própria criação e propagação de material identificável. Existem, contudo, as limitações não censórias, portanto, constitucionais, que se baseiam na necessidade de se evitar o prejuízo que a manifestação provavelmente causará pela sua mera declaração, independente da ideia que ela transmita, como no caso da regulação das "fake news".

Nem sempre a mera recomposição posterior do interesse lesado atenderá ao objetivo de sua proteção, podendo se mostrar mais adequadas ao caso concreto medidas inibitórias, a reforçar o entendimento pela plausibilidade constitucional do controle antecipado do exercício da liberdade de expressão pelo Poder Judiciário, sempre com base na demonstração de lesão, ao menos potencial, a outro interesse jurídico de igual relevância. E esse controle pode ocorrer inclusive com base na veracidade do material produzido, considerada sempre sob o seu aspecto de legitimação pelo procedimento, conforme referimos.

Assim, a vedação à censura prévia refere-se primariamente ao Estado Executivo, impedindo a adoção de medidas, inclusive e principalmente as legislativas, que confiram a ele o poder de liberar ou não os materiais produzidos em razão do conteúdo expresso a partir da manifestação do pensamento das pessoas no exercício da liberdade de expressão.

Por outro lado, as redes sociais permitem aos seus usuários a geração e compartilhamento de conteúdos pelos mais diversos meios. São voltadas a nichos específicos ou a assuntos gerais, contando com moderação ou não da atividade dos seus usuários. Podem ser do tipo abertas, em que a disseminação dos conteúdos, em regra, não é direcionada a outros usuários específicos, como no caso do "Facebook" ou do "YouTube", ou fechadas, em que existe tal direcionamento, a exemplo do "WhatsApp" e do "Telegram".

De modo primordial, os provedores das redes sociais, cujos serviços são consumeristas, obtêm sua remuneração indiretamente a partir da coleta de dados dos usuários e uso próprio ou repasse a parceiros, com direcionamento das ações de publicidade e propaganda tendo por base esses dados.

A maior remuneração dos provedores de redes sociais, então, depende da frequente e cada vez maior utilização pelos usuários, a permitir o recolhimento, em igual escala, dos dados.

Tais dados permitem, também, manter e ampliar o nível de acesso dos usuários às redes sociais, na medida em que servem como importante ferramenta de verificação dos interesses deles, com a possibilidade de melhor direcionamento dos conteúdos que a eles sejam mais atrativos para prender a sua atenção e estimular seu engajamento, tudo feito de forma automatizada. Está-se diante do fenômeno que se denomina "surveillance".

Além disso, no caso das redes sociais fechadas, mecanismos de compartilhamentos em massa, muitas vezes exercidos de maneira anônima, também

CONCLUSÃO

possibilitam a intensificação do uso por seus usuários, fugindo ao paradigma original de estabelecimento de conversações privadas com pessoas específicas.

Desse modo, os provedores de redes sociais, em sua grande maioria, estão longe de exercer atividade meramente neutra diante dos conteúdos postados pelos usuários, intervindo na cadeia de transmissão com a adoção de mecanismos de personalização e de compartilhamento em massa.

Nesse contexto é que se dá o processo de disseminação de conteúdos na Internet, que ocorre com base na arquitetura das redes sociais, que amplificam o processo de fechamento ideológico de grupo, em que os sujeitos, por seus interesses identificados, acabam tendo acesso prioritário a conteúdos e pessoas que possuam vínculos com esses mesmos interesses, reforçando as suas ideias pré-concebidas. Além disso, o maior compartilhamento de certos conteúdos, por fontes variadas, estimula a crença dos destinatários na veracidade do material, principalmente quando não estejam vinculados de forma marcante a certo grupo. Esses fatores, dentre outros mencionados, indicam que a adoção de medidas rápidas de identificação e remoção de conteúdos ilícitos são mais eficazes no sentido de atenuar o risco de danos.

As "fake news" seguem esse padrão de difusão e podem ser conceituadas como os relatos sobre fatos ou pessoas, produzidos de forma fraudulenta e simulando os mecanismos usados pelos veículos tradicionais de apuração da realidade para sua distribuição, sem o seguimento dos parâmetros objetivos de perquirição compartilhados coletivamente como adequados. São disseminadas principalmente pelas redes sociais com a finalidade de criar, em grande número de pessoas e de maneira rápida, uma falsa crença sobre os fatos retratados, independentemente dos motivos dos seus autores, que, de todo modo, afastam-se da boa-fé.

Além de minar fundamento básico da sociedade, qual seja a necessidade de consenso sobre os processos de investigação e obtenção da realidade fática, causando desequilíbrio no processo comunicacional, as "fake news" podem acarretar danos mais diretos, por conta da fraude que permeia o seu conceito, como aqueles relacionados às eleições, ao meio ambiente e à saúde pública.

Portanto, o cenário contemporâneo exige a tomada de medidas normativas para o controle da disseminação desses conteúdos ilegais que ferem interesses individuais e, principalmente, da coletividade. As medidas de contenção

INTERNET, *FAKE NEWS* E RESPONSABILIDADE CIVIL DAS REDES SOCIAIS

antecipada dos materiais ilícitos representam a maneira mais efetiva de afastamento dos riscos de produção de prejuízos.

Tais constatações demandam o maior engajamento dos provedores de redes sociais nesse controle, pois, além de contribuírem para o alastramento de materiais ilícitos e auferirem lucros a partir dele, possuem a melhor possibilidade técnica para exercício dessa tarefa.

Em nosso país, entretanto, a interpretação dominante sobre o alcance do artigo 19, do Marco Civil da Internet, e da responsabilidade civil dos provedores de aplicações sobre os conteúdos gerados por seus usuários, tendo como parâmetro o modelo estadunidense, vai de encontro a essa necessidade de maior engajamento.

Segundo tal entendimento, a produção e disseminação de conteúdos ilícitos pelos usuários não se insere no risco da atividade dos provedores, que só responderiam quando não cumprissem ordem judicial específica de remoção de acesso a certo material disponibilizado.

Não obstante, os mecanismos de personalização e de compartilhamento em massa de conteúdos estruturados pelas redes sociais retiram a sua neutralidade frente à ação dos usuários, e acabam por criar, em comparação a outras atividades, riscos anormais de produção de danos a terceiros por conta da disseminação de materiais ilícitos. Justifica-se, pois, a incidência do artigo 927, parágrafo único, do Código Civil, e a consequente obrigação de monitoramento por parte dos provedores, respectivamente sobre o conteúdo compartilhado, nas redes abertas, e sobre a difusão em massa, nas redes fechadas.

A falta de tratamento adequado das reclamações extrajudiciais sobre a circulação de conteúdos manifestamente ilícitos pelos provedores caracteriza exercício abusivo do direito a princípio conferido pela regra de isenção carreada no artigo 19, da Lei nº 12.965/2014, que se destina à proteção da liberdade de expressão –que não encampa a distribuição de materiais ostensivamente ilegais –e não à mera conveniência econômica ou organizacional desses agentes.

Ademais, a remoção indevida de conteúdos também poderá acarretar a responsabilidade dos provedores, tanto com base no vício na prestação do serviço, a teor do artigo 20, do Código de Defesa do Consumidor, quanto pelo exercício abusivo de direito.

CONCLUSÃO

Assim é que o artigo 19, do Marco Civil da Internet, pela ressalva de aplicação das disposições em contrário, deve ser interpretado em consideração aos demais princípios e regras previstos na Constituição Federal, na própria lei e em outras de igual campo de atuação, especialmente do princípio da responsabilidade de acordo com as suas atividades, especificação de um princípio geral de responsabilidade e do "neminem laedere", bem como das regras previstas nos artigos 187 e 927, parágrafo único, do Código Civil e 20, da Lei nº 8.078/90.

Como visto, não há nenhuma afronta à liberdade de expressão e à vedação a censura, tampouco à cláusula de reserva de jurisdição, porque, em qualquer caso, havendo conflito surgido sobre determinado conteúdo e as condutas tomadas em relação a ele, estará aberta a via judicial para a solução da questão.

Desse modo, os provedores de redes sociais não têm a sua responsabilidade limitada pelo descumprimento de ordem judicial, podendo responder pelos prejuízos causados ou ampliados em razão do modo de estruturação de suas atividades, por abuso de direito ou falha a prestação do serviço, o que, além de se mostrar mais adequado do ponto de vista constitucional e legal, serve ao mais eficaz tratamento do grave problema da disseminação de conteúdos ilícitos, especialmente das "fake news".

Por fim, a presente obra busca servir como ponto de partida para uma nova abordagem do tema responsabilidade civil dos provedores de aplicações, especialmente de redes sociais até agora não realizada, restando em aberto, sem dúvida, algumas questões importantes que demandam consideração ou maior aprofundamento e lapidação, sem prejuízo, também, dos eventuais entendimentos contrários que venham a surgir e se prestem ao debate para aperfeiçoamento das soluções jurídicas.

REFERÊNCIAS

Conteúdos de sites da Internet sem autoria especificada

"Baleia Azul (jogo)". *In*: *Wikipedia*. Disponível em https://pt.wikipedia.org/wiki/Baleia_ Azul_(jogo). Acesso em 08 de dezembro de 2020.

"Blog". *In*: *Oxford English and Spanish Dictionary, Thesaurus, and Spanish to English Translator*. Disponível em https://www.lexico.com/en/definition/blog. Acesso em 24 de junho de 2019.

"Brasil Online". *In*: *Observatório Febraban (IV)*, setembro de 2020. Disponível em https://cmsportal.febraban.org.br/Arquivos/documentos/PDF/200926_iD_%20 OBSERVAT%C3%93RIO%20FEBRABAN%20IV_%20SETEMBRO%202020%20 %23BRASILONLINE_final.pdf. Acesso em 17 de novembro de 2020.

"Demi Getschko". *In*: *Internet Hall of Fame*. Disponível em https://www.internethalloffame. org//inductees/demi-getschko. Acesso em 04 de abril de 2022.

"El Congreso rechaza la iniciativa del PP para censurar las 'fake news' en internet". *In*: *Público*, Madrid, 13 de março de 2018. Disponível em https://www.publico.es/politica/ congreso-rechaza-iniciativa-del-pp.html. Acesso em 16 de novembro de 2020.

"Encryption". *In*: *Massachusetts Institute of Technology, Information systems and Technology*. Disponível em https://ist.mit.edu/encryption.

"Entenda o escândalo de uso político de dados que derrubou valor do Facebook e o colocou na mira de autoridades", *In*: *BBC*, 20 de março de 2018. Disponível em https:// www.bbc.com/portuguese/internacional-43461751. Acesso em 2 de outubro de 2020.

FACEBOOK. "Política de dados". Disponível https://www.facebook.com/about/privacy/ update. Acesso em 17 de novembro de 2020.

"Folha deixa de publicar conteúdo no Facebook", São Paulo, 8 de fevereiro de 2018. *In*: *Folha de São Paulo*. Disponível em https://www1.folha.uol.com.br/poder/2018/02/folha- -deixa-de-publicar-conteudo-no-facebook.shtml.

INSTAGRAM. "Política de dados". Disponível em https://pt-br.facebook.com/ help/instagram/519522125107875/?helpref=hc_fnav&bc[0]=Ajuda%20do%20

Instagram&bc[1]=Central%20de%20Privacidade%20e%20Seguran%C3%A7a. Acesso em 17 de novembro de 2020.

"Internet growht statistics". *In: Internet World Stats.* Disponível em: https://www.internetworldstats.com/emarketing.htm.

"Internet users distribution in the world". *In: World Stats.* Disponível em https://www.internetworldstats.com/stats.htm. Acesso em 09 de outubro de 2020.

"Internet". *In: Wikipedia.* Disponível em https://pt.wikipedia.org/wiki/Internet. Acesso em 10 de junho de 2019.

"J.C.R Licklider". *In: Internet Hall of Fame.* Disponível em https://internethalloffame.org/inductees/jcr-licklider. Acesso em 7 de junho de 2019.

"Journal of the American Medical Association". Disponível em https://jamanetwork.com/journals/jama. Acesso em 30 de novembro de 2020.

"Pesquisa nacional". *Instituto Datafolha,* São Paulo, 08 a 10 de dezembro de 2020. Disponível em http://media.folha.uol.com.br/datafolha/2020/12/14/ad8a599a43kj9u94hu9hv9u-94j99no278vc.pdf. Acesso em 25 de janeiro de 2021.

"Post-truth". *In: Oxford English and Spanish Dictionary, Synonyms, and Spanish to English Translator.* Disponível em https://en.oxforddictionaries.com/definition/post-truth. Acesso em 22 de fevereiro de 2021.

"Receita de 'medicina natural' não combate a covid-19". *In: UOL,* São Paulo, 14 de julho de 2020. Disponível em https://noticias.uol.com.br/comprova/ultimas-noticias/2020/07/14/receita-de-medicina-natural-nao-combate-a-covid-19.htm. Acesso em 10 de setembro de 2020.

"Russian Hacking and Influence in the U.S. Election". *In: New York Times,* vários locais e datas. Disponível em https://www.nytimes.com/news-event/russian-election-hacking. Acesso em 26 de junho de 2019.

"Social Media". *In: Data Reportal.* Disponível em www.datareportal.com/social-media. Acesso em 09 de outubro de 2020.

"Statistics". *In: International Telecommunication Union.* Disponível em https://www.itu.int/en/ITU-D/Statistics/Pages/stat/default.aspx.

TELEGRAM. "Privacy Policy". Disponível em https://telegram.org/privacy. Acesso em 17 de novembro de 2020.

"The New England Journal of Medicine". Disponível em https://www.nejm.org/coronavirus?query=main_nav_lg. Acesso em 30 de novembro de 2020.

"TIC Domicílios". *In: Cetic.br.* Disponível em https://cetic.br/pt/tics/domicilios/2019/individuos/. Acesso em 06 de novembro de 2020.

"Tracking Viral Misinformation", *In: New York Times,* vários locais e datas. Disponível em https://www.nytimes.com/live/2020/2020-election-misinformation-distortions. Acesso em 05 de novembro de 2020.

"Troll". *In: Cambridge Dictionary.* Disponível em https://dictionary.cambridge.org/dictionary/english/troll. Acesso em 09 de novembro de 2020.

TWITTER. "Política de privacidade". Disponível em https://cdn.cms-twdigitalassets.com/content/dam/legal-twitter/site-assets/privacy-june-18th-2020/Twitter_Privacy_Policy_PT.pdf. Acesso em 17 de novembro de 2020.

REFERÊNCIAS

WHATSAPP. "Política de privacidade". Disponível em https://www.whatsapp.com/legal/ privacy-policy. Acesso em 17 de novembro de 2020.

YOUTUBE/GOOGLE. "Política de privacidade". Disponível em https://policies.google. com/privacy?hl=pt-BR&gl=br. Acesso em 17 de novembro de 2020.

Legislação, Jurisprudência e material disponível em sítios eletrônicos de órgãos estatais

ALEMANHA. "Grundgesetz für die Bundesrepublik". Versão em inglês disponível em https://www.btg-bestellservice.de/se/index.php?sid=164ed98ccb88ac6b0af099 234b42baf0&navi=1&subnavi=50&anr=80201000. Acesso em 16 de novembro de 2020.

ALEMANHA. "Netzdurchsetzunggesetz, (NetzDG)". Versão em inglês disponível em https://www.bmjv.de/SharedDocs/Gesetzgebungsverfahren/Dokumente/NetzDG_ engl.pdf?__blob=publicationFile&v=2. Acesso 04 de janeiro de 2021.

ALEMANHA. "Strafgesetzbuch – StGB" [versão em inglês]. Disponível em https://www. gesetze-im-internet.de/englisch_stgb/englisch_stgb.html. Acesso em 14 de junho de 2019.

ALEMANHA. Bundesverfassungsgericht. "1 BvR 1602/07; 1BvR 1606/07; 1BvR 1626/07, Order of the First Senate, paras. 1-109", julgado em 26 de fevereiro de 2008. Versão em inglês disponível em http://www.bverfg.de/e/rs20080226_1bvr160207en.html. Acesso em 16 de novembro de 2020.

ALEMANHA. Bundesverfassungsgericht. "BVerfGE 7, 198", julgado em 15 de janeiro de 158. Versão em inglês elaborada por Tony Weir disponível em https://law.utexas.edu/ transnational/foreign-law-translations/german/case.php?id=1369. Acesso em 11 de junho 2018.

ARGENTINA. Câmara Nacional de Apelações Civis. "Causa nº 7.870/2007, Luna Silvina Noelia contra Yahoo de Argentina SRL e Google Inc.", julgado em 24 de setembro de 2018. Disponível em https://s3.amazonaws.com/public.diariojudicial.com/documen-tos/000/080/601/000080601.pdf. Acesso em 2 de dezembro de 2020.

ARGENTINA. Corte Suprema de Justiça da Nação. "Recurso 522, XLIX, Maria Belén Rodriguez contra Google Inc. e Yahoo de Argentina SRL, Fallos: 337:1174", julga-do em 28 de outubro de 2014. Disponível em https://sjconsulta.csjn.gov.ar/sjcon-sulta/documentos/verDocumentoByIdLinksJSP.html?idDocumento=7162581&cac he=1509324967388. Acesso em 2 de dezembro de 2020.

ARGENTINA. Congreso. "Proyecto de ley nº 1865/15. Regulando a los proveedores de servicios de enlace y búsqueda de contenidos alojados en Internet". Texto original dis-ponível em https://www.senado.gob.ar/parlamentario/comisiones/verExp/1865.15/S/ PL. Acesso em 04 de janeiro de 2021.

ARGENTINA. Senado. "Proyecto de ley nº 848/20. Protección y defensa por publicacio-nes de contenido ilegal en plataformas de proveedores de servicios de redes sociales

–fake news". Disponível em https://www.senado.gob.ar/parlamentario/comisiones/verExp/848.20/S/PL. Acesso em 18 de novembro de 2020.

BRASIL. Tribunal Superior Eleitoral. "TSE assina parceria com Facebook Brasil e WhatsApp Inc. para combate à desinformação nas Eleições 2020", Brasília, 30 de setembro de 2020. Disponível em http://www.tse.jus.br/imprensa/noticias-tse/2020/Setembro/tse-assina-parceria-com-facebook-brasil-e-whatsapp-inc-para-combate-a-desinforma-cao-nas-eleicoes-2020. Acesso em 2 de outubro de 2020.

BRASIL. Congresso Nacional. "Projeto de lei nº 2.630/2020. Institui a lei brasileira de liberdade, responsabilidade e transparência na Internet". Disponível em https://www.camara.leg.br/proposicoesWeb/fichadetramitacao?idProposicao=2256735. Acesso em 13 de novembro de 2020.

BRASIL. Congresso Nacional. "Redes Sociais, Notícias Falsas e Privacidade de Dados na Internet: mais de 80% dos brasileiros acreditam que redes sociais influenciam muito a opinião das pessoas", Brasília, 10 de dezembro de 2019. Disponível em https://www12.senado.leg.br/institucional/datasenado/publicacaodatasenado?id=mais-de-80-dos--brasileiros-acreditam-que-redes-sociais-influenciam-muito-a-opiniao-das-pessoas. Acesso em 06 de novembro de 2020.

BRASIL. Conselho da Justiça Federal. "Enunciado nº 38". Disponível em https://www.cjf.jus.br/enunciados/enunciado/699. Acesso em 14 de dezembro de 2020.

BRASIL. Conselho da Justiça Federal. "Enunciado nº 286". https://www.cjf.jus.br/enunciados/enunciado/256. Acesso em 14 de dezembro de 2020.

BRASIL. Conselho da Justiça Federal. "Enunciado nº 448". Disponível em https://www.cjf.jus.br/enunciados/enunciado/377. Acesso em 14 de dezembro de 2020.

BRASIL. Conselho Nacional de Ética em Pesquisa. "Resolução nº 466/2012". Disponível em https://bvsms.saude.gov.br/bvs/saudelegis/cns/2013/res0466_12_12_2012.html. Acesso em 10 de setembro de 2020.

BRASIL. Conselho Nacional de Justiça. "Painel de checagem de fake news". Disponível em https://www.cnj.jus.br/programas-e-acoes/painel-de-checagem-de-fake-news. Acesso em 25 de junho de 2019.

BRASIL. Ministério da Educação. Capes. "Relatório Qualis". Disponível em https://www.gov.br/capes/pt-br/centrais-de-conteudo/relatorio-qualis-comunicacao-informacao--pdf/view. Acesso em 28 de setembro de 2020.

BRASIL. Ministério da Saúde. "Painel Coronavírus". Disponível em https://covid.saude.gov.br/. Acesso em 9 de maio de 2022.

BRASIL. Ministério da Saúde. "Saúde sem fake news". Disponível em https://antigo.saude.gov.br/fakenews/?_ga=2.195406698.750582237.1611612984--45212789.1608577196&filter-search=vacina%C3%A7%C3%A3o&start=10. Acesso em 25 de janeiro de 2021.

BRASIL. Superior Tribunal de Justiça. "AgInt no AREsp 538.308/SP", Rel. Ministro Sérgio Kukina, Primeira Turma, julgado em 31 de agosto de 2020, DJe 04 de setembro de 2020.

BRASIL. Superior Tribunal de Justiça. "AgInt no REsp 1598709/SP", Rel. Ministra Maria Isabel Gallotti, Quarta Turma, julgado em 10 de setembro de 2019, DJe de 02 de outubro de 2019.

REFERÊNCIAS

BRASIL. Superior Tribunal de Justiça. "AgInt no REsp nº 1527232/SP", Rel. Ministro Luís Felipe Salomão, Quarta Turma, julgado em 8/10/2019, DJe 15/10/2019

BRASIL. Superior Tribunal de Justiça. "AgInt nos EDcl no AREsp 1618776/GO", Rel. Ministra Nancy Andrighi, Terceira Turma, julgado em 24 de agosto de 2020, DJe de 27 de agosto de 2020.

BRASIL. Superior Tribunal de Justiça. "AgRg. no AREsp. Nº 137944/RS", Rel. Ministro Antonio Carlos Ferreira, Quarta Turma, julgado em 21 de março de 2013, DJe de 08 de agosto de 2013.

BRASIL. Superior Tribunal de Justiça. "AREsp 1676242/SC", Rel. Ministro Francisco Falcão, Segunda Turma, julgado em 24 de novembro de 2020, DJe de 01 de dezembro de 2020.

BRASIL. Superior Tribunal de Justiça. "Enunciado sumular nº 277". Disponível em https://www.stj.jus.br/docs_internet/revista/eletronica/stj-revista-sumulas-2011_17_capSumula227.pdf, acesso em 17 de novembro de 2020.

BRASIL. Superior Tribunal de Justiça. "Rcl. 12.062/GO", Rel. Ministro Raul Araújo, Segunda Seção, julgado em 12 de novembro de 2014, DJe de 20 de novembro de 2014.

BRASIL. Superior Tribunal de Justiça. "REsp 1117633/RO", Rel. Ministro Herman Benjamin, Segunda Turma, julgado em 09 de março de 2010, DJe de 26 de março de 2010.

BRASIL. Superior Tribunal de Justiça. "REsp 1193764/SP", Rel. Ministra Nancy Andrighi, Terceira Turma, julgado em 14 de dezembro de 2010, DJe de 08 de agosto de 2011.

BRASIL. Superior Tribunal de Justiça. "REsp 1624388/DF", Rel. Ministro Marco Aurélio Bellizze, Terceira Turma, julgado em 07 de março de 2017, DJe de 21 de março de 2017.

BRASIL. Superior Tribunal de Justiça. "REsp nº 1807242/RS", Rel. Ministra Nancy Andrighi, Terceira Turma, julgado em 20 de agosto 2019, DJe de 22 de março de 2019, republicado no DJe de 18 de setembro de 2019.

BRASIL. Superior Tribunal de Justiça. "REsp. nº 1186616/MG", Rel. Ministra Nancy Andrighi, Terceira Turma, julgado em 23 de agosto 2011, DJe de 31 de agosto de 2011.

BRASIL. Supremo Tribunal Federal. "ADI 4451", Relator Alexandre de Moraes, Tribunal Pleno, julgado em 21 de junho de 2018, publicado no DJe de 06 de março de 2019.

BRASIL. Supremo Tribunal Federal. "ADI 4815", Relatora Carmen Lúcia, Tribunal Pleno, julgado em 10 de junho de 2015, publicado no DJe de 1º de fevereiro de 2016.

BRASIL. Supremo Tribunal Federal. "ADI 815", Relator Moreira Alves, Tribunal Pleno, julgado em 28 de março de 1996, publicado no DJ 10 de maio de 1996.

BRASIL. Supremo Tribunal Federal. "ADPF nº 130", Relator Carlos Britto, Tribunal Pleno, julgado em 30 de abril de 2004, publicado no DJe de 06 de novembro de 2009.

BRASIL. Supremo Tribunal Federal. "HC 82424", Relator(a) Moreira Alves, Relator(a) p/ Acórdão Maurício Corrêa, Tribunal Pleno, julgado em 17 de setembro de 2003, publicado no DJ de 19 de março de 2004.

BRASIL Supremo Tribunal Federal. "Inquérito nº 4.781", Relator Alexandre de Moraes, decisão de 18 de abril de 2019. Disponível em http://www.stf.jus.br/arquivo/cms/noticiaNoticiaStf/anexo/INQ478118abril.pdf.

BRASIL. Supremo Tribunal Federal. "Rcl. 22328", Relator Roberto Barroso, Primeira Turma, julgado em 06 de março de 2018, processo eletrônico, divulgado no DJE em 09 de maio de 2018 e publicado em 10 de maio de 2018.

BRASIL. Supremo Tribunal Federal. "Rcl. 40700 AgR". Relator Alexandre de Moraes, Primeira Turma, julgado em 22 de junho de 2020, divulgado no DJE em 03 de julho de 2020 e publicado em 06 de julho de 2020.

BRASIL. Tribunal Superior Eleitoral. "Fake News: TSE lança página para esclarecer eleitores", Brasília, 11 de outubro de 2018. http://www.tse.jus.br/imprensa/noticias-tse/2018/Outubro/fake-news-tse-lanca-pagina-para-esclarecer-eleitores-sobre-a-verdade. Acesso em 27 de junho de 2019.

BRASIL. Tribunal Superior Eleitoral. "TSE atuou com celeridade no julgamento de processos sobre fake news durante as Eleições 2018", Brasília, 16 de novembro de 2018. http://www.tse.jus.br/imprensa/noticias-tse/2018/Novembro/tse-atuou-com-celeridade-no--julgamento-de-processos-sobre-fake-news-durante-as-eleicoes-2018. Acesso em 27 de junho de 2019.

BRASIL. Tribunal Superior Eleitoral. "TSE realiza seminário internacional sobre fake news, com apoio da União Europeia", Brasília, 1º de abril de 2019. http://www.tse.jus.br/imprensa/noticias-tse/2019/Abril/tse-e-uniao-europeia-realizam-seminario--internacional-sobre-fake-news. Acesso em 27 de junho de 2019.

BRASIL. Tribunal Superior Eleitora. "Veja as novidades nos acordos de parceria do TSE com as plataformas digitais", Brasília, 18 de fevereiro de 2022. https://www.tse.jus.br/imprensa/noticias-tse/2022/Fevereiro/veja-as-novidades-nos-acordos-de-parceria--do-tse-com-as-plataformas-digitais. Acesso em 19 de abril de 2022.

CANADÁ. "Code criminel". Disponível em https://laws-lois.justice.gc.ca/fra/lois/C-46/section-181-20030101.html. Acesso em 18 de setembro de 2020.

CANADÁ. "Loi Constitutionnelle de 1982". Disponível em https://laws-lois.justice.gc.ca/fra/Const/page-15.html. Acesso em 18 de setembro de 2020.

CANADÁ. Supreme Court. "R.v. Zundel, 1992, 21811, Ernst Zundel v. Her Majesty The Queen", julgado em 27 de agosto de 1992. Disponível em https://www.canlii.org/en/ca/scc/doc/1992/1992canlii75/1992canlii75.html. Acesso em 18 de setembro de 2020.

ESPANHA. "Constitución". Disponível em https://www.boe.es/buscar/doc.php?id=BOE--A-1978-31229. Acesso em 15 de setembro de 2020.

ESPANHA. "Ley 34/2002, de 11 de julio, de servicios de la sociedad de la información y de comercio electrónico". Disponível em https://www.boe.es/buscar/act.php?id=BOE--A-2002-13758. Acesso em 20 de novembro de 2020.

ESPANHA. "Ley Orgánica 10/1995, de 23 de noviembre, del Código Penal". Disponível em https://www.boe.es/eli/es/lo/1995/11/23/10/con. Acesso em 1º de agosto de 2020.

ESPANHA. "Ley Orgánica nº 2/1984 de 26 de marzo, reguladora del derecho de rectificación". Disponível em https://www.boe.es/buscar/act.php?id=BOE-A-1984-7248. Acesso em 12 de agosto de 2020.

ESPANHA. Gabinete de la Presidencia del Gobierno. Departamento de Seguridad Nacional. "Procedimiento de Actuación Contra la Desinformación de 5 de noviembre de 2020". Disponivel em https://www.dsn.gob.es/en/actualidad/sala-prensa/procedimiento-actuaci%C3%B3n-contra-desinformaci%C3%B3n. Acesso em 16 de novembro de 2020.

REFERÊNCIAS

ESPANHA. Tribunal Constitucional. "Sentencia nº 143/1991 de 1 de julio". Disponível em http://hj.tribunalconstitucional.es/es/Resolucion/Show/1782. Acesso em 12 de agosto de 2020.

ESPANHA. Tribunal Constitucional. "Sentencia nº 187/1999, de 25 de octubre". Disponível em http://hj.tribunalconstitucional.es/es/Resolucion/Show/3929. Acesso em 12 de agosto de 2020.

ESPANHA. Tribunal Constitucional. "Sentencia nº 6/1998 de 21 de enero". Disponível em http://hj.tribunalconstitucional.es/es-ES/Resolucion/Show/947#complete_resolucion&fundamentos. Acesso em 12 de agosto de 2020.

ESTADOS UNIDOS Supreme Court. "Schenck v. United States, 249 U.S. 47, 1919", julgado em 3 de março de 2019. Disponível em https://supreme.justia.com/cases/federal/us/249/47/. Acesso em 11 de setembro de 2020.

ESTADOS UNIDOS. Defense Advanced Research Projects Agency. "A selected history of DARPA innovation". Disponível Em https://www.darpa.mil/Timeline/index.html. Acesso em 5 de junho de 2019.

ESTADOS UNIDOS. "Digital Millenium Copyright Act". Disponível em https://www.govinfo.gov/content/pkg/PLAW-105publ304/pdf/PLAW-105publ304.pdf. Acesso em 25 de novembro de 2020.

ESTADOS UNIDOS. "Telecommunicatios Act of 1934. 'Communications Decency Act'". Disponível em https://www.congress.gov/bill/104th-congress/senate-bill/652/text/enr. Acesso em 05 de janeiro de 2021.

ESTADOS UNIDOS. Court of Appeals, Seventh Circuit. "Doe v. GTE Corp, 347 F.3d 655 (7th Cir. 2009)", julgado em 21 de outubro de 2003. Disponível em https://caselaw.findlaw.com/us-7th-circuit/1227232.html. Acesso em 05 de janeiro de 2021.

ESTADOS UNIDOS. District Court for the Eastern District of Virginia. "Zeran v. America Online, Inc., 958 F. Supp. 1124 (E.D. Va. 1997)", julgado em 21 de março de 1997. Disponível em https://law.justia.com/cases/federal/district-courts/FSupp/958/1124/1881560/. Acesso em 05 de janeiro de 2021.

ESTADOS UNIDOS. District Court for the Southern District of New York. "Cubby, Inc. v. CompuServe Inc, 776 F. Supp. 135 (S.D.N.Y. 1991)", julgado em 29 de outubro de 1991. Disponível em https://law.justia.com/cases/federal/district-courts/FSupp/776/135/2340509/. Acesso em 05 de janeiro de 2021.

ESTADOS UNIDOS. Supreme Court "City of Renton v. Playtime Theatres, Inc., 475 U.S. 41, 1986", julgado em 25 de fevereiro de 1986. Disponível em https://supreme.justia.com/cases/federal/us/475/41/. Acesso em 10 de junho de 2020.

ESTADOS UNIDOS. Supreme Court of New York. "Stratton Oakmont, Inc. v. Prodigy Services Co., 1995 WL 323710 (N.Y. Sup. Ct. 1995)", julgado em 24 de maio de 1995. Disponível em https://h2o.law.harvard.edu/cases/4540. Acesso em 05 de janeiro de 2021.

ESTADOS UNIDOS. Supreme Court. "Abrams v. United States, 250 U.S. 616", julgado em 10 de novembro de 1919. Disponível em https://supreme.justia.com/cases/federal/us/250/616/. Acesso em 13 de janeiro de 2021.

ESTADOS UNIDOS. Supreme Court. "Carey v. Brown, 447 U.S. 455, 1980", julgado em 20 de junho de 1980. Disponível em https://supreme.justia.com/cases/federal/us/447/455/. Acesso em 18 de maio de 2020.

ESTADOS UNIDOS. Supreme Court. "Curtis Pub. Co. v. Butts, 388 U.S. 130 (1967)", julgado em 12 de junho de 1967. Disponível em https://supreme.justia.com/cases/federal/us/388/130/. Acesso em 05 de janeiro de 2021.

ESTADOS UNIDOS. Supreme Court. "New York Times Co. v. Sullivan, 376 U.S. 254 (1964)", julgado em 9 de março de 1964. Disponível em https://supreme.justia.com/cases/federal/us/376/254/. Acesso em 05 de janeiro de 2021.

ESTADOS UNIDOS. Supreme Court. "Police Dept. of City of Chicago v. Mosley, 408 U.S. 92, 1972", julgado em 26 de junho de 1972. Disponível em https://supreme.justia.com/cases/federal/us/408/92/. Acesso em 10 de setembro de 2020.

ESTADOS UNIDOS. Supreme Court. "R.A.V v. City Of St. Paul, 505 U.S., 377, 1992", julgado em 22 de junho de 1992. Disponível em https://supreme.justia.com/cases/federal/us/505/377/. Acesso em 14 de setembro de 2020.

ESTADOS UNIDOS. Supreme Court. "United States v. Playboy, 529 U.S., 803, 2000", julgado em 22 de maio de 2000. Disponível em https://supreme.justia.com/cases/federal/us/529/803/. Acesso em 14 de setembro de 2020.

FRANÇA. "Code Civil". Disponível em https://www.legifrance.gouv.fr/affichCode.do?c idTexte=LEGITEXT000006070721. Acesso em 25 de agosto de 2020.

FRANÇA. "Code de la propriété intellectuelle". Disponível em https://www.legifrance.gouv.fr/codes/id/LEGIARTI000038791094/2020-01-01. Acesso em 04 de janeiro de 2021.

FRANÇA. "Loi du 29 juillet 1881. Sur la liberte de la presse". Disponível em https://www.legifrance.gouv.fr/loda/id/LEGIARTI000006419716/1990-07-14/. Acesso em 14 de setembro de 2020.

FRANÇA. "Loi nº 2004-575 du 21 juin 2004. Pour la confiance dans l'économie numérique". Disponível em https://www.legifrance.gouv.fr/loda/id/JORF-TEXT000000801164/2020-11-20/. Acesso em 20 de novembro de 2020.

FRANÇA. "Loi nº 2009-664 du 12 juin 2009. Favorisant la diffusion et la protection de la création sur internet" Disponível em https://www.legifrance.gouv.fr/affichTexte.do?cid Texte=JORFTEXT000020735432&categorieLien=id. Acesso em 18 de junho de 2019.

FRANÇA. "Loi nº 2018-1202 du 22 decembre 2018. Relative à la lutte contre la manipulation de l'information". Disponível em https://www.legifrance.gouv.fr/jorf/id/JORFARTI000037847565. Acesso em 20 de novembro de 2020.

FRANÇA. "Loi nº 2020-766 du 24 de juin 2020. Visant à lutter contre les contenus haineux sur internet". Disponível em https://www.legifrance.gouv.fr/jorf/id/JORFAR-TI000042031978. Acesso em 20 de novembro de 2020.

FRANÇA. Conseil Constitutionnel. "Décision n° 2004-496 DC du 10 juin 2004". Disponível em https://conseil-constitutionnel.fr/decision/2004/2004496DC.htm. Acesso 23 de novembro de 2020.

FRANÇA. Conseil Constitutionnel. "Décision n° 2012-647 DC du 28 février 2012". Disponível em https://www.conseil-constitutionnel.fr/decision/2012/2012647DC.htm. Acesso em 15 de julho de 2020.

FRANÇA. Conseil Constitutionnel. "Décision n° 2018-773 DC du 20 decembre 2018". Disponível em https://www.conseil-constitutionnel.fr/decision/2018/2018773DC.htm. Acesso em 20 de novembro de 2020.

REFERÊNCIAS

FRANÇA. Conseil Constitutionnel. "Décision nº 2020-801 DC du 18 juin 2020". Disponível em https://www.conseil-constitutionnel.fr/actualites/communique/decision-
-n-2020-801-dc-du-18-juin-2020-communique-de-presse#:~:text=Par%20sa%20
d%C3%A9cision%20n%C2%B0,par%20plus%20de%20soixante%20s%C3%A9nateurs. Acesso em 20 de novembro de 2020.

FRANÇA. Conseil Constitutionnel. "Décision nº 2009-580 DC du 10 de juin 2009". Disponível em https://www.conseil-constitutionnel.fr/decision/2009/2009580DC. htm. Acesso em 5 de agosto de 2020.

FRANÇA. Conseil d`Etat. "Décision nº 287530, 10ème Sous-Section Jugeant Seule", julgado em 13 de setembro de 2006. Disponível em https://www.legifrance.gouv.fr/ceta/ id/CETATEXT000008254323/. Acesso em 14 de setembro de 2020.

FRANÇA. Tribunal de Grande Instance de Paris. "17e ch., RG 11/07970, Max Mosley c. Google Inc et Google France", julgado em 6 de novembro de 2013.

INGLATERRA E PAÍS DE GALES. Court of Appeal (Civil Division). "Tamiz v Google Inc., [2013] EWCA Civ 68", julgado em 14 de fevereiro de 2013. Disponível em http://www.bailii.org/ew/cases/EWCA/Civ/2013/68.html. Acesso em 04 de janeiro de 2021.

ITÁLIA. "Codice Civile". Disponível em https://www.normattiva.it/uri-res/ N2Ls?urn:nir:stato:regio.decreto:1942-03-16;262. Acesso em 14 de janeiro de 2021.

ITÁLIA. "Costituzione della Repubblica". Disponível em https://www.senato.it/documenti/repository/istituzione/costituzione.pdf. Acesso em 25 de agosto de 2020.

ITÁLIA. "Decreto Legislativo nº 70/2003. Attuazione della direttiva 2000/31/CE relativa a taluni aspetti giuridici dei servizi della societa' dell'informazione nel mercato interno, con particolare riferimento al commercio eletrônico". Disponível em https://www. normattiva.it/uri-res/N2Ls?urn:nir:stato:decreto.legislativo:2003;070. Acesso em 18 de junho de 2019.

ITÁLIA. Corte di Cassazione. "Sentenza nº 26972/2008, sul ricorso 734/2006", julgado em 24 de junho de 2008. https://www.federalismi.it/ApplOpenFilePDF.cfm?artid=11 303&dpath=document&dfile=13112008130852.pdf&content=Corte%2Bdi%2BCassa zione%2C%2B%2BSentenza%2Bn%2E%2B26972%2F2008%2C%2Ble%2BSS%2E% 2BUU%2E%2Bin%2Btema%2Bdi%2Bdanno%2Besistenziale%2B%2D%2Bstato%2B %2D%2Bdocumentazione%2B%2D%2B. Acesso em 25 de agosto de 2020.

ITÁLIA. Corte di Cassazione. "Sentenza nº 5.259, Granzotti c. Soc. Europrogamme Service Italia e Soc. IFI. – Interfininvest", julgado em 18 de outubro de 1984, Disponível em https://www.jstor.org/stable/23177624?read-now=1&seq=4#page_scan_tab_contents. Acesso em 3 de agosto de 2020.

ITÁLIA. Corte di Cassazione. "Sentenza nº 7708/2019, sul ricorso 911/2015, Reti Televisive Italiane S.p.a. c. Yahoo!. Inc., Yahoo! Italia S.r.l.", julgado em 19 de março de 2019. Disponível em http://www.italgiure.giustizia.it/xway/application/nif/clean/hc.dll?v erbo=attach&db=snciv&id=./20190319/snciv@s10@a2019@n07708@tS.clean.pdf. Acesso em 04 de janeiro de 2021.

PORTUGAL. "Código Civil". Disponível em http://www.pgdlisboa.pt/leis/lei_mostra_articulado.php?nid=775&tabela=leis&so_miolo=. Acesso em 24 de agosto de 2020.

PORTUGAL. "Constituição da República". Disponível em https://www.parlamento.pt/ Legislacao/Paginas/ConstituicaoRepublicaPortuguesa.aspx. Acesso em 18 de setembro de 2020.

PORTUGAL. "Decreto-Lei nº 7/2004. Transpõe para a ordem jurídica nacional a Directiva n.º 2000/31/CE, do Parlamento Europeu e do Conselho, de 8 de junho de 2000, relativa a certos aspectos legais dos serviços da sociedade de informação, em especial do comércio electrónico, no mercado interno". Disponível em www.pgdlisboa.pt/ leis/lei_mostra_articulado.php?nid=1399&tabela=leis&so_miolo=. Acesso em 23 de novembro de 2020.

PORTUGAL. "Lei de Imprensa (Lei nº 2/99)". Disponível em http://www.pgdlisboa. pt/leis/lei_mostra_articulado.php?nid=138&tabela=leis. Acesso em 18 de setembro de 2020.

PORTUGAL. Supremo Tribunal de Justiça. "Revista n.º 5817/07.2TBOER.L1.S1", 1ª Secção. Rel. Helder Roque, julgado em 14 de fevereiro de 2012. Disponível em http://www. dgsi.pt/jstj.nsf/954f0ce6ad9dd8b980256b5f003fa814/bed3c0b9bd5902d3802579ac 003389e8?OpenDocument&Highlight=0,responsabilidade,extracontratual,Liberdad e,de,imprensa,opini%C3%A3o,cr%C3%ADtica. Acesso em 18 de setembro de 2020.

PORTUGAL. Supremo Tribunal de Justiça. "Revista nº 24412/02.6.TVLLSB.L1.S1", 7ª Secção, Rel. Távora Victor, julgado em 29 de janeiro de 2015. Disponível em http:// www.dgsi.pt/jstj.nsf/954f0ce6ad9dd8b980256b5f003fa814/3a22d301e927d404802 57ddc0052ad09?OpenDocument&Highlight=0,responsabilidade,extracontratual,L iberdade,de,imprensa,Meio,de,comunica%C3%A7%C3%A3o,social,Juiz. Acesso em 18 de setembro de 2020.

REINO UNIDO. "Defamation (Operator of Websites) Regulations 2013". Disponível em http://www.legislation.gov.uk/uksi/2013/3028/pdfs/uksi_20133028_en.pdf. Acesso em 04 de janeiro de 2021.

REINO UNIDO. "Defamation Act (2013)". Disponível em http://www.legislation.gov.uk/ ukpga/2013/26/contents/enacted. Acesso em 04 de janeiro de 2021.

UNIÃO EUROPEIA. "Carta dos Direitos Fundamentais (2000/C 364/01)". Disponível em https://www.europarl.europa.eu/charter/pdf/text_pt.pdf. Acesso em 17 de setembro de 2020.

UNIÃO EUROPEIA. Conselho. "Digital Services Act: Council and European Parliament provisional agreement for making the internet a safer space for European citizens" [s.l.], publicado em 23 de abril de 2022. Disponível em https://www.consilium.europa. eu/en/press/press-releases/2022/04/23/digital-services-act-council-and-european- -parliament-reach-deal-on-a-safer-online-space

UNIÃO EUROPEIA. "Convenção Europeia de Direitos Humanos (European Convention on Human Rights)". Versão em inglês disponível em https://www.echr.coe.int/ Documents/Convention_ENG.pdf. Acesso em 17 de setembro de 2020.

UNIÃO EUROPEIA. Corte Europeia de Direitos Humanos. "Refah Partisi (Parti de la Prospérité) et autres c. Turquie (Requêtes nº 41340/98, 41342/98, 41343/98 et 41344/98)", Grande Chambre, julgado em 13 de fevereiro de 2003. Versão em francês disponível em https://hudoc.echr.coe.int/fre#{%22itemid%22:[%22001-65493%22]}. Acesso em 17 de setembro de 2020.

REFERÊNCIAS

UNIÃO EUROPEIA. Corte Europeia de Direitos Humanos. "Vejdeland and othres v. Sweden (Application nº 1813/07)", Fifth Section, julgado em 9 de fevereiro de 2012. Versão em inglês disponível em https://hudoc.echr.coe.int/eng#{%22dmdocnumb er%22:[%22900340%22],%22itemid%22:[%22001-109046%22]}. Acesso em 18 de setembro de 2020.

UNIÃO EUROPEIA. Parlamento Europeu e Conselho. "Directiva nº 2000/31. Relativa a certos aspectos legais dos serviços da sociedade de informação, em especial do comércio electrónico, no mercado interno («Directiva sobre o comércio electrónico»)". Disponível em https://eur-lex.europa.eu/legal-content/PT/TXT/HTML/?uri=CELE X:32000L0031&from=EN. Acesso em 04 de janeiro de 2021.

UNIÃO EUROPEIA. Parlamento Europeu e Conselho. "Diretiva 2019/790. Relativa aos direitos de autor e direitos conexos no mercado único digital e que altera as Diretivas 96/9/CE e 2001/29/CE". Disponível em https://eur-lex.europa.eu/legal-content/PT/ TXT/PDF/?uri=CELEX:32019L0790&from=EN. Acesso em 17 de junho de 2019.

UNIÃO EUROPEIA. Tribunal de Justiça. "Processo C-547/14, Philip Morris e outros contra Secretary of State for Health", Segunda Seção, julgado em 4 de maio de 2016. Disponível em http://curia.europa.eu/juris/liste.jsf?oqp=&for=&mat=or&lgrec=it &jge=&td=%3BALL&jur=C%2CT%2CF&num=C-547%252F14&page=1&dates= &pcs=Oor&lg=&pro=&nat=or&cit=none%252CC%252CCJ%252CR%252C2008 E%252C%252C%252C%252C%252C%252C%252C%252C%252C%252C%252Ctrue%25 2Cfalse%252Cfalse&language=pt&avg=&cid=11897562. Acesso em 30 de julho de 2020.

UNIÃO EUROPEIA. Tribunal de Justiça. "Processo nº C-516/17, Spiegel Online GmbH contra Volker Beck", Grande Seção, julgado em 29 de julho de 2019. Disponível em http://curia.europa.eu/juris/liste.jsf?oqp=&for=&mat=or&lgrec=pt&jge=&td=%3B ALL&jur=C%2CT%2CF&page=1&dates=&pcs=Oor&lg=&parties=Spiegel%2BOnli ne&pro=&nat=or&cit=none%252CC%252CCJ%252CR%252C2008E%252C%252C %252C%252C%252C%252C%252C%252C%252C%252Ctrue%252Cfalse%252Cfals e&language=pt&avg=&cid=11901035. Acesso em 30 de julho de 2020

Artigos, livros, reportagens e teses

ABBOUD, Georges; CAMPOS, Ricardo. "A autorregulação regulada como modelo do Direito proceduralizado: regulação de redes sociais e proceduralização". *In*: ABBOUD, Georges; NERY JR., Nelson; CAMPOS, Ricardo (coords.). *Fake News e regulação*, São Paulo: Thomson Reuters Brasil, 2018, pp. 19-39.

ADACHI, Tomi. "Comitê Gestor da Internet no Brasil (CGI.br): uma evolução do sistema de informação nacional moldada socialmente". Tese (doutorado na Faculdade de Economia, Administração e Contabilidade da Universidade de São Paulo), São Paulo, 2011. 189p.

AHMED, K. Anis. "Bangladesh: Direct Control of Media Trumps Fake News". *In: The Journal of Asian studies*, Cambridge, v. 77, nº 4, 2018, pp. 909-922. Disponível em https://www.cambridge.org/core. Acesso em 1º de fevereiro de 2019.

ALBUQUERQUE, Luciana. "Com fake news, discurso antivacina se espalha nas redes". *In: Portal Fiocruz*, 08 de setembro de 2020. Disponível em https://portal.fiocruz.br/noticia/com-fake-news-discurso-antivacina-se-espalha-nas-redes. Acesso em 05 de novembro de 2020.

ALEXY, Robert. "Teoria dos direitos fundamentais", trad. por Virgílio Afonso da Silva. São Paulo: Malheiros, 2008.

ALMEIDA, Luiz Antônio Freitas de. "Violação do direito à honra no mundo virtual: a (ir)responsabilidade civil dos prestadores de serviço à Internet por fato de terceiros". *In*: MIRANDA, Jorge; RODRIGUES JUNIOR, Otavio Luiz; FRUET, Gustavo Bonato (orgs.). *Direitos da personalidade*, São Paulo: Atlas, 2002, pp. 226-280.

AMARAL, Inês; SANTOS, Sofia José. "Algoritmos e redes sociais: a propagação de fake news na era da pós-verdade". *In*: FIGUEIRA, João; SANTOS, Sílvio (orgs.). *As fake news e a nova ordem (des) informativa na era da pós-verdade*, Coimbra: Universidade de Coimbra, 2019. pp. 63-85. Disponível em https://digitalis.uc.pt/pt-pt/livro/algoritmos_e_redes_sociais_propaga%C3%A7%C3%A3o_de_fake_news_na_era_da_p%C3%B3s_verdade. Acesso em 12 de novembro de 2020.

AMÊNDOLA, Gilberto. O que é o terraplanismo? Teoria refutada pela ciência há 2 mil anos tem cerca de 11 milhões de apoiadores no País, segundo pesquisa", *In: O Estado de São Paulo* [s.l.], 27 de janeiro de 2021. Disponível em https://ciencia.estadao.com.br/noticias/geral,o-que-e-o-terraplanismo,70003173668. Acesso em 21 de janeiro de 2021.

ANDRADE, Fábio Siebeneichler de. "A tutela dos direitos da personalidade no direito brasileiro em perspectiva atual". *In: Revista de Derecho Privado*, Bogotá, v. 24, 2013, pp. 81-111. Disponível em repositório.pucrs.br/dspace/handle/10923/11474. Acesso em 20 de agosto de 2020.

ANDRIGHI, Fátima Nancy; GUARIENTO, Daniel Bittencourt. "A responsabilidade civil das redes sociais virtuais pelo conteúdo das informações veiculadas". *In*: ANDRIGHI Fátima Nancy (coord.). *Responsabilidade civil e inadimplemento no Direito brasileiro*, São Paulo: Atlas, 2014, pp. 233-247.

ANGELOTTI, Ellyn M. "Twibel law: what defamation and its remedies look like in the age of twitter". *In: Journal of High Technology Law*, Boston, v. XIII, nº 2, 2013, pp. 430-507. Disponível em https://sites.suffolk.edu/jhtl/. Acesso em 20 de fevereiro de 2019.

ARAÚJO, Vaneska Donato de. "A gênese dos direitos da personalidade e a sua inaplicabilidade à pessoa jurídica". Tese (doutorado em Direito pela Faculdade de Direito da Universidade de São Paulo), São Paulo, 2014. 228p.

ASSINARI, Clarissa; MENEZES NETO, Elias Jacob de. "Liberdade de expressão e Hate Speeches: as influências da jurisprudência dos valores e as consequências da ponderação de princípios no julgamento do caso Ellwanger". *In: Revista Brasileira de Direito*, Passo Fundo, v. 9, n. 2, pp. 7-37, 2014. Disponível em: https://seer.imed.edu.br/index.php/revistadedireito/article/view/461. Acesso em 17 julho de 2020.

ASSIS, Guilherme Bacelar Patrício de. "O dano moral coletivo". *In: II Jornada de direito civil do Tribunal Regional da 1ª Região*, Brasília: ESMAF, 2012, pp. 191-194.

REFERÊNCIAS

AUCHARD, Eric; MENN, Joseph. "Facebook cracks down on 30,000 fake accounts in France" [artigo eletrônico]. *In: Reuters*, 13 de abril de 2017. Disponível em https://www.reuters.com/article/us-france-security-facebook/facebook-cracks-down-on-30000--fake-accounts-in-france-idUSKBN17F25G. Acesso em 20 de narço de 2019.

AUCOIN E., Kaleigh. "The Spider's Parlor: Government Malware on the Dark Web". *In: Hastings Law Journal*, San Francisco, v. 69, nº 5, 2018, pp. 1433-1469. Disponível em .http://www.hastingslawjournal.org/wp-content/uploads/Aucoin-69.5.pdf. Acesso em 22 de março de 2019.

AUGUSTIN, Sérgio; ALMEIDA, Ângela. "A indefinição jurisprudencial em face do dano moral coletivo". *In: Revista da Ajuris*, Porto Alegre, nº 115, 2019, pp. 269-281.

ÁVILA, Humberto Bergmann. "Teoria dos princípios: da definição à aplicação dos princípios", 5ª ed. São Paulo: Malheiros, 2006.

AZEVEDO, Antonio Junqueira. "Por uma nova categoria de dano na responsabilidade civil: o dano social". *In: Novos estudos e pareceres de direito privado*, São Paulo: Saraiva, 2004, pp. 377-384.

BACCARELLA, Christian V. [et al]. "Social media? It's serious! Understanding the dark side of social media". *In: European Management Journal* [s.l.], v 36, nº 4, pp. 431-438, 2018. Disponível em https://www.sciencedirect.com/science/article/pii/S0263237318300781. Acesso em 2 de outubro de 2020.

BAKIR, V., & MCSTAY, A. "Fake News and the Economy of Emotions: Problems, Causes, Solutions". *In: Digital Journalism* [s.l.], v. 6, nº 2. pp. 154-175, 2018. Disponível em https://www.tandfonline.com/doi/full/10.1080/21670811.2017.1345645?needAccess=true. Acesso em 29 de março de 2019.

BALKIN, Jack M. "The future of free expression in a digital age". *In: Pepperdine Law Review*, Los Angeles, nº 36, 2009, pp. 427-444. Disponível em https://heinonline.org/HOL/LandingPage?handle=hein.journals/pepplr36&div=18&id=&page=&t=1562014724. Acessado em 24 de março de 2019.

BAMBAUER, Derek; BAMBAUER, Jane R.; VERSTRAETE, Mark. "Identifying and Countering Fake News". *In: Arizona legal studies, Discussion paper* nº 17-15, Tucson, 2017, pp. 1-34. Disponível em http://dx.doi.org/10.2139/ssrn.3007971. Acesso em 7 de outubro de 2017.

BANOS POO, Jessica. "Democracia y ética: el republicanismo cívico de Hannah Arendt". *In: Estudios políticos*, Ciudad de México, nº. 30, dez. 2013, p. 79-103. Disponível em http://www.scielo.org.mx/scielo.php?script=sci_arttext&pid=S0185--16162013000300006&lng=en&nrm=iso>. Acesso em 12 de maio de 2020.

BARBAGALO, Erica B. "As tendências atuais do direito da responsabilidade civil". *In:* TEPEDINO, Gustavo (org.). *Direito civil contemporâneo: novos problemas a luz da legalidade constitucional: anais do Congresso Internacional de Direito Civil-Constitucional da Cidade do Rio de Janeiro*, São Paulo: Atlas, 2008, pp. 42-56.

BARBOSA-FOHRMANN, Ana Paula; SILVA JUNIOR, Antonio dos Reis. "O discurso de ódio na Internet". *In:* MARTINS, Guilherme Magalhães; LONGHI, João Victor Rozatti (coords.). *Direito digital: direito privado e Internet*, 2ª Ed., Indaiatuba: Editora Foco, 2019, pp. 3-33.

BARCELÓ-JULIÁ, Rosa; KOELMAN, Kamiel J. "Intermediary liability in the e-commerce directive: so far so good, but it´s not enough". *In: Computer Law & security report* [s.l.], v. 16, nº 4, 2000, pp. 231-239. Disponível em https://www.sciencedirect.com/science/article/pii/S0267364900891293. Acesso em 25 de abril de 2019.

BARLOW, John Perry. "Declaration of the Independence of Cyberspace". Disponível em https://www.eff.org/pt-br/cyberspace-independence. Acesso em 8 de junho de 2019.

BARRERA, Jorge; PACHITARIU, George. "Big Data". *In: Engineering & Technology for a Sustainable World* [s.l.], vol. 25, no. 3, 2018, p. 18-21. Disponível em https://link.gale.com/apps/doc/A540797034/AONE?u=capes&sid=AONE&xid=ce264479. Acesso em 30 de setembro de 2020.

BARRETO JUNIOR, Irineu Francisco; LEITE, Beatriz Salles Ferreira. "Responsabilidade civil dos provedores de aplicações por ato de terceiro na lei nº 12.965/14 (Marco civil da internet). *In: Revista brasileira de estudos políticos*, Belo Horizonte, nº 115, jul./dez. 2017, pp. 391-438.

BARROSO, Luís Roberto Barroso. "Colisão entre liberdade de expressão e direitos da personalidade: critérios de ponderação. Interpretação constitucionalmente adequada do código civil e da lei de imprensa". *In: Revista de direito administrativo*, Rio de Janeiro, v. 235, pp. 1-36, 2004.

BDINE JÚNIOR, Hamid Charaf. "Responsabilidade civil pelo fato do serviço". *In*: LOTUFO, Renan; MARTINS, Fernando Rodrigues (coords.). *20 anos do Código de Defesa do Consumidor: conquistas, desafios e perspectivas*, São Paulo: Saraiva, 2011, pp. 379-393.

BENJAMIN, Antônio Herman de Vasconcellos. "Fato do produto e do serviço". *In*: BENJAMIN, Antonio Herman de Vasconcellos; MARQUES, Cláudia Lima; BESSA, Leonardo Roscoe *Manual de direito do consumidor*, 1ª ed., São Paulo: Revista dos Tribunais, 2008, pp. 112-139.

BENNIS, Amanda. "Realism about Remedies and the Need for a CDA Takedown: A Comparative Analysis of §230 of the CDA and the U.K. Defamation Act 2013". *In: Florida Journal of International Law*. v. 27, nº. 3, 2015, pp. 297-332. Disponível em https://heinonline.org/HOL/LandingPage?handle=hein.journals/fjil27&div=15&id=&page=&t=1562011358. Acesso em 15 de junho de 2019.

BERGER, Jonah; MILKMAN, Katherine L. "The science of sharing and the sharing of science". *In: Proceedings of the National Academy of Sciences*, Washington, v. 111, suplemento nº 4, 2014, pp. 13642-13649. Disponível em https://www.pnas.org/content/111/Supplement_4/13642. Acesso em 09 de novembro de 2020.

BERGER, Jonah; MILKMAN, Katherine L. "What makes online content viral?". *In: Journal of Marketing Research* [s.l.], v. 49, nº 2, 2012. pp. 192-205. Disponível em https://journals.sagepub.com/doi/10.1509/jmr.10.0353. Acesso em 09 de novembro de 2020.

BERNATCHEZ, Stéphane. "La signification du droit à la liberté d'expression au crépuscule de l'idéal". *In: Les Cahiers de droit*, Quebec, v. 53, nº 4, 2012, pp. 687–713. Disponível em https://id.erudit.org/iderudit/1013003ar. Acesso em 1º de julho de 2020.

BERNSTEIN, Anita. "Real remedies for virtual injuries". *In: North Carolina Law Review*, Chapel Hill, v. 90, nº 5, jun. 2012, pp. 1457-1490. Disponível em http://link.galegroup.com/apps/doc/A297135663/AONE?u=capes&sid=AONE&xid=d05eb874. Acesso em 22 de fevereiro de 2019.

REFERÊNCIAS

BESSA, Leonardo Roscoe. "Dano moral coletivo". *In*: STOCO, Rui (org.). *Doutrinas essenciais: dano moral:- volume II: dano moral nas relações de consumo*, (originalmente publicado na Revista de Direito do Consumidor, nº. 59, 2006, pp. 78-108). São Paulo: Revista dos Tribunais, 2015, pp. 1.229-1.262.

BIAR, Emmanuel. "A responsabilidade civil e a Internet: uma abordagem expositiva sobre a posição da jurisprudência pátria e breves considerações sobre o direito comparado". *In: Revista da SJRJ*, Rio de Janeiro, nº 26, 2009, pp. 221-236.

BIOLCATI, Fernando Henrique de Oliveira. "Requisitos para a realização de pesquisas clínicas com menores incapazes e a responsabilidade civil no caso de danos". Dissertação (mestrado em Direito pela Faculdade de Direito da Universidade de São Paulo), São Paulo, 2012. 191p.

BIOY, Xavier. "La protection renforcée de la liberté d'expression politique dans le contexte de la Convention européenne des droits de l'homme". *In: Les Cahiers de droit*, Quebec, v. 53, nº 4, 2012. pp. 740-760. Disponível em https://id.erudit.org/iderudit/1013005ar. Acesso em 7 de julho de 2020.

BITTAR FILHO, Carlos Alberto. "A coletivização do dano moral no Brasil". *In*: BITTAR, Eduardo Carlos Blanca Bittar; CHINELATO, Silmara Juny (coords.). *Estudos de direito de autor, direitos da personalidade, direito do consumidor e danos morais em homenagem ao Professor Carlos Alberto Bittar*, Rio de Janeiro: Forense Universitária, 2002, pp. 178-183.

BITTAR, Carlos Alberto. Os direitos da personalidade", 8ª ed., rev. aum. e mod. por Eduardo C. B. Bittar, São Paulo: Saraiva, 2015.

BODE, Leticia; VRAGA, Emily K. "Related news, that was wrong: the correction of misinformation through related stories functionality in social media". *In: Journal of Communication* [s.l.], v. 65, nº 4, 2015, pp. 619-638. Disponível em https://onlinelibrary.wiley.com/doi/abs/10.1111/jcom.12166. Acesso em 06 de novembro de 2020.

BOVET, Alexandre; MAKSE, Hernán A. "Influence of fake news in Twitter during the 2016 US presidential election". *In: Nature Communications*. v. 10. 2019. Versão eletrônica disponível em https://www.nature.com/articles/s41467-018-07761-2. Acesso em 26 de junho de 2019.

BRANDÃO, Tom Alexandre. Rir e fazer rir: uma abordagem jurídica dos limites do humor". Tese (doutorado em Direito pela Faculdade de Direito da Universidade de São Paulo), São Paulo, 2016. 237p.

BROWN, Rebecca L. "The Harm Principle and Free Speech". In: *Southern California Law Review*, Los Angeles, nº 89, 2016, pp. 953-1.010. Disponível em https://southerncalifornialawreview.com/wp-content/uploads/2018/01/89_953.pdf. Acesso em 18 de maio de 2020.

BUSH, Vannevar. "As we may think". *In: Atlantic Monthly* [s.l.], nº 176, 1945, pp. 101-108. Reprodução eletrônica autorizada disponível em https://www.theatlantic.com/magazine/archive/1945/07/as-we-may-think/303881/.

BUTLER, Andrea. "Protecting tje democratic role of the press. A legal solution to fake news". *In: Washington University Law Review*, Washington, v. 96, nº 2, 2018, pp. 419-440. Disponível em https://openscholarship.wustl.edu/law_lawreview/vol96/iss2/5/. Acesso em 12 de fevereiro de 2019.

CABRAL, Marcelo Malizia. *CABRAL*, Marcelo Malizia. "A colisão entre os direitos da personalidade e o direito de informação". In: MIRANDA, Jorge; RODRIGUES JUNIOR, Otavio Luiz; FRUET, Gustavo Bonato (orgs.). *Direitos da personalidade*, São Paulo: Atlas, 2002, pp. 108-152.

CACCIATORE, Michael A. [et al]. "Is Facebook Making Us Dumber?: exploring Social Media Use as a Predictor of Political Knowledge" *In*: *Journalism & Mass Communication Quartely* [s.l.], v. 95, nº 2, pp. 404-424, 2018. Disponível em https://journals.sagepub.com/doi/full/10.1177/1077699018770447. Acesso em 09 de outubro de 2020.

CAMBRICOLI, Fabiana. "Um em cada quatro brasileiros resiste à ideia de tomar vacina contra a covid-19". *In*: *O Estado de São Paulo* [s.l.], 05 de setembro de 2020. Disponível em https://saude.estadao.com.br/noticias/geral,um-em-cada-quatro-brasileiros-resiste-a--ideia-de-tomar-vacina-contra-a-covid-19,70003427273. Acesso em 25 de janeiro de 2021.

CAMPBELL-KELLY, Martin; GARCIA-SWARTS, Daniel. "The history of the internet: the missing narratives". *In*: *Journal of Information Technology* [s.l.], vol. 28, 2013, pp. 18-33. Disponível em https://link.springer.com/article/10.1057/jit.2013.4. Acesso em 10 de abril de 2019.

CANARIS, Claus-Wilhelm. "A influência dos direitos fundamentais sobre o direito privado na Alemanha". *In*: *Revista Latino-Americana de Estudos Constitucionais*, nº 3, Belo Horizonte: Del Rey, 2004. pp. 373-392.

CAPELO DE SOUZA, Rabindranath Valentino Aleixo. "O direito geral de personalidade". Dissertação(Doutoramento em Ciências Jurídicas pela Faculdade de Direito da Universidade de Coimbra). 716p. Coimbra: Coimbra Editora, 1995.

CARCASSONE, Guy. "Les interdits et la liberté d'expression" [artigo eletrônico]. *In*: *Nouveaux Cahiers du Conseil Constituionnel*, Paris, nº 36 (*Dossier La liberté d'expression et de Communication*), juin 2012. Disponível em https://www.conseil-constitutionnel.fr/nouveaux-cahiers-du-conseil-constitutionnel/les-interdits-et-la-liberte-d-expression. Acesso em 14 de julho de 2020. pp. 2-4.

CARDOSO, João Casqueira. "Les droits de la personnalité et l'image communiquée – bréve étude de droit compare sud européen". *In*: *Cadernos de estudos mediáticos*, Porto, nº 8, 2011, pp. 107-115. Disponível em https://bdigital.ufp.pt/handle/10284/3171. Acesso em 21 de agosto de 2020.

CARDOSO, Thais. "Grupos antivacina mudam foco para covid-19 e trazem sérios problemas à saúde pública". *In*: *Jornal da USP*, Ribeirão Preto, 31 de março de 2021. Disponível em https://jornal.usp.br/ciencias/ciencias-da-saude/grupos-antivacina-mudam--foco-para-covid-19-e-trazem-serios-problemas-a-saude-publica/. Acesso em 05 de novembro de 2020.

CARVALHO, Ivo César. "A Tutela dos direitos da personalidade no Brasil e em Portugal". *In*: *Revista Jurídica*, Lisboa, ano 61, nº 427, 2013, pp. 43-71.

CASTRO JÚNIOR, João Batista de. "Dano moral coletivo e dano sociomoral: distinção dada pela construtura hermenêutica constitucional". *In*: *Revista de direito civil contemporâneo*, v. 3, São Paulo: Thomson Reuters Brasil, 2015, pp. 185-205.

CASTRO, Leandro Nunes de. "Computação e desinformação: tecnologias de detecção de desinformação online". *In*: RAIS, Diogo (coord.). *Fake News: a conexão entre a desinformação e o direito*, São Paulo: Thomson Reuters Brasil, 2018, pp. 61-73.

REFERÊNCIAS

CAVALIERI FILHO, Sérgio. "Programa de responsabilidade civil", 11ª ed., São Paulo: Atlas, 2014.

CHACÓN, Mario Peña. "Daño social, daño moral colectivo y daños punitivos". *In: Revista de direito ambiental*, ano 17, v. 68, São Paulo: Revista dos Tribunais. 2012, pp. 103-126.

CHEMERINSKY, Erwin. "Content neutrality as a central problem of freedom of speech: problems in the Supreme Court's Application". *In: Southern California Law Review*, Los Angeles, nº 74, 2000, pp. 49-64. Disponível em https://scholarship.law.duke.edu/faculty_scholarship/799. Acesso em 1º de junho de 2020.

CHINELLATO, Silmara Juny. "Dos direitos da personalidade". *In:* MACHADO, Antônio Cláudio da Costa (org.); CHINELLATO, Silmara Juny (coord.). *Código Civil interpretado: artigo por artigo, parágrafo por parágrafo*, 6ª ed., Barueri: Manole, 2013, pp. 39-49.

CHITRA, Uthsav; MUSCO, Christopher. "Understanding Filter Bubbles and Polarization in Social Networks" [artigo eletrônico]. *In: Cornell University, Computer Science: Social and Information Networks* [s.l.], 2019. Disponível em https://arxiv.org/abs/1906.08772v1. Acesso em 12 de novembro de 2020.

CHULVI, Cristina Pauner. "Noticias falsas y libertad de expresión e información: el control de los contenidos informativos en la red". *In: Teoría y realidad constitucional*, Madrid, nº 41, 2018, pp. 297-318. Disponível em http://revistas.uned.es/index.php/TRC/article/view/22123. Acesso em 10 de novembro de 2020.

CIMINO, Maria. "L'indisponibilità del diritto all'integrità fisica della persona umana in ambito sportivo ei limiti al rischio consentito". *In: Ius Humani. Revista de Derecho*, Quito, v. 5, 2016, pp. 69-103

COLEMAN, Alistair. "Covid-19: "Facebook to take down false vaccine claims". *In: BBC*, London, 3 de dezembro de 2020. Disponível em https://www.bbc.com/news/technology-55175222. Acesso em 4 de dezembro de 2020

CONROY, Nadia K; RUBIN, Victoria L; CHEN, Yimin. "Automatic dececption detection: methods for finding fake news" [artigo eletrônico]. *In: Proceedings of the Association for Information Science and Technology* [s.l.], v. 52, nº 1, 2016, pp. 1-4. Disponível em https://asistdl.onlinelibrary.wiley.com/doi/full/10.1002/pra2.2015.145052010082. Acesso em 14 de janeiro de 2021.

CORREDOIRA, Loreto; FERRIZ, Alfonso Remedio Sánchez. "La compleja configuración de um derecho-libertad poliédrico, el derecho a la información: referencias históricas". *In: Revisa de Derecho Político*, Madrid, nº 99, 2017, pp. 11-48. Disponível em http://revistas.uned.es/index.php/derechopolitico/article/view/19305/16190. Acesso em 16 de setembro de 2020.

CORREIA, Atalá; CAPUCHO, Fábio Jun; Figueiredo, Anna Ascenção Verdadeiro de. "Dignidade da pessoa humana e direitos da personalidade, uma visão crítica". *In:* CORREIA, Atalá; CAPUCHO, Fábio Jun (coords.). *Direitos da personalidade: a contribuição de Silmara J. A. Chinellato*, Barueri: Manole, 2019, pp. 20-40.

COSTA, João Pedro Fachana Cardoso Moreira da. "A responsabilidade civil pelos conteúdos ilícitos colocados e difundidos na Internet: em especial da responsabilidade pelos conteúdos gerados por utilizadores". Dissertação (mestrado em Direito pela Faculdade de Direito da Universidade do Porto), 2011. 160p. Disponível em https://repositorio-aberto.up.pt/handle/10216/63893. Acesso em de 20 de novembro de 2020.

INTERNET, *FAKE NEWS* E RESPONSABILIDADE CIVIL DAS REDES SOCIAIS

CRESPO, Danilo Leme; FORTUNA, Marcelo F. "A função punitiva do dano moral individual e coletivo: uma análise crítica de viés lógico-jurídico". *In*: *Revista de Direito Privado*, v. 79, São Paulo: Revista dos Tribunais, 2017, pp. 131-161.

CUEVA, Ricardo Villas Bôas. "Alternativa para a remoção de *fake news* das redes sociais". *In*: ABBOUD, Georges; NERY JR., Nelson; CAMPOS, Ricardo (coords.). *Fake News e regulação*, São Paulo: Thomson Reuters Brasil, 2018, pp. 167-175.

CUNIBERTI, Marco. "Il limite del buon costume". *In*: CUNIBERTI, Marco [et al]. *Percorsi di diritto dell'informazione*, 3ª ed., Torino: Giappichelli, 2011, pp. 33-46. Disponível em https://www.giappichelli.it/media/catalog/product/excerpt/9788834818084.pdf. Acesso em 1º de agosto de 2020.

D`ANCONA, Matthew. "Pós verdade", trad. Carlos Szlak, 1ª ed., Barueri: Faro Editorial, 2018.

DA EMPOLI, Giuliano. "Os engenheiros do caos", trad. Arnaldo Bloch, São Paulo: Vestígio, 2020.

DAUER, Ulrike; FLEISHER, Lisa. "Former Formula One chief Max Mosley settles legal dispute with Google: harbinger of battles to come in Europe's developing 'right to be forgotten'". *In*: *Wall Street Journal*, New York, atualizada em 15 de maio de 2015. Disponível em https://www.theregister.co.uk/2015/05/17/google_settles_max_mosley_legal_spat/. Acesso em 14 de janeiro de 2020.

DE CUPIS, Adriano. "I diritti della personalità". *In*: CICU, Antonio. MESSINEO, Francesco. (org). *Trattato di Diritto Civile e Commerciale*, Milano: Giuffrè, 1961.

DE LA CRUZ, Rafael Naranjo. "Los limites de los derechos fundamentales en las relaciones entre particulares: la buena fe", Madrid: Boletín Oficial del Estado Y Centro de Estudios Políticos Y Constitucionales, 2000.

DE MATTIA, Fábio Maria. "Direitos da personalidade: aspectos gerais". *In*. CHAVES, Antonio (coord.). *Estudos de Direito civil*, São Paulo: Revista dos Tribunais, 1.979, pp. 99--138.

DELLA ROCA, Lady Ane de Paula Santos. "Dano social: estudo da viabilidade de construção de um conceito do instituto a partir das decisões judiciais", Dissertação (mestrado em direito pela Faculdade de Direito de Ribeirão Preto da Universidade de São Paulo), 2017. 204p.

DIAS, José de Aguiar. "Da responsabilidade civil", v. II, 10ª ed., Rio de Janeiro: Forense, 1995.

DLUSZTUS, Peter Kornelius. "A responsabilidade na Internet conforme as leis alemãs". *In*: SCHOUERI, Luís Eduardo (org.). *Internet: o direito na era virtual*, 2ª ed., Rio de Janeiro: Forense, 2001, pp. 295-318.

DWORKIN, Ronald. "Taking rights seriously", 1ª ed., 18ª tir., Cambridge: Harvard University Press, 2001.

ECHIKSON, William; KNODT, Olivia. "Germany's NetzDG: a key test for combatting online hate". *Relatório do Centre for European Policy Studies* [s.l.], 2018. Disponível em https://www.counterextremism.com/sites/default/files/CEP-CEPS_Germany%27s%20NetzDG_020119.pdf. Acesso em 04 de janeiro de 2021.

EIFERT, Martin. "A Lei Alemã para a Melhoria da Aplicação da Lei nas Redes Sociais (NetzDG) e a Regulação da Plataforma". In: ABBOUD, Georges; NERY JR.,

REFERÊNCIAS

Nelson; CAMPOS, Ricardo. ABBOUD, Georges; NERY JR., Nelson; CAMPOS, Ricardo (coords.). *Fake News e regulação*, São Paulo: Thomson Reuters Brasil, 2018, pp. 59-89.

ERDOS, David. "Data protection and the right to reputation: filling the 'gaps' after the defamation act 2013". *In: Cambridge Law Journal*, Cambridge, v. 73, nº 3, 2014, pp. 536–569. Disponível em https://www.cambridge.org/core. Acesso em 15 de junho de 2019.

FALLON JR., R. H. "What Is Republicanism, and Is It Worth Reviving?", *In: Harvard Law Review*, Cambrige, v. 102, n. 7, 1989, pp. 1695–1736. Disponível em: http://search.ebscohost.com/login.aspx?direct=true&db=bth&AN=7733459&lang=pt-br&site=ehost--live. Acesso em: 13 de maio de 2020.

FARIAS, Cristiano Chaves de; BRAGA NETTO, Felipe Peixoto; ROSENVALD, Nelson. "Novo tratado de responsabilidade civil", 3ª ed., São Paulo: Saraiva Educação, 2018.

FERREIRA, Jussara Suzi Assis Borges Nasser; ROSA, André Luis Cateli. "Fornecimento eletrônico de dados pessoas dos consumidores: responsabilidade civil objetiva e solidária e o dano social". *In: Revista de direito do consumidor*, ano 28, v. 122, São Paulo: Revista dos Tribunais, 2019, pp. 233-259.

FERRIS, Colby, "Communication indecency: why the Communications Decency Act and the judicial Interpretation of It, has led to a lawless Internet in the area of defamation". *In: Barry Law Review*, Miami Shores v. 14, 2010, pp. 123-136. Disponível em https://lawpublications.barry.edu/cgi/viewcontent.cgi?referer=https://www.google.com/&httpsredir=1&article=1031&context=barrylrev. Acesso em 23 de março de 2019.

FLAXMAN, Seth; GOEL, Sharad; RAO, Justin M. "Filter bubbles, echo chambers, and online news consumption". *In: Public Opinion Quarterly* [s.l.], v. 80, número especial, 2016, pp. 298–320. Disponível em https://academic.oup.com/poq/article/80/S1/298/2223402. Acesso em 12 de novembro de 2020.

FLUMIGNAN, Silvano José Gomes. "A distinção entre dano moral, dano social e *punitive damages* a partir do conceito de dano-evento e dano-prejuízo". *In: Revista Acadêmica*, Recife, v. 87, nº 1, 2015, pp. 190-219.

FOIRRY, Anne-Chloe. "Lois mémorielles, normativité et liberté d'expression dans la jurisprudence du Conseil Constitutionell: un équilibre complexe et des évolutions possibles". In: *Pouvoirs*, Paris, v. 43, nº 4, 2012. pp. 141-156. Disponível em https://www.cairn.info/revue-pouvoirs-2012-4-page-141.htm. Acesso em 4 de agosto de 2020.

FRANÇA, Rubens Limongi. "Direitos da Personalidade: coordenadas fundamentais". *In: Revista do Advogado: direitos da personalidade e responsabilidade civil*, São Paulo, nº 38, 1992, pp. 5-12.

FRIEDE, Reis; ARAGÃO, Luciano. "Dos danos sociais". *In: Revista da Escola da Magistratura do TRF da 4ª Região*, Porto Alegre, nº 5, 2016, pp. 59-84.

FROSIO, Giancarlo F. "From horizontal to vertical: an intermediary liability earthquake in Europe". *In: Journal of Intellectual Property Law & Practice* [s.l.], v. 12, nº. 7, 2017, pp. 565-575. Disponível em https://academic.oup.com/jiplp/article-abstract/12/7/565/3823281. Acesso em 5 de abril de 2019.

_____. "Why keep a dog and bark yourself? From intermediary liability to responsibility". *In: International Journal of Law and Information Technology* [s.l.], v. 26, nº1, 2018, pp. 1–33. Disponível em https://academic.oup.com/ijlit/article-abstract/26/1/1/4745804. Acesso em 13 de março de 2019.

_____. "The Death of 'No Monitoring Obligations': a Story of Untameable Monsters". *In: JIPITEC* [s.l.], v. 8, nº 3, 2017, pp. 199-215. Disponível em https://www.jipitec.eu/issues/jipitec-8-3-2017/4621. Acesso em 10 de junho de 2019.

GARATTONI, Bruno. "Robôs já superam humanos na Internet: mais da metade do tráfego de dados na web foi gerado por robôs em 2016". *In: Super Interessante* [s.l.], 24 de agosto de 2017. Disponível em https://super.abril.com.br/tecnologia/robos-ja-superam--humanos-na-internet/. Acesso em 17 de junho de 2019.

GARTNER, Richard. "Metadata" [livro eletrônico], Cham: Springer International Publishing, 2016. Disponível em https://link.springer.com/book/10.1007%2F978-3-319-40893-4#about. Acesso em 30 de setembro de 2020.

GELFERT, Alex. "Fake News: a definition". *In: Informal Logic* [s.l.], v. 38, nº 1, 2018, pp. 84-117. Disponível em https://informallogic.ca/index.php/informal_logic/article/view/5068/4350. Acesso em 5 de maio de 2019.

GENESINI, Silvio. "A pós-verdade é uma notícia falsa". *In: Revista USP*, nº. 116, 2018. pp. 45-58, 2018. São Paulo: ECA/USP. Disponível em: https://www.revistas.usp.br/revusp/article/view/146577/140223. Acesso em 23 de julho de 2020.

GEORGACOPOULOS, Christina; MORES, Grayce. "How Fake News Could Impact the 2020 Presidential Election. *In: Fight Fake News, Lousiana State University* [s.l.], agosto de 2020. Disponível em https://faculty.lsu.edu/fakenews/elections/twenty.php; Acesso em 05 de novembro de 2020.

GERBAUDO, Paolo. "Social media and populism: an elective affinity?". *In: Media, Culture & Society* [s.l.], v. 40, nº 5, pp. 745-753. Disponível em: https://journals.sagepub.com/doi/10.1177/0163443718772192. Acesso em 06 de novembro de 2020.

GLAESER, Edward; SUNSTEIN, Cass. R. "Does More Speech Correct Falsehoods?". *In: Journal of Legal Studies*, Chicago, v. 43, nº 1, jan. 2014, pp. 65-93. Disponível em https://www.journals.uchicago.edu/doi/abs/10.1086/675247. Acesso em 16 de agosto de 2017.

GODOY, Claudio Luiz Bueno de. "A liberdade de imprensa e os direitos da personalidade", 3ª ed., São Paulo: Atlas, 2015.

_____. "Desafios atuais dos direitos da personalidade". *In*: CORREIA, Atalá; CAPUCHO, Fábio Jun (coords.). *Direitos da personalidade: a contribuição de Silmara J. A. Chinellato*, Barueri: Manole, 2019, pp. 3-19.

_____. "Responsabilidade civil pelo risco da atividade", 2ª ed., São Paulo: Saraiva, 2015.

_____. "Uma análise crítica da responsabilidade civil dos provedores na lei nº 12.965/14 (Marco Civil da Internet)". *In*: DE LUCCA, Newton; SIMÃO FILHO, Adalberto; LIMA, Cíntia Rosa Pereira de (coords.). *Direito e Internet III – tomo II: Marco Civil da internet (Lei n. 12.965/2014)*, São Paulo: Quartier Latin, 2015, pp. 307-320.

GOLDMAN, Alvin I.; COX, James C. "Speech, truth, and the free market of ideas". *In: Legal Theory*, Cambridge, v. 2, 1996, pp. 1-32. Disponível em https://excen.gsu.edu/jccox/research/speechtruth.pdf. Acesso em 23 de junho de 2020.

GOMES, Orlando. "Direitos da personalidade". *In: Revista de informação legislativa*, Brasília, nº 11, 1966, pp. 39-48.

REFERÊNCIAS

GRAGNANI, Juliana. "Um Brasil dividido e movido a notícias falsas: uma semana dentro de 272 grupos políticos no WhatsApp". *In*: *BBC Brasil*, Londres, 05 de outubro de 2018. Disponível em https://www.bbc.com/portuguese/brasil-45666742. Acesso em 26 de junho de 2019.

GREENAWALT, Kent. "Free speech justifications". *In*: *Columbia Law Review*, New York, v. 89, nº 1, 1989, pp. 119-155. Disponível em www.jstor.org/stable/1122730. Acesso em 29 de maio de 2020.

GUEDES, Gisela Sampaio da Cruz. "Lucros cessantes: do bom senso ao postulado normativo da razoabilidade", Rio de Janeiro: Revista dos Tribunais, 2011.

GUILLÉN, Maria Candelaria Dominguez. "Sobre los derechos de la personalidad". *In*: *Revista Díkaion*. Bogotá, nº 12, 2003, pp. 23-37. Disponível em https://dikaion.unisabana. edu.co/index.php/dikaion/article/view/1248/1360. Acesso em 25 de julho de 2020.

GUREVICH Yuri. "What Is an Algorithm?". *In*: BIELIKOVÁ Mária [et al] (eds). *SOFSEM 2012: Theory and Practice of Computer* Science: *Lecture Notes in Computer Science*, v. 7147, Springer: Berlin, Heidelberg, 2012. Disponível em https://link.springer.com/chapter /10.1007%2F978-3-642-27660-6_3. Acesso em 1º de outubro de 2020.

HAIKAL, Victor Auilo. "Da significação jurídica dos conceitos integrantes do art. 5º: Internet, terminal, administrador de sistema autônomo, endereço internet protocol – IP específicos e o respectivo sistema autônomo de roteamento devidamente cadastrado no ente nacional responsável pelo registro e distribuição de endereços IP geograficamente referente ao país; endereço IP; conexão à Internet; registro de conexão; aplicações de Internet; e registro de acesso a aplicações da Internet". *In*: LEITE, George Salomão; LEMOS, Ronaldo (coords.). *Marco Civil da Internet*, São Paulo: Atlas, 2014, pp. 317-332.

HALFORD, Susan [et al]. "Understanding the production and circulation of social media data: towards methodological principles and praxis". *In*: *New media & Society* [s.l.], v. 20, nº 9, pp. 3.341-3.358, 2017. Disponível em https://journals.sagepub.com/doi/ full/10.1177/1461444817748953. Acesso em 09 de outubro de 2020.

HANNAN, Jason. "Trolling ourselves to death? Social media and post-truth politics". *In*: *European Journal of Communication* [s.l.], v. 33, nº 2, 2018, pp. 214-216. Disponível em https://journals.sagepub.com/doi/abs/10.1177/0267323118760323. Acesso em 09 de novembro de 2020.

HELDT, Amelie. "Reading between the lines and the numbers: an analysis of the first NetzDG reports". *In*: *Internet policy review* [s.l.], v. 8, nº 2, 2019, pp. 1-18. Disponível em https://policyreview.info/articles/analysis/reading-between-lines-and-numbers- -analysis-first-netzdg-reports. Acesso em 17 de junho de 2019.

HILL, Robin K. "What an Algorithm Is". *In*: *Philosophy & Technology* [s.l.], v. 29, 2016, pp. 35–59. Disponível em https://link.springer.com/article/10.1007/s13347-014-0184-5. Acesso em 1º de outubro de 2020.

HIRATA, Alessandro "Internetrecht: aspectos de direito comparado alemão". *In*: DE LUCCA, Newton; SIMÃO FILHO, Adalberto; LIMA, Cíntia Rosa Pereira de (coords.). *Direito e Internet III – tomo II: Marco Civil da internet (Lei n. 12.965/2014)*, São Paulo: Quartier Latin, 2015, pp. 609-618.

HUSSAIN A; ALI S; AHMED M; HUSSAIN S. "The Anti-vaccination movement: a regression in modern Medicine". *In*: *Cureus* [s.l.], v. 10, nº 7. pp. 1-8. 2018. Disponível em https://

INTERNET, *FAKE NEWS* E RESPONSABILIDADE CIVIL DAS REDES SOCIAIS

www.ncbi.nlm.nih.gov/pmc/articles/PMC6122668/pdf/cureus-0010-00000002919. pdf. Acesso em 26 de junho de 2019.

INGBER, Stanley. "The Marketplace of Ideas: a legitimizing myth". *In*: Duke Law Journal, Durham, nº 1, 1984, pp. 1-91. Disponível em https://scholarship.law.duke.edu/dlj/vol33/iss1/1. Acesso em 24 de junho de 2020.

JANG, S. Mo.; KIM, Joon K. "Third person effects of fake News: fake news regulation and media literacy interventions". *In: Computers in Human Behavior* [s.l.], nº 80, 2018, pp. 295-302. Disponível em: www.elsevier.com/locate/comphumbeh. Acesso em 30 de janeiro de 2019.

JOO, Thomas W. "The worst test of truth: the 'marketplace of ideas' as faulty metaphor". *In: Tulane Law Review*, New Orleans, v. 89, nº 2, 2014, pp. 383-433. Disponível em https://heinonline.org/HOL/LandingPage?handle=hein.journals/tulr89&div=17&id=&page=. Acesso em 13 de setembro de 2017.

KAZENIAC, Andy. "Social networks: Facebook takes over top spot. Twitter Climbs", 2009. Originalmente disponível em http://blog.compete.com/2009/02/09/facebook--myspace-twitter-social-network/. Atualmente disponível em https://techlifecolumbus.wordpress.com/2009/02/10/social-networks-facebook-takes-over-top-spot-twitter--climbs-to-3-from-22/. Acesso em 03 de dezembro de 2020.

KEEFER, Alice; BAIGET, Tomas. "How it all began: a brief history of the Internet". *In: VINE* [s.l.], v. 31, nº 3, 2011, pp.90-95. Disponível em https://doi.org/10.1108/03055720010804221. Acesso em 29 de abril de 2019.

KIETZMANN, Jan H. [et al]. "Social media? Get serious! Understanding the functional building block of social media". *In: Business Horizons* [s.l.], v. 54, nº 3, 2011, pp. 241-251. Disponível em https://www.sciencedirect.com/science/article/pii/S0007681311000061. Acesso em 06 de outubro de 2020.

KIM, Ji Won. "They liked and shared: effects of social media virality metrics on perceptions of message influence and behavioral intentions". *In: Computers in Human Behavior* [s.l.], v. 84, 2018, pp. 153-161. Disponível em https://www.sciencedirect.com/science/article/abs/pii/S0747563218300360#:~:text=Results%20revealed%20that%20high%20shares,message%20influence%20on%20the%20self. Acesso em 09 de novembro de 2020.

KIRCHNER, Felipe. "A responsabilidade civil objetiva no art. 927, parágrafo único, do CC/2002". *In*: NERY JÚNIOR, Nelson; NERY, Rosa Maria Barreto Borriello de Andrade (orgs.). *Doutrinas essenciais: responsabilidade civil: volume II: direito de obrigações e direito negocial* (publicado originalmente na Revista dos Tribunais, v. 871, 2008, pp. 36-66), São Paulo: Revista dos Tribunais, 2010, pp. 617-657.

KLEIN, Gisiela Hasse; GUIDI NETO, Pedro.; TEZZA, Rafael. "Big Data e mídias sociais: monitoramento das redes como ferramenta de gestão". *In: Saúde e Sociedade*, São Paulo, v. 26, nº 1, 2017, pp. 208-217.

KLEIN. David O; WUELLER, JOSHUA. "Fake News: a legal perspective". *In: Journal of Internet Law* [s.l.], v. 20, nº 10, apr. 2017, pp. 6-13. Disponível em https://papers.ssrn.com/sol3/papers.cfm?abstract_id=2958790. Acesso em 20 de agosto de 2017.

KLEINROCK, Leonard. "An early history of the internet". *In: IEEE Communications Magazine* [s.l.], v. 48, nº 8, aug. 2010, pp. 26-36. Disponível em https://ieeexplore.ieee.org/document/5534584. Acesso em 15 de abril de 2019.

REFERÊNCIAS

_____. "History of the internet and its flexible future". *In: IEEE Wireless Communications* [s.l.], v. 15, nº 1, feb. 2008, pp. 8-18. Disponível em https://ieeexplore. ieee.org/document/4454699. Acesso em 17 de abril de 2019.

KOPPELMAN, Andrew. "Veil of Ignorance: Tunnel Constructivism in Free Speech Theory". *In: Northwestern University Law Review*, Chicago, v. 107, nº 2, 2013, pp. 647-730. Disponível em https://scholarlycommons.law.northwestern.edu/nulr/vol107/iss2/8. Acesso em 2 de junho de 2020.

KRASKI, Ryan. "Combating fake news in socialmedia: U.S. and German legal approaches". *In: St. John's Law Review*, New York, v. 91, 2017, pp. 923-955.

KUCZERAWY, Aleksandra. "Intermediary liability & freedom of expression: recent developments in the EU notice&action initiative". *In: Computer Law & Security Review* [s.l.], v. 31, nº 1, feb. 2015, pp. 46-56. Disponível em https://www.sciencedirect.com/science/article/abs/pii/S0267364914001836. Acesso em 15 de março de 2019.

LADEUR, Karl-Heiz. "Por um novo direito das redes digitais: digitalização como objeto contratual, uso contratual de 'meios sociais', proteção de terceiros contra violações a direitos da personalidade por meio de *Cyber Courts*". *In:* ABBOUD, Georges; NERY JR., Nelson; CAMPOS, Ricardo (coords.). *Fake News e regulação*, São Paulo: Thomson Reuters Brasil, 2018, pp. 41-58.

LARSON, Selena. "Facebook says it took down 'tens of thousands' of fake accounts before German election". *In: CNN Business* [s.l.], 27 de setembro de 2017. Disponível em "http://money.cnn.com/2017/09/27/technology/business/facebook-german-elections-fake--accounts/index.html. Acesso em 20 de março de 2019.

LAVI, Michal. *In: Fordham intelectual property, media and entertainment law journal*, New York, v. 26, nº 4, 2016, pp. 855-943. Disponível em https://ir.lawnet.fordham.edu/iplj/vol26/iss4/2. Acesso em 26 de fevereiro de 2019.

LEAL, Fernando. "Seis objeções ao Direito Civil Constitucional". *In: Revista de Direitos fundamentais e Justiça*, Porto Alegre: HS Editora, out./dez. 2007, pp. 123-165.

LEE, Diana. "Germany's NetzDG and the Threat to Online Free Speech" [artigo eletrônico]. *In: Yale Law School: media, freedom & infomation access clinic* [s.l.], 10 de outubro de 2017. Disponível em https://law.yale.edu/mfia/case-disclosed/germanys-netzdg-and--threat-online-free-speech. Acesso em 13 de janeiro de 2017.

LEINER, Barry M. [et al]. "The past and future history of the internet". *In: Communications of the ACM* [s.l.], v. 40. nº 2, feb. 1997, pp. 102-108. Disponível em https://dl.acm.org/. Acesso em 15 de abril de 2019.

LEMLEY, Brandon K. "Effectuating censorship: Civic Republicanism and the Secondary Effects Doctrine". *In: The John Marshal Law Review*, Chicago, v. 35, nº 2, 2002, pp. 189-225. Disponível em https://repository.jmls.edu/cgi/viewcontent.cgi?referer=https://www.google.com.br/&httpsredir=1&article=1465&context=lawreview. Acesso em 7 de maio de 2020.

LEMOS, Ronaldo. "Uma breve história da criação do Marco Civil". In: DE LUCCA, Newton; SIMÃO FILHO, Adalberto; LIMA, Cíntia Rosa Pereira de (coords.). *Direito e Internet III – tomo I: Marco Civil da internet (Lei n. 12.965/2014)*, São Paulo: Quartier Latin, 2015, pp. 79-100.

LEONARDI, Marcel. "Marco civil da internet, plataformas digitais e redes sociais". *In*: ARTESE, Gustavo (coord.). *Marco civil da internet: análise jurídica sob uma perspectiva empresarial*, São Paulo: Quartier Latin, 2015, pp. 277-298.

LICKLIDER, Joseph Carl Robnett. "Man-Computer Symbiosis". *In*: *IRE Transactions on Human Factors in Electronics* [versão eletrônica; s.l.], v. HFE-1, 1960, pp. 4-11. Disponível em https://groups.csail.mit.edu/medg/people/psz/Licklider.html. Acesso em 7 de junho de 2019.

LIMA, Alvino. "Culpa e risco", 2ª ed., São Paulo: Revista dos Tribunais, 1998.

LIMA, Diego Laurentino; LOPES, Maria Antonieta Albanez A. de Medeiros; BRITO, Ana Maria. "Social media: friend or foe in the COVID-19 pandemic?". *In*: *Clinics*, São Paulo, v. 75, e. 1953, 2020. Disponível em https://www.clinicsjournal.com/article/social-media-friend-or-foe-in-the-covid-19-pandemic/. Acesso em 05 de novembro de 2020.

LOCCHI, Maria Chiara. "Fahrenheit 451 e il dibatto sui limiti alla libertà di espressione". *In*: *Anamorphosis – Revista Internacional de Direito e Literatura*, Porto Alegre, v. 2, nº 1, 2016, pp. 33-52. Disponível em http://rdl.org.br/seer/index.php/anamps/article/view/211. Acesso em 4 de agosto de 2020.

LOPEZ, Teresa Ancona. "Princípio da precaução e evolução da responsabilidade civil", São Paulo: Quartier Latin, 2010.

LORENZETTI, Ricardo Luis. "La responsabilidad de los buscadores de Internet". *In*: DE LUCCA, Newton; SIMÃO FILHO, Adalberto; LIMA, Cíntia Rosa Pereira de (coords.). *Direito e Internet III – tomo II: Marco Civil da internet (Lei n. 12.965/2014)*, São Paulo: Quartier Latin. 2015, pp. 557-567.

LUCIANI, Massimo. "La libertà di espressione, una prospettiva di diritto comparato: Italia" [artigo eletrônico]. *In*: PARRA, Ignacio Díez (ed.). *La libertà di espressione, una prospettiva di diritto comparato. Publicação do Parlamento Europeu* [s.l.], 2019. Disponível em: https://www.europarl.europa.eu/thinktank/en/document.html?reference=EPRS_STU(2019)642242. Acesso em 1º de agosto de 2020.

LUNEBURG, William V. "Civic republicanism, the first amendment, and executive branch policymaking." *In*: *Administrative Law Review*, Washington, v. 43, nº. 3, 1991, pp. 367–410. Disponível em www.jstor.org/stable/40709676. Acesso em 8 de maio de 2020. p. 372.

MACEDO, Ronaldo Porto. "Fake news e as novas ameaças à liberdade de expressão". *In*: ABBOUD, Georges; NERY JR., Nelson; CAMPOS, Ricardo (coords.). *Fake News e regulação*, São Paulo: Thomson Reuters Brasil, 2018, pp. 129-145.

MACHADO, Jónatas E.M. "Liberdade de expressão: dimensões constitucionais da esfera pública no sistema social", Coimbra: Coimbra Editora, 2002.

MAIA, Lauro Augusto Moreira. "Análise do julgamento do H.C. 82.424 pelo S.T.F. Racismo ou restrição indevida à liberdade de expressão? Apreciação sob a perspectiva do direito constitucional americano e da teoria do agir comunicativo (Habermas)". *In*: *Revista ESMAT*, Palmas, v. 2, nº 2, 2017, pp. 127-142.

MARANHÃO, Juliano; CAMPOS, Ricardo. "Fake news e autorregulação regulada das redes sociais no Brasil: fundamentos constitucionais". *In*: ABBOUD, Georges; NERY JR., Nelson; CAMPOS, Ricardo (coords.). *Fake News e regulação*, São Paulo: Thomson Reuters Brasil, 2018, pp.215-231.

REFERÊNCIAS

MARQUES, Claudia Lima. "Campo de Aplicação do CDC". *In*: BENJAMIN, Antônio Herman de Vasconcellos; MARQUES, Cláudia Lima; BESSA, Leonardo Roscoe. *Manual de Direito do Consumidor*, 4ª ed. São Paulo: Editora Revista dos Tribunais, 2012, pp. 85-116.

MARTÍNEZ, Adriana Norma; PORCELLI, Adriana Margarita. "Alcances de la Responsabilidad Civil de los Proveedores de Servicios de Internet a nivel internacional, regional y nacional: las disposiciones de Puerto Seguro, Notificación y Deshabilitación". *In*: *Revista Pensar en Derecho*, Buenos Aires, v. 6, 2015, pp. 117-171. Disponível em http://www.derecho.uba.ar/publicaciones/pensar-en-derecho/revistas/6/alcances-de-la--responsabilidad-civil-de-los-proveedores-de-servicios-de-internet.pdf. Acesso em 18 de junho de 2019.

MARTINS, Guilherme Magalhães. "Dano moral coletivo nas relações de consumo". *In*: STOCO, Rui. *Doutrinas essenciais: dano moral: volume II: dano moral nas relações de consumo*, (originalmente publicado na Revista de Direito do Consumidor, v. 21, nº. 82, 2012, pp. 87-109). São Paulo: Revista dos Tribunais, 2015, pp. 1.311-1.333.

_____. "Responsabilidade civil por acidente de consumo na Internet", 2ª ed., São Paulo: Saraiva, 2014.

MARTINS-COSTA, Judith. "Capacidade para consentir e esterilização de mulheres". *In*: MARTINS-COSTA, Judith; MÖLLER, Letícia Ludwig (org). *Bioética e responsabilidade*, Rio de Janeiro: Forense, 2009, pp. 299-346.

MASSIMEI, Gianluca. "Responsabilità dell'internet hosting provider per i contenuti pubblicati da terzi: il Caso Wikipedia" [arigo eletrônico, s.l.], 2018. Disponível em https://www.diritto.it/la-responsabilita-dellinternet-hosting-provider-contenuti-pubblicati--terzi-caso-wikipedia/. Acesso em 19 de junho de 2019.

MAZUR, Maurício. "A dicotomia entre os direitos da personalidade e os direitos fundamentais". *In*: MIRANDA, Jorge; RODRIGUES JUNIOR, Otavio Luiz; FRUET, Gustavo Bonato (orgs.). *Direitos da personalidade*, São Paulo: Atlas, 2002, pp. 25-64.

MCDONALD, Barry P. "Speech and Distrust: Rethinking the Content Approach to Protecting the Freedom of Expression". *In*: *Notre Dame Law Review*, Notre Dame, v. 81, nº 4, 2006, pp. 1347-1430. Disponível em https://scholarship.law.nd.edu/cgi/viewcontent.cgi?article=1348&context=ndlr. Acesso em 12 de junho de 2020.

MCGONAGLE, Tarlach. "'Fake news': false fears or real concerns". *In*: *Netherlands quarterly of human rights* [s.l.], v. 35, nº 4, 2017, pp. 203-209. Disponível em https://journals.sagepub.com/doi/full/10.1177/0924051917738685#articleCitationDownloadContainer. Acesso em 09 de novembro de 2020.

MEDEIROS NETO, Xisto Tiago de. "O dano moral coletivo e sua reparação". *In*: DOS ANJOS FILHO, Robério Nunes (org.). *10 anos do Código Civil: edição comemorativa*, Brasília: ESMPU, 2014, pp. 118-149.

MESQUITA, João Lara. "Fake news climáticas nas redes sociais disparadas por robôs". *In*: *Portal d'O Estado de São Paulo Mar sem fim*, 27 de fevereiro de 2020. Disponível em https://marsemfim.com.br/fake-news-climaticas-nas-redes-sociais-por-robos/. Acesso em 16 de dezembro de 2020.

MIAO, Weishan; ZHU, Hongjun; CHEN, Zhangmin. "Who's in charge of regulating the Internet in China: the historyand evolution of China'sInternet regulatory agencies". *In*: *China Media Research* [s.l.], v. 14, nº 3, 2018, pp. 1-7. Disponível em http://go.galegroup.

com/ps/i.do?id=GALE%7CA549658139&v=2.1&u=capes&it=r&p=AONE&sw=w. Acesso em 2 de maio de 2019.

MILL, John Stuart. "On liberty". Kitchener: Batoche Books, 2001 (original de 1.859). Disponível em http://www.dominiopublico.gov.br/download/texto/mc000210.pdf. Acesso em 4 de setembro de 2020.

MILLER, Jason C. "Who's exposing John Doe: distinguishing between public and private figure plaintiffs in subpoenas to ISPS in anonymous online defamation Suits". *In: Journal of Technology Law & Policy*, Gainesville, v. 13, nº 1, 2008, pp. 230-260. Disponível em https://www.researchgate.net/publication/228141646_Who's_Exposing_John_Doe_ Distinguishing_Between_Public_and_Private_Figure_Plaintiffs_in_Subpoenas_to_ ISPs_in_Anonymous_Online_Defamation_Suits. Acesso em 17 de março de 2019.

MILTON, John. "Aeropagitica", Cambridge, 1918 (original de 1.644). Disponível em http:// files.libertyfund.org/files/103/1224_Bk.pdf. Acesso em 4 de setembro de 2020.

MIRAGEM, Bruno. "Responsabilidade por danos na sociedade de informação e proteção do consumidor: desafios atuais da regulação jurídica da Internet". *In: Revista e direito do consumidor*, ano 18, nº 70, São Paulo: Revista dos Tribunais, 2009, pp. 41-92.

MIRANDA, Jorge; RODRIGUES JUNIOR, Otavio Luiz; FRUET, Gustavo Bonato. "Principais problemas dos direitos da personalidade e estado-da-arte da matéria no direito comparado". *In*: MIRANDA, Jorge; RODRIGUES JUNIOR, Otavio Luiz; FRUET, Gustavo Bonato (orgs.). *Direitos da personalidade*, São Paulo: Atlas, 2002, pp. 1-23.

MITCHELL, Amy [et al]. "Many americans say made-up News is a critical problem that need to be fixed". *In: Pew Research Center* [s.l.], 05 de junho de 2019. Disponível em https://www.journalism.org/2019/06/05/many-americans-say-made-up-news-is-a- -critical-problem-that-needs-to-be-fixed/. Acesso em 26 de junho de 2019.

MONNERAT, Alessandra. "Redes sociais ignoraram 66% dos alertas do TSE". *In: O Estado de São Paulo* [s.l.], 27 de dezembro de 2020. Disponível em https://politica.estadao. com.br/noticias/geral,redes-sociais-ignoraram-66-dos-alertas-do-tse,70003563468. Acesso em 06 de janeiro de 2021.

MONNIER, Angeliki. "Narratives of the Fake News Debate in France". *In: IAFOR – Journal of Arts & Humanities*, Nagoya, v. 5, nº 2, 2018, pp. 3-22. Disponível em https://iafor.org/ journal/iafor-journal-of-arts-and-humanities/volume-5-issue-2/article-1/. Acesso em 17 de abril de 2019.

MORAES, Maria Celina Bodin de. "A caminho de um direito civil constitucional". *In*: *Revista de Direito Civil, Imobiliário, Agrário e Empresaria*l, ano 17, jul./set., 1993, São Paulo: Revista dos Tribunais, 1993, pp. 21-32.

_____ "Risco, solidariedade e responsabilidade objetiva". *In: Revista dos Tribunais*, ano 95, v. 854, São Paulo: Revista dos Tribunais, 2006, pp. 11-37.

MORAES, Thiago Guimarães. "Responsabilidade Civil de provedores de conteúdo da Internet". *In: Revista Brasileira de Direito Civil*, Rio de Janeiro, v. 4, nº 2, 2015, pp. 81- -100.

MORAES, Walter. "Concepção tomista de pessoa: um contributo para a teoria do direito da personalidade". *In*: NERY JUNIOR, Nelson; NERY, Rosa Maria de Andrade. *Doutrinas essenciais: responsabilidade civil*, v. 1 (publicado originalmente na Revista de Direito Privado, nº 2, abr-jun/2000), São Paulo: Revista dos Tribunais, 2010, pp. 817-835.

REFERÊNCIAS

MORAIS, José Luis Bolzan. "A insuficiência do Marco Civil da Internet na proteção das comunicações privadas armazenadas e do fluxo de dados a partir do paradigma da *surveillance*". *In*: LEITE, George Salomão; LEMOS, Ronaldo (coords.). *Marco Civil da Internet*, São Paulo: Atlas, 2014, pp. 417-439.

MORATO, Antônio Carlos. "Quadro geral dos direitos da personalidade". *In*: *Revista da Faculdade de Direito da Universidade de São Paulo*, São Paulo, v. 106/107, 2012, pp. 121-158.

MÜLLER, Johannes; TELLIER, Volker Hösel Aurélien. "Filter bubbles, echo chambers, and reinforcement: tracing populism in election data" [artigo eletrônico]. *In*: *Cornell University, Physics: Physics and Society* [s.l.], 2020. Disponível em https://arxiv.org/abs/2007.03910. Acesso em 12 de novembro de 2020.

MÜLLER, Michael W. "Mapping paradigms of European Internet regulation: the example of internet content control". *In*: *Frontiers of Law in China. Special issue: Paradigms of Internet Regulation in European Union and China*, Beijing, v. 13, nº 3, oct. 2018, pp. 329-341. Disponível em http://go.galegroup.com/ps/i.do?&id=GALE|A561511579&v=2.1&u =capes&it=r&p=AONE&sw=w.

MULLIS, Alastair; SCOTT, Andrew. "Tilting at Windmills: the Defamation Act 2013". *In*: *The modern law review* [s.l.], v. 77, nº 1, jan. 2014, pp. 87-109. Disponível em https://onlinelibrary.wiley.com/doi/epdf/10.1111/1468-2230.12057. Acesso em 3 de abril de 2019.

MUNARO, Franciel. "A cláusula geral do abuso de direito como função *longa manus* do instituto da responsabilidade civil", *In*: *Scientia Juris*, Londrina, v. 11, 2007, pp. 57-72. Disponível em http://www.uel.br/revistas/uel/index.php/iuris/article/view/4147 Acesso em 28 de dezembro de 2020.

MÜZEL, Lúcia. "Aquecimento global não existe? Tem muita terra para pouco índio? Essas e outras fake news ambientais". *In*: *RFI* [s.l.], 11 de junho de 2020. Disponível em https://www.rfi.fr/br/brasil/20200611-aquecimento-global-n%C3%A3o-existe--tem-muita-terra-para-pouco-%C3%ADndio-essas-e-outras-fake-news-ambientais. Acesso em 16 de dezembro de 2020.

NETO, Antônio Fausto. "Fake news e circulação de sentidos nas eleições presidenciais brasileiras: 2018". *In*: FIGUEIRA, João; SANTOS, Sílvio (orgs.). *As fake news e a nova ordem (des)informativa na era da pós-verdade*, Coimbra: Universidade de Coimbra, 2019, pp. 177-197. Disponível em https://digitalis.uc.pt/pt-pt/livro/algoritmos_e_redes_sociais_propaga%C3%A7%C3%A3o_de_fake_news_na_era_da_p%C3%B3s_verdade. Acesso em 13 de novembro de 2020.

NIMMER, Melville B. Nimmer. "Introduction-Is Freedom of the Press a Redundancy: What Does it Add to Freedom of Speech", *In*: *Hastings Law Journal*, San Francisco, v. 26, nº 3, 1975, pp. 639-658. Disponível em https://repository.uchastings.edu/hastings_law_journal/vol26/iss3/2. Acesso em 29 de junho de 2020.

NORONHA, Fernando. "Direito das obrigações", v. I, São Paulo: Saraiva, 2003.

NUNES, Rizzato. "Curso de direito do consumidor", 9ª ed., São Paulo: Saraiva, 2014.

O'DONOGHUE, Rachel. "Does Hillary Clinton have CANCER? Rumors rife of terminal illness". *In*: *Daily Star* [s.l.], 16 de setembro de 2016. Disponível em http://www.dailystar.co.uk/news/latest-news/544999/hillary-clinton-cough-collapse-lung-cancer--september-11-remembrance-pneumonia. Acesso em 22 de fevereiro de 2021.

O'KEEFFE, Gwenm Schurgin; CLARKE-PEARSON, Kathleen. "The impact of social media on children, adolescents, and families". *In: Pediatrics*, Washington, v 127, nº 4, 2011, pp. 800-804. Disponível em https://pediatrics.aappublications.org/content/127/4/800. Acesso em 05 de outubro de 2020.

O'REILLY, Tim. "What is web 2.0: design patterns and business models for the next generation of software" [artigo eletrônico, s.l.], 30 de setembro de 2005. Disponível em https://www.oreilly.com/pub/a/web2/archive/what-is-web-20.html. Acesso em 24 de junho de 2019.

OLIVEIRA, Júlia Costa de. "Dano moral coletivo e o discurso de ódio: a responsabilização pelo *hate speech* é solução ou excesso? *In*: SOUZA, Eduardo Nunes de; SILVA, Rodrigo da Guia. *Controvérsias atuais em responsabilidade civil*, São Paulo: Almedina, 2018, pp. 335-363.

OSSOLA, Ana Laura. "Libertad de expressión: declaraciones, derechos y garantias – deberes y derechos individuales". In: MIRANDA, Jorge; RODRIGUES JUNIOR, Otavio Luiz; FRUET, Gustavo Bonato (orgs.). *Direitos da personalidade*, São Paulo: Atlas, 2002, pp. 197-225.

PAIERO, Denise S; SANTORO, André C. T; SANTOS, Rafael F. "As fake news e os paradigmas do relato jornalístico". *In*: RAIS, Diogo (coord.). *Fake News: a conexão entre a desinformação e o direito*, São Paulo: Thomson Reuters Brasil, 2018, pp. 51-59.

PALFREY, John. "Four phases of internet regulation". *In: Social research*, Baltimore, v. 77, nº 3, 2010, pp. 981-996. Disponível em https://www.jstor.org/stable/40972303?seq=1#page_scan_tab_contents. Acesso em 1º de maio de 2019.

PALMER, Vernon Valentine. "Danos morais: o despertar francês no século XIX". trad. por Otávio Luiz Rodrigues Junior e Thalles Ricardo Alciati Valim. *In: Revista de Direito Civil Contemporâneo*, nª 9, São Paulo: Revista dos Tribunais, 2016, pp. 225-241.

PAMPLONA FILHO, Rodolfo. "Novos danos da responsabilidade civil. Danos morais coletivos, danos sociais ou difusos e danos por perda de uma chance". *In*: SALOMÃO, Luís Felipe; TARTUCE, Flávio (coords.). *Diálogos entre a doutrina e a jurisprudência*, São Paulo: Atlas, 2018, pp. 417-438.

PAPPALARDO, Kylie; SUZOR, Nicolas. "The liability of Australian online intermediaries". *In: Sidney Law review*. Sidney, v. 40, 2018, pp. 469-498. Disponível em https://sydney.edu.au/law/our-research/publications/sydney-law-review.html. Acesso em 25 de fevereiro de 2019.

PARAGUASSU, Lisandra. "Facebook exclui 140 mil posts com fake news sobre eleições no Brasil". *In: Uol Tilt*, São Paulo, 23 de novembro de 2020. Disponível em https://www.uol.com.br/tilt/noticias/reuters/2020/11/23/facebook-exclui-140-mil-publicacoes--com-informacoes-falsas-sobre-eleicoes-municipais-no-brasil.htm. Acesso em 4 de dezembro de 2020.

PARISER, Eli. "The filter bubble: how the new personalized web is changing what we read and how we think" [livro eletrônico], New York: Penguin, 2011.

PEGORARO JUNIOR, Paulo Roberto [et al]. "Responsabilidade civil e surveillance: as commodities digitais e o risco da atividade". *In: Revista judiciária do Paraná*, nº 13, Curitiba: Bonijuris, 2017, pp. 17-34.

REFERÊNCIAS

PENCE, Harry. "What is Big data and why is it important?". *In: Journal of Educational Technology Systems* [s.l.], 2014, v. 43, pp. 159-171. Disponível em https://journals.sagepub. com/doi/abs/10.2190/ET.43.2.d. Acesso em 30 de setembro de 2020.

PENNYCOOK, Gordon; CANNON, Tyrone D.; RAND, Dvid. G. "Prior exposure increases perceived accuracy of fake News". *In: Journal of experimental psychology: general*, v. 147, nº 12, 2018, pp. 1865-1880. Disponível em http://dx.doi.org/10.1037/xge00004651865. Acesso em 31 de janeiro de 2018.

PEREIRA, Caio Mário da Silva. "Direitos da personalidade". *In: Revista da Academia Brasileira de Letras Jurídicas*, Rio de Janeiro, v. 8, nº 6, 1994, pp. 117-136.

_____. "Responsabilidade civil", 12ª ed., rev. atual. e ampl. por Gustavo Tepedino [livro eletrônico sem paginação], São Paulo: Forense, 2018.

PETERSEN, Michael Bang., GIESSING, Ann., NIELSEN, Jesper. "Physiological responses and partisan bias: beyond self-reported measures of party identification". *In: PLOS ONE*, San Francisco, v. 10, nº 5, 2015, pp. 01-09. Disponível em https://doaj.org/article/576c 7523f04c412db2c0377ba5d3d2ef. Acesso em 20 de fevereiro de 2019.

PICCIOTO, Robert. "Is evaluation obsolete in a post-truth world". *In: Evaluation and program planning* [s.l.], v. 73, pp. 88-96, 2019. Disponível em https://www.sciencedirect. com/science/article/pii/S014971891830329X. Acesso em 13 de outubro de 2020.

PINHEIRO, Patrícia Peck. "Direito Digital", 6ª ed., São Paulo: Saraiva, 2016.

PINTO JÚNIOR, Amaury Rodrigues. "A função social dissuasória da indenização por dano moral coletivo e sua incompatibilidade com a responsabilidade civil objetiva". *In: Juris Plenum*, ano X, nº 55, Caxias do Sul: Editora Plenum, 2014, pp. 53-68.

PODESTÀ, Fabio Henrique. "Marco Civil da Internet e Direitos da Personalidade". *In:* DE LUCCA, Newton; SIMÃO FILHO, Adalberto; LIMA, Cíntia Rosa Pereira de (coords.). *Direito e Internet III – tomo I: Marco Civil da internet (Lei n. 12.965/2014)*, São Paulo: Quartier Latin, 2015, pp. 385-403.

POLI, Fabrício Angerami. "O dano social". Dissertação (mestrado em Direito pela Faculdade de Direito da Universidade de São Paulo), São Paulo, 2015. 300p.

PONTHOREAU, Marie-Claire. "Liberté d'expression, une perspective de droit comparé: France" [artigo eletrônico]. *In:* PARRA, Ignacio Díez (ed.). *Liberté d'expression, une perspective de droit compare. Publicação do Parlamento Europeu* [s.l.], 2019. Disponível em: https://www.europarl.europa.eu/thinktank/en/document.html?reference=EPRS_ STU(2019)642242. Acesso em 5 de agosto de 2020.

POSTILL, John. "Populism and social media: a global perspective". *In: Media, Culture & Society* [s.l.], v. 40, nº 5, 2018, pp. 754-765. Disponível em https://journals.sagepub. com/doi/full/10.1177/0163443718772186. Acesso em 06 de novembro de 2020.

PÜSCHEL, Flavia Portella. "Funções e princípios justificadores da responsabilidade civil e o art. 927, § único do Código Civil". *In: Revista Direito GV*, São Paulo, v. 1, nº 1, 2005, pp. 91-107.

QUARMBY, Ben. "Protection from online libel: a discussion and comparison of the legal and extrajudicial recourses available to individual and corporate plaintiffs". *In: New England Law Review*, Boston, v. 42, nº 2, 2008, pp. 275-297. Disponível em https:// newenglrev.com/archive/volume-42/issue-2/v42b2quarmby/. Acesso em 5 de abril de 2019.

QUEIROZ, João Quinelato de. "Responsabilidade civil na rede: danos e liberdade à luz do marco civil da internet", Rio de Janeiro: Processo, 2019.

RAMOS, André de Carvalho. "A ação civil pública e o dano moral coletivo". *In*: STOCO, Rui (org.). *Doutrinas essenciais: dano moral: volume II: dano moral nas relações de consumo*, (originalmente publicado na Revista de Direito do Consumidor, nº. 25, 1998, pp. 80-98), São Paulo: Revista dos Tribunais, 2015, pp. 1.203-1.228.

REALE JÚNIOR, Miguel. "Limites à liberdade de expressão". *In*: D´AVILA, Fabio Roberto (org.). *Direito Penal e política criminal no terceiro milênio: perspectivas e tendências*, Porto Alegre: EdiPUCRS, 2011, pp. 119-144. Disponível em https://bibliodigital.unijui.edu. br:8443/xmlui/handle/123456789/1470. Acesso em 27 de julho de 2020.

REGULES, Juncal Montero. "Disinformation and freedom of expression: a study on the regulation of 'fake news' in the European Union". MCEL Master Working Paper 2018/8, Maastricht, 2018, 55p. Disponível em https://www.maastrichtuniversity.nl/sites/default/files/mcel_master_working_paper_regules_20188_pdf.pdf. Acesso em 10 de novembro de 2020.

REINIG, Guilherme Henrique Lima. "O problema da causalidade na responsabilidade civil – a teoria do escopo de proteção da norma (*Schutzzwecktheorie*) e sua aplicabilidade no direito civil brasileiro". Tese (doutorado em Direito pela Faculdade de Direito da Universidade de São Paulo), São Paulo, 2015. 293p.

REIS, Gabriel Valente dos. "Dignidade da Pessoa humana e constitucionalização do Direito Civil: origens e riscos metodológicos". *In*: *Revista de Direito do Tribunal de Justiça do Rio de Janeiro*, nº 82, Rio de Janeiro: Espaço jurídico, 2010. pp. 92-109.

RINI, Regina. "Fake News and partisan epistemology". *In*: *Kennedy Institute of Ethics Journal*, Washington, v. 27, nº 2 Supplement, 2017, pp. 43-64. Disponível em https://muse.jhu. edu/. Acesso em 19 de fevereiro de 2019.

RISSO, Carla de Araújo. "Tipologia da desinformação e a difusão de conteúdo engano-so nas eleições de 2018". *In*: COSTA, Cristina; BLANCO, Patrícia (org). *Liberdade de Expressão: questões da atualidade*. São Paulo: ECA-USP, 2019, pp. 67-83. Disponível em http://www.livrosabertos.sibi.usp.br/portaldelivrosUSP/catalog/book/408. Acesso em 23 de julho de 2020.

ROCHA, Francisco Ilídio Ferreira. "Da responsabilidade por danos decorrentes de con-teúdo gerado por terceiros". *In*: LEITE, George Salomão; LEMOS, Ronaldo (coords.). *Marco Civil da Internet*, São Paulo: Atlas, 2014, pp. 817-845.

RODEGUERI, Letícia Bodanese; RAMINELLI, Francieli Puntel; OLIVEIRA, Rafael Santos de. "Espaços de conversação: os blogs e a construção da ciberdemocracia no Brasil". *In*: *Revista Direitos emergentes na sociedade global*, Santa Maria, v. 1. nº 1, 2012, pp. 56-78. Disponível em https://www.academia.edu/3114122/ESPA%C3%87OS_DE_ CONVERSA%C3%87%C3%83O_OS_BLOGS_EA_CONSTRU%C3%87%C3%83O_ DA_CIBERDEMOCRACIA_NO_BRASIL. Acesso em 24 de junho de 2019.

RODRIGUES JUNIOR, Otavio Luiz. "Direito Civil contemporâneo: estatuto epistemio-lógico, Constituiçao e direitos fundamentais" [versão eletrônica], 2ª ed., São Paulo: Forense Universitária, 2019

REFERÊNCIAS

_____. "Internet: problemas de qualificação e classificação de conflitos nas redes sociais. *In*: ANDRIGHI, Fátima Nancy (coord.). *Responsabilidade civil e inadimplemento no direito brasileiro*, São Paulo: Atlas, 2014, pp. 283-301.

_____. "O direito ao nome, à imagem e outros relativos à identidade e à figura social, inclusive a intimidade". In: SIMÃO, José Fernando; BELTRÃO, Silvio Romero. *Direito Civil: estudos em homenagem a José de Oliveira Ascensão*. v. 2. São Paulo: Editora Atlas S.A, 2015. pp. 3-13.

ROHR, Altieres. "WhatsApp começa a identificar conversas com criptografia". *In*: *G1, Segurança digital* [s.l.], 05 de abril de 2016. Disponível em http://g1.globo.com/tecnologia/blog/seguranca-digital/post/whatsapp-comeca-identificar-conversas-com-criptografia.html. Acesso em 11 de junho de 2019.

ROMANINI, Anderson Vinicius; MIELLI, Renata Vicentini. "Mentiras, discurso de ódio e desinformação violaram a liberdade de expressão nas eleições de 2018". *In*: COSTA, Cristina; BLANCO, Patrícia (org.). *Liberdade de Expressão: questões da atualidade*. São Paulo: ECA-USP, 2019, pp. 34-51. Disponível em http://www.livrosabertos.sibi.usp.br/portaldelivrosUSP/catalog/book/408. Acesso em 22 de julho de 2020.

ROMITA, Arion Sayão. "Dano moral coletivo". *In*: *Repertório de Jurisprudência do IOB*, São Paulo, v. 11, nº 14, 2007, pp. 432-429.

ROMM, Tony; HARWELL, Drew. "Facebook, Google and Twitter face fresh heat from Congress on harmful online content". *In*: *The Washinton Post* [s.l.], 18 de setembro de 2019. Disponível em https://www.washingtonpost.com/technology/2019/09/18/facebook-google-twitter-face-fresh-heat-congress-harmful-online-content/. Acesso em 2 de outubro de 2020.

ROSENVALD, Nelson. "As funções da responsabilidade civil: a reparação e a pena civil", 2ª ed., São Paulo: Atlas, 2014.

ROSSI, Mariane. "Mulher espancada após boatos em rede social morre em Guarujá, SP". *In*: *G1*, Santos, 05 de maio de 2014. Disponível em http://g1.globo.com/sp/santos-regiao/noticia/2014/05/mulher-espancada-apos-boatos-em-rede-social-morre-em-guaruja--sp.html. Acesso em 26 de junho de 2019.

ROZENZWEIG, Roy. "Wizards, Bureaucrats, Warriors, and Hackers: Writing the History of the Internet". *In*: *The American Historical review* [s.l.], v. 103, nº 5, dec. 1998, pp. 1530-1552. Disponível em https://academic.oup.com/ahr/article-abstract/103/5/1530/187277. Acesso em 17 de abril de 2019.

RUDGARD, Olivia. "Twitter boss calls for social media regulation". *In*: *Telegraph*, London, 03 de abril de 2019. Disponível em https://www.telegraph.co.uk/technology/2019/04/03/twitter-boss-calls-social-media-regulation/. Acesso em 11 de junho de 2019.

SALMINEM, Airi; TOMPA, Frank. "Communicating with XML" [livro eletrônico], Boston: Springer, 2011. Disponível em https://link.springer.com/book/10.1007/978-1-4614-0992-2. Acesso em 30 de setembro de 2020.

SALVATORE, Vincenzo. "La libertà di espressione, uma prospettiva di diritto comparato: Unione europea" [artigo eletrônico]. *In*: PARRA, Ignacio Díez (ed.). *La libertà di espressione, uma prospettiva di diritto comparato. Publicação do Parlamento Europeu*, 2019. Disponível em: https://www.europarl.europa.eu/thinktank/en/document.

INTERNET, *FAKE NEWS* E RESPONSABILIDADE CIVIL DAS REDES SOCIAIS

html?reference=EPRS_STU%282019%29644172. Acesso em 29 de julho de 2020.

SÁNCHEZ, Pedro González-Trevijano. "La libertad de expressión, una perspectiva de derecho comparado: España" [artigo eletrônico]. *In*: PARRA, Ignacio Díez (ed.). *La libertad de expressión, una perspectiva de derecho comparado. Publicação do Parlamento Europeu* [s.l.], 2019, Disponível em: https://www.europarl.europa.eu/thinktank/es/document.html?reference=EPRS_STU%282019%29642241#:~:text=La%20libertad%20de%20expresi%C3%B3n%2C%20una%20perspectiva%20de%20Derecho%20Comparado%20%2D%20Espa%C3%B1a,-15%2D10%2D2019&text=La%20libertad%20de%20expresi%C3%B3n%20est%C3%A1,interrelacionados%2C%20pero%20aut%C3%B3nomos%20e%20independientes. Acesso em 10 de agosto de 2020.

SARLET, Ingo Wolfgang. "A eficácia dos direitos fundamentais", 9ª ed., Porto Alegre: Livraria do Advogado, 2008.

_____. "Liberdade de expressão e biografias não autorizadas — notas sobre a ADI 4.815" [artigo eletrônico]. *Conjur*, 19 de junho de 2015. Disponível em https://www.conjur.com.br/2015-jun-19/direitos-fundamentais-liberdade-expressao--biografias-nao-autorizadas. Acesso em 2 de dezembro de 2020.

SARMENTO, Daniel. "Neoconstitucionalismo no Brasil: riscos e possibilidades". *In*: *Revista brasileira de estudos constitucionais*, v. 3, nº 9, jan./mar. 2009, Belo Horizonte: Fórum, pp. 95-133.

SCAFF, Fernando Campos. "O direito à imagem: proteção e reparação". *In*: CORREIA, Atalá; CAPUCHO, Fábio Jun (coords.). *In*: CORREIA, Atalá; CAPUCHO, Fábio Jun (coords.). *Direitos da personalidade: a contribuição de Silmara J. A. Chinellato*, Barueri: Manole, 2019, pp. 153-163.

SCHAUER, Frederick. "Is It Better to Be Safe than Sorry?. Free Speech and the Precautionary Principle". *In*: *Pepperdine Law Review*, Malibu, v. 36, nº 2, 2009, pp. 301-315.

SCHREIBER, Anderson. "Direitos da personalidade", 3ª ed., São Paulo: Atlas, 2014.

_____. "Marco Civil da Internet: avanço ou retrocesso?: a responsabilidade civil por dano derivado do conteúdo gerado por terceiro". *In*: DE LUCCA, Newton; SIMÃO FILHO, Adalberto; LIMA, Cíntia Rosa Pereira de (coords.). *Direito e Internet III – tomo II: Marco Civil da internet (Lei n. 12.965/2014)*, São Paulo: Quartier Latin, 2015, pp. 277-305.

SCHULZ, Wolfgang. "Regulating Intermediaries to Protect Privacy Online: the Case of the German NetzDG". *In*: *High Discussion paper series* [s.l.], nº 1, 2018, pp. 3-14. Disponível em https://www.hiig.de/wp-content/uploads/2018/07/SSRN-id3216572.pdf. Acesso em 11 de junho de 2019.

SCUDERI, Simona. "La responsabilità dell'internet service provider alla luce della giurisprudenza della Corte di Giustizia Europea (causa c-610/15, 14 giugno 2017)". *In*: *Diritto Mercato Tecnologia* [s.l.], 2018, pp. 1-16. Disponível em https://www.dimt.it/la-rivista/articoli/la-responsabilita-dell-internet-service-provider-alla-luce-della-giurisprudenza-della-corte-di-giustizia-europea-causa-c-610-15-14-giugno-2018/. Acesso em 14 de junho de 2019.

SEDGWICK, Rosemary [et al]. "Social media, internet use and suicide attempts in adolescents". *In*: *Current Opinion in Psychiatry* [s.l.], v. 32, nº 6, 2019, pp 534-541. Disponível

REFERÊNCIAS

em https://journals.lww.com/co-psychiatry/fulltext/2019/11000/social_media,_internet_use_and_suicide_attempts_in.12.aspx. Acesso em 05 de outubro de 2020.

SEGURADO, Rosemary; LIMA, Carolina Silva Mandú de; AMENI, Cauê S. "Regulamentação da internet: perspectiva comparada entre Brasil, Chile, Espanha, EUA e França". *In: História, Ciências, Saúde – Manguinhos*, Rio de Janeiro, v. 22, supl.., 2015, pp.1551-1571. Disponível em http://www.egov.ufsc.br/portal/conteudo/regulamenta%C3%A7%C3%A3o-da-internet-perspectiva-comparada-entre-brasil--chile-espanha-eua-e-fran%C3%A7a. Acesso em 7 de maio de 2019.

SEIDENFELD, Mark. "A civil republican justification for the burocratic state". *In: Harvard Law Review*, Cambridge, v. 105, nº 7, 1992, pp. 1.512-1.576. Disponível em http://web.b.ebscohost.com/ehost/pdfviewer/pdfviewer?vid=1&sid=5a467671-22ad-4503-9bf6-fcf122773803%40sessionmgr101. Acesso em 06 de maio de 2020.

SELTZER, Wendy. "Free speech unmoored in copyright's safe harbor: chilling effects of the DMCA on the first amendment". *In: Harvard Journal of Law & Technology*, Cambridge, v. 24, nº 1, 2010, pp. 171-232. Disponível em jolt.law.harvard.edu/articles/pdf/v24/24HarvJLTech171.pdf. Acesso em 5 de abril de 2019.

SHAHIN, Jamal. "A European history of the Internet". *In: Science and Public Policy* [s.l.], v. 33, nº 9, nov. 2006, pp. 681–693. Disponível em https://academic.oup.com/spp/article-abstract/33/9/681/1678731. Acesso em 17 de abril de 2019.

SHU, Kai [et al]. "Fake News Detection on Social Media: A Data Mining Perspective" [artigo eletrônico]. *In: ACM SIGKDD Explorations Newsletter* [s.l.], v. 19, nº 1, 2017, pp. 22-36. Disponível em http://users.wpi.edu/~kmus/ECE579M_files/ReadingMaterials/fake_news%5B1828%5D.pdf. Acesso em 03 de dezembro de 2020.

SILVA, Américo Luís Martins da Silva. "O dano moral e sua reparação civil", 3ª ed., São Paulo: Revista dos Tribunais, 2005.

SILVA, Deborah Ramos da; KERBAUY, Maria Teresa Miceli. "Eleições 2018 e a forte influência das redes sociais". *In: COSTA, Cristina; BLANCO, Patrícia (org). Liberdade de Expressão: questões da atualidade*, São Paulo: ECA-USP, 2019, pp. 67-83. Disponível em http://www.livrosabertos.sibi.usp.br/portaldelivrosUSP/catalog/book/408. Acesso em 13 de novembro de 2020.

SILVA, José Afonso da. "Aplicabilidade das normas constitucionais", 8ª ed., 2ª tir., São Paulo: Malheiros, 2015.

SILVA, Júlio César Casarin Barroso. "Liberdade de expressão e expressões de ódio". *In: Revista Direito GV*, São Paulo, v. 11, nº 1, jan. 2015, pp. 37-64.

SILVA, Regina Beatriz Tavares da. "Sistema protetivo dos direitos da personalidade". *In:* SILVA, Regina Beatriz Tavares da; SANTOS, Manoel J. Pereira dos. *Responsabilidade civil: responsabilidade civil na Internet e nos demais meios de comunicação*, 2ª ed., São Paulo: Saraiva, 2012, pp. 26-75.

SILVA. Virgílio Afonso da. "A constitucionalização do direito. Os direitos fundamentais nas relações entre particulares", São Paulo: Malheiros, 2005.

_____. "Princípios e regras: mitos e equívocos acerca de uma distinção". *In: Revista Latino-Americana de estudos constitucionais*, nº 1, Belo Horizonte: Del Rey, 2003, pp. 607-630. Disponível em https://constituicao.direito.usp.br/wp-content/uploads/2003-RLAEC01-Principios_e_regras.pdf. Acesso em 20 de agosto de 2020.

SILVA, Wilson Melo da. "O dano moral e sua reparação", 3ª ed., Rio de Janeiro: Forense, 1999.

SILVERMAN, Craig. "How The Bizarre Conspiracy Theory Behind 'Pizzagate' Was Spread". *In: Buzzfeed* [s.l.], 05 de dezembro de 2016. Disponível em https://www.buzzfeed.com/craigsilverman/fever-swamp-election. Acesso em 26 de junho de 2019.

SINDERMAN, Cornelia [et al]. "Age, gender, personality, ideological attitudes and individual differences in a person's news spectrum: how many and who might be prone to'filter bubbles' and 'echo chambers' online?" [artigo eletrônico]. *In: Helyon* [s.l.], v. 6, nº 1, 2020. Disponível em https://www.sciencedirect.com/science/article/pii/S2405844020300591?via%3Dihub. Acesso em 12 de novembro de 2020.

SIVIERO, Fabiana; SANCHEZ, Guilherme Cardoso. "O novo regime de responsabilidade civil dos provedores de aplicações de internet". In: ARTESE, Gustavo (coord.). *Marco Civil da Internet: análise jurídica sob uma perspectiva empresarial*, São Paulo: Quartier Latin, 2015, pp. 159-182.

SORJ, Bernardo [et al]. "Sobrevivendo nas redes: guia do cidadão" [livro eletrônico]. São Paulo: Plataforma democrática: Fundação FHC: Centro Edelstein, 2018. Disponível em http://www.plataformademocratica.org/Arquivos/Sobrevivendo_nas_redes.pdf. Acesso em 11 de outubro de 2020.

SOUZA, Carlos Affonso Pereira de. "As cinco faces da proteção à liberdade de expressão no Marco Civil da Internet". In: DE LUCCA, Newton; SIMÃO FILHO, Adalberto; LIMA, Cíntia Rosa Pereira de (coords.). *Direito e Internet III – tomo II: Marco Civil da internet (Lei n. 12.965/2014)*, São Paulo: Quartier Latin, 2015, pp. 377-408.

STARCK, Christian. "Jurisdicción constitucional y tribunales ordinarios". *In: Revista española de derecho constitucional*, Madrid, nº. 53, 1998, pp. 11-32.

STEINMETZ, Wilson. "A vinculação dos particulares a direitos fundamentais", São Paulo: Malheiros, 2004.

STRECK, Lenio Luiz. "Apontamentos hermenêuticos sobre o Marco Civil regulatório da Internet". *In*: LEITE, George Salomão; LEMOS, Ronaldo (coords.). *Marco Civil da Internet*, São Paulo: Atlas, 2014, pp. 333-345.

_____. "Verdade e consenso" [livro eletrônico sem paginação], 6ª ed. rev. e ampl., São Paulo: Saraiva, 2017.

SUNSTEIN, Cass R. "Beyond the Republican Revival". *In: Yale Law Journal*, New Haven, nº 97, 1998, pp. 1539-1590. Disponível em https://chicagounbound.uchicago.edu/cgi/viewcontent.cgi?article=12192&context=journal_articles. Acesso em 15 de maio de 2020.

_____. "A verdade sobre os boatos: como se espalham e por que acreditamos neles", trad. Marcio Hack, Rio de Janeiro: Elsevier, 2010.

_____. "Changing Conceptions of Administration". *In: BYU Law Review*, Provo, nº 3, 1987, pp. 927-947. Disponível em https://digitalcommons.law.byu.edu/lawreview/vol1987/iss3/10. Acesso em 2 de setembro de 2020.

_____. "Democracy and the problem of free speech" [capítulo do livro]. *In: Publishing Research Quarterly* [s.l.], nº 11, 1.995, pp. 58–72. Disponível em https://link.springer.com/article/10.1007/BF02680544. Acesso em 14 de maio de 2020.

REFERÊNCIAS

SYLVESTER. Pablo. "La responsabilidad de los ISP en la jurisprudencia de los tribunales argentinos (según el derecho de los caballos)". *In: El Derecho*, Buenos Aires, nº 14.440, ano LVI, 2018, pp. 1-4. Disponível em https://pt.scribd.com/document/451475200/Derecho-de-consmumidor-y-derecho. Acesso em 04 de janeiro de 2021.

TEFFÉ, Chiara Spadaccini. "A proteção dos direitos da personalidade no ordenamento civil-constitucional". *In*: TEPEDINO, Gustavo; OLIVA, Milena Donato (coords.). *Teoria Geral do Direito Civil: questões controvertidas*, Belo Horizonte: Fórum, 2019, pp. 91-119.

TEFFÉ, Chiara Spadacini; SOUZA, Carlos Affonso Pereira de Souza. *"Fake news*: como garantir liberdades e conter notícias falsas na Internet?". *In*: TEPEDINO, Gustavo; MENEZES, Joyceane Bezerra de (coords.). *Autonomia privada, liberdade existencial e direitos fundamentais*, Belo Horizonte: Fórum, 2019, pp. 525-543.

TEIXEIRA, Tarcísio; SABO, Paulo Henrique; SABO, Isabela Cristina. "Whatsapp e a criptografia ponto-aponto: tendência jurídica e o conflito privacidade vs. interesse público". *In: Revista da Faculdade de Direito da UFMG*, Belo Horizonte, nº. 71, 2017, pp. 607–638. Disponível em https://www.direito.ufmg.br/revista/index.php/revista/article/view/1882. Acesso em 10 de junho de 2019.

TEPEDINO, Gustavo. "A tutela da personalidade no ordenamento civil-constitucional brasileiro". *In: Temas de direito civil*, 4ª ed., Rio de Janeiro: Renovar, 2008, pp. 25-62.

TARTUCE, Flávio. Tese (doutorado em Direito pela Faculdade de Direito da Universidade de São Paulo), São Paulo, 2010, 370p.

TESICH, Steven. "A government of lies". *In: The Nation* [s.l.], nº 254, 1992, pp. 12-13.

THOBANI, Shaira. "Diritti della personalità e contrato: dalle fattispecie più tradizionali al trattamento in massa dei dati personali", Torino: Ledizioni, 2018. Disponível em https://www.ledizioni.it/stag/wp-content/uploads/2019/02/THOBANI_web.pdf. Acesso em 25 de agosto de 2020.

THOMPSON, Marcelo. "Beyond gatekeeping: the normative responsability of internet intermediaries". *In: Vanderbilt Journal of Entertainment & Technology Law*, Nashville, v. 18, nº. 4, 2016, pp. 783-848.

_____. "Marco civil ou demarcação de direitos? Democracia, razoabilidade e as fendas na internet do Brasil". *In: Revista de Direito Administrativo*, Rio de Janeiro, v. 261, 2012, pp. 203-251.

TOFFOLI, José Antonio Dias. *"Fake News*, desinformação e liberdade de expressão". *In: Interesse nacional*, São Paulo, ano 12, ed. 46, jul./set., 2019, pp. 9-18.

TRÉGUER, Félix. "Gaps and bumps in the political history of the internet". *In: Internet Policy Review* [s.l.], v. 6, nº 4, oct. 2017, pp. 1-21. Disponível em http://policyreview.info/articles/analysis/gaps-and-bumps-political-history-internet. Acesso em 17 de abril de 2019.

TUCKER, Catherine E. "The reach and persuasiveness of viral ads". *In: Marketing Sciences* [s.l], v. 34, nº 2, 2015, pp. 281-296. Disponível em https://pubsonline.informs.org/doi/10.1287/mksc.2014.0874. Acesso em 09 de novembro de 2020.

TWOREK, Heidi. "An Analysis of Germany's NetzDG Law". *In: Transatlantic High Level Working Group on Content Moderation Online and Freedom of Expression* [s.l.], 2019, pp. 1-11. Disponível em https://www.ivir.nl/publicaties/download/NetzDG_Tworek_Leerssen_April_2019.pdf. Acesso em 14 de junho de 2019.

INTERNET, *FAKE NEWS* E RESPONSABILIDADE CIVIL DAS REDES SOCIAIS

VERSTRAETE, Mark.; BAMBAUER, Derek. e., BAMBAUER, Jane R. "Identifying and Countering Fake News". *In: Arizona legal studies discussion paper nº 17-15*, Tucson, aug. 2017, pp. 1-34.

VESTING, Thomas. "A mudança da esfera pública pela inteligência artificial". *In*: ABBOUD, Georges; NERY JR., Nelson; CAMPOS, Ricardo (coords.). *Fake News e regulação*, São Paulo: Thomson Reuters Brasil, 2018, pp. 91-108.

VODOVIS, Maayan Y. "Look over your figurative shoulder: how to save individual dignity and privacy on the internet". *In: Hofstra Law review*, Hempstead, v. 40, nº 3, 2012, pp. 811-850. Disponível em https://scholarlycommons.law.hofstra.edu/hlr/vol40/iss3/8. Acesso em 25 de fevereiro de 2019.

VOSOUGHI, Soroush; ROY, Deb; ARAL, Sinan. "The Spread of true and false News online". *In: Science* [s.l.], v. 359, 2018, pp. 1146-1151. Disponível em https://science. sciencemag.org/content/sci/359/6380/1146.full.pdf. Acesso em 26 de junho de 2019.

WALTMAN, Jerold. "Citizenship and Civic Republicanism in Contemporary Britain". *In: Midwest Quarterly*, Pittsburg, v. 40, n. 1, 1998, pp. 93–106. Disponível em: http:// search.ebscohost.com/login.aspx?direct=true&db=aph&AN=1282158&lang=pt- -br&site=ehost-live. Acesso em 12 de maio de 2020.

WAN, Danlin [et al]. "Personality Prediction Based on All Characters of User Social Media Information". *In*: HUANG, Heyan [et al] (eds.). *Social Media Processing. SMP 2014. Communications in Computer and Information Science*, v. 489, Springer: Berlin, Heidelberg, 2014, pp. 220-230. Disponível em https://link.springer.com/chapter/10.1007/978-3-662-45558-6_20#citeas. Acesso em 09 de outubro de 2020.

WARDLE, Claire. "Fake News. It's complicated". *In: First Draft* [s.l.], 16 de fevereiro de 2017. Disponível em https://firstdraftnews.org/fake-news-complicated/. Acesso em 27 de junho de 2019.

WARDLE, Claire; DERAKHSAN Hossein. "Information disorder: toward an interdisciplinary framework for research and policy making". *Council of Europe report*, Strasbourg, 2017. Disponível em https://rm.coe.int/information-disorder-toward-an-interdisciplinary-framework-for-researc/168076277c. Acesso em 10 de novembro de 2020.

WELLS, Herbert George. "World brain" [versão eletrônica], publicação original, Methuen&Co: Londres, 1938. Disponível em http://gutenberg.net.au/ ebooks13/1303731h.html. Acesso em 7 de junho de 2019.

WENGUANG, Yu. "Internet intermediaries' liability for online illegal hate speech." *In*: *Frontiers of Law in China*, Beijing, vol. 13, nº 3, 2018, pp. 342-356. Disponível em http:// link.galegroup.com/apps/doc/A561511580/AONE?u=capes&sid=AONE&xid=15038 f42. Acesso em 13 de março de 2019.

WIGHT, Colin. "Post-truth, postmodernism and alternative facts". *In: New perspectives*, Praga, v. 26, nº 3, 2018, pp. 17-29. Disponível em https://journals.sagepub.com/doi/ abs/10.1177/2336825X1802600302. Acesso em 09 de outubro de 2020.

WILLIAMS, Susan H. "Feminist Legal Epistemology". *In: Berkeley Journal of Gender, Law & Justice*, Berkeley, v. 8, nº 1, 1993, pp. 63-105. Disponível em https://lawcat.berkeley. edu/record/1114554. Acesso em 04 de maio de 2020.

REFERÊNCIAS

WU, Felix T. "Collateral Censorship and the Limits of Intermediary Immunity". *In: Notre Dame Law Review*, Notre Dame, v. 87, 2013, pp. 293-350. Disponível em http://scholarship.law.nd.edu/ndlr/vol87/iss1/6. Acesso em 12 de março de 2019.

WYRWOLL, Claudia. "Social Media: fundamentals, models, and ranking of user-generated content" [livro eletrônico], Wiesbaden: Spring Vieweg, 2014. Disponível em https://link.springer.com/book/10.1007%2F978-3-658-06984-1#about. Acesso em 06 de outubro de 2020.

XEXÉU, Leonardo Monteiro. "Direitos da Personalidade: precisão conceitual a partir do seu objeto". *In: Revista de direito privado*, ano 18, v. 74, São Paulo: Revista dos Tribunais, 2017, pp. 15-31.

ZANINI, Leonardo Estevam de Assis [et al]. "Os direitos da personalidade em face da dicotomia direito público –direito privado". *In: Revista de Direito Brasileira*, São Paulo, v. 19, nº 8, 2018, pp. 208-220. Disponível em https://go.gale.com/ps/anonymous?id=GALE%7CA598425397&sid=googleScholar&v=2.1&it=r&linkaccess=fulltext&issn=2237583X&p=AONE&sw=w. Acesso em 20 de agosto de 2020.

ZANINI, Leonardo Estevam de Assis. "A proteção da imagem e da vida privada na França". *In: Revista Brasileira de Direito Civil*, v. 16, Belo Horizonte: Fórum, 2018, pp. 57-73. Disponível em www.rbdcivil.ibdcivil.org.br. Acesso em 24 de agosto de 2020.

_____. "Responsabilidade civil dos provedores de Internet e a proteção da imagem". *In: Revista Jurídica Luso-Brasileira*, Lisboa, ano 4, nº 3, 2018, pp. 679-717. Disponível em https://www.cidp.pt/revistas/rjlb/2018/3/2018_03_0679_0717.pdf. Acesso em 25 de novembro de 2020.

ZUBOFF, Shoshana. "Big other: surveillance capitalism and the prospects of an information civilization". *In: Journal of information technology* [s.l.], nº 30, 2015, pp. 75-89. Disponível em https://link.springer.com/article/10.1057/jit.2015.5. Acesso em 29 de setembro de 2020.

ZUCKERBERG, Mark. "The Internet needs new rules: let's start in these four areas". *In: Washington Post*, Washington, 30 de março de 2019. Disponível em https://www.washingtonpost.com/opinions/mark-zuckerberg-the-internet-needs-new-rules-lets--start-in-these-four-areas/2019/03/29/9e6f0504-521a-11e9-a3f7-78b7525a8d5f_story.html?noredirect=on&utm_term=.437cb88c99d7. Acesso em 11 de junho de 2019.

ZUFELATO, Camilo; SPONCHIADO NETO, Sílvio. "Marco Civil da Internet: implicações jurídico-processuais da lei nº 12.965/14. *In:* DE LUCCA, Newton; SIMÃO FILHO, Adalberto; LIMA, Cíntia Rosa Pereira de (coords.). *Direito e Internet III – tomo II: Marco Civil da internet (Lei n. 12.965/2014)*, São Paulo: Quartier Latin, 2015, pp. 497-521.